股市操练大全

（第十册）

股市操作实战指导之五

——捕捉黑马关键技巧特别训练专辑

主　编　黎　航

执行主编　理　应　任　惠

教案设计　理　应

上海三联书店

《股市操练大全》编写组名单

策　划：黎　航　任　惠
主　编：黎　航
编　委：凤　珠　杭　婧　晶　瑗　建　林
　　　　沈　敏　文　沛　炳　仪　丽　娟
　　　　红　莹　粉　红　厚　华　栋　卿
　　　　正　天　闻　晋　桂　芹　蓓　琳
　　　　黎　航　任　惠　理　应　晓　莹
　　　　李　峻　王　蓓　北　英　建　伟
　　　　海　源　仁　杰　爱　珍　大　路
　　　　嵇　翔　常　琳　炳　乾　三　囡
　　　　金　花　李　琳　晓　鸣

邀君参加捕捉黑马实战演练

祝君早日圆上捕捉黑马成功之梦

——谨将此书献给《股市操练大全》270万读者

本书特色

　　本书内容与当今图书市场上所有选股类，以及各种捕捉牛股、猎杀黑马、擒获强势股等股票书的内容截然不同，它以一种全新的视野、全新的方式把读者带进股市实战战场，向读者展示的是用真刀真枪捕捉黑马的实战演练。经大量实验证明，通过这种特殊训练，不仅会让读者留下深刻的印象，更重要的是能使读者真正学会并掌握捕捉黑马的关键技巧，从而实现捕捉黑马的梦想。

内容简介

　　捕捉黑马是投资者最大的愿望，因为黑马能给投资者带来丰厚的利润。尽管沪深股市黑马行情层出不穷，但遗憾的是，每次黑马行情一结束，大多数投资者都会铩羽而归，轻者一无所获，重者深度套牢。究其原因，捕捉黑马是股市中难度最高的一种实战技巧，与其高收益相伴的是高风险，投资者如稍有闪失就会折戟沉沙。无数事实证明，当事人如事先缺乏严格的、有针对性的强化训练，在实战中就会处处受挫。

　　目前，国内尚无专门针对捕捉黑马技巧进行训练的股票书。为了弥补这个空白，满足读者的需要，《股市操练大全》编写组集中大量人力、物力，精心编撰了这本贴近股市实战的捕捉黑马的特别训练专辑。全书分为上、中、下三篇。上篇为捕捉短线黑马关键技巧专题练习；中篇为捕捉中长线黑马关键技巧专题练习；下篇为捕捉黑马疑难问题解析专题练习。

　　本书资料翔实，内容丰富，介绍的方法简便实用。全书融知识性、趣味性、技巧性于一体，它不仅适合股市中各阶层人士阅读，而且具有很强的操作性。本书可供各类投资者捕捉黑马时参考，尤其是对中小散户和新股民参与股市实战具有重要的启发和指导作用。

编写说明暨阅读提示

一、本书与目前市场上各种选股和猎杀黑马、擒获牛股类的股票书不同，它采用了教学中最引人入胜的"提问题、讲故事"的方式来诠释捕捉黑马的技巧，会给读者带来一种全新体验，并能加深读者对捕捉黑马知识和技巧的认识与理解。

二、为了让故事讲得生动、真实，并有助于读者对捕捉黑马知识与技巧的领悟及运用，本书在讲故事时，仿效电视里"情景再现"的方式，在训练题中设计了很多"情景再现"的场景，从而使故事中的情节跌宕起伏、故事中的主人公形象鲜明而富有个性，让读者阅读时有一种身临其境的感觉。

三、本书所有故事都来自沪深股市。本书作者在创作这些故事时，一切都以尊重事实，尊重历史为原则。故事中的主人公原形都是奋战在股市第一线的股民，故事中的情节都是由股市中真实发生的事情所构成，无添加成分在里面。所以，本书的每一个故事都是真实可信的。因为只有真实才不会误导投资者，只有真实才值得学习和借鉴。

四、为了锻炼读者深入思考与解决问题的能力，本书在设计训练题时，对一些复杂问题采用了"题中有题，案中有案"的方法，一个问题刚解决又会有一个新问题冒出来，等着读者去破解。这种连环题设计，虽然在《股市操练大全》前几册作过尝试，但只是在小范围里进行，而本书上、中、下三篇，甚至附录中都有这种连环题的设计。因此，读者在阅读本书时，建议不要跳章、跳题阅读，而应按照本书顺序，循序渐进地进行，这对正确理解本书内容会带来帮助。

五、凡事都要抓重点。重点即主要矛盾，只要主要矛盾解决了，其他问题就能迎刃而解。本书在阐述捕捉黑马技巧时，摒弃了泛泛而谈的方式，只是对其中的关键技巧作深入剖析。比如，"双绳缚蛟龙"、"兜底擒马术"、"只差一点点"等是高手捕捉黑马的杀手锏，效果显著。本书对这样的技巧倾注全力，不但详细介绍了它们的特征、使用要点、注意事项，而且还列举了大量实例，力求给读者一个全面、科学的认识，真正做到知其然知其所以然，以便在日后操作中能派上大用场，圆上股市赢家之梦。

六、俗话说："知己知彼，百战不殆。"在股市中，散户的主要对手是主力（庄家），因为主力（庄家）所赚的利润都是从散户身上获得的。散户要想在股市中立足，不输钱，就必须了解主力（庄家），掌握主力（庄家）的行踪。本书介绍的"主力打压股价的心里底线"、"大阳扎堆意味着什么"、"吉利数字背后隐藏什么秘密"等内容，都是洞察主力（庄家）行踪的有效方法。读者在阅读时，对这些内容应予以高度重视，切忌一读而过。经验证明，只有把这些内容研究透了，将其操作要点、注意事项印在脑子里，日后在实战中才不会被主力（庄家）忽悠，始终保持一个清醒的头脑，避开股市中的各种陷阱，一步步走向成功。

七、作者与读者一起互动，这是提高阅读效果的有效方法。本书在进行总体设计时，为了让作者与读者互动处于最佳状态，采取了以下两个措施。

第一，增加训练题悬念的强度。《股市操练大全》前几册书的训练题都有悬念，但悬念的强度还不够。本书在设计悬念题的深度和广度上，比以前有了很大改进。经验告诉我们，悬念越多、越深，就越容易激发作者与读者深入思考。比如，作者为了提出一些引人入胜的悬念题，首先自己要拓展思路，周密思考，才能提出恰如其分、有针对性的题目让读者回答；而读者面对迷雾重重的悬念题，不是简单地用"是与非"就能解开题中悬念的，阅读、做题的过程就是积极思考的过程。当作者、读者都处于多想、多思考的状态时，相互间的思维碰撞、互动氛围就形成了。

第二，本书初稿完成后，扩大了试读范围。本书初稿清样出来后，通过多种途径，将书稿清样发至读者与圈内人士广泛征求意见，待收到读者和圈内人士的意见反馈后，作者在书中再用"又及"的形式进行了解答。这样一来，读者就由原来的答题者变成提问者，而作者由原来的提问者变成答题者，双方角色进行了互换，从而产生出一种积极的互动效果。

有鉴于此，为了让本书作者与读者的互动达到预期效果，建议读者阅读本书时要做到两点：一是做训练题时先不要看后面的答案，做完题后再与答案进行对照，否则就无悬念可言了。二是"又及"内容虽不是正文，但也相当重要。因为这是根据部分读者的信息反馈所补充的内容，能对正文起到拾遗补缺的作用，请大家阅读时多加关注。

八、好方法是股市中的第一财富。读者在阅读本书时，重点不是关注书中所举的一些实例，而是捕捉黑马的方法。因为有了好方法散户可以变成大户，没有好方法大户也会沦为散户，而实例仅仅是为了证明方法的有效性而列举的。且股市在不断变化中，今天的牛股或许将来就变成了熊股，现在的熊股或许未来就能变成牛股。但掌握一种好的方法够你用上一辈子。因此，我们建议投资者在学习本书介绍的捕捉黑马方法时（编者按：本书中有很多方法是第一次向外公布，迄今为止，未发现市场上有此方法介绍，可谓是全新的方法），一定要把它彻底弄懂弄明白，搞清楚它的来龙去脉，切忌浅尝辄止。

九、本书以一种全新的视野、全新的方式把读者带进股市实战战场，向读者展示的是用真刀真枪捕捉黑马的实战演练。

本书初稿完成后，进行过试读，很多读者反映，阅读本书犹如参加一场特殊的捕捉黑马强化训练。

为了保证读者参加本书的培训效果，我们建议：①阅读本书的读者，要进行身份转换，由单纯的读者角色，转为培训班学员的角色，上好每一堂训练课；② 一步一个脚印，在前一节训练课任务胜利完成（即将训练题中的内容都弄清楚了，并能做到举一反三）后，再进入下一节的训练课程。实践证明，多练出成效，股市高手是练出来的。经过这种严格训练，不仅会让当事人留下深刻的印象，更重要的是能使当事人真正学会并掌握捕捉黑马的关键技巧，从而实现捕捉黑马的梦想。

十、坐拥当下，环视股市，可以发现无论是海外股市，还是沪深股市，骑上大黑马是投资者心中最大的梦想。《股市操练大全》丛书出版至今，销量已超过270万册（截至2012年末），在这期间我们收到了大量读者来电、来信，他们强烈要求我们能为普通投资者量身定制，打造一本适合广大中小散户阅读的捕捉黑马的股票书。读者的要求，就是我们的使命，《股市操练大全》第十册——捕捉黑马关键技巧特别训练专辑，就是为了满足一贯支持我们的读者撰写的。

如今的神州大地，到处都在畅谈美丽的梦想，企业家的梦想是跨越，科学家的梦想是发现，思想家的梦想是突破，莘莘学子的梦想是攀登，普通投资者的梦想是骑上黑马。作为我们写书人，也有自己的梦想，即打造一本让读者满意的精品书，使它成为读者心中的最爱。当然，我们这个梦想能否实现，还有待广大读者给出答案。因此，我们衷心希望每一位读者，能将阅读本书后的意见反馈给我们，在此向大家深表谢意。

读者如有信息反馈给我们，电子邮件请发至：Logea@sina.com，来信请寄：上海市中江路879号9座3楼，徐冰小姐收，邮编：200333，转《股市操练大全》创作中心收。联系电话：021-33872558。

要　目

说明：本书以悬念贯穿始终，题题有悬念、处处有悬念。为了对悬念"保密"，增加本书的可读性；同时更重要的是，通过悬念可加深读者对捕捉黑马关键技巧的印象，有助于这些关键技巧在实战中发挥出积极作用，为投资者带来赢利。故而，本书在目录安排上作了改进，除大的篇章外，每节小标题不再列出（因为小标题中的关键词可能将悬念外泄），此事敬请读者谅解。当然，读者在阅读与做题后，本书悬念的谜底会向读者一一揭晓，届时会给读者带来恍然大悟的惊喜感觉。

上 篇

捕捉短线黑马关键技巧
专题练习

主讲人：彭老师

导 语

短线黑马，人见人爱。因为一个股票一旦变成了短线黑马，在一两个月，甚至几周内，股价就能翻上一两番。捕捉短线黑马股，能在短时间内赚大钱，这已为股市上很多事实所证实。

但短线黑马，桀骜不训，能成功驾驭它的人很少，而多数人参与短线黑马行情后都以落败而归。总结成功者的原因，无非是他们对短线黑马的起因，它与概念之间的关系，以及如何防范其风险，有比常人更深刻的理解，同时，在技术上，他们对捕捉短线黑马的关键技巧驾轻就熟。

本篇依据一些高手捕捉短线黑马的经验，设计了一系列有针对性，足以让你深思的捕捉短线黑马的系列训练题。实践证明，只要认真做好这些训练题，你就能悟出其中的道理，捕捉短线黑马的水平就会产生一个质的飞跃。

捕捉黑马特别训练①

捕捉短线黑马，常常离不开"概念"这两个字。那么，概念是怎么形成的，什么样的概念才能成为个股炒作的由头，具体是怎么操作的。有关这些问题，如果我们简单地讲一些道理，大家体会是不深的。现在我们通过一种比较特殊的方式来思考、解答这些问题，这样或许就会给大家留下一个深刻的印象。

下面请你仔细阅读【情景再现】的故事后，对故事中的主人公A君、B君、C君的行为作一些点评。当然，这个点评必须围绕如何才能真正捕捉到短线黑马这个主题展开。在点评中分清谁是谁非，一定会对你日后操作带来很大帮助。

【情景再现①】第一天（2012年3月28日）。晚间新闻有一条重要消息公布：3月28日，国务院总理温家宝召开国务院常务会议，决定设立温州市金融综合改革试验区。A君、B君、C君听到这个新闻后，马上通过电话进行了交流，大家认为这里面会隐藏着一个巨大的短线投资机会，目标就是与温州金融改革有关的股票。

接下来A君、B君、C君就开始做功课了。他们不约而同地把眼光盯向了浙江东日（600113）。A君、B君、C君从有关资料查下来发现，浙江东日与温州金融改革关联度最大，因为该股持有温州银行的股票（但数量不多，只持有其总股本5.17%的股票）。同时他们还发现该股的基本面并无亮色。比如，该股这两年的年报显示，2010年每股收益为0.25元，2011年每股收益为0.23元，业绩一般，且该股主要利润来自房地产销售收入与商品销售收入，温州银行贡献的利润只占到该股总收益的极小一部分。

面对这种情况，A君认为，温总理宣布要设立温州市金融改革试验区，但沪深股市中与此有关联的股票很少，即使最有直接关系的浙江东日也只持有温州银行很少一部分股票，且息差收入只有区区几百万元，该公司业绩又很差。所以，市场上要发动一场"温州金改"概念股的行情很难，就是勉强发动，中途夭折的可能性很大。所以A君决定不参与这次短线行情的炒作。

B君认为，在股市里进行投机、炒作概念股，并不在于个股与概念的关联度有多大，只要有关联就可以。关键的问题是，这个概念提出来后，一定要吸引市场的眼球，具有较大的想象空间。另外，炒概念对股票本身的业绩并无要求，至于业绩是否优秀，市场对此是不会关心的。从历次短线行情炒作的经验看，炒短线，市场关心的就是与之相关的概念究竟有多大想象空间，有想象空间就能把股价炒起来。很多短线黑马就是在大家对概念的追捧下，通过击鼓传花的游戏，一路走高的。所以B君决定要参与这次"温州金改"概念的炒作。他选择的第一个建仓对象就是浙江东日。B君打算在明日一早就以涨停价参与浙江东日的集合竞价，买进数量控制在仓位的1/5。

C君感到A君、B君说得都有道理，但他打算先看一看再说。特别是对浙江东日，他要看到在技术上出现明确的买进信号再动手。在这之前，他决定采取持币观望的策略。

【情景再现②】第二天（2012年3月29日）。浙江东日一开盘就直冲涨停价，并一直延续到收盘。由于B君在集合竞价的第一时间内就报涨停价买入，所以抢到了一些筹码，但没有全部买进（见下页图1）。当日，其他与"温州金改"有关联的股票呈现冲高回落的走势。

A君看到这种情况后认为，"温州金改"概念的炒作基本上失败了，因为与"温州金改"有关联的股票大多表现不佳，而只有浙江东日一枝独秀，这说明市场对"温州金改"概念的炒作响应度不高。A君认为独木难成林，浙江东日最终会被一些不争气的金改概念股拖下来的。这就更加坚定了他不想参与这场"温州金改"概念炒作的想法。

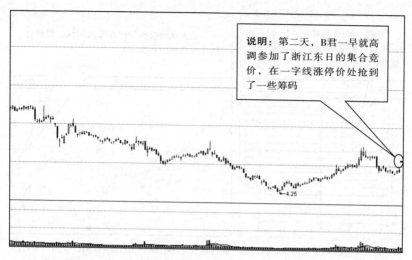

说明：第二天，B君一早就高调参加了浙江东日的集合竞价，在一字线涨停价处抢到了一些筹码

浙江东日（600113）2011年7月11日~2012年3月29日的日K线走势图　图1

　　B君看到这种情况后，他的想法恰恰与A君的看法相反。B君认为，虽然在这个消息公布后的第二天，与温州金融改革有关的股票基本上表现不佳，但领头羊浙江东日表现非常抢眼，他报以涨停价买进该股，最后也只在集合竞价时抢到一些筹码，尚有一部分股票没有成交，这说明市场上看好浙江东日的资金非常多。只要浙江东日这个领头羊挺住了，其他温州金融改革概念股就会跟上。此时，B君对"温州金改"概念的炒作充满了期待，第三天（2012年3月30日）他一早又追高买进了一些股票。至此，B君已将1/3资金换成了浙江东日。

　　C君看到这种情况后，仍旧采取折衷的态度。他认为，市场对"温州金改"概念的炒作有可能会成功，理由是浙江东日的强劲走势让他看到了希望。但他仍坚持一定要看到浙江东日突破头肩底颈线后才会积极加入，目前他仍在持币观望。

　　【情景再现③】第四天（2012年4月5日）。清明小长假后，浙江东日走势仍然十分强劲，开盘不久就封至涨停（见下面图

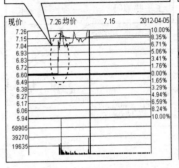

该股当日先停牌1小时，10点30分开盘后快速冲击涨停，走势非常强劲

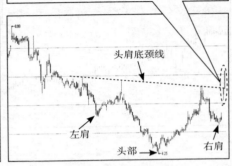

这天该股再次拉出涨停大阳线，股价已站在头肩底的颈线之上。

头肩底颈线

左肩

头部

右肩

浙江东日（600113）2012年4月5日的
分时走势图　图2

浙江东日（600113）2011年6月30日～2012年4月5
日的日K线走势图　图3

2)，股价最终收在头肩底颈线之上（见图3）。

　　A君看到这样的情况后认为，浙江东日的强势仅是一种假象，该股如此差的业绩，以及非常勉强的"温州金改"概念不能真正赢得市场对它的关注。现在该股走强，是主力在故意引诱大家盲目做多。他相信"温州金改"概念的炒作不会获得成功。因此，当时A君仍然站在一旁进行观望。

　　B君看到这样的情况后信心大增。他认为浙江东日在"温州金融改革试验区"消息公布后，连续3天涨停，成交量呈现明显放大态势，显然，这说明市场里有大资金在追逐这个股票。另外，B君观察到，在浙江东日的带动下，一些与"温州金改"概念相关的股票也开始走强了。B君认为出现这个现象，反映当时市场已认可了对"温州金改"概念股的炒作，由此，在这个板块中一定会催生出一些短线黑马，而领头的大黑马就是浙江东日。根据股市里"强者恒强"的原则，他认为该股还会有出色的表现，于是B君又买进了一些浙江东日，至此，B君的仓位已升至六成，而且清一色的都是浙江东日。

C君看到这样的情况后态度发生了积极的转变。他认为浙江东日的股价连续涨停，成交量不断放大，现在已成功站上头肩底的颈线，表明以浙江东日为代表的"温州金改"概念的炒作已正式破壳启动。他估计该股头肩底突破成功后，强势状态还会保持一段时间。于是，C君用四成左右的资金追逐了浙江东日这个强势股。

　　【情景再现④】第十三天（2012年4月19日）。当日浙江东日冲高回落，换手率达到了20.35%（见下面图4）。至此该股连续上涨的逼空走势已有半个多月，股价涨幅已近150%。

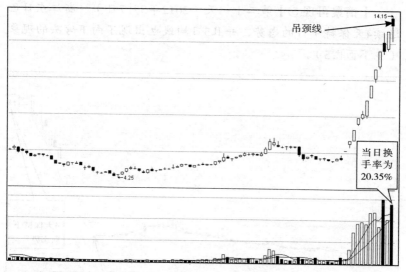

浙江东日（600113）2011年11月28日～2012年4月19日的日K线走势图　图4

　　A君看到这样的情况后，默不作声。此时，他的心情很复杂，可谓五味杂陈。

　　B君看到这样的情况后认为，浙江东日今天再次放量收阴（注：前天该股已经放量收了一根阴线），换手率达到了2成，股价有可能在此见顶。于是他决定在此卖出一半筹码。另外，他还有一个想法，根据他以往操作的经验，他认为强势股真正见顶的标志不在K线上，而在均线上，只有当5日均线出现向下弯头现象时，才表明这轮击鼓传花的游戏结束了。于是，他准备保留一半筹码，等该股出现5日均线向下弯头的现象时再卖出。

C君看到这样的情况后认为，该股今天收了一根吊颈线（见上页图4中箭头所指处），这是一个见顶信号，而且换手率这么高，说明盘中的做空力量很强，再继续持股已风险很大。其实，C君在前面一根阴线处已作了减仓处理，今天临收盘前他将手中剩余的浙江东日股票都卖掉了。

【情景再现⑤】第二十一天（2012年5月7日）。浙江东日已连续4天保持下行的态势，并且5日均线也出现了向下弯头的现象（见下面图5）。

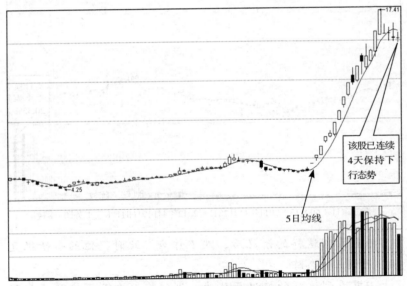

浙江东日（600113）2011年12月16日～2012年5月7日的日K线走势图　图5

此时，A君因从头到尾未曾参与过"温州金改"概念股的炒作，他早已被排除在外。C君也在这之前将浙江东日全部卖出，因此他也与该股不发生关系了。而当时唯一与浙江东日发生关系的就是B君。因为在B君手里还剩有一部分浙江东日股票。浙江东日这两天的下跌，逼使B君要作出选择——究竟是走还是留。B君思忖再三之后认为，既然5日均线已向下弯头，就没有理由再将此股票留着。于是B君在当日收盘前将余下的浙江东日都卖掉了。至此，A君、B君、C君与"温州金改"概念的故事就此画上了句号。

亲爱的读者，关于A君、B君、C君炒短线，捕捉短线黑马的故事讲完了，**现在请你根据他们各自的行为进行点评**。比如，在发掘、捕捉短线黑马的过程中，谁的观点正确？谁的操作效果最好？通过这个故事，我们能发现概念股炒作有哪些规律性现象，它能给我们带来什么有益的启示？

据了解，这次"温州金改"概念股的炒作，是沪深股市最近10年来最大的概念股炒作行情。无论是单个股票的涨幅与概念的扩散，还是对周围市场的影响，都是其他概念股炒作行情所不及的。因此，通过这个故事，我们可以发现概念股炒作行情的许多规律性现象，并能从中悟出很多深刻的道理来，这对大家今后参与捕捉短线黑马行情具有十分重要的指导意义。

道理一：大事件产生大概念，大概念催生大黑马。首先，考量一个投资者是否具备捕捉短线黑马的能力，就要看他对大事件是否敏感。如果某位投资者对大事件的发生无动于衷，那就可以肯定他并不适合参与短线黑马的炒作。

值得庆幸的是，本故事中的主人公A君、B君、C君都对大事件很敏感，他们在国务院宣布"建立温州金融改革试验区"消息发布后，马上就联想到这个大事件在股市中会产生什么反应，有哪些板块个股会应声而起。可见，在A君、B君、C君头脑里已树立了"大事件产生大概念，大概念催生大黑马"的投资理念，这证明他们捕捉短线黑马的入门条件具备了，这是很可喜的。

有人问：为何"大事件会产生大概念，大概念会催生大黑马"呢？这是因为短线黑马（包括一部分中长线黑马）的灵魂就是概念、题材（其实，概念、题材这两个词的实质含义是一样的，只不过是叫法不同而已）。从历史上看，无论什么股票，它要变成短线黑马就必须有一个或数个概念的光环罩在它的头上，闪闪发光，别人才会注意它。一旦关注的人多了，就会出现众人拾柴火焰高的现象。只有这样，股价才会被炒起来。虽然股市中的概念、题材犹如一道彩虹或者说一道闪电，它的诞生往往很突然，但再突然也必须在一定的条件下才能产生。这同在烈日当空的环境中是不可能有彩虹与闪电的现象发生的道理是一样的。

在股市中，一个大概念的诞生必须依托一个大事件，只有大事件才会酝酿出大概念。比如，上世纪90年代初，上海浦东开发这个大事件催生了以陆家嘴为代表的浦东概念股的崛起；2008年奥运会这个大事件促使以北京板块为代表的奥运概念股大放光彩。这次国务院宣布设立温州市金融综合改革试验区，也是一个大事件。依据大事件产生大概念的原理，股市中就会产生与之相关的"温州金改"概念股，这是一个顺理成章的事。试想，如果国务院不宣布设立温州市金融综合改革试验区，股市中会有"温州金改"概念股出现吗？即使有人制造这个概念，市场也不会认可的。

可见，你若想要捕捉短线黑马，成为其中一个佼佼者，你就一定要关心国内、国际上的一些重大事件，并学会从重大事件中寻找到投资机会的这种特殊本领。这样，你捕捉短线黑马，当一个股市大赢家的愿望才能梦想成真。

道理二：就短线黑马来说，虽然概念是它的灵魂，但概念不在乎它是虚是实，不在乎它有多少真实成分在里面，关键要看概念能否吸引市场的眼球，能否引起大众的共鸣。在这点上，B君表现得最好，A君表现得最差，C君表现居中。下面我们对这三人

的思想与行为作一番分析。

　　为什么说B君表现最好呢？因为B君对短线黑马概念的认识符合现实。他认为，"在股市里投机，炒作概念股，并不在于个股与概念的关联度有多大，只要有关联就可以，关键是这个概念股能吸引市场眼球"。B君的观点是正确的，因为真的要把国务院关于"设立金融改革综合试验区"的有关内容与股市上"温州金改"概念股的内容相对照，大家就可以发现很多都是对不上号的，即使对上号的也很牵强。就拿"温州金改"概念股的领头羊浙江东日来说，它总共也只拥有5%多一点的温州银行的股票，其每年在这方面的收益，还不够买一线城市中一套普通的商品房。用这么一点资金参股温州银行，收益又如此微薄，这对提升其本身的投资价值是没有什么实际意义的。但市场并不在乎它有没有实际意义。据统计，从2012年3月29日起截至2012年4月末，浙江东日在16个交易日出现10个涨停，从5.45元一路飞涨到17.41元，累计涨幅高达219.45%，创造了2001年以来概念股暴涨，涨幅最大但用时最短的最高记录。更离奇的是，一家与"温州金改"没有任何关系的股票——浙江东方（600120），也在这次"温州金改"概念股炒作中搭上了顺风船，出现连续涨停。市场炒作它的由头仅仅是因为该股票名称与"温州金改"概念股的领头羊浙江东日仅为一字之差。我们的股市是一个高度投机的市场。在这个高度投机的市场中往往会出现一种很奇怪的现象——炒短线行情时，个股、板块之间只要在概念上有关联，管它内容上是真是假，炒起来再说，市场上很多人就是这样想的，也是这样做的。所以浙江东方，这家主业为纺织，副业做点房地产的企业并没有参股金融，也没有设立小额贷款的公司，它本来与"温州金改"浑身不搭界，当时却被市场当成"温州金改"概念股炒了起来，跟风者甚多，这种情况让很多投资者大跌眼镜，感到不可思议。但无论这些人怎么"百思不得其解"，这样的事情还是发生了。

　　其实，市场对短线黑马的概念炒作，是不能按常规思路去分析、理解的。这里面隐藏着一些不为人知的秘密。

比如，A君认为，"温州金改"概念股的领头羊浙江东日，所持的温州银行股票非常少，算不上什么正宗的"温州金改"股，那其他股票就更不用谈了。这样，市场上要发动一场"温州金改"概念股的行情就很难了。按正常逻辑推理，A君当时对"温州金改"概念股的分析并没有什么错误。但股市是一个投机市场。投机者是不按常理出牌的，炒作短线黑马又是投机中的投机，主力更不会按照常规的逻辑推理来发动概念股的炒作行情，他们会借题发挥，移花接木，夸大事实，反正只要把概念"创造"出来，故事编好后，说出来有人听就行了，相信的人多了，短线黑马的行情就自然而然地会开展起来。大家只要去查一查，沪深股市20多年历史中，哪一次概念股行情的炒作不是如此呢？这一次"温州金改"概念股的炒作也不会例外。B君读懂了里面的奥秘，所以他敢于捷足先登。而A君书生气十足，不了解短线黑马概念股炒作的真谛，不明白拉高概念股只不过是主力投机炒作个股的一种借口，所以A君的判断出现了严重失误。A君认为在当时的情况下，"温州金改"概念股行情发动不起来。但事实情况是，它不仅发动起来了，而且由点及面，如火如荼地全面铺开。2012年4月，温州金融改革在资本市场掀起了一波炒作热浪，江浙本地股在第一时间做出反应。参股温州银行的浙江东日的强劲走势激活了浙江板块，控股或参股银行、小额贷款公司的温州金融改革概念股，一时间都成了市场资金炒作的重心。2012年4月，仅短短一个月时间，除浙江东日外，其他，如香溢融通（600830）、浙江富润（600070）、嘉欣丝绸（002404）、浙江广厦（600052）、晋亿实业（601002）等股价也出现了大幅上涨，这样，"温州金改"概念的炒作就此出现了一种全面开花的局面。

道理三：概念往往与业绩背道而驰，概念的生命力在于想象空间。在股市里炒概念究竟炒什么？很多人以为是炒股票的业绩，或它的成长性。其实都不是，不知道大家发现没有，概念股的业绩往往很一般，甚至是很差的，未来的业绩也看不出什么增长前景。比如，这次"温州金改"概念股的领头羊浙江东日，基本面就较差，2011年每股收益仅为0.23元，比上一年度还少了两分钱。据了解，在浙江232家上市公司中就有134家净利润超过它。该股在行情启动前，收盘价为5.45元时，市盈率就有23.70倍，这个市盈率不仅远高于同期沪深股市金融股的市盈率，比当时大盘平均市盈率也几乎要高出一倍。

该股在业绩上没有亮色，那么它的成长性有无可圈可点之处呢？答案也是否定的。因为该股主营收入来自房地产销售收入与普通商品销售收入。这两种收入前景都很不妙，首先是房地产受国家政策严厉调控，房企的日子都很难过，能否熬过这段艰难的日子尚且是未知数，成长性就无从谈起了；其次，普通商品的销售因缺乏核心技术支撑，赚的都是辛苦钱，所以也谈不上有什么成长性。

有人问：该股不是参股了温州银行吗？这不是说明它未来有很高的成长性吗？其实，这也是很多人的一种误解。明白人知道，该股参股温州银行，在其业务大头中只占有极小一部分，仅5%左右，根本发挥不了什么大的作用。退一步说，即使浙江东日有大量资金参股银行，那又能怎么样呢？殊不知，当时沪深股市里的银行股本身的成长性就一直受到市场怀疑，因为市场上大多数银行股的市盈率在五六倍，但股价仍跌跌不休。因此，就算该股把全部资金都参股银行，从当时的情况看，市场也不会认为它有什么高成长性。

那么，当时市场狂炒浙江东日，究竟看中它什么呢？说穿了，看中的就是它在"温州金改"概念上有巨大的想象空间。这个道理并不复杂，因为在我国启动民间金融改革还是头一次，而这头一次金融改革试验选择在温州。温州素来是我国经济改革的试验田。上世纪八十年代刚改革开放时，温州人敢尝天下鲜，经过二三十年打拼，创造出了许多经济奇迹，让世人瞩目。那么这一次在温州开展金融改革试验会怎么样呢？会不会再创造出什么奇迹来？这一切让大家充满着想象与期待。而当初国务院宣布在温州设立金融改革综合试验区时，在浙江股票中，明确参股温州银行，能把"温州金改"概念叫得响的只有浙江东日。人们在炒它时，不会惦记它持有多少温州银行股票，只要持有就行了，市场上好事者就会把一道道关于"金改概念"的光环戴在它的头上，把它打扮成一位漂亮姑娘，甚至是美丽天使，从而把它推向概念炒作的大舞台。可见，浙江东日异军突起，一路飚涨，就是因为它扮演了在"温州金改试验"中具有很大想象空间的角色，是当时的环境造就了它，但并非是该股本身基本面有什么突出之处，如有什么成长性或者业绩上有什么大的增长而得到市场青睐的。

关于这个问题，A君认识不清，总想从与"温州金改"概念联系最密切的浙江东日基本面中寻找到炒作该股的充足理由，但找来找去没有找到，因为该股基本面实在没有什么亮点，所以他判断"温州金改"概念行情是炒不起来的，即使炒起来，反弹也可能随时夭折。A君作出这个错误判断，就是因为他并不明白"炒概念就是炒想象空间"的道理。

B君在这个问题上思路是清晰的。B君私下告诉我们，10多年前，即在20世纪初，沪深股市刮起了一股炒网络股的风潮，当时不管什么股票"触网就涨"（意即上市公司只要建立一个什么网站，或搞一个与"网"有关系的项目就算"触网"了），至于上市公司触网在经营上会有多大风险、多少效益，炒概念者是不关心的。奇怪的是，当时这种脱离基本面的疯狂炒作，竟然会得到市场很多人响应。一时间，沪深股市将近有1/3股票卷入网络概念股的炒作中，有人在这里面因逮住了一些短线大黑马从而大发了，也有一些人在追逐概念股时套在高位，结果输得很惨。虽然当时网络股的概念炒作在折腾几个月后，最终还是草草收场，留下一地鸡毛，让很多人尝到了暴涨之后暴跌的苦果。但这种事情的发生也反映了一个事实，即尽管炒概念对市场来说有很多负面影响，但是在一个充满投机的市场中，炒概念的现象是无法杜绝的，这是因为短线黑马就是炒概念炒出来的。在股市里，短线的暴利对投资者有很大的诱惑力，所以很多人对炒概念，捕捉短线黑马会乐此不疲。

总之，沪深股市每年都会有几次概念股行情的炒作，只是每次炒作的时间长短、规模大小有所不同而已。B君认为，作为一个投资者首先要自己惦量一下，有没有这个能力参与概念股行情的炒作，如惦量下来有这个能力就可以尝试，但是，如惦量下来没有这个能力就不要勉强。一旦决定参与就一定要注意，在炒概念时不要过多关注个股业绩与成长性，平时说的选股要关注基本面的选股方式，在这里是派不上用场的。炒概念重点要关注个股与概念的关联度、概念的时效性、概念的想象空间。特别是想象空间里面大有文章，一定要想明白再进行投资。请记住高手捕捉短线黑马的一条重要经验：一个股票，概念的想象空间越大，短线大黑马诞生的几率就越高，短线参与的价值就越大。

道理四：注意概念的扩散效应。概念越是往外扩散，获利机会就越多，承担的风险就越小。前面我们说了大事件产生大概念，概念是黑马的灵魂，概念的生命力在于想象空间，但所有这些都要通过后面的事实来检验。其中最重要的检验方法就是看概念炒作能不能产生强烈的向外扩散效应。纵观2012年4月沪深股市，大家就会发现，"温州金改"犹如一幅金融创新"地图"，在全国依次展开，金改概念炒作产生了强烈的扩散效应。业内人士指出，温州金融改革试验区的设立意味着金融领域放宽了民间资本的准入，这对探索金融改革向纵深发展具有重要意义。其局部试验意在为全面金融改革探路，同时对构建多元化金融体系增强金融供血能力、引导民间融资规范发展、强化金融服务实体经济发展等发出重要的政策信号。因此，"温州金改"意义是很深刻的。这样，它自然就会引起市场对"温州金改"概念股的热烈追捧。

据了解，当时"温州金改"概念的扩散效应还有另外一个重要表现，如眼看着"温州金改"概念股的火爆，中国的两大金融中心——上海、深圳坐不住了。就在温州金改方案出炉后不久，深圳便推出了前海新区金融优惠政策。上海虽没有明确的金改政策出炉，但作为老牌金融中心，上海国际金融中心的定位以及预期下的国资整合再起，就足以让上海本地股再火一把。

在深圳，金改概念股的龙头是沙河股份（000014），该股从2012年4月11日起连续涨停；其后华联控股（000036）、宝安地产（000040）、深长城（000042）、深信泰丰（000034）等股票也都出现过疯狂涨停。

在上海，行情最初源于金山开发（600679）的莫名暴涨，该股从2012年4月9日开始，6个交易日5个涨停。随后，金丰投资（600606）接过了龙头拐杖。从最初的游资炒作，到随后的基金介入，该股11个交易日出现8个涨停。此外，上海新梅（600732）、天宸股份（600620）、同济科技（600846）、长江投资（600119）、中华企业（600675）等股票也在2012年4月份出现大幅上涨。

至此，金改概念股的扩散已拉开了大幕，从温州扩散到深圳、上海，金改概念恰如沿着我国东南海岸线画了一条圆弧线。

从点到线之后，金改概念股开始辐射到全国各地，其实质已经渐渐演变为区域概念股的全面开花。

比如，在东北，由于国务院批复设立图们江区域（珲春）示范区，吉林板块随即出现异动。成城股份（600247）出现两个涨停，长春经开（600215）、吉视传媒（601929）也走势强劲。

在西南，重庆两江新区的发展推升个股上涨。重庆实业（000736）连续两日涨停，渝开发（000514）、西南证券（600369）等股票也走势凶猛。

火爆的还有华南。2012年4月26日有媒体报道，《珠海横琴新区鼓励股权投资基金企业及股权投资基金管理企业发展的试行办法》将于5月对外发布，并自5月1日起施行。在此背景下，珠海本地股珠海中富（000659）、世荣兆业（002016）也出现了连续涨停。

再往南走，在加强海南旅游岛建设，开放西沙、南沙旅游的消息刺激下，海南板块的个股也大幅拉升。海南瑞泽（002596）、罗牛山（000735）出现连续两个涨停。

截至2012年4月底，仅仅一个月的时间，"温州金改"概念股已经在东南西北全面开花。

"温州金改"概念股的强烈扩散效应告诉我们什么呢？

首先告诉大家，2012年上半年国家经济形势与股市形势都很严峻。比如，在重组借壳越来越难、在资金面并不允许蓝筹股有太多表现、在业绩浪受制于经济基本面、在创业板个股遭遇退市制度高压的背景下，概念将成为这一时期唯一能寄于希望的炒作由头，只有概念股才能够创造出这一特殊时期最牛的股票。

其次，"温州金改"概念从点到线再到面的强烈扩散效应，证明B君对这个概念的发现是敏感的，其理解也是正确的。所以他在这次概念股炒作、捕捉短线黑马的行情中获得了非常好的收益。A君的失败、B君的成功，再一次告诉我们一条朴素的真理：做股票一定要思路正确。因为思路决定出路。B君思路对了，所以行情就做对了；A君思路错了，所以行情就做错了。

道理五：抓概念股要抓领头羊。领头羊是标杆，主力一定会在领头羊中投入重兵。一位私募基金经理说：大资金炒作一个板块，首先要树立一个标杆，无论在什么情况下，这根标杆都不能倒，否则就会牵连整个被炒作的板块，出现兵败如山倒的现象。大资金深知里面的利害关系，对此防范甚严。正因为如此，每次概念股的炒作，领头羊（也可以叫龙头股）走势最强，主力往往对它们采取高举高打的策略。这就为我们提供了一条重要的操作经验：捕捉短线黑马，炒作概念股，在行情初起时，追逐领头羊的风险最小、利益最大。因为主力不会轻易让领头羊倒下的，而且一旦领头羊向上趋势确立上涨的空间就很大。这样参与其中的投资者，若把握好行情节奏就能获得相当丰厚的投资回报。

B君、C君对短线炒作的规律研究很深，非常了解这个道理，所以他们在这次"温州金改"概念股的炒作中，自始至终都将目标锁定在领头羊浙江东日上。对此我们应该好好地向他们学习。

道理六：概念股的炒作有两种不同的风格，当事人一定要选择适合自己特点的风格进行操作，这样才能有效地控制好投资风险。虽然在这次"温州金改"概念股的炒作中，B君收益最大，C君收益要小一些。但两人的操作反映了两种不同的操作风格。B君的风格是一种激进型的投资风格，相对来说要求比较高。B君在行情刚启动时就动手了，如果万一看错了，比如，一旦行情启动不顺利，最终失败了，那么过早买进损失就会很大。因此若要动手早，就一定要保证自己对行情不能看走眼，换一句话说，只有在对行情发展胸有成竹的情况下，才能采取这样的方法。C君的风格是一种稳健型的投资风格，他认为，只有在行情启动得到市场认可后再动手操作，这样持股成本虽然高了一点，但操作失败的风险就会明显降低。

通常，B君的操作方式只适合对概念特别敏感且年纪较轻的投资者，而C君的操作方式，适合对概念不是特别敏感且年龄较大的投资者。另外，从资金规模上来说，B君的做法适合小资金的投资者操作，C君的做法适合一些资金相对较大的投资者运作。

我们认为，投资者在实战中，可以根据自身的特点，选择适合B君或C君的方法进行操作。即使采用激进型的操作方法，在技术上也要找到买点后再买进。比如，B君是在看到浙江东日拉升涨停后再决定重仓加入的。如果采取稳健型的操作方法，则在技术上要求更高，一定要在股价向上突破并出现明确的买进信号后才能动手。如C君是在看到浙江东日股价突破了头肩底的颈线后再决定跟进做多的。

道理七：概念股的炒作本质是一种击鼓传花的游戏，一定要注意逢高退出。我们从有关资料了解到，在"温州金改"概念股破壳之后，各路游资才开始对浙江东日玩起轮番接棒的游戏。比如，据查证，从2012年3月29日到4月24日，浙江东日有6个交易日登上"龙虎榜"。在这6个交易日中，进入浙江东日交易龙虎榜的买卖前5名的证券营业部共有39家，地域遍布省内的杭州、宁波、台州以及省外的北京、上海、广州、深圳、南京等城市。最引人注目的是浙江游资，有12路游资光顾其龙虎榜，占据了3成席位。其中，杭州系游资则成为炒作浙江东日的主力军。

游资可畏，但也正是因为这些游资的追捧，造就了浙江东日在短短的16个交易日里累计上涨近220%的奇迹。但大家一定要明白：击鼓传花的游戏总有玩到头的时候，一旦前面的游资撤退了，后面又没有新的游资愿意接盘，那么行情马上就会掉头向下。所以概念股炒作最疯狂的时候，往往是风险最大的时候。因此，投资者一定要记住：概念股大涨之后逢高退出是必须的。

关于逢高退出，B君与C君的做法是不一样的。C君的做法是主动止盈出局，见好就收；B君的做法是一部分赢利筹码在股价大涨后先落袋为安，另一部分赢利筹码则要等到行情见顶的信号出现后再卖出。

B君、C君这两种逢高退出的方法，总体上看都是可以的，但各有利弊。

B君逢高退出的优点是：既保证了赢利（因为已经逢高抛出一部分获利筹码，锁定一部分利润），又能争取将利润做到最大化（因为假如股价继续涨上去，未抛出的另外一半筹码就可多获得一些超额收益）。但它的缺点是：后面所留的筹码能否赢利存在着很大的不确定性。比如，万一股价马上见顶，甚至掉头之后就出现连续跌停（如2011年12月，概念股大王重庆啤酒在高位掉头之后就出现了连续9个跌停板）。假如碰到这种情况那就糟了，这些留在手中未抛出的筹码就非但不能将持股者的利润做到最大化，反而会因此带来巨大损失。

C君逢高退出的优点是：保证了赢利，不会再输了（因为他在概念股见顶回落前已见好就收，全部卖出将利润牢牢地锁定了）；缺点是，如在他卖出后股价继续上涨，甚至出现大涨，所获得的利润就会比B君少很多。

这两种逢高退出的方法，各自的优点、缺点是非常明显的，谈不上谁更好，谁更差。关键是投资者要学会判断，自己到底适合哪一种操作方法。如果你属于激进型的投资者，那你就可以学B君的做法，如果你属于稳健型的投资者，那你就学C君的做法。

道理八：超级概念股，以及概念股的见顶方式，与一般股票的见顶方式有所不同，要注意它们的区别，掌握好关键的操作技巧。

我们知道，有些股票是否见顶，只要看它的K线图形与成交量、换手率就能作出一个大致判断。比如，当一个股票在涨势中连续出现几根大阳线，或上涨途中出现连续跳空现象时，就基本上可以判断股价见顶了。又如，当一个股票连续上涨之后出现了一根放量的阴线，或类似什么吊颈线、射击之星的K线时，那就更加可以确定股价见顶了。

但以往我们用K线图形来判断股价见顶的经验，用在超级概念股上可能会失败。因为超级概念股走势特别强悍。比如，你明明看见它在上涨途中出现K线的见顶信号，但事后发现，这些K线见顶信号都是假的。因为它超涨之后还会再超涨，逼空之后再逼空。一些以往在其他个股上看到的K线见顶信号，在超级概念股身上，特别是在它上涨的初级阶段，都成了洗盘、诱空的信号，若在此时，你贸然卖出，别想再在低位把它买回来，这样对卖出者来说，就出现了一种踏空[注]的风险。又如，在股价大涨之后，通过高换手率来判断股价见顶常常会收到很好的效果。在

【注】 超级概念股在涨势中，会出现连续上涨情况，中途卖出后一般在低位是买不回来的，要么再追高买回来，要么就眼睁睁地看它股价一路涨上去，这种现象就称之为踏空。当然，超级概念股见顶回落进入下跌趋势时，抛出后在低位是能买回来的。但这时境况已完全不一样，等你在低位能买回来时，它已失去往日的强势风采，而成为一根断线的风筝，股价低了还会更低，盲目买进后就会一路套下去。所以超级概念股只有在涨势中能对它看多做多，在跌势中是不能对它看多做多的。

股价大涨后，只要某个股票换手率超过10%就可以怀疑主力在拉高出货了，换手率超过15%几乎可以肯定主力在高位出逃了。但这个经验用在超级概念股上也往往会失效。如浙江东日行情启动的第三天，换手率就超过了10%，上涨途中多次换手率都超过了15%，但它强势不改，依旧一路上涨（见下面图6）。

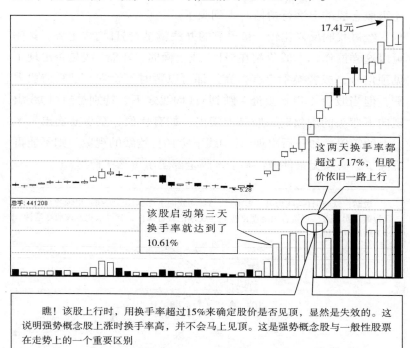

17.41元

这两天换手率都超过了17%，但股价依旧一路上行

该股启动第三天换手率就达到了10.61%

总手：441208

瞧！该股上行时，用换手率超过15%来确定股价是否见顶，显然是失效的。这说明强势概念股上涨时换手率高，并不会马上见顶。这是强势概念股与一般性股票在走势上的一个重要区别

浙江东日（600113）2012年2月20日～2012年5月2日的日K线走势图　图6

那么，为什么会出现这些情况呢？一个最重要的原因是，超级概念股常常不是一拨主力（庄家）在关照它，在超级概念股火爆时会有很多拨主力（庄家）在关照它。这样就会造成一种现象：前面一拨主力（庄家）撤退了，后面又有一拨主力（庄家）感到可以趁热打铁，再炒它一把，就会主动把前一拨主力（庄家）抛出的筹码接过去。所以，虽然走势图上出现了很高的换手

率，但股价还是在不停地上涨。当然这种击鼓传花的游戏不可能一直持续下去，它也有见顶的时候（且一旦真正见顶，往后股价在高位下跌的空间也很大）。问题是，它什么时候见顶，什么时候主力不再玩击鼓传花的游戏了，在事先无人能够预测到。唯一的办法就是要根据图形的变化，找到一个比较可靠的办法来判断超级概念股的上涨行情何时走到头了。

经过我们反复比较，最可靠的办法就是看5日均线走势。具体可以这样操作，当股价站在5日均线上面时，不管K线是否出现了见顶信号，或者换手率有多高，都可以暂时不管它，继续持股看涨，但当股价（指收盘价）跌到5日均线之下，特别是5日均线出现向下弯头的现象时，应马上卖出。如有犹豫，至少要卖出一半以上的筹码，如日后出现5日均线下穿10日均线的现象，则不能再犹豫了，必须无条件地将剩余筹码全部卖出（见下面图7）。

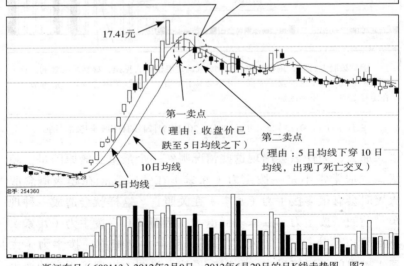

说明：跌破5日均线为第一卖出点，5日均线向下穿越10日均线，出现死亡交叉后为第二卖出点。投资者只要严格按照均线理论进行操作，就可以规避该股往后持续下跌的巨大风险

浙江东日（600113）2012年3月9日～2012年6月29日的日K线走势图　图7

道理九：在参与概念股行情炒作时，"分批买进，不满仓，逢高出局"是控制风险和保证赢利的重要手段。 很多事实证明，一些在股市中曾经赚了大钱的风云人物，因为没有控制好风险，最后被市场消灭，悲怆地离开了股市。正因为如此，股市中有一句名言："股市中的英雄，不是看谁一时间赚的钱最多，而要看谁在股市中存活的时间最长。"

大家知道，炒股票本来风险就很大，而风险最大莫过于炒概念、炒题材。当然，炒概念（题材）炒得好，可以使你快速致富，但同样的是，炒概念（题材）失败了，也可以使你快速致贫。再加上概念、题材本来就是虚虚实实、若有若无的东西，它来也匆匆，去也匆匆，很难把握。

尽管概念、题材有一定规律可寻[注]，本题道理一至道理四对炒概念的规律也作了进一步探索。但这些都不是绝对的，因为投资者在炒概念中会碰到太多意外的事情。有些事情发生非常突然，它已超出一般人能力所能控制的范围，所以投资者在参与概念股炒作，捕捉短线黑马时都必须留一手。操作时学会留有余地才能立于不败之地。B君、C君是懂得这个道理的，所以虽然他们的投资风险有激进、稳健之分，但他们在实战时都做到了"分批买进、不满仓、逢高出局"。这种把控制风险放在第一位的操作方式是值得大家学习的。我们要永远记住：小心驶得万年船。炒概念，切勿全进全出，因为这种不留余地的炒作方式，一旦失手会遭受灭顶之灾，一切都无法挽回了。

道理十：知己知彼，才能百战不殆。 炒概念、捕捉短线黑马，说白了就是一场主力与散户的短线大搏杀。在这场搏杀中，谁将对手研究透了，谁就是赢家。作为散户的对手——主力（庄家），他们一直在研究散户的心理与行为，而我们也应该反其道

【注】 概念、题材有什么特征，运行时有何规律，《股市操练大全》第三册第116页～第141页对其特征与运行规律作了详细介绍，有兴趣者可参阅。

而行之，仔细研究主力的心理与行为。纵观沪深股市20多年来概念股炒作的历史，我们发现主力炒作概念股有一个基本模式，它可以用20个字来概括：**"紧跟政策、挖掘题材、暗中建仓、击鼓传花、金蝉脱壳。"**

根据这20个字，我们可以看出主力炒作概念股的一个大致轮廓：

① "紧跟政策、挖掘题材、暗中建仓"是概念股炒作的第一阶段。概念股炒作初期，也即短线黑马启动之时可能并不起眼，因为主力根据政策，在暗中挖掘题材，悄悄地建仓，但等它涨上去以后市场总能找出它上涨的理由。说来说去，无非就是政策利好或者有热点题材。就如同2012年3月、4月间的温州金融改革以及新三板等概念都是源于政策方面的利好刺激。另外市场上永远不缺一些永恒的题材，如资产重组等。虽然现在证监会对资产重组的条件有了更加严格的规定，但市场还是对"乌鸡变凤凰"的故事充满兴趣。所以，今后概念炒作行情不会绝迹，只不过表现形式与过去有所不同罢了。可以肯定，将来的概念股炒作，短线黑马诞生，也一定是源于一些利好的政策或题材刺激，不然就没有号召力，也不能引起市场的追捧。

显然，在概念股炒作的第一阶段，普通投资者可以积极参与，与主力共舞。此时，看多做多的胜算概率很大，大家切勿犹豫不决，错过这个难得的投资良机。

② "击鼓传花"是概念股炒作进入第二阶段的主要标志。在沪深股市中，每一次成功的概念股炒作行情，都不会只有一两个股票在上涨，它必然有一个板块效应。而这个板块效应决定了行情的深度与力度。板块涨，行情在。如果板块上涨的效应减退了，行情也就有调整的需要了。因为热点板块往往都是短线资金集中的板块。如果某阶段市场上有持续几个热点板块轮流领涨，这种共振效应将把行情持续向上推升。而孕育短线黑马的重要土壤就是要有这种板块上涨的效应。说到底，短线黑马不是孤立

的，它是依靠板块效应来支撑的。但要产生板块效应，概念炒作时就必须有一个击鼓传花向外扩散的过程。这也就是说，当概念股行情产生了板块效应时，概念股的炒作即进入了"击鼓传花"阶段。在这个阶段，会有不少短线黑马出现，作为领头羊的短线黑马的表现也将更为出色。虽然此时投资者仍可积极看多做多，但要注意控制好风险。为什么要这样做呢？因为在这个阶段，主力的主要精力是用在拓展概念股炒作的空间，还未到他们拉高出货的时期。根据这个情况，投资者在操作时可采取这样的策略：对刚刚启动的热点概念股，或涨幅并不是很大的热点概念股，仍然可以适量买进或持股待涨，这样总体上风险不大，且往后获利的机会较多。当然，在这个时候也要注意控制好风险。所谓控制风险有两层意思：其一，是指概念股到了"击鼓传花"阶段，虽然还有赢利的机会，但毕竟比概念股炒作的第一阶段的赢利机会要少许多。既然如此，看多做多时就不能像第一阶段那样大胆、积极，而要做到适度看多做多，不要投入过多资金。其二，是指概念股炒作到了"击鼓传花"阶段，有的概念股会得势不饶人，出现疯涨。很多事实证明，股票一旦出现疯涨，往往意味着行情就要走到头了。此时再对它看多做多风险就很大。因此，投资者对疯涨的股票切忌追涨。

③ "金蝉脱壳"是概念股炒作进入第三阶段的主要标志。在这一阶段主力要大规模出货了。因此，有人把这一阶段称之为概念股炒作的尾声。在尾声阶段，投资者不能再对概念股看多做多，而要学会及时获利了结，没有股票的就不能再买进了。

在这一阶段，我们会发现主力为了在高位实现胜利大逃亡的目标，他们会施尽各种手段来忽悠投资者，请君入瓮。比如，主力会借媒体、股评家之口，散布各种利好传言引诱大家在高位追涨，在走势图上会制造出连拉大阳线，不断创新高的假象，鼓动大家继续看多做多，而暗中他们却在不断往外派发筹码。

那么，怎样才能知道主力要金蝉脱壳了呢？这里有几条经验可供大家参考：A. 领头羊股票出现滞涨或下跌；B. 热点概念向外扩散已经减弱甚至出现了停止的现象；C. 在热点概念涉及到的板块中，下跌个股的比例超过了上涨个股。

当然，了解主力的行为是很困难的，我们只能根据长期的观察与高手的一些操作经验，对主力炒作概念股的模式作一个大概的描述，具体的还要靠投资者自己去深入观察与研究。但有一点大家一定要明白，散户的对手——主力是很狡猾的，不是容易对付的，因为主力也在研究散户。据悉，2012年4月出现的"温州金改"概念股炒作，主力作了精心的策划。有人在一家私募基金办公桌上看到过一份题名为《关于小金融概念股炒作的构想》的厚厚文件。此事一度在坊间传得沸沸扬扬。有人说是真的，有人说是假的。不管此事是真是假，但有一点是肯定的，即当初这轮"温州金改"概念行情的发动与展开、延伸，完全处在主力有计划的掌控之中[注]。否则就不能解释，在大多数人眼里，作为这次"温州金改"概念的领头羊浙江东日原本就是一个很普通的股票——基本面平淡无奇，一点也没有值得人们兴奋的地方，为何会突然之间连续飚涨，受到各路资金的狂热追捧。且不说，它在短期内涨幅惊人，就是其资金快速集结的程度也让人瞠目结舌。2012年3月30日，该股出现第二个涨停，报收6.60元，成交金额较之前放大了2倍，近1亿元。接着连续2个涨停板，至4月6日，股

【注】 据了解，主力每做一波行情，尤其是炒作概念股，事前都要经过精心策划。比如，这次"温州金改"概念行情发动好像很突然，2012年3月28日，新闻里播出国务院决定在温州设立金融综合改革试验区，第二天市场就闻风而动，浙江东日出现一字涨停，以后又是连续涨停，它带动了"温州金改"概念股一起走强。这件事看上去好像是偶然发生的。其实不然，主力在事先已作了精心谋划。据悉，早在国务院宣布"温州金改"消息公布前，浙江、温州两级政府已向中央提出了温州金融改革试验区方案。这次国务院宣布在温州进行金改试验，实际上就是这个由地方政府报上来的方案获得了批准。主力嗅觉是很灵的，故而事先很可能会拟定出什么《关于小金融概念股炒作的构想》，即便不是，也会拟定出其他构想。此事主力一定谋划在先，不然"温州金改"概念行情不会这样快就起来了。

价报收7.99元，成交量大幅攀升，成交金额达3.4亿元，然而这远未结束。2012年4月9日～10日，央行行长周小川率中国人民银行调研组，赴温州开展金融综合改革试验区建设调研。浙江东日在4月9日经过一天的休整之后，再次出现连续4个涨停板，截至4月17日报收12.01元，交易量又上了一个新的台阶，达8.78亿元。在一个股票上，短期内资金如此快速集结，决不是偶然的，这是主力有预谋大规模地调动资金，所以才会出现这样的现象。可见，这一切早就在主力的事先计划之中。

既然主力操作概念股都是有计划的，那么普通投资者在参与概念股行情炒作、捕捉短线黑马时也要学得聪明点——谋定而动，才能提高操作的胜算率。

又及：本书完稿后，向读者征求意见时，有人对本题中提到的"概念炒作的生命力在于想象空间"的观点感到很新颖，认为这个观点对他们的启发很大。但同时他们想了解这次"温州金改"概念炒作想象空间大，具体表现在什么地方？概念的想象空间大究竟是什么原因促成的？

收到读者这一信息反馈后，我们作了研究，现解释如下：

做股票只有两种方式：一种是根据价值进行投资；另一种是根据价格进行投机。就价格投机来说，概念炒作是一种最主要的形式。概念炒作每年都有。远的不说，就说近几年的，如2006年、2007年的"资源"概念，2008年的"农业"、"迪士尼"概念，2009年的"区域"概念，2010年的"触摸屏"、"物联网"概念等。不过，这些概念无论从时间还是范围上，或是涨幅、涨停次数上，都远不及2012年的"温州金改"概念股。即使放到中国股市A股的21年历史中，唯一能与"温州金改"概念股行情相抗衡的也只有2000年的"网络"概念股行情。

2000年刚开始，"网络"概念股掀起狂潮，2000年1月4日～11日，上海梅林出现连续6个涨停，在休整6个交易日后，2000

年1月20日~24日，该股又连续3个涨停。从2000年1月26日~2月17日股价赶顶的7个交易日里，该股又出现5个涨停。也就是说，在22个交易日里，该股出现了14个涨停，累计涨幅为235%。

与温州金改概念股行情一样，当时的"网络"概念股行情也是全面开花。除了上海梅林，当时还是海虹控股的ST海虹（000503），在2000年1~2月间的31个交易日里，出现了24个涨停，累计涨幅高达302%。此外，厦门信达（000701）、*ST科健（000035）等，都是网络股行情的大黑马。

纵观沪深股市20多年来的概念股炒作行情，我们可以发现，就概念本身而言，想象空间最大的概念就是2000年的"网络"概念与2012年的"温州金改"概念。因此，这两次概念炒作，无论是从点到线再到面的广度，还是从短期内股价上涨的力度去分析，都是其他概念股炒作所远远不及的。

2000年的"网络"概念与2012年的"温州金改"概念，之所以想象空间大，关键是这些概念在当初都给市场留下了耳目一新之感。

比如，2000年的"网络"概念，在当时"网络"还是一个很新鲜的事物，市场中大多数人还不知道"网络"是怎么一回事，即使知道，也不过了解一点皮毛而已，所以"网络"概念一提出就抓住了市场大众的眼球，大家都为此浮想联翩，越想空间就越大。"网络"概念的魅力让当时的市场如痴如醉。

又如，2012年的"温州金改"概念，也是一个很新鲜的事物，因为这是全国第一次进行的金融改革试验，这个试验又是在市场经济最为活跃的温州进行的。温州历来就是民间融资最活跃的地区，但是2011年下半年以来，受累于货币政策的持续紧缩，民间金融活跃的温州遭受了重挫，如部分中小企业资金链断裂和企业主出走现象，由此对当地经济和社会稳定造成一定影响。各部门也就此提出了初步解决温州中小企业融资困局的救急方案，但是这些救急的资金救不了已经毁掉的温州民间信用，而这也导致2012年以来传统的民间借贷活动萎缩，银行贷款不良率持续上升。正是在这种背景下，国务院宣布设立温州市金融改革综合试验区。这是一个非常大胆、也是前所未有的决定。它给人带来很大震撼，同时也带来诸多新鲜感，市场的想象空间很大。如很多人会想，这次金融改革试验对重塑温州的民间信用体系，引导民间资金支持实体经济会带来多大作用？这次金融改革试验为温州中小企业打造多途径、快捷高效的融资渠道，从而支持温州企业的产业升级会带来什么样的影响？这次金融改革试验将给全国金融改革带来什么样的示范效应……这一切，让人充满遐想。

由此可见，概念的生命力在于它的想象空间，而概念的想象空间又往往是由概念是否有新意所决定的。概念的新意越多，它的想象空间就越大。

那么，如何判断概念的新意呢？从高手的经验看，可以从以下三个方面作出分析、判断。

① 看一个概念是否具有新意，就要看概念是从什么地方来的。如果这个概念是舶来品，它的想象空间就不会很大。比如，苹果手机卖得好，随后就有了国内A股"触摸屏"概念炒作，这个概念显然是舶来品，没有什么大的新意，所以，这样的概念想象空间很小，概念炒作的力度也不是很大。相反，"温州金改"概念却是典型的具有中国特色的概念产品。所以，这样的概念新意浓，想象空间大，市场对它大力炒作也就不奇怪了。

② 看一个概念是否具有新意，就要看它是不是老生常谈。比如，2012年临近"五一"节，"旅游"股却出乎很多人的意料没有被炒起来，这是为什么呢？实际上，市场对传统的、老生常谈的旅游概念已经麻木了。又如，这两年因为假日效应而出现的"消费"概念股的炒作，以及因为新能源汽车方案推出而引发的"汽车"概念股的炒作，都呈现为昙花一现的走势。投资者贸然参与这些概念股炒作就会面临很大风险，动作稍慢一些则马上深套其中。说到底，这些概念股的炒作之所以不成功，就是因为大

家已经耳熟能详，缺乏新意，吸引不了市场眼球。概念股炒作的一条重要规律是：一旦缺少跟风盘，行情即刻就会画上句号。可见，概念需要创新，无新意的概念是没有生命力的，投资者对此要有清醒的认识。

③ 看一个概念是否具有新意，就要看它是不是与时俱进。比如，2012年作为经济转型之年将大步向前，而概念的创造同样需要大步向前。正如有人所言，改革进入攻坚阶段，将向深度和广度拓展，将会为资本市场带来长期的改革红利。扩大内需长效机制、流通体制改革、资源价格改革、户籍制度改革等四个方面的政策兑现将有可能成为下一个主题概念。这样的概念适时推出，想象空间就很大，相应的投资机会也会很大。

【编后说明】用"情景再现"讲故事的方式设计训练题，是本书的一个亮点，也是一次新的尝试。设计本题的宗旨就是要帮助读者解决捕捉短线黑马（也包括部分中长线黑马）的最核心、最关键的技术——概念炒作。因为股市中的黑马约有70%是与概念炒作有关。换一句话说，不懂概念炒作，也就根本不懂如何去捕捉黑马。为了让读者对概念炒作有一个全方位的认识，看清楚短线黑马的诞生、发展、消失的全过程，并清晰地了解到主力（庄家）是如何借题发挥、炒作这类概念性股票的；普通投资者应该怎么把握好其中的机会，控制好其中的风险；买点、卖点应如何设置等一系列问题。我们特地选择了浙江东日这个实例进行全程解剖。虽然浙江东日只是一个个案，但它却是沪深股市20多年来概念股炒作中的一个典型代表。在它身上，大家可以看到主力（庄家）炒作概念股时所使用的各种伎俩，也可以了解到不同的投资者是如何理解概念股炒作的（如本题中A君、B君、C君就代表了三种不同类型的投资者）。我们相信，大家把这些问题的来龙去脉都弄明白了，捕捉短线黑马的一个关键技巧——概念炒作技巧也就基本上了解了（编者按：《股市操练大全》第三册第

116页~第141页，对历史上关于概念、题材等若干问题曾经作过深入探讨，里面有许多精彩的内容。读者在做本题练习时，可将第三册中有关内容与之对照，这样问题就能看得更加清楚，学习效果就会更加明显）。

当然，要踏准概念股炒作的节拍，是一件很不容易的事。本书除了对"温州金改"概念深入剖析外，下面还有一组涉及概念性的题目供大家练习。经验告诉我们，此类练习做多了，就能掌握概念股的炒作技巧。到那时，你再参加捕捉短线黑马的行情即有一种全新的感觉，胜算率就会有显著提高。

捕捉黑马
特别训练
2

彭老师说：上一堂课我们重点讨论了捕捉短线黑马的一个关键技巧——概念炒作。课后，有一位同学向我反映，他很想在捕捉短线黑马中做出一些成绩，但苦于对概念炒作的敏感度不高，操作时始终比别人慢一拍，因此实战成绩一直很差。有人向他建议短线黑马的概念多因政策引起，平时只要多关心国家大事，多关注国家推出的一些重大经济政策，对概念炒作的敏感度自然会提高。后来他努力做了，但效果仍然不明显。他问我要提高对短线炒作概念的敏感度，究竟有何良策？

这个问题很有代表性，很多投资者在捕捉短线黑马时都会碰到类似的情况。现在我们就着重议一议这个问题，看一看有什么好的解决办法？

"从大事件产生大概念，大概念催生大黑马"的基本原理来看，短线黑马的诞生确实与政策息息相关。因此，投资者在捕捉短线黑马时，对国家大事、国家的新政策一定要非常重视，高度关注，在短线黑马产生的第一时间内积极加入相关个股，尔后还要做到骑上短线黑马后在高位及时退出。如此才能让短线黑马为自己带来切切实实的赢利，不致于白忙乎一场。

这个道理说起来很简单，有人在操作时也努力朝这个方面去做了，但效果仍然不佳，这又是怎么一回事呢？比如，很多人在一早起来做的第一件事，就是收看或收听当天的经济新闻，看看发生了什么重大事件，股市开盘前，都要把各大证券报刊的头版仔细看上两遍，看看管理层推出了一些什么新的经济政策，晚上还要从网站上查一查有什么影响股市的经济新闻，周末还要听专家关于当前经济政策的讲座，等等。功课总算做到家了，但捕捉短线黑马的成功率仍然很低。

　　那么，问题究竟出在什么地方呢？这确实令人深思。关于这个情况，笔者作了深入调查研究后发现，原来事情并不是像有些投资者想象的那样简单，只要及时关注当前的经济新闻与国家的新政策就能抓住短线黑马。众所周知，在当今传媒与网络非常发达的时代，及时了解到这些信息是很容易的一件事。但了解到这些信息，不等于就能从这些信息中得到什么有益的启示，更不等于从中就能挖掘出带来巨大赢利机会的短线黑马。那么，这是为什么呢？因为我们每天从电视、电台、报纸、网络上获得的信息非常多，而这些海量信息，会让投资者无所适从，因此必须对它们进行取舍、筛选，之后才能找到对投资者有用的信息，接下来才能从这些有用的信息中提炼出吸引市场眼球的概念，进而才能捕捉到在低位尚未启动的短线黑马。

　　这里我给大家讲一个实例。前不久，笔者曾采访过一个股市高手，这几年他捕捉短线黑马成绩突出，受到很多人的关注。2011年10月，他又成功地捕捉到了天舟文化（300148）这匹短线黑马，当时他几乎在该股启动的第一时间买进的（见图8中箭头A所指处），在股价涨至近1倍时卖出（见图8中箭头B所指处），操作几近完美，短短一个

2011年10月12日，该股受到利好消息的刺激，股价突然大涨，当日以涨停大阳线报收，高手眼疾手快，成功地骑上了这匹短线黑马

31.21元

B

13.50元
（2011年10月12日）

A

天舟文化（300148）2011年7月12日～2012年1月5日的日K线走势图　图8

月获利就在8成以上，可谓赚得钵满盆满了。

这位高手是如何捕捉到天舟文化这匹短线黑马的呢？他告诉我们，他盯着天舟文化这个股票已有几个月时间了，当时未动它，只感到时间未到。这位高手说，虽然捕捉短线黑马离不开对媒体、网络中经济信息的了解，但投资者每天面对的是潮水般大量信息．而其中只有极小一部分对捕捉短线黑马是有用的。你必须把它找出来，找到后再要找一些有关资料进行论证，这样，操作时你心里就有底了。在短线黑马启动时，你就能争取到第一时间加入。

这位高手接着说：他在正式操作天舟文化这个股票前已做了好多个月的功课。天舟文化是沪深股市文化板块中很有代表性的一个股票。早在2011年5月、6月间，媒体与网络就不断传出国家要大力开拓文化事业的一些新闻。据一家权威证券机构预计，文化产业规模将由目前占GDP中的2.75%上升到5%以上，未来5年，我国文化产业的复合增长率要达到25%左右。这些信息，让他意识到，股市里的文化板块可能有戏。但这个"戏"怎么演？它的前景如何？他当时并不清楚。于是高手找了很多资料，进行调查认证。通过几个月的功课做下来，使他认识到一条重要道理："衣食足而知礼仪"（意思是，当物质文明达到一定高度，精神文明建设也变得非常重要）。据了解，在发达国家中的文化商品，特别是知名的文化品牌商品，比其他行业的商品更值钱、更容易受到消费者的青睐。因此在一些成熟的股市里，文化传媒行业常常酝酿着超级投资机会。别的不说，很多人熟悉的那只企鹅——在香港股市上市的"腾讯控股"（HK0700），在2004年处于低位时股价不过3~4港元，但到2012年，该股最高已涨至245港元，最大涨幅超过70倍，其牛劲之大令人惊叹（见下页图9）。

这位高手说：虽然，迄今为止，在沪深股市中还没有一家像腾讯那样的企业，能给股东带来如此高的回报。但是在文化产业

睢！该股刚上市时，股价不足4元，后来就一路震荡向上。短短几年，股价就涨了70余倍。可见，文化产业中催生出大黑马，其牛劲有多足

245.40元（2012年4月）

3.37元（2004年7月）

腾讯控股（HK0700）2004年6月～2012年4月的月K线走势图　图9

发展上升到政治高度后，市场的憧憬就开始改变了。

　　2011年10月，党的十七届六中全会通过的《中共中央关于深化文化体制改革、推动社会主义文化大发展大繁荣若干重大问题的决定》，引起市场广泛关注。这位高手说，当时他就认为会议审议的《决定》对文化产业发展具有里程碑意义，这对沪深股市来说，无疑会催生出一批与文化命题相关的黑马来，依据这个思路，他预感到市场主力必然会对文化传媒的个股下注，此时出手并对一些成交量有异动的文化传媒个股进行建仓，将会获得一次很好的捕捉短线黑马的机会。

后来的事态发展，证实了他这样的投资思路是完全正确的。果然，在政策春风的吹动下，沪深股市中为数不多的文化传媒板块个股，仅短短一个月就接连跑出好几匹短线黑马。其间他重点关注的天舟文化（300148）国庆前股价不过14.49元，但从2011年10月12日开始，在全国各地游资的击鼓传花之下，天舟文化展开了一轮波澜壮阔的飚升行情，仅仅经过19个交易日，就一度突破30元大关，期间涨幅高达102.91%。浙报传媒（600633）更是赶上了好时光，2011年9月29日，暂停上市一年多的*ST白猫因重组成功复牌，并更名为"浙报传媒"，当天大涨68.27%，接着又继续上涨，直到股价上涨接近翻倍后才见顶回落（见下面图10）。

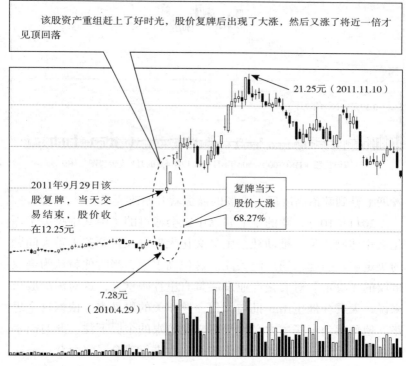

该股资产重组赶上了好时光，股价复牌后出现了大涨，然后又涨了将近一倍才见顶回落

21.25元（2011.11.10）

2011年9月29日该股复牌，当天交易结束，股价收在12.25元

复牌当天股价大涨68.27%

7.28元
（2010.4.29）

浙报传媒（600633）2010年2月24日～2012年1月16日的日K线走势图　图10

高手继续说：因为他预先就做好了功课，所以在天舟文化行情刚启动时就能毫不犹豫地加入。这次操作他又获得了成功。

笔者问高手：你觉得捕捉这些概念性的短线黑马最关键的技巧是什么？高手回答说，最关键的技巧有两条：

第一，要学会对海量信息进行筛选。现在很多人面对海量般的信息只会照单全收。这样的话，天天听、天天看经济新闻也不会有什么好的效果。其实，对一般投资者而言，真正对捕捉短线黑马有密切关联的信息，几个月才会出现一次，你若想成功地捕捉到短线黑马，就必须把这样的信息找出来，然后加以论证，这才是把力气用到刀刃上了。

第二，要学会合理的想象。大科学家爱因斯坦有一句名言："想象力比知识更重要。"现在把它套用到股市里也非常正确。说得绝对一点，捕捉短线黑马若不会想象，就是瞎猫捉老鼠，绝对不会成功的。为什么呢？因为捕捉短线黑马的每一个过程、每一个细节都需要合理的想象。比如，信息的筛选、甄别需要合理的想象；概念的提出、延伸、拓展需要合理的想象；游资入驻、主力借题发挥、庄家金蝉脱壳等都需要合理的想象。若没有合理的想象，捕捉短线黑马则处处受阻，寸步难行。

高手说：过去自己的想象能力很差，对短线炒作中的概念、题材之类的问题很难想明白，后来好不容易想明白，行动上又比别人慢了一步，所以捕捉短线黑马的成功率很低，现在自己学会了想象，操作时就主动多了，捕捉短线黑马的成功率也有了显著提高。

笔者问这位高手：有人说捕捉短线黑马主要看技术，为什么你没有把技术列为捕捉短线黑马的最关键的技巧呢？高手回答说：捕捉短线黑马肯定要用到一些短线技术，如买点怎么设置，卖点在何处，等等。但就总体而言，技术只能作为第二层面的关键技巧来看待。第一层面的关键技巧就是对信息的筛选与合理的想象，尤其是合理的想象更是我们思考问题的重中之重。可以这样说，缺乏合理的想象不要说捕捉短线黑马，就是一般性的选股都会出大错。比如，在市场中为什么一些短线技巧娴熟的投资者在捕捉短线黑马时成绩始终提不高，根本原因就是他们缺乏一种对信息的筛选与合理的想象能力。

笔者又问高手：既然你如此看好文化板块的未来前景，为何你对天舟文化的股票炒一把就卖出，前后持股的时间只有一个月呢？高手解释说：当然，文化传媒产业是国家重要的方针政策，2011年10月中央出台的文件仅是大框架，随着未来细则出台，文化传媒板块一定还会有反复的机会，但这是后话，不过，像天舟文化这种前期处于强势地位的品牌，从市场层面上看，只能先把它当成短线黑马来看，投资者在操作时，应遵循捕捉短线黑马的

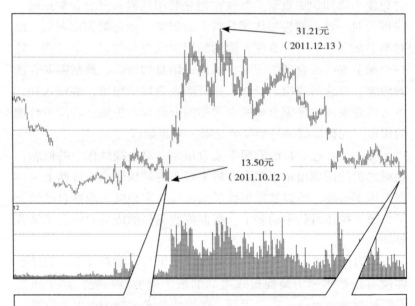

　　果然，该股在短线暴涨后，过了一段时间，从哪里涨上去又跌回到哪里。倘若在高位不卖出，或是白忙乎一场，或就是高位被深套。短线黑马这个特征，投资者操作时一定要记住，否则就会吃大亏

天舟文化（300148）2011年4月11日～2012年7月20日的日K线走势图　图11

原则——快进快出，否则，就会因为短线黑马的暴涨导致获利筹码兑现，出现快速回落，而那些在低位买入，但没有及时在高位跟着主力出逃者，往往会出现竹篮打水一场空的窘境，而在短线黑马暴涨至高位时追进的投资者，则会成为高位深套站岗的放哨人（见上页图11）。

嗨！这两道训练题做下来，让我明白了许多道理。过去以为炒短线，捕捉短线黑马，只要"听消息＋胆子大"就行了，现在看来，并非如此。炒短线、捕捉短线黑马有很多学问，若不掌握这些学问，仅凭不靠谱的消息与匹夫之勇，那危险就太大了，这犹如蒙着眼睛在山上开车，一不小心就会翻到山沟里。现在我静下心来，通过严格训练，把短线黑马的来龙去脉与炒作技巧都弄明白，日后到实战中才不会犯糊涂，做一个聪明的赢家。

下课后，很多同学对高手把想象力列为捕捉短线黑马的关键技巧，感到既新鲜又很疑惑。新鲜的是，类似高手这样的观点，他们还是头一次听说。疑惑的是，在股市里，想象力真的有那么重要吗？尤其是对高手说的"缺乏合理的想象，不要说捕捉短线黑马，就是一般性的选股都会出大错"这个观点感到很不理解。另外，他们想知道的是，既然想象力如此重要，那么，作为普通投资者有什么办法来提高自己的想象能力呢？

彭老师听了同学们的反映后，决定把这些问题在这堂课里再重点议一议，这样也能让大家真正跟高手学上两招。

请问：① 你对这些同学的反映与疑惑是怎样想的？② 你知道训练想象力有什么好方法吗？

高手把合理的想象列为炒股的最关键技巧，确实出乎大多数人的意料，但现实中发生的事情都可以证明高手这个观点是完全正确的。

一位伟人曾经说过："人类很多天才的创造都源于想象，一个没有想象力的人，是很难突破其自身的局限性的。"在历史上，牛顿因为有丰富的想象力，发现了万有引力；爱因斯坦因有惊人的想象力，提出了震惊世界的相对论；乔布斯带领下的苹果公司，因有超出常人的想象力，让苹果产品雄霸全球……

其实，在这个世界上连写文作诗都要有丰富的想象力，比如，李白诗句中的"飞流直下三千尺，疑是银河落九天"，此诗句之所以能流传千年，打动无数中华儿女，原因就是这句诗太有想象力了。

现在回过头来说我们的股市。高手的经验告诉我们，有没有合理的想象能力，已经成为我们炒股成败的一个最关键因素。这个问题如此重要，不得不引起我们的高度重视。

那么，它的重要性反映在什么地方呢？我们这里举一些实例，相信大家看过后就会明白的。比如，2010年、2011年、2012年这几年股市走势总体上都很疲弱，大多数投资者操作下来都是输钱的，但也有少数投资者操作下来是赢钱的。其中一个最重要的原因就是输钱的与赢钱的，所选的股票不一样，赢钱的投资者选的就是在熊市中股价也能持续上涨的牛股。

有人问：这些牛股是如何选出来的呢？其基本思路是：产品持续涨价引发股价持续上涨。你只要按照这个思路进行合理的想象，在这几年中就能找到熊市中的一些牛股，从而为你带来赢利。

比如，2009年～2011年，在市场上涨价涨得最厉害的商品之一就是白酒[注]，而跌价跌得最厉害的商品之一就是钢铁。针对这种情况，投资者在选股时就应该瞄准白酒类板块，而远离钢铁类板块。事实证明，这几年只要你是这样想了，并且这样做了，你就是股市中的赢家（编者按：借着行业东风，2011年多只白酒股在A股极其疲弱的走势下逆市上涨。从年初至2011年7月，涨幅在40%以上的白酒股有7只，其中有2只白酒股涨幅甚至超过了126%，而同期跌幅最大的是钢铁板块，其股价甚至比2008年10月上证指数跌至1664点时的股价还要低一大截）。

又如，2008年金融危机爆发以后，美联储采取"在飞机上撒钱"的滥发美元的经济政策，结果引发了一些以美元计价的商品价格不断上涨。其中比较突出的是黄金和石油。在大宗商品价格不断上涨的情况下，2009年、2010年沪深A股市场出现了"煤飞色舞"的局面，一切跟石油和黄金价格上涨有关系的行业，成为

【注】 白酒价格飚升，企业利润也跟着大涨。根据行业数据，2011年我国中等规模以上白酒工业企业实现利润总额571.59亿元，同比增长51.91%，其中净利润较2004年增长3.08倍，9年间复合增长率达23.7%。

市场的"投资主题"。期间，只要在有色和煤炭板块中买股票，想不赚钱都很难。

再如，还有一些更加细化的例子：① 国家对稀土行业采取限产和限制出口的政策，结果只要涉及稀土永磁的上市公司，都出现了惊人的涨幅。② 中国刚刚加入世贸的时候，草甘膦价格出现暴涨，结果涉及到草甘膦的冠农股份（600251）和华星化工（002018）股价连续翻番。③ 中成药价格的暴涨，使得中药类上市公司股价不断攀升。很多人不理解，在"喝酒吃药"（指酒类、医药类股票涨势很好，受到市场追捧）盛行的市场里，为什么只有中药股在涨，而西药股却表现平平。其中的原因就是它们的产品价格走势大不一样。

总之，上市公司生产的商品在不断涨价，就很容易引发相关股票的价格持续上涨；反之，上市公司生产的商品在不断地跌价，就很容易导致相关股票的价格不断走低。这里面的因果关系是十分清楚的，投资者只要运用合理的想象就能发现它们之间的逻辑联系，选好能为自己带来赢利的股票。比如，你可以这样想：

一、上市公司生产的产品在不断涨价，说明什么？说明该产品很受市场欢迎，处于供不应求的状态。

二、既然产品处于供不应求的状态，产品价格的上涨势头将会继续下去，上市公司获得的利润将越来越多。

三、上市公司的利润在不断增加，其股票就很容易被主力机构看中，只要上涨走势形成，追捧者就会增多，"众人拾柴火焰高"，股价就很容易出现大涨小回的走势。

四、只要买进的价格相对合理，选择这样的股票做多，承担的风险就很小，但获胜的机会却很大。

事实证明，这几年股市形势很差，股票难做，输钱的人很多。但是投资者只要按照上面所述进行合理的想象，挑选好股票，总体上不会输，甚至还会有大赚的可能。这是不是说明，在股市中想象力非常重要，高手的选股经验确实值得我们好好学习。

高手对我们说：无论是什么行业，也无论是什么上市公司，生产出来的产品，符合市场的需求，有人抢着要，这样的股票就很容易成为黑马股或者说是大牛股。

比如，上世纪八九十年代，家里有一台彩电、洗衣机、空调是很荣耀的事。因此家电的需求非常旺盛，家电股票中时常就冒出一些黑马来。当时四川长虹生产的彩电价廉物美，赶上了大众需求旺盛的好时光，所以它的产品卖得很火，成了当时股市中最令人羡慕的大黑马。后来，人们富裕了，口袋里的钱多了，城里人该配置的彩电、冰箱之类的家电都配置了，对彩电、冰箱之类的内在质量、品种就要挑挑拣拣了。此时的四川长虹就开始扛不住了。因为四川长虹生产的彩电都是一些大众化商品，在人们没有彩电的时代，它生产出来的彩电因其价廉物美，所以能抢得较多的市场份额，而在显象管彩电在城市里普及后，正当人们渴望技术上有更先进的彩电（如液晶彩电）来代替笨重的显象管彩电时，四川长虹却因为核心技术的缺失而生产不出一流产品，无法满足市场的需求，逐渐地败下阵来。到90年代后期，四川长虹的彩电销售越来越差劲，其股价只能越走越低。

又如，本世纪初，当彩电、冰箱、空调、洗衣机在城市里普及之后，人们开始追求买房了，所以市场中汽车类、房地产类股票走势很坚挺，从中也冒出了一些大黑马来，如上海汽车、万科等，特别是万科成为了2000年以后表现最抢眼的股票。这种现象说明了什么？说明消费者把钱用在哪里，哪个行业就会成为投资主题。过去家电板块屡屡成为投资主题，后来房地产成为投资主题，都是因消费需求刺激造成的。

其实，我们在想问题时，要充分发挥自己的想象力，比如，除了琢磨老百姓把钱用在哪里，也要关注政府会把资金投向什么行业。从某种意义上讲，政府的财政投资取向，也是市场需求的指挥棒。简单地说，国家把钱投在哪个行业，投在哪个地区，哪个行业或地区就会成为市场需求的旺角。甚至于国家的政策倾向哪里，哪里就会成为价值发现的洼地。2012年初国家针对温州金融混乱的局面推出了"温州金改"政策，结果，当时温州的金改板块就成为了市场的热点，股价出现大涨。

琢磨老百姓把钱花在哪里？政府把钱投向哪里？我们就自然而然地会想到应该选择什么类型的股票进行投资。一般来说，消费者花钱的习惯，既跟文化历史有关，也跟经济发展现状有关，同时还有一个国际消费比较的问题。上世纪90年代是家电年代，本世纪头10年是房产、汽车年代，接下来的5年、10年，老百姓会把钱花在哪里呢？这可以从经济发展的阶段和国际比较中找到一些线索，大体上可以将旅游、健康和消费升级作为几个主要方向。

虽然说判断大势和选择个股并不是一件容易的事，但如果我们换一个思路，根据产品价格的涨跌与市场需求，进行合理的想象，就会把一件很复杂的事情变成一件相对容易把握的事情。如哪个行业产品价格在持续上涨，我们就选择与之相关的股票做多；老百姓或者国家把钱花在哪里，我们就从哪里去挖掘投资机会，寻找黑马。只要坚持从这两个角度去想，去挑选股票，炒股赢钱的概率就将大大提高。

现在我们再来回答第二个问题：训练想象力有什么好的方法？这里我们就想象力自我训练介绍几种简单而行之有效的方法，供大家参考。

一、设问训练法

从人的年龄结构来看，儿童时期的想象力是最丰富的。比如，孩子们经常会问：为什么月亮是圆的？为什么星星掉不下来？为什么草是绿的？梦是什么？我们每个人都有生日，地球的生日是哪一天？等等。但人一到了成年，很多人的思想就会固定下来，他们对周围的事情不再好奇，认为事情本来就是如此，久而久之，想象力也就消失了。

因此，对一个已养成固定思维的成年人来说，要训练其想象力就要打破僵化的思维，恢复儿童时期对周围事物的好奇心，多提一些问题来考考自己、考考别人。以这种形式来训练想象力，统称为设问训练法。比如，我们可以随意地对周围事物进行设问，设问越多，将来的思维就越活跃，想象力就越丰富。下面我们作一些随意设问示例：

① 人的胃靠胃酸溶解食物并帮助消化，但为什么胃不会被胃酸溶解掉？其奥秘在什么地方？

② 为什么普通的冰是白色的而纯静的冰却是蓝色的？

③ 许多动物的行为在地震之前非常奇怪，它们难道对地震有什么预感吗？

④ 企业的投资价值究竟表现在什么地方？为什么掌握世界一流家电技术，长期在全球称王称霸的家电巨头索尼、松下、夏普近年来都出现了巨亏，持有这些股票的投资者则输得惨不忍睹。这里面到底隐藏着什么不为人知的秘密？我们能从这些案例中获得哪些经验与教训？

⑤ 股市是经济的晴雨表。为什么中国经济增长率世界第一，股市却熊冠全球？

世界上没有傻问题，我们每一次疑惑，每一次设问，或许都是创新的契机。事实上，一些想象力丰富的人就是在一次次地拷问自然、拷问社会、拷问自己的过程中发展起来的。有鉴于此，若你要想提高自己的想象力，不妨经常做些设问练习，经过一段时期练习后，你的想象力就会有显著提高。

二、联想训练法

联想思维的主要特征是：由此时此地人、事、物的诱发，而想到了彼时彼地与之相关、相反或相似的人、事、物，并可通过它们彼此之间的因果关系、从属关系、相似关系、对立关系不断地联想下去。

历史上许多创造与发明都来自联想。前人从观察猫掌与猫爪联想发明了钉鞋；从观察蜘蛛网联想发明了吊桥；美国人查理士从观察波浪的起落联想创造了道琼斯股价理论。总之，联想是客观事物之间的联系在人脑中的反映，它可以不断开拓人们的思路，升华人们的思想。

这里我们向大家介绍几个用联想进行发明创造的小故事，以利开拓大家的思路。

故事一：目前世界上第一流的爆破技术，已能将一幢高层建筑物炸成粉末，而且不影响旁边的其他建筑物。一些聪明的医生由此联想到，人体内的多种结石都需摧毁，在这一点上，它们是相似的，能不能也用爆破的办法将病人体内的结石炸碎呢？他们经过精确计算，把炸药的分量，缩小到恰好能炸碎病人体内的结石，而又不致影响病人的其他器官。这在医学上叫做微爆破技术。医生们的这种相似联想给结石患者带来了福音。

故事二：钢铁混凝土的发明也是联想的结果。1865年，法国园林师约瑟夫·莫尼埃在观察植物根系时，发现植物根系在松软的土壤中盘根错节、相互交叉成网状结构，使土壤抱成一团，他由此联想到了花坛的制造，并在水泥中加入了一些网状钢丝，结果制成的花池不再像以前那样容易破碎。1875年，他又运用这一发明制造了一座钢筋混凝土桥。从此钢筋混凝土作为一种新型的建筑材料得到广泛的应用。

故事三：德伊尔橡胶厂的老板运用联想，将面包发酵与橡胶工业联系了起来，结果通过往橡胶中添加发泡剂，制得了松软的海绵橡胶；英国工程师乔治从狩猎时身上粘满的野草种子出发，运用联想，发明了尼龙拉链。

但是，联想思维能力不是天生的。它需要以知识和生活经验、工作经验为基础。基础打好了，就能厚积而薄发，展开联想。另一方面，投资者若要提高联想思维能力，就要对自己进行强迫联想训练。那么，什么是强迫联想训练呢？就是随意指定的一件事，或者是指定的一种物，并以此事或此物作为联想的起点，强行同与此事物看似无关，但实际上还存在着某种相关、相似、因果等关系的事物"拉关系"。

为什么一定要进行强迫联想训练才能提高联想思维能力呢？因为一般人受习惯思维的影响，思想僵化，联想力极为有限。提到碗，就只能联想到筷子；提到床，也只能联想到棉被。一个经过强迫联想训练的人，则能激发想象力，触类旁通，闻一则知十。拿碗的例子来说，碗——饭——饭桶——水桶——水——水荒——干旱——石门水库——旅游……从碗很快就能联想到旅游。

前苏联心理学家哥洛万斯和斯塔林茨曾用实验证明，一个经过强迫联想思维训练对联想思维技巧已经娴熟的人，任何两个概念词语都可以在他（她）的头脑里经过四五个步骤建立起联想的关系。

比如，"高山与镜子"，是两个风马牛不相及的概念，但联想思维可以使它们之间发生联系。路径是：高山——平地，平地——平面，平面——镜面，镜面——镜子。

又如，"天空与茶"，也是两个不相关的概念，通过"天空——土地，土地——水，水——喝，喝——茶"，几步联想，使"天空与茶"这两个不相关的概念建立起联系。

值得注意的是：他们的实验所用的词语都是随机地取自字典，实验共进行了几百次，结果证明从一个概念过渡到另一个概念，几乎每次都只要4步联想就可以了，只是偶尔需要五六步。

当然，进行强迫联想训练，其过程一定要有强制性。这一点必须向大家说清楚。所谓强制性就是在"无关"的事物之间进行"硬性"思考，非要想出一个名堂不可。"无关"的事物究竟能形成一种什么关系，强行联想下去，才能思考出来，轻描淡写地联想是不行的。可见，进行强迫联想态度一定要坚决，要有一种不达目的誓不罢休的精神。唯有如此，才能达到预期的效果。

经验告诉我们，强迫联想训练到一定程度，就会发现"无关"事物之间存在着某种特殊的关系，世界上万事万物都是相通的。

三、追问训练法

略（该方法在本书第426页～第428页，以及在《股市操练大全》第三册第15页～第17页中已作了详细介绍，这里就不再重复介绍了）。

总之，炒股离不开想象力，尤其是捕捉短线黑马，经常要涉及到一些概念、题材之类的东西，这更需要培养投资者的想象力。我们衷心希望《股市操练大全》读者通过一段时间训练，将自己的想象力提高到一个新的水平，从而为炒好股票，捕捉黑马打下一个坚实的基础。

【补遗】为了配合读者开展想象力训练的需要，本书特邀思维训练专家撰写了一篇《如何开展想象力训练》一文，供大家参考。此文放在本书附录之中（见本书第572页～第576页），请关注。

下面有四张图，图12是上证指数走势图，图13～图16是4个股票的走势图。这几张图所反映的都是2007年下半年至2008年8月8日这一时间段的股价走势。

请问： 你能从这几张图的对比中看出什么名堂吗？你认为这几个股票该如何操作？从这次操作中，你能得到什么重要启示？

6124点（2007.10.16）

2595点（2008.8.8）

上证指数2007年10月15日～2008年8月8日的日K线走势图　图12

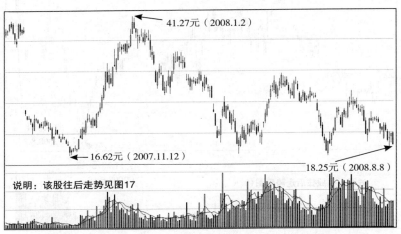

41.27元（2008.1.2）

16.62元（2007.11.12）

18.25元（2008.8.8）

说明：该股往后走势见图17

中体产业（600158）2007年9月13日～2008年8月8日的日K线走势图　图13

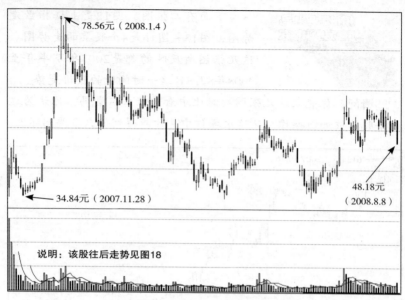

78.56元（2008.1.4）

34.84元（2007.11.28）

48.18元
（2008.8.8）

说明：该股往后走势见图18

全聚德（002186）2007年11月20日～2008年8月8日的日K线走势图　图14

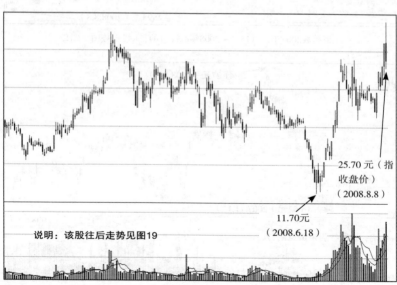

25.70元（指
收盘价）
（2008.8.8）

11.70元
（2008.6.18）

说明：该股往后走势见图19

北京旅游（000802）2007年10月12日～2008年8月8日的日K线走势图　图15

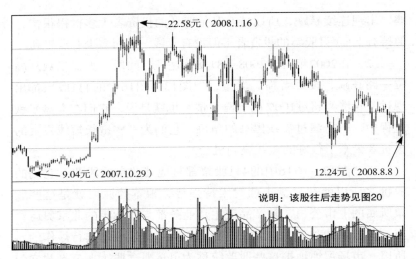

22.58元（2008.1.16）

9.04元（2007.10.29）

12.24元（2008.8.8）

说明：该股往后走势见图20

首商股份（600723）2007年10月15日～2008年8月8日的日K线走势图　　图16

彭老师请来一位股市高手帮我们分析了这几张图。

高手说：仔细观察了上面5张图，大家就可以发现以下一些现象：

一、这5张图中的个股整体走势都比大盘走势强很多。从图12中看，当时上证指数从6124点跌至2008年8月8日的2595点，跌幅已近6成，而同期的这4只股票，若从其2007年末行情启动时（其中图15的个股行情启动时间是2008年6月）最低股价算起，直至2008年8月8日，股价都有不同程度的上涨。如图13的中体产业，2007年11月12日行情启动的股价是16.62元，2008年8月8日的收盘价是18.25元；图14的全聚德，2007年11月28日行情启动时股价是34.84元，2008年8月8日的收盘价是48.18元；图15的北京旅游，2008年6月18日行情启动时股价是11.70元，2008年8月8日的收盘价是25.70元；图16的首商股份，2007年10月29日行情启动时的股价是9.04元，2008年8月8日收盘价是12.24元。换一句话说，在2007年末至2008年8月8日这一段时间，因为沪深股市走熊，出现连续暴跌，所以持有其他股票的投资者大多输得很惨，但持有上面4只股票的投资者不但没有亏钱，反而多少有点赢利。

二、在2007年末至2008年8月8日这一时间段，大盘指数从高位一路狂跌，投资者损失惨重，但图13～图16中的4只股票都出现过一轮涨幅超过100%的上涨行情。也就是说，它们在大盘暴跌过程中，曾扮演过短线黑马的角色，它们为一些擅长短线投资的投资者带来了很好的短线赢利机会。

三、图13～图16中的4只股票都是地处北京的股票，它们的股价之所以能在大盘走熊时维持强势，根本的原因就是这些股票所属的上市公司，其产品或主营业务都与2008年的北京奥运会有着某方面的联系。主力正是把它们当作奥运概念进行炒作的。所以，市场习惯地把这些股票统称为奥运概念股（也有人称它们为奥运板块）。比如，图13的中体产业，由于该股是国家体育总局控股的唯一上市公司，也是北京申奥的策划主体之一，更是北京奥运会票务代理独家供应商，并正式成为北京奥运会特许零售商，显然，该公司在奥运项目建设中享有得天独厚的优势，而这些头衔都是市场资金青睐的炒作由头。中体产业当时能扮演短线黑马角色，也就顺理成章地成了众望所归的事。

四、2008年8月8日，是北京奥运会开幕的日子。当天上证指数跌了4.47%，但这一天奥运概念股跌幅远甚于大盘。图13～图16的几个奥运概念股中有3个跌停，跌幅最小的北京旅游也大跌了6.82%。

从上面这些现象中，我们可以分析出，奥运概念股行情正式谢幕了，其标志就是2008年8月8日的奥运概念股普遍跌停。作出这个判断的理由是：在2008年8月8日北京奥运会召开后，如果奥运概念股行情还能继续下去的话，那么这些股票就不会出现暴跌，更不会以跌停的极端方式来"迎接"奥运会的召开。当日奥运概念股的跌停，说明市场方方面面都认可奥运板块的行情走到尽头了。这样的话，这些个股中就不会有什么继续做多的力量出现，即使有力量也相当小，而主动看空做空该股的力量却占据绝对的上风。如此一来，这些个股往后的走势就变得非常危险。

　　高手分析说：至2008年8月8日，奥运概念股行情结束了，接下来奥运概念股将出现一轮惨烈的下跌。高手认为，2008年8月8日奥运概念股的跌停，是这轮惨跌的开始，所以，必须马上抛空奥运概念股，晚卖一天损失就大一天（见下面图17、图18、图19、图20）。

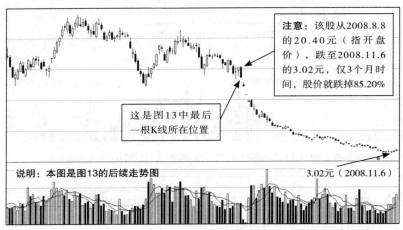

注意：该股从2008.8.8的20.40元（指开盘价），跌至2008.11.6的3.02元，仅3个月时间，股价就跌掉85.20%

这是图13中最后一根K线所在位置

说明：本图是图13的后续走势图

3.02元（2008.11.6）

中体产业（600158）2008年3月31日～2008年11月10日的日K线走势图　图17

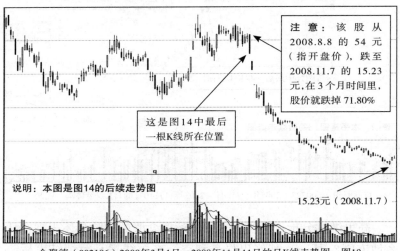

注意：该股从2008.8.8的54元（指开盘价），跌至2008.11.7的15.23元，在3个月时间里，股价就跌掉71.80%

这是图14中最后一根K线所在位置

说明：本图是图14的后续走势图

15.23元（2008.11.7）

全聚德（002186）2008年3月1日～2008年11月11日的日K线走势图　图18

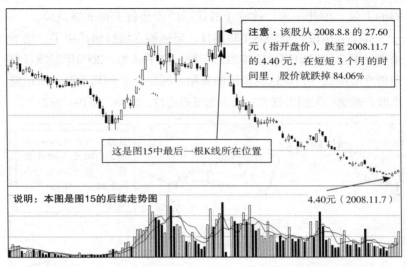

注意：该股从 2008.8.8 的 27.60 元（指开盘价），跌至 2008.11.7 的 4.40 元，在短短 3 个月的时间里，股价就跌掉 84.06%

这是图15中最后一根K线所在位置

说明：本图是图15的后续走势图

4.40元（2008.11.7）

北京旅游（000802）2008年4月29日～2008年11月11日的日K线走势图　图19

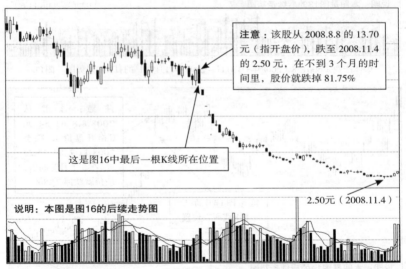

注意：该股从 2008.8.8 的 13.70 元（指开盘价），跌至 2008.11.4 的 2.50 元，在不到 3 个月的时间里，股价就跌掉 81.75%

这是图16中最后一根K线所在位置

说明：本图是图16的后续走势图

2.50元（2008.11.4）

首商股份（600723）2008年5月20日～2008年11月10日的日K线走势图　图20

　　高手继续分析说：当时这些奥运概念股的危险具体表现在什么地方呢？其一，利好出尽是利空。在短线黑马行情结束后，股价就要走价值回归之路，很多股票从哪里涨上去又会跌回到哪里。其二，在2008年8月8日前，大盘下跌了近6成，很多个股都跟着大盘跌得鼻青眼肿，而奥运概念股却一枝独秀。现在奥运概念股行情画上句号后，其所属个股就必定会出现补跌。如果补跌，情况就会非常糟糕。晚卖一步，损失就会很大。其三，在历史上，一旦过时的概念股出现补跌，做空的能量非常大，常规的均线、颈线都不会有支撑，股价犹如断线的风筝，出现一路下跌的走势。

高手发言后，彭老师插话了。彭老师说：同样是看图，为什么高手能看出这么多名堂，而一般的投资者却看不出所以然来？原因是高手善于观察、善于分析、善于想象，我们向高手学习时，重要的不是学习高手对未来行情作出了什么样的判断，而是要学习高手是如何运用合理的想象、精细的分析，一步步解开问题谜团的。因为高手观察问题、解决问题的思路、方法，是最值得我们学习的。

彭老师插话之后，高手又继续对奥运概念股案例作了分析。高手说：下面我要说的内容是：奥运概念股案例能给大家带来什么启示？

启示一：在时间上有特别要求的概念股炒作，主力往往会选择一个恰当的时候出手。普通投资者应顺势而为，既不要过早加入，也不宜过晚跟进，最佳买入时机是主力刚刚启动该股行情的初期。

不知大家注意到没有，奥运概念是一个很确定的概念，它和一般概念不同，在时间的界定上非常明确[注]，即奥运概念股的炒作必须在2008年8月8日之前完成，倘若到了2008年8月8日北京

【注】　除了奥运概念，其他如1997年香港回归概念炒作，2010年世博概念的炒作，在时间上都有明确的界定。

奥运会开幕了，那时再炒作它就没有意义了（事实上，奥运会开幕了，就不会有人跟风，即使想炒也炒不起来）。

按照"大事件产生大概念，大概念催生大黑马"的理论，在2008年8月8日之前市场上必然会出现一波奥运概念股的炒作，也必然会有一些短线黑马脱颖而出。为什么会这样呢？因为北京奥运会是我国第一次承办的世界奥运会，这个历史意义非常重大，像这样大的事件，股市里不作反应，不出现与之有关的概念炒作几乎是不可能的。但问题是，像这样的概念炒作世人皆知，而众人都知道的事情，主力一定会回避。因此，主力一定要在大多数人想不到的时候，实施对这类概念股的炒作。

从图13～图16中看，主力炒作奥运概念股的时间，选择在2007年末至2008年初。这个时间段，正是沪深股市见顶，大盘开始走熊的时候。那么，主力为什么要选择在这个时候发动奥运概念股行情呢？这里有几个原因：

第一，主力认为，大盘在处于筑顶回落，走势向下的微妙时期，很多人会举棋不定，看不清方向。此时，他们不会想到在这个时候主力会出其不意地发动奥运概念股行情。

第二，虽然说2007年末至2008年初股市已开始见顶回落并步入熊市，但由于当时牛市刚刚结束，市场上做多的人气仍在，主力借奥运逐渐临近的东风，发动一轮奥运概念股炒作行情，能积极响应的人还是很多的，因此，在股价炒高后不怕没人跟风，也不怕高位出货时没人接盘。

第三，即使奥运概念股炒作不太顺利，尤其是股价拉高后接盘稀少，主力无法金蝉脱壳，那也不要紧，因为此时离开奥运会召开还有半年多时间，主力有足够的时间在市场上慢慢地"磨"，磨到一定阶段就能做到全身而退了。

大家一定要注意，若想在奥运概念股中捕捉到短线黑马，那就一定要在主力正式启动奥运概念股行情时才能加入，过早加入，或过晚跟进，非但捕捉不到短线黑马，反而会长期套在里面。

高手说：如果我们进行合理的想象，揣摩主力的心理，再结合盘面这些个股的实际走势，就能大致判断出主力的出手时间，然后依此作出判断，跟进做多就有了较大的胜算。当时，我就对周围的朋友说，奥运概念股的炒作，主力很可能把时间定在2007年8月～2008年2月这个时间段。后来发生的事实，证明我对主力心理的揣摩基本上是正确的。

启示二：短线黑马概念股炒作，一般只有一次短线炒作机会。因此，投资者参与时必须学会逢高退出，退出后就不要再参与，要保护好手中的胜利成果。

其实，很多人参与短线黑马的炒作，一开始是赚钱的，但后来由于不懂得短线黑马的炒作只有一次机会，赚了钱仍然留在里面，希望能找到短线黑马的第二次、第三次炒作机会，最后希望落空被套在里面，把原来赚的钱都赔了回去。

有人问：这是为什么呢？只要大家仔细看看图13～图16的走势，心里就会明白的。这四张图中，涨幅超过100%的行情只有一次，其余的都是高点下移，震荡下行的走势。这一现象说明主力在制造一波短线黑马行情，在高位把获利筹码派发后，已放弃了对奥运概念股再次做多的意愿，最后也就是通过上下震荡把手中还没有来得及卖掉的股票，用震荡反弹的方式把它卖掉。看懂这一点非常重要，这样就不会出现赚了钱再倒赔回去的情况。

这里给大家说一个真实的故事。笔者有一位朋友，在2007年末至2008年初参与了中体产业奥运概念股行情的炒作，他在20元附近买进，在38元多卖出，赚了很多钱，这让他很开心。如果当时他卖出后就把钱紧紧地捂在口袋里，之后该股大跌就与他无关了，其胜利成果就可以保存下来。但我这个朋友认死理，他并没有这样做。他一直认为该股沾了很多奥运的光，股价经过调整后还会有出色表现。于是，他在该股下跌出现第一次反弹时就又冲了进去（买进的价格为27.38元），祈盼中体产业借奥运之光再出现第二次短线黑马行情的机会，股价再创新高，但是，这个机会始终没有等到，反而是越等情况越糟，到后来前面赚的钱不仅都被吐了出来，还倒赔进去很多（该股补跌时最低跌至3.02元），这使他很沮丧。

启示三：对走势怪异的概念股票予以高度关注，主力会趁众人不备时，突然发动一波短线黑马行情，此时若能眼疾手快，迅速跟进，短期内就可以获得一笔丰厚的利润。

图15的北京旅游就属于这种情况。该股当时的走势与图13、图14、图16其他几只奥运概念股有很大区别。从图15中看，其他几只奥运概念股都是在2007年末启动短线黑马行情的，而北京旅游是在2008年6月启动短线黑马行情的。北京旅游启动短线黑马行情离开奥运会只有两个月不到时间，但这一波短线黑马行情上涨的力度却不小，它从2008年6月18日11.70元开始上涨，经过短短一个多月，在2008年8月8日这天最高涨至29.79元，其最大涨幅达到了154.62%。

那么，投资者如何才能抓住这匹短线黑马呢？客观地说，对没有思想准备，或缺乏合理想象能力的投资者来说，是不可能抓住这匹短线黑马的，但对有充分思想准备，并且具有合理想象能力的投资者而言，抓住这匹黑马是完全有可能的。

为什么这样说呢？大家可以想一想，北京旅游可以说是一个名副其实的奥运概念股，但直到2008年6月份之前，它都跟着大盘走势一路下跌，根本看不出它有任何奥运概念的风采，而其他一些奥运概念股早就借奥运东风在2007年末至2008年初就演绎过一波短线黑马行情，这种反常的情形难道不值得人们深思吗？如果你是一个有想象能力的投资者，你就会想到北京旅游的主力不会这么傻，轻易放过借奥运东风制造一波短线黑马行情，让自己大赚的机会，主力一定是在等待时机。因此，当该股在2008年6月18日突然启动时，你就应该运用你的想象力推测到主力是不是在利用北京奥运会召开的最后一个多月，发动一波短线黑马行情。

如果换位思考，你是该股的主力，你就会认为在这个时候炒作该股的"理由"也是很充足的。因为临近奥运会，国内外会有大量人群到北京来旅游，北京旅游的业务一定会暴涨。炒股票就是炒预期，有这样好的预期，主力一旦对这只奥运概念股进行短线黑马行情炒作，相信跟风的人肯定不少。后来事态发展证明，当时驻扎在北京旅游的主力确实是这么干的。据了解，在2008年6月18日~2008年8月8日这一时间段，沪深股市涨幅最大的股票就是北京旅游。显然，当时如果该股不是借北京奥运东风，不在媒体上、网络上大肆营造到北京来旅游的业务量暴增的预期，该股怎么会在沪深股市整体走弱的背景下，短短一个多月，出现股价疯涨一倍有余这样的奇迹呢？

可见，如果你是有思想准备的人，对概念股炒作规律有深入了解，并揣摩出主力的心理，你就有可能在北京旅游启动短线黑马行情时积极跟进，从而有幸地成为当时捕捉短线黑马的一位股市大赢家。

启示四：大限日子一到，必须抛股离场。

所谓大限日子，是指一些有明确时间的概念股，在行情走到这一时间点时就称为大限的日子。比如，1997年，当时沪深股市炒作香港回归概念股，但当1997年7月1日香港正式回归祖国这一天，香港回归概念股悉数暴跌，香港回归概念股行情就此画上句号。同样的道理，2008年的奥运概念股行情，它的大限日子就是2008年8月8日开幕之时。事实也的确如此，2008年8月8日沪深股市里的奥运概念股全部暴跌，无一幸免，本题中的几只奥运概念股，3只跌停，一只跌幅为6.82%。

股市中有一句俗语："利好兑现之时就是出货之时。"因此概念股炒作一到利好公布之时，股市中就杀声一片，在这个时候，主力抛货，大户斩仓，游资撤离，股价岂有不跌之理。所以聪明的投资者看到奥运会召开了，就绝对不能再对奥运概念股看多做多了，否则就会成为一个"不明事理"的冤大头。

　　启示五：短线黑马行情结束，往后的补跌行情将十分惨烈，投资者不可因其"超跌"而盲目逢低补仓。轻易对其抄底补仓者，将会输得很惨。

　　大家知道，在沪深股市2008年进入大熊市后，个股跌幅达七成、八成的比比皆是。后来有人作了调查，发现在2008年8月8日奥运会召开前，原以为强势的奥运概念股，在上证指数跌至1664点时，其总的跌幅与其他股票几近相同。比如，奥运概念的龙头股中体产业，若以图13中最高价41.27元算起，它在大盘跌至1664点时最低股价跌至3.02元，整个跌幅达到了92.68%。那么，这究竟是怎么一回事呢？为何原来强势的奥运概念股最后跌幅竟和其他大跌个股相同，甚至有过之而无不及呢？原因就是之后补跌造成的。图17～图20是图13～图16的后续走势图，从这几只奥运概念股的后续走势图中可以清楚地看到，自2008年8月8日奥运概念股大开杀戒之后，股价就出现了一路狂泻的走势，此时什么均线、颈线、底边线、支撑线等等，都成了窗户纸，无法阻挡其狂跌。据了解，2008年8月8日～2008年10月28日，上证指数从开盘2724.43点跌至最低1664.93点，跌幅达38.89%，而同期的上述这几只奥运概念股跌幅都在70%以上，远远超过大盘指数的跌幅。因此概念股一旦补跌，犹如进入无底深渊，投资者应马上卖出，晚卖一天，损失就大一天，持股不抛，就成了股市中最大的输家。

捕捉黑马 特别训练 5

彭老师说：前面我们重点讨论了捕捉短线黑马的一个最关键的技巧——概念炒作。除概念外，短线黑马也可以从超跌股[注]中诞生。今天这堂课讨论的主题是：如何从超跌股中捕捉到短线黑马。现在我先给大家做一个题目，然后再来分析其中的一些技巧与操作中要注意的问题，特别是要考虑怎么来防范超跌股中隐藏的风险问题。

据了解，一些专业从事短线操作的投资者，从超跌股中捕捉到短线黑马的成功率并不高，大多数人非但没有享受到骑上黑马的快乐，反而深套其中。对这种情况，我们必须予以高度重视。

下面请看题：图21～图24，是沪深股市不同时期的超跌股，图中箭头所指处是当初一些投资者买进该股的地方（为叙述方便，图21的投资者称为A君，图22的投资者称为B君，图23的投资者称为C君，图24的投资者称为D君），但事后证明，他们当中的某些人买对了，某些人却买错了。

请问：谁买对了，谁买错了？买对或买错的原因是什么？通过这些案例，我们能悟出一些什么道理来？

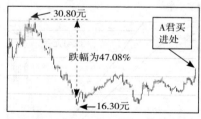

超跌说明：该股为中小板的次新股。前面48个交易日，股价从30.80元跌至16.30元，最大跌幅达到47.08% 图21

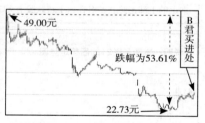

超跌说明：该股为中小板的次新股。上市后就一路下跌，近8个月时间，最大跌幅达到53.61% 图22

【注】 超跌股是指跌幅远远超过同期大盘指数跌幅的个股。这些个股比一般的股票的跌幅要大得多。比方说，大盘指数跌10%，一般的个股随大盘指数波动，跌幅也大致在10%左右，跌幅稍大一些的个股，通常只有15%～20%左右的跌幅。但超跌股就不一样，它的跌幅可以在30%，甚至50%以上。

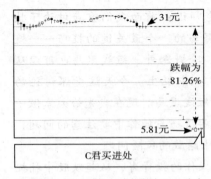

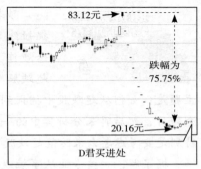

C君买进处

D君买进处

超跌说明：该股为主板市场的老股。途中出现连续15个跌停板，最近17个交易日，最大跌幅达到81.26%　图23

超跌说明：该股为主板市场的老股。途中出现连续9个跌停板，最近20个交易日，最大跌幅达到75.75%　图24

图21中的A君、图24中的D君买对了。在他们买进后，这两个股票都出现了明显的上涨，最后因这些股票前期超跌，它们都被主力相中，打造成一匹黑马。A君、D君也享受到骑短线黑马的快乐（见下面图25、图26）。

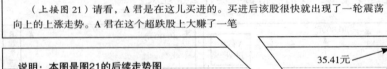

（上接图21）请看，A君是在这儿买进的。买进后该股很快就出现了一轮震荡向上的上涨走势。A君在这个超跌股上大赚了一笔

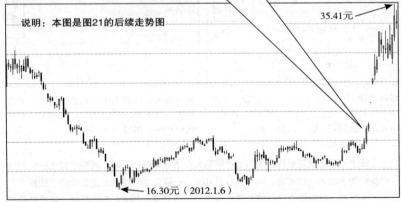

百润股份（002568）2011年10月25日～2012年7月19日的日K线走势图　图25

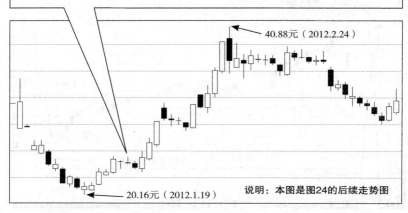

（上接图24）请看，D君是在这儿买进的。此后股价继续向上攀升，仅仅过了15个交易日，股价就涨了八成。该股在超跌后终于扮演了一次短线黑马的角色

40.88元（2012.2.24）

20.16元（2012.1.19）

说明：**本图是图24的后续走势图**

重庆啤酒（600132）2011年12月20日～2012年3月28日的日K线走势图　图26

图22中的B君、图23中的C君买错了。他们买进这些股票后，并没有等来预期中的上涨，股价反而跌跌不休，且后面的跌幅巨大，致使他们出现重大亏损（见下面图27、图28）。

（上接图22）注意，B君就是在这儿买进的，至今亏损已过半，显然他已被结结实实地套在半空中了

27.80元（2011.7.15）

说明：**本图是图22的后续走势图**

8.75元（2012.8.1）

大金重工（002487）2011年5月4日～2012年8月10日的日K线走势图　图27

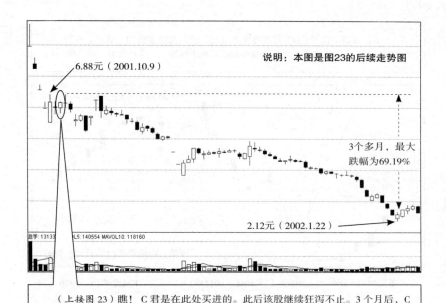

说明：本图是图23的后续走势图

6.88元（2001.10.9）

3个多月，最大
跌幅为69.19%

2.12元（2002.1.22）

总手: 13133 L5: 140554 MAVOL10: 118160

（上接图23）瞧！C君是在此处买进的。此后该股继续狂泻不止。3个月后，C
君的账面亏损已接近七成

ST银广夏（000557）2001年9月26日～2002年1月28日的日K线走势图　图28

　　A君、B君、C君、D君，无论是做对或做错都已成为事实，
这是无法更改的。现在我们要研究的是，他们操作成功或失败的
原因是什么，我们能从他们的操作中悟出一些什么道理呢？

　　**第一，从超跌股中寻找投资机会，不能凭股价跌幅的深浅进
行决策。**虽然，从理论上说，超跌股中蕴藏着巨大的投资机会，
超跌股中可以挖掘出短线黑马。但并不是所有的超跌股都有这样
的机会，有这样机会的仅是其中的一小部分。在股市中我们经常
看到，一些个股超跌之后再超跌，不知其超跌到何时才是尽头的
现象。据了解，沪深股市20多年来，曾经有一些个股几年超跌下
来都无人关照，只能任其股价一跌再跌。此外，还有更糟糕的情
况是，一些超跌个股，跌到最后竟被驱逐出股市——直接退市
了，投资它的人就会输得血本无归。所以我们要辩证地来看待、
分析超跌股，千万不要以为跌幅深的超跌股比跌幅浅的超跌股投

资机会大，而忘记了一些跌幅深的超跌股中存在巨大风险。

比如，本题中列举的4个股票，其中超跌最厉害、跌幅最大的股票，买进的风险最大。如图23中的个股，当时该股已下跌了81%，在C君买入后仅3个多月时间，股价又跌掉近七成。假如C君当初买入时用了10万元资金，买入价格是6.50元左右，3个月后该股跌至2.12元，10万元就缩水至3万多元，账面损失就近7万元。与之相反，跌幅相对较小的超跌股，如图21中的个股，后来却演变成了一匹短线黑马，以至A君买进后大赚了一笔。可见，按照超跌股的跌幅深浅来投资，评估其风险是很不靠谱的。

第二，要根据主力的喜好来选择超跌股。这话听起来有点刺耳，但事实就是这样。因为主力看不中的超跌股，它是不会涨的，更不会成为短线黑马。假如你买进了主力不喜欢的超跌股，结果就是一路吃套，不能自拔。

那么，主力会看中什么类型的超跌股呢？普通投资者又如何知道主力看中了什么超跌股呢？确实，这个问题很难回答。但是大家既然要从超跌股中挖掘投资机会，寻找短线黑马，就不能回避这个问题。我们通过仔细调查研究后发现，主力选择超跌股进行炒作有两条基本原则，即：一是要保证自己的大资金进去后能安全退出来；二是要快进快出，获利就撤。

笔者在与一些私募基金经理聊天中得知，他们对超跌股的态度是既爱又怕，爱的是超跌股中往往蕴藏着暴利机会，怕的是一旦被它粘住，后面如找不到接盘的人，就难以脱身，那么麻烦就大了。因此，主力选择超跌股非常谨慎，绝不是像外界流传的那样，"凡是超跌股，主力都会来炒一把"（编者按：这种话很不负责任，是在误导投资者，相信它的人都会吃大亏）。据了解，**主力最看好的超跌股是短期内跌幅巨大的股票。**比如，像图23、图24中的个股，以断崖的方式出现下跌，最后形成了超跌。这样的超跌股很容易被主力看中（当然，主力看中了，不等于投资者就能马上买进。投资者何时可以买进，要看图中什么时候发出买进信号）。主力看中它们的理由是，因为其突然出现的高台跳水，以断崖的方式一路狂泻，几乎把所有的持股人都封杀在里面，一些困守在里面的机构投资者必然会设法自救，再加上外面有大量投机资金趁着其超跌正等着捡便宜货。如此一来，这些个股就积聚了很大的反弹能量，一旦有新资金逢低加入，就很容易出现快速上涨，一轮预期中的超跌反弹行情就会如期而至。主力将股价拉高时跟风者甚多，不愁高位无人接盘。这样主力获利后，在高位就能做到全身而退了。

知情人告诉我们，主力最不喜欢的就是以缓慢下跌的方式形成的超跌股。如图22中的个股，虽然它上市后一路下跌，但股价跌掉50%花去半年时间，这样的超跌股就不太容易受到市场大资金的关注。其原因就是主力担心自己进去了不容易退出来。因为他们知道，如匆忙进驻这些超跌股很容易被该股的老庄家缠住，即使老庄家不缠住他们，大家齐心合力地把股价拉上去，但最终会因缺少外面的跟风盘，致使高位出货时无人接盘，从而把他们与老庄家一起困在里面，动弹不得。

通过上面分析，我们知道了**主力、大资金都不太喜欢以缓跌的方式出现的超跌股，而青睐以急跌的方式出现的超跌股**。那么，作为普通中小投资者的我们，就应该学得聪明一点，主力喜欢什么超跌股，我们就选择什么超跌股，在实际操作中，就要尽量避开一些缓慢下跌的超跌股。但是这个问题却被B君忽视了，或者是B君根本就没有明白这方面的道理。他盲目地投资图22中以缓跌的形式出现的超跌股，在选择超跌股时犯了一个方向性的错误，这样就为日后的失败埋下了祸根。

主力除了对以断崖的方式出现的超跌股特别青睐外，对短期内快速下跌的超跌股也比较看重，如图21中的超跌股就属于这种类型。从该图看，图中的个股在前期出现了快速下跌，仅仅两个多月，股价就从30.80元跌至16.30元，跌幅达到了47.08%。如此快速的杀跌，为该股日后的回升积聚了较大的反弹能量，这是主力器重这类超跌股的主要原因。A君选择图21中的个股进行投资，也可以说顺应了天时与地利，获胜的概率自然远远超过B君，其后面的成功也就不会让人感到奇怪了。

第三，对超跌股进行投资，一定要在买入信号出现时再加入，这样就能保证投资的安全性。虽然，从战略上说，超跌股存在着投资机会，但从战术上说，真正买进的时候，一定要等图形上出现买入信号时再动手，这是普通投资者操作时必须遵守的一个基本原则。而图22中的B君、图23中的C君所犯的错误，一个重要原因就是在没有看到图形中出现买入信号的情况下，仅凭自己的一厢情愿，认为该股超跌了，日后必然会涨，盲目买进，最后出现了深套。其实，当时他们只要在图中设置一条颈线或5日、10日均线，并按照技术要求去操作，情况就完全两样了。

比如，B君在图22中设置一条颈线，就会看出当时该股并没有冲过颈线（见下面图29），买进的理由并不充足，这样或许B君就不会盲目买进了，从而能逃过一劫（该股后面的大跌图形见

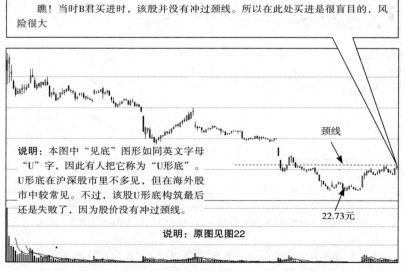

瞧！当时B君买进时，该股并没有冲过颈线。所以在此处买进是很盲目的，风险很大

颈线

说明：本图中"见底"图形如同英文字母"U"字，因此有人把它称为"U形底"。U形底在沪深股市里不多见，但在海外股市中较常见。不过，该股U形底构筑最后还是失败了，因为股价没有冲过颈线。

22.73元

说明：原图见图22

大金重工（002487）2010年10月15日～2011年7月14日的日K线走势图　图29

前面第63页图27）。

又如，C君若在图30中加上5日、10日均线后就会发现，当时图30中的个股在连续跌停后，虽然出现了暂时的止跌，但股价并没有站上5日、10日均线，弱势状态依旧。面对这样的图形走势，C君只要问问自己，有什么理由就能断定主力会在此做一轮反弹行情呢？如果要证实主力是不是在此动手做多，就必须等股价冲上5日、10日均线，出现买进信号后再跟进。之所以要这样做，是因为常识告诉我们，只有等到5日、10日均线出现调头向上并产生黄金交叉后，才能说明多方的力量胜过空方的力量，反攻开始了。其实，这个问题并不复杂，作为一个有经验的投资者，应该能想到。C君在当时若能稍微深入地想一想[注]，就不会盲目买进，后面的风险也就不存在了（该股后面的大跌图形见前面64页图28）。

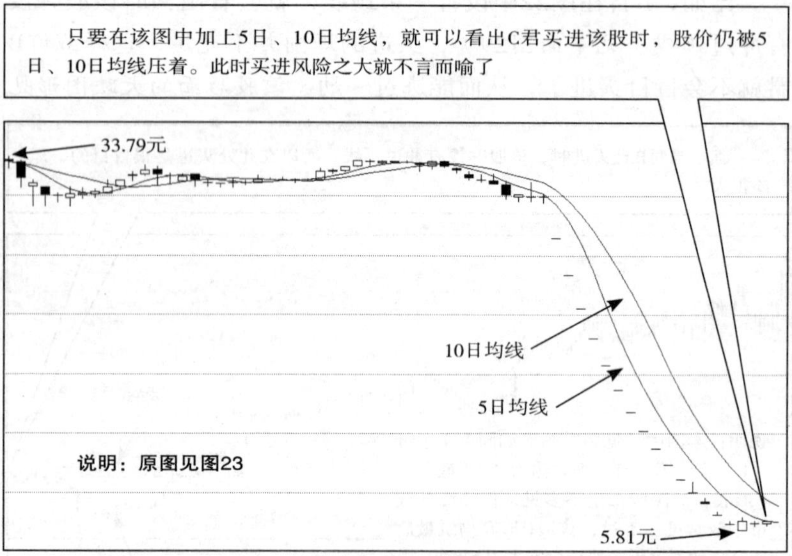

只要在该图中加上5日、10日均线，就可以看出C君买进该股时，股价仍被5日、10日均线压着。此时买进风险之大就不言而喻了

33.79元

10日均线

5日均线

说明：原图见图23

5.81元

ST银广夏（000557）2001年6月4日～2001年10月11日的日K线走势图　图30

【注】关于如何丰富自己的想象力，怎么设问，本书附录《怎样开展想象力训练》作了详细介绍，请关注。

图21中的A君与图24中的D君对超跌股的操作是成功的,这个事实我们已经看到。那么,他们成功的诀窍在什么地方呢?其中一个重要原因是:A君、D君是在看见图中出现买进信号后,才动手买进的。

比如,我们若在图21中加上两条直线(见下面图31),就会发现A君是在股价突破收敛三角形的上边线时跟进的。股价突破收敛三角形的上边线是一个积极的买进信号,说明该股前期超跌后,经过一段时间蓄势盘整,主力在低位吸足筹码后,开始向上拉升了,此时应该是一个很好的短线买入机会。果然,待A君在此处买进后,该股就出现一轮连续飚升的走势(该股后面大涨的图形见前面第62页图25)。

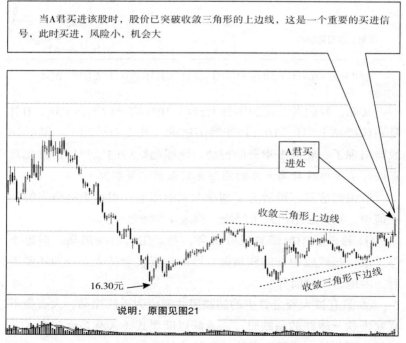

当A君买进该股时,股价已突破收敛三角形的上边线,这是一个重要的买进信号,此时买进,风险小,机会大

A君买进处

收敛三角形上边线

16.30元

收敛三角形下边线

说明:原图见图21

百润股份(002568)2011年9月23日~2012年6月29日的日K线走势图　图31

瞧！D君买进时，该股5日、10日均线已出现了黄金交叉，股价连续3日站在10日均线之上，此时买进，安全系数较高

83.12元

10日均线

5日均线

说明：原图见图24

20.16元

重庆啤酒（600132）2011年8月29日～2012年2月3日的日K线走势图　图32

又如，我们若在图24中加上5日、10日均线后就会发现，D君是在该股站上5日、10日均线时买进的（见上面图32）。随后该股就出现了一轮向上攀升的行情。该股超跌后的反弹行情就此真正展开了（该股后面大涨的图形见前面第63页图26）。

话说到这里，最后为了加深大家的印象，根据上面悟出的一些道理，我再总结出几条经验，供大家参考。

① 超跌股中酝酿着投资机会，会产生出短线黑马，但这不等于说，超跌股中谁的跌幅深，谁的投资机会就大。一切还要因时、因地、因股而异。

② 只有被大资金看中的超跌股才能成为短线黑马，大资金不喜欢慢跌、缓跌的超跌股，而青睐以断崖式（又称高台跳水式）或快速下跌的方式所形成的超跌股。

③ 不见买进信号不动手，只要投资者能严格遵守这条规则，就能有效地避开许多不必要的风险，就能促使自己在超跌股中捕捉短线黑马获得成功。

④ 从超跌股中寻觅投资机会，还应该考虑流通盘的大小。流通盘太大的股票，耗费资金太多，主力不大会光顾它（如一些归属央企的大盘股）。因此，投资者若想要在超跌股中挖掘出短线黑马，一般应该瞄准流通盘子不是太大的中小盘股。

【特别提示】 图23中以高台跳水方式出现的超跌股（见本书第62页），最受主力青睐，主力也肯定会在里面做一轮超跌反弹行情。但问题是，对主力动手的时间一定要把握准确。如果投资者买进的时间早于主力动手的时间，仍会深度吃套，C君就是一个典型。因此，我们只有发现主力真正动手时，即买进信号出现后才能跟进。这是中小散户捕捉超跌股的一个重要原则，操作时切勿忘记。

又及：本书完稿后，向读者征求意见时，有不少读者就怎样投资超跌股，向我们提出了几个问题，现解答如下：

问题①：你们在分析超跌股时，无论是图形剪辑还是文字中的表述，都没有提到成交量，请问这是为什么？

答：分析问题必须有重点，如果没有重点，问题就分析不到位。本文重点就是要让大家了解什么样的超跌股才容易受到大资金的关照，投资者从超跌股中寻找投资机会需要掌握哪些关键技巧。而这个问题与成交量有一定的关联，但关联度不是最大，所以我们暂时把成交量"忽略"了。这样做，便于本文能集中精力把主要问题向大家说清楚，否则面面俱到，主要问题就无法谈深谈透。但这并不是说，成交量的问题就不重要了。尤其是在确定股价向上突破时还是要密切关注成交量变化的。有关成交量的问题，我们会在其他地方展开，这里就省略了，请大家鉴谅。

问题②：一些超跌股见底后出现反弹，使它成了一匹黑马，但是为什么要把这样的黑马定性为短线黑马，而不是中长线黑马呢？倘若此时对它进行中长线投资，收益是不是会更好一些？

答：超跌股见底后股价出现回升，回升的力度较大，这只能视为股价超跌后的一次反弹，即使当时的反弹走势很强劲，也只能把它当作短线黑马来看待，千万不能把它当作中长线黑马长期持有。经验证明，投资者在捕捉到超跌股中的短线黑马后，逢高必须出局，否则很可能只是乘一回电梯，从哪里涨上去又跌回到哪里，最后是白忙乎一场，弄不好，甚至会因为股价不断创新低而导致严重亏损。这种情况在沪深股市里可谓十分普遍。

比如，重庆啤酒（600132）。2011年出现一轮断崖式的下跌，股价从83.12元，一路狂泻到20.16元见底，然后出现了一轮

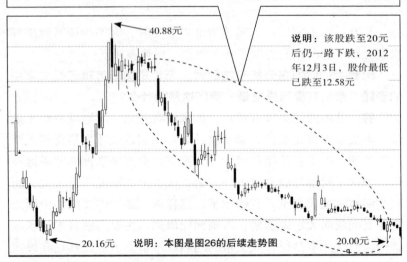

（上接图26）该股超跌后，在股价跌至20.16元处出现了一轮翻番行情，但这仅是一次超跌后的反弹，是一次短线黑马行情。投资者若不见好就收，不久股价从哪里涨上去又跌回到哪里，让人白忙乎一场，无利可得

40.88元

说明：该股跌至20元后仍一路下跌，2012年12月3日，股价最低已跌至12.58元

20.16元　　说明：本图是图26的后续走势图　　20.00元

重庆啤酒（600132）2011年12月19日～2012年7月5日的日K线走势图　图33

反弹走势，股价涨至40.88元才见顶回落。当时该股从20.16元反弹至40.88元，股价足足翻了一番，它远远超过了大盘指数的同期涨幅。市场把它视为一匹短线黑马是名副其实的。但是过了几个月，该股又重新跌到了20元（见上页图33）。显然，如果当时骑上这匹短线黑马不走，几个月后股价就又重新跌回原地，这就很不合算了。

又如，ST银广夏（000557）。2001年8月从30多元一路跌至2元附近才见底，然后出现一轮反弹，股价从2.12元起步，经过短短24个交易日就攀升至6.41元，股价涨了两倍有余，因此把它称为一匹黑马一点也不为过。但这样的黑马仍旧是一匹短线黑马，持有者必须在这匹短线黑马结束其使命之前将其卖出。当时倘若有谁把它当作中长线黑马持有，持股不放，之后就会输得很惨。因为它后来回落时，股价屡创新低，不仅将其当初的起步价2.12

（上接图28）瞧！图中画圈处股价从低位2.12元算起至高点6.41元，足足涨了两倍多，但这仅仅是一场超跌后的反弹。投资者只能把它当成短线黑马看待，如果在短线黑马行情结束时没有卖出，继续持股就会出现较大的亏损

6.41元

2.12元

0.74元

说明：本图是图28的后续走势图

ST广厦（000557）2001年9月25日～2005年9月5日的日K线压缩图　图34

元击破，还先后将2元、1元的整数关打穿，直跌至0.74元才止跌（见上页图34）。所以对超跌股中产生的黑马，我们一定要把它当作短线黑马看待，如果把它当成中长线黑马持有，长时间地看多做多，那必定是做错了。

问题③：对以缓慢下跌的方式形成的超跌股进行投资存在着巨大风险，这是不是股市中的一个规律？

答： 是不是规律还需要作深入调查研究后才能作出定论，但现在至少可以这样说，对以缓慢下跌的方式形成的超跌股进行投资需格外谨慎，因为这类超跌股之所以超跌，或者是因为前面股价被疯狂炒高后的一种自然回落，或者是因为基本面恶化导致的一种价值回归。因而在其股价未跌透前，新的资金是不愿加入的，而那些留在里面的老主力（老庄家）则会通过反弹来拉高出货。虽然这些股票跌幅已很深，但每次反弹的高度有限，若贸然加入，很难会有什么获利机会，而一旦被粘住，止损又不及时，则会套得很深。在沪深股市里，这类超跌股经常能见到，投资者对它投资时一定要小心、小心、再小心，稍有不慎就会栽大跟头。这里我们请大家看两个实例。

实例一：中国远洋（601919）。该股刚上市时风光十足，市场资金对它热烈追捧，股价直线上升，最高被炒至68.40元，但是，之后股价就呈现一路下泻的走势。当该股股价遭腰斩时，很多人认为它超跌了，可以对它抄底了，但进去即被套住（见下页图35中画圈处），后来该股跌到其上市开盘价附近，又有人认为，这下子该股应该见底了，但后来不仅它的开盘价被跌破，发行价也被跌破。2012年9月，该股最低跌至3.70元，这个股价与其2007年10月高峰时68.40元的股价相比，仿佛是一下子从山顶跌进了地洞。可见，这种缓慢下跌的超跌股风险有多大。

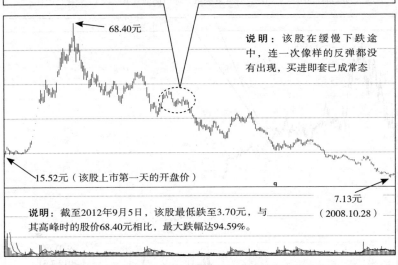

该股基本面持续恶化，致使股价绵绵阴跌，一路下滑。瞧！这儿股价已跌掉50%，但仍然在半山腰。倘若有谁在这儿因其超跌盲目买进，后面就输惨了

68.40元

说明：该股在缓慢下跌途中，连一次像样的反弹都没有出现，买进即套已成常态

15.52元（该股上市第一天的开盘价）

说明：截至2012年9月5日，该股最低跌至3.70元，与其高峰时的股价68.40元相比，最大跌幅达94.59%。

7.13元
（2008.10.28）

中国远洋（601919）2007年6月26日～2008年10月31日的日K线走势图　图35

实例二：汉王科技（002362）。这是中小板中的一个科技股，它上市之初一度受到市场热烈追捧，股价被炒得很高，最高股价曾攀升至175元（见下页图36箭头所指处），之后股价就一蹶不振。虽然它下跌速度很缓慢，但不断走低的趋势，使它与同期指数跌幅相比，跌幅巨大，出现了严重的超跌。值得注意的是，它超跌之后继续超跌，使人看不到下跌的尽头在何方。有人说，它是因上市之初遭到疯炒后才出现这种报复性下跌的；也有人说，它是因成长性缺失才出现股价一跌再跌的。但不管是什么原因，投资者对这种缓慢下跌的超跌股应敬而远之，不要因为其"超跌"严重而盲目对它看多做多。否则，一不小心就会被它拖下水。如果真的出现这种情况，那就只能怪自己太粗心大意了。

从图中看，该股从175元狂跌至9.01元，跌幅高达89.70%（注：这里已考虑了送股的因素，89.70%是其实际跌幅），而且途中几乎没有出现过什么像样的反弹。若有谁认为股价跌50%就是超跌，在此处买进，那后面的亏就吃大了

175.00元

9.01元
（2012.7.31）

汉王科技（002362）2010年3月3日～2012年7月31日的日K线走势图　图36

彭老师说：捕捉短线黑马，除了要对概念、超跌等问题有深入了解与保持合理的想象之外，投资者在技术上还需把握好股价的买进与卖出的时机。那么，如何来把握好股价的买进与卖出的时机呢？这里面最关键的技巧是什么？一位高手向他的弟子传授机宜。高手开出的"菜单"是：① 认清大阳线；② 双绳缚蛟龙；③ 锁定生命线；④ 只差一点点。

这张菜单隐藏着高手操作的许多宝贵经验，弄明白了，对我们捕捉短线黑马有重要意义。

请问：你能解开高手这张菜单的秘密吗？（请举例说明）

彭老师请高手回来，就他菜单中的几样东西对大伙作了详细的解释。

高手说：以我的经验，如果你想成为捕捉短线黑马的出色猎手，首先要培养自己丰富的想象能力，对概念、超跌等问题展开合理的想象，从根本上了解短线黑马的来龙去脉，把握其中的投资机会，规避一些不必要的风险。其次，要学会从技术上锁定短线黑马的买点与卖点，在这当中，最主要的就是要掌握"认清大阳线"、"锁定生命线"、"双绳缚蛟龙"、"只差一点点"等关键技巧。

高手说：有关想象力与对概念、超跌等问题的认识及理解，彭老师已对大家作了系统训练，这个问题我就不说了。今天，我重点从技术上讲讲捕捉短线黑马必须掌握的一些技术要领。下面我就按顺序来，先同大家聊聊第一个关键技巧——认清大阳线。

大阳线在股市里司空见惯，但真正能读懂大阳线的投资者并不多。我们发现，主力在炒作短线黑马时几乎离不开大阳线。在主力手里大阳线成了他们调动市场情绪、控制盘面局势的一个最重要的武器。因此，读懂了大阳线，就能了解到主力的操盘意图，做到顺势而为。比如，主力开始做多时，我们就跟着做多，主力开始做空时，我们就跟着做空。这样捕捉短线黑马就不会成为可望而不可即的事情了。捕捉短线黑马的风险也随之大幅降低。

有人认为，我这个观点有点危言耸听。但这不要紧，一切还是让事实来作出判断。下面我请大家看几张个股的走势图。图中箭头所指的都是涨幅在8%以上的大阳线，且多数是以涨停板面目出现的大阳线。现在请大家仔细观察这些图后告诉我，你从图中看出了什么名堂？发现里面有什么秘密吗？（谜底我在后面会向大家公开）

炒股的人没有谁不知道大阳线的，但要读懂大阳线，解开大阳线中隐藏的秘密，却不是一件容易的事。现在，正是考你的时候，你能对下面几张图中的大阳线说出一个所以然吗？

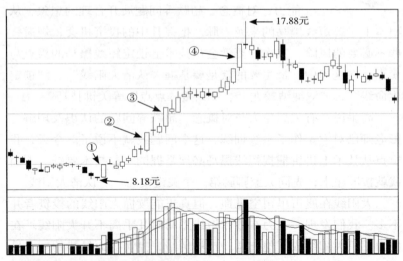

塔牌集团（002233）2011年5月23日～2011年8月19日的日K线走势图　图37

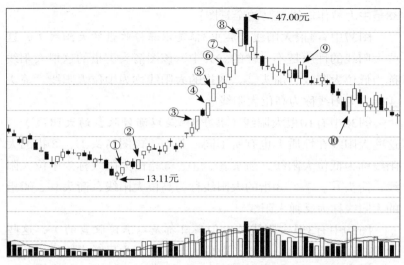

隆平高科（000998）2008年3月6日～2008年6月24日的日K线走势图　　图38

特尔佳（002213）2011年4月6日～2011年12月15日的日K线走势图　　图39

　　大家看完上面3张图后，我们就可以开始讨论了。图37、图

38是主力炒作短线黑马的全景图。

图37中有4根大阳线（其中3根是以涨停收盘的大阳线），这些大阳线的性质是不一样的。其中，该图箭头①指的这根大阳线称为低位大阳线，箭头②、③指的大阳线称为中位大阳线，箭头④指的大阳线称为高位大阳线。

图38中有10根大阳线（其中8根是以涨停收盘的大阳线），这些大阳线在性质上也有所不同。其中，该图箭头①、②指的大阳线称为低位大阳线，箭头③、④、⑤指的大阳线称为中位大阳线，箭头⑥、⑦、⑧指的大阳线称为高位大阳线，箭头⑨、⑩指的大阳线称为反弹大阳线。

图39中有3根大阳线（它们当日都是以涨停收盘的），这些大阳线在性质上是一样的，业内人士称它们为反弹大阳线（见该图箭头①、②、③所指的大阳线）。

上面我把3张图中的大阳线，它们各自担任的"职务"向大家作了介绍。下面我就要同大家说说，投资者看到低位大阳线、中位大阳线、高位大阳线与反弹大阳线应该怎么操作。

从K线理论上说，低位大阳线是最重要的买入信号之一。若此时成交量也同步放大，那十有八九表明主力开始正式启动短线黑马行情了。既然主力积极看多做多，作为聪明的投资者就应该及时跟进。此时跟进风险小，机会大。若用现在时髦的话说，低位大阳线发出的买入信号可评为五星级。依据五星级买入信号看多做多，往后的投资回报是最丰厚的。当时有谁看见图37中低位大阳线买入，在经过短短20多个交易日后，最大投资收益可以达到100%；如当时有谁看见图38中低位大阳线买入，在经过短短20多个交易日后，最大投资收益则可达到150%以上。

K线理论告诉我们，中位大阳线是继续看多做多的信号。此时持股的投资者可继续持股，持币的投资者仍可适量跟进。其实，中位大阳线的出现，表明主力推高股价的心情是很迫切的，上涨行情仍会延续下去。有人把中位大阳线比喻为飞机在航行中的空中加油，飞机空中加油后自然还要往前飞上一阵子。因此，有经验的投资者看到中位大阳线，内心很笃定，他们知道行情不会马上结束，后面还有上升空间。这时候他们不但不会选择卖出，有时还会增加一些仓位，以博取更大的收益。比如，图37中出现两根中位大阳线后，股价继续向上攀升，它们当时的位置在整个一轮上升行情中仅处于半山腰的位置。又如，图38中先后出现了3根中位大阳线，但在它们之后，股价继续上涨超过40%后才见顶回落。可见，投资者看到中位大阳线，唯一正确的选择就是继续看多做多，持股待涨。

K线理论向我们提出警示：看见图中出现高位大阳线就要警惕了。因为一旦出现高位大阳线，上涨行情随时会见顶回落。主力在行情见顶前拉出高位大阳线，目的不是要把股价继续推高而是要诱使场外跟风者进来接盘，他们好趁机悄悄地溜走。通常高位大阳线出现时，成交量会增大，这说明主力确实在高位实施"胜利大逃亡"了。因此，投资者见到高位大阳线应采取逢高减仓的策略，如最上方一根高位大阳线的开盘价被跌穿，则应无条件地立即清仓离场。一般来说，由高位大阳线堆积出来的顶部，对往后的股价会产生很大的杀伤力，股价会因此而长期处于跌跌不休的状态。

比如，图37中拉出高位大阳线（见图37箭头④）后，第二天股价就见顶了。据了解，该股拉出高位大阳线的当日与第二天见顶时的成交量是很大的。两天之内，该股的换手率就超过了40%，可见主力从中派发了很多获利筹码。

又如，图38中主力在高位准备出货时，接连拉出3根涨停大阳线（见图38中箭头⑥、⑦、⑧）。这3根涨停大阳线都是高位大阳线。主力为何要让股价出现如此疯狂地上涨呢？目的就是要营造一个强烈做多氛围，引诱更多眼馋的投资者进来争抢筹码，从而好让他们顺利出货。之后的事实大家都看清楚了，在该股出现3根高位大阳线后股价迅速见顶回落。据了解，从该股见顶回落的第一天算起，仅过了5个交易日，换手率就超过了100%。若以平均每卖出4股，有1股是主力的获利筹码，这5天之内，主力究竟派发了多少获利筹码呢？大家都可以算得出。可见，投资者对图中出现高位大阳线应保持高度警惕。若有谁看不出它美女蛇的本质，把高位大阳线仍然看成是做多的信号，而继续持股待涨，或继续跟风买进，那后面就会为此付出惨重的代价。

从K线理论中得知，在大阳线家族中，名声最臭的就要数反弹大阳线了。因为这种大阳线的唯一作用，就是掩护主力将尚未出清的获利筹码倒给不断进来抢反弹的投资者。有经验的投资者将反弹大阳线比喻为"地雷"，并幽默地讲，看到地雷要绕开走，否则就会被炸得粉身碎骨。但这些对涉市不深的股民来说，他们并不认识什么是反弹大阳线，以为图中出现反弹大阳线，是新行情的启动信号或是反弹行情能继续延伸的标志，丝毫没有察觉出其中隐藏的危险，在反弹大阳线出现后继续看多做多。这样的话，他们深套的悲剧就很难避免了。

比如，图38中箭头⑨、⑩所指的两根大阳线就是反弹大阳线。如当时有谁被这种大阳线的涨势迷住，冒然进去后马上就被套住，而且后面将越套越深。

又如，图39中箭头所指的3根大阳线（见图39中箭头①、②、③）都是反弹大阳线，当时这些大阳线都是以涨停面目出现的，对市场很有欺骗性，让人看了觉得主力在积极做多。因此，一些抢反弹的股民对它往往有一种欲摆不能的感觉。一些人经不起这种诱惑，匆忙跟了进去，但跟进去就踩上了地雷，被套在反弹的头部。此后股价出现了新一轮的杀跌，致使这些投资者损失惨重。

通过这些实例，大家吃一堑，长一智，今后对下跌趋势中出现的大阳线就要多留一个心眼，要多想一想为什么主力在这个时候要拉出大阳线，主力这样做的目的是什么？根据我多年的实战经验，我可以明确地告诉大家，当你看见在股价下跌趋势中出现这种大阳线时，如果你在它出现的当日与第二天或随后几天成交量在急剧放大，股价重心却在往下移，那几乎可以肯定地说，主力是在借反弹大阳线进行拉高出货了。若有谁不信，我们只要看看图39就明白了。该图中每次出现反弹大阳线时，下面的成交量都一下子比平时放大好几倍，这是为什么呢？除了能解释主力借大阳线诱多拚命出逃外，不会存在第二种可能。这一点稍有实战经验者都是能看明白的。果然，该股每一次反弹大阳线出现之后，它的股价就必定会再下一城，这已经成了图39中的一种规律性现象。

有人问：普通投资者怎么知道什么样的大阳线是低位大阳线、中位大阳线？什么样的大阳是高位大阳线、反弹大阳线？它们之间又有何区别呢？的确，若要正确辨认出不同类型的大阳线是需要有一定的技巧与经验的。不过，这个问题不难解决。《股市操练大全》第八册已经通过很多实例，对低位大阳线、中位大阳线、高位大阳线、反弹大阳线的技术特征作了充分诠释（详见该书第3页~第71页）。该书附录还专门列出了一张图表，将不同类型的大阳线一些典型图例向读者作了展示（编者按：实战时，读者可将现实中看到的大阳线与其对照，就能大致判断出它是属于何种类型的大阳线）。我认为，大家只要静下心来，认真地把大阳线的基本理论、基本知识学习一番，并通过一些盘面练习，就能水到渠成地解决好这个问题。我对这样的学习与练习很有信心。因为我在这方面已经作了多次试验，每次试验都很成功。

比如，我要求向我学习的投资者，不仅要熟读书中有关大阳线的内容，还要求他们能如数家珍地说出不同类型的大阳线的基本特征与操作要领，并要求他们至少要熟记10幅以上低位大阳线、中位大阳线、高位大阳线、反弹大阳线的典型图谱，同时在实战中还要求他们每天做一两次模拟对照练习。一个月试验下来就产生了明显的效果，几乎每个参加试验的人都有了长足进步。因此，我建议大家不妨也照我的话去试试，或许过一段时间后，你就是能正确鉴别出各种不同类型的大阳线的专家了。倘若真的如此，那么届时你对主力的操盘意图就会有十分清晰的了解，对短线黑马也有了全新的认识，实际操作的成功率自然就会有大幅度提高，赢家的桂冠就属于你了。

高手说：上面我们讨论了对不同类型的大阳线的识别技巧与操作方法，接下来我再同大家聊聊捕捉短线黑马的第二个关键技巧——双绳缚蛟龙。

虽然，我们前面详细分析了大阳线，但对一些经验不足的投资者来说，或者是盘面走势出现复杂多变的情况时，为了确保投资成功，除了看大阳线，还得要增加一个技巧，即拿两条绳索来捆绑住短线黑马这条蛟龙。经验证明，用好这个技巧，对抄短线、捕捉短线黑马，规避投资风险都有很大的帮助。那么这两根绳索是什么呢？我暂时保密，先让大家做一些练习。

下面请大家看几张图（见图 40 ~ 图 42），每张图中都标明了

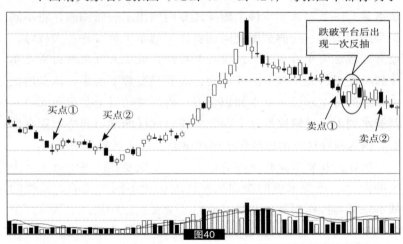

图40

买点与卖点设置说明：设置买点①，是因为该股下跌时成交量萎缩至地量水平，盘中做空力量已耗尽；设置买点②，属于低位补仓。设置卖点①，是因为该股回落跌破前面平台（见图中虚线）；设置卖点②，是因为该股反抽失败，再创新低。

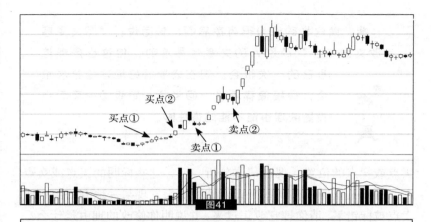

图41

买点与卖点设置说明：设置买点①是因为前面收了3根小阳线（俗称红3兵），现在收了第4根小阳线，做多信号已出现；设置买点②，是因为从低位上来的9根K线是稳步上涨形K线组合，这是一个强烈做多信号。设置卖点①，是因为股价在连收2阴后有短线见顶嫌疑，所以要卖出一部分筹码；设置卖点②，是因为股价涨幅已高，此处收阴，反弹会随时结束，故而应该把股票全部卖掉。

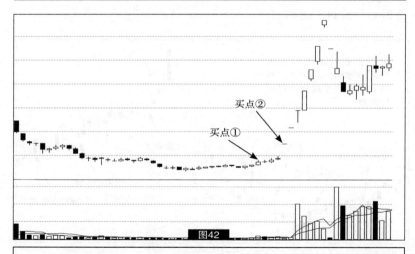

图42

买点与卖点设置说明：设置买点①，是因为股价探至3.28元新低后，K线阳多阴少，出现冉冉上升形K线组合；设置买点②是因为股价跳空出现一字线涨停，做多信号强烈。未设置卖点，是因为股价冲高回落，出现横向震荡，属于正常现象，这是主力利用震荡进行洗盘，洗盘后股价仍会上攻。

噢，做这样的练习很有意思啊！俗话说："写文章容易改文章难。"改别人的文章是最难的，但这也是锻炼自己的一次机会。现在我要好好地珍惜这次机会，像模像样地当一回老师，审查图中买卖点设置的理由能不能站得住脚。

买点或卖点的位置。现在请你分析一下，这些标明的买点或卖点中，哪些是正确的，哪些是错误的？如果发现某一地方的买点或卖点被标错了，请你把它改正过来，并说明你修改的理由是什么？

彭老师等大家把练习做完后，请高手回来。高手看了大家交上来的作业都做得很认真，心里非常高兴，并对彭老师特别推荐的班长的作业进行了仔细查看。高手看完后先对班长夸奖了一番，给了他90分，然后把班长作业的答案告诉了全班同学（见下面图43、图44、图45）。

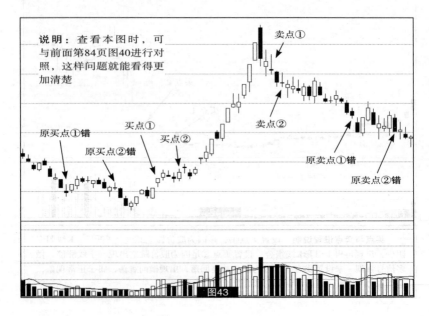

图43

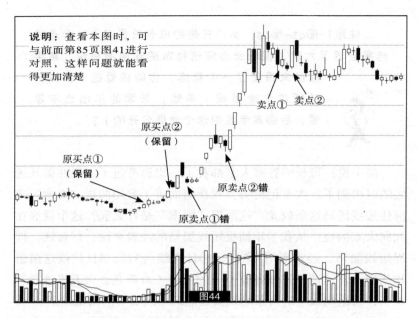

说明：查看本图时，可与前面第85页图41进行对照，这样问题就能看得更加清楚

卖点①

卖点②

原买点②（保留）

原买点①（保留）

原卖点②错

原卖点①错

图44

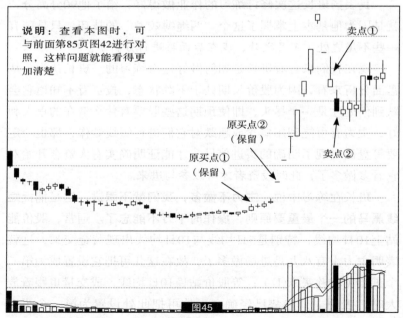

说明：查看本图时，可与前面第85页图42进行对照，这样问题就能看得更加清楚

卖点①

原买点②（保留）

原买点①（保留）

卖点②

图45

　　注意！图43～图45，高手只是把班长设置买点、卖点的结果告诉了大家，但班长为何这样做的理由没有说。高手在此又设置了一个悬念，你能接受这个挑战，破解这个谜局吗（当然，答案想不出也不要紧，后面高手会把这个谜底公开的）？

　　高手说：班长的答案大家都看了，也思考过了，现在揭开迷底的时机到了。大家记得吗？我在前面讲了要用两根"绳索"来绑住短线黑马这条蛟龙。这两根"绳索"是什么呢？这个谜底在此向大家揭晓。从我多年捕捉短线黑马的经验来说，炒短线，捕捉短线黑马，经常要用到5日、10日均线与3日、5日均线这两组均线组合。这两组均线各有不同的用处（后面我会向大家进行解释），每组均线中的两条均线就是捆绑短线黑马的两根绳索。

　　我表扬班长这次修订练习的作业做得好，给了他90分高分，就是因为他基本上掌握了这个"两绳缚蛟龙"的技巧，只是稍有一些不足之处（不足之处，我在后面再进行分析）。

　　现在我们来看看班长是如何做好这次练习的。班长认为，从盘面分析来看，因为股价长期处于下跌状态，投资者不知道它会跌到何处才是一个尽头，即使预期这些股票有什么潜在的重大利好，主力有可能利用概念或超跌对它们进行短线炒作，那也一定要等盘面出现了明确的买进信号，才能证明确实有大资金开始对它看多做多了，此时投资者才可以参与进来。

　　班长在练习中说：**主力不做多，我们就不跟进，这是捕捉短线黑马的一个最重要原则，操作时千万不能忘了。**通常，股价能站上10日均线，特别是5日均线与10日均线出现黄金交叉，这就表明主力十有八九是进场做多了，故在这儿可把它设置成为第一个买点（简称买点①）；等股价站稳10日均线，成交量也跟着放大时，表明上升趋势已经确立，故可把此处设置为第二个买点

（简称买点②）。当然，根据"买进要谨慎"的原则，在设置买点时，还要考虑当时K线的形态与均线的走向。总之，多找一些支持股价上涨的理由，买进的风险就会小一些。

班长对图43中的错误买点进行了修正，就是因为当时这个股票的股价处在5日，特别是10日均线之下，所以投资者还不能对它看多做多（见下页图46）。这个道理很简单，并非是股票有了概念、股价出现超跌，就一定能受到主力关照的。倘若主力近期没有打算对这些股票看多做多，那股价就会在5日、10日均线压制下跌跌不休。此时，投资者若买进做多，就会被一路套下去，风险是很大的。

班长认为，捕捉黑马的另一个重要原则是：**主力开始撤退时，你必须跟着离场。因为短线黑马的本质已决定了它的行情是短暂的，长期把股票捂在手里，非但不能从短线黑马中获得赢利，还可能把老本都赔上。**从历史上看，凡因概念、超跌等非基本面因素炒高的股票，在其短线黑马行情结束后的一两年，甚至只有几个月时间内，股价都会有一个价值回归的过程，从哪里涨上来又跌回到哪里，甚至跌得更低，几乎是一个司空见惯的现象。所以，一旦确定短线黑马行情涨到头了，就必须出来。

班长接着告诉大家，那么如何才能判断短线黑马是否涨到头了呢？从理论上说，就是看操盘主力是不是由看多做多转向看空做空了。从盘面上分析，就是看股价是不是把5日、10日均线击穿了，当5日均线被击穿时，你就要怀疑主力态度发生了变化，他们已经从看多做多转向了看空做空，在高位要开溜了；当10日均线被击穿，特别是5日均线与10日均线产生死亡交叉时，就能基本上判定主力是真的出逃了。此时，你再赖在里面不走就会有很大的风险，所以必须当机立断，坚决止损离场。总而言之，炒短线、捕捉短线黑马，一定要看股价能否站在5日、10日均线之上，如能站在5日、10日均线之上，我们就投赞成票，继续持股待涨；反之，就坚决抛股离场。

班长说：图44中的个股，原来两个卖点都是因为看到阴线而设置的，他认为这两个卖点的设置都错了。为什么这样呢？因为在短线黑马行情炒作过程中，盘中经常会出现股价急速下跌的现象，一两根中阴线或大阴线会吓退很多投资者。但一般只要不跌穿5日均线，特别是10日均线都没有什么大问题，因为这是主力惯用的洗盘动作，洗盘后股价仍会继续上涨。但必须注意的是，如果在短线黑马炒作过程中，股价上涨后出现了跌穿5日均线的现象就不能心存侥幸，先必须卖出一部分筹码，跌穿10日均线后，则必须止损出局。

正因为班长有了这样的认识，所以他把图43、图44、图45中的卖点①都设置在跌穿5日均线的地方，把卖点②设置在股价跌穿10日均线之处（见下面图46～图48）。

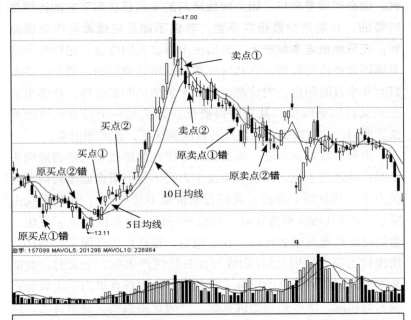

买点或卖点设置说明：设置买点①，是因为股价站上了10日均线，且当日拉出的是一根低位大阳线，这是积极做多的信号；设置买点②是因为5日、10日均线的黄金交叉已有多日，有效性被市场认可。设置卖点①，是因为股价跌破了5日均线；设置卖点②，是因为股价跌破了10日均线。

隆平高科（000998）2008年3月6日~2008年8月12日的日K线走势图　图46

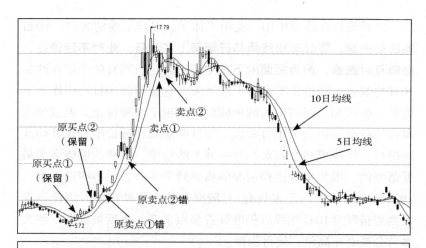

买点与卖点设置说明：本图中买点①、买点②设置的理由与前图41中买点①、买点②设置的理由相同。另外，再增加一条理由，在此处设置买点①，是因为股价已站在10日均线上；设置买点②，是因为5日、10日均线的黄金交叉已有多日，有效性得到了市场验证。设置卖点①，是因为股价已跌破5日均线；设置卖点②，是因为股价已跌破10日均线。

罗顿发展（600209）2009年11月30日~2010年7月5日的日K线走势图　图47

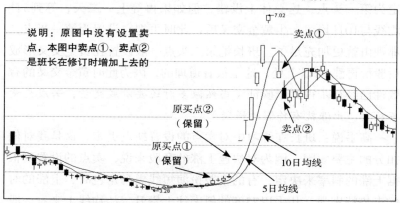

买点与卖点设置说明：设置买点①，是因为此处出现了冉冉上升的K线组合，且股价站在5日、10日均线之上；设置买点②，是因为5日、10日均线呈多头排列，且股价出现一字线涨停。设置卖点①，是因为股价跌破了5日均线；设置卖点②，是因为股价跌破了10日均线。

山东钢铁（600022）2010年9月7日~2011年5月30日的日K线走势图　图48

最后班长在练习中用一连串黑体字，强调了他的观点：**10日均线被击穿，即标志短线黑马行情画上了句号。此时不管输赢，必须及时撤退，因为后面的下跌空间很大。**当然有的个股在跌穿10日均线后，股价还不会马上跌下来，它会围绕10日均线作上下震荡，如图46、图47中的两个股票就出现了这种现象。但这种现象很快就会结束。至于有些人幻想这些股票在股价围绕10日均线震荡后，短线黑马会再次兴起一波上涨行情，这样的愿望多半是要落空的。因为出现这种情况的概率微乎其微。说得明白一点，10只短线黑马中，最多只有1只股票会发生这种现象。因此，在看到股价跌穿10日均线后仍继续看多做多者，事后被证明，绝大多数会被套在高位，输得很惨。

高手把班长做的练习向大家介绍后说：对班长的观点自己基本赞同，所以给了他90分。高手认为，班长对买点与卖点的设置都有些欠缺，但卖点设置的缺点要更多一点。

高手分析说：班长看到股价站上了10日均线，就马上把此处定为第一买点，这总体上没错，但如果再等上一二天，等到5日均线与10日均线产生黄金交叉后，此时再把它设置为第一买点，那理由就更加充足了。班长把第二买点一般设置在黄金交叉形成后股价再涨3%以上处，这是很有道理的，因为此时黄金交叉的有效性已经初步得到了验证（当然做多时还要看成交量，若成交量不放大，上涨就有作假的嫌疑）。

高手说：班长在练习中对卖点的设置缺点更多，这是我对他扣分的主要原因。因为对快速上涨的个股来说，卖点的设置要根据上涨的斜率来决定，有的个股扮演短线黑马角色时，上涨的时候走势特别强，几乎以75度的斜率往上攀升。从均线上来看，股价就是依托3日均线往上飚升的，因此这类个股跌破3日均线就成了第一卖点。但是有的个股扮演短线黑马角色时，股价上涨时走势没有如此咄咄逼人，虽然上升速度总体上看非常快，但它基本上是以45度的斜率往上攀升的，从均线上看，它是依托5日均线

（有的是依托10日均线）一路上涨的，因此这类个股跌破5日均线才能成为第一卖点，而跌破10日均线则为第二卖点。

这里要特别提醒大家的是，投资者在操作短线黑马时一定要记住，无论它是什么类型的短线黑马，在股价大幅上涨后，如发现股价（指收盘价）跌穿10日均线必须无条件地抛空离场。此时不能有任何犹豫。因为按照经验，一旦股价跌穿10日均线，短线黑马行情结束的概率超过90%，而且后面的下跌空间就很大。

有关在什么情况下，应该设置3日、5日均线，在什么情况下应该设置5日、10日均线，我在这里以前面的图为例作一番比较，大家看后心里就会明白的（见图49、图50）。

说明：下面两张图都是依据3日、5日均线设置第一卖点与第二卖点的。请将这两张图与前面的图47、图48作一个比较。比较后你就会发现，在股价上涨斜率很陡的情况下，以3日、5日均线设置卖点，准确率更高，它明显优于以5日、10日均线设置的卖点（投资者能以更高的价格卖出）。

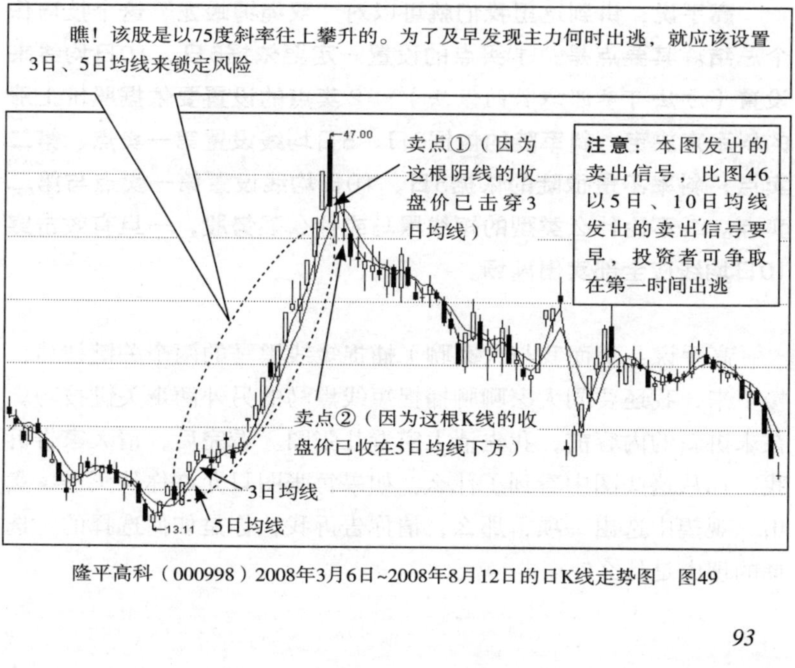

隆平高科（000998）2008年3月6日~2008年8月12日的日K线走势图　图49

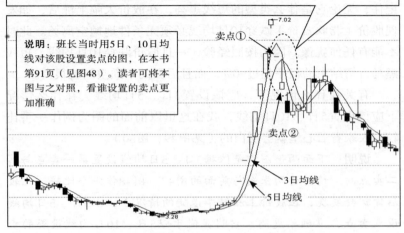

注意：当股价以连续跳空或以连续涨停的方式上涨时，就必须用3日、5日均线来锁定风险。一旦股价冲高回落，跌破3日、5日均线就清仓出局，如此操作就能做到在很高位置卖出。但如果将图中的均线换成5日、10日均线，发出的卖出信号就要迟一步，这对投资者操作是很不利的

说明：班长当时用5日、10日均线对该股设置卖点的图，在本书第91页（见图48）。读者可将本图与之对照，看谁设置的卖点更加准确

卖点①

7.02

卖点②

3日均线

5日均线

3.28

山东钢铁（600022）2010年9月7日~2011年5月30日的日K线走势图　图50

高手说：讲到这里我们就可以对"双绳缚蛟龙"这个技巧作个总结。其要点是：①买点的设置一定要依据5日、10日均线来设置（方法可参照班长的做法）；②卖点的设置要依据股价上涨的斜率来决定，斜率陡的依据3日、5日均线设置第一卖点、第二卖点；斜率不是很陡的依据5日、10日均线设置第一卖点与第二卖点。③不论什么类型的短线黑马或什么强势股，一旦有效击穿10日均线应全部卖出离场。

高手说：上面我与大家聊了捕捉短线黑马的两个关键技巧，接下来，我还要同大家聊聊捕捉短线黑马的另外两个关键技巧。在未讲新的内容前，我先请大家看几张图。看完后，请大家告诉我，你从这些图中看到了什么？如果每张图只允许你从买进、卖出、观望中选出一项，那么，请你告诉我，你是如何选择的？选择的理由是什么？

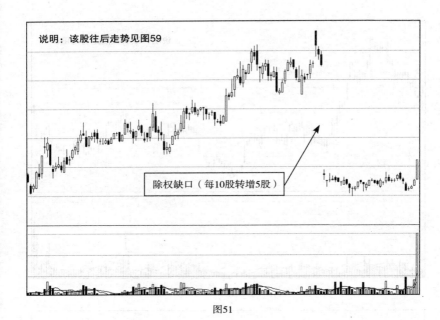

说明：该股往后走势见图59

除权缺口（每10股转增5股）

图51

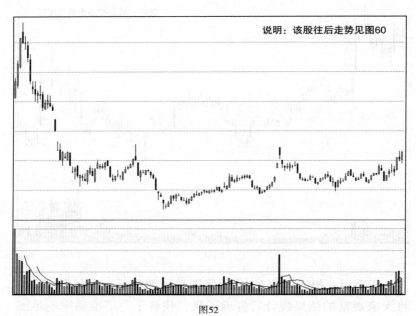

说明：该股往后走势见图60

图52

95

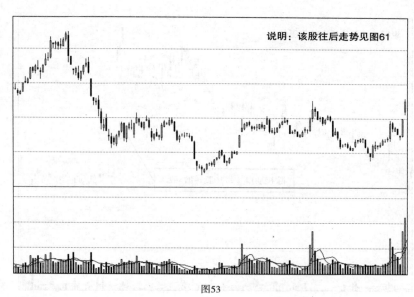

说明：该股往后走势见图61

图53

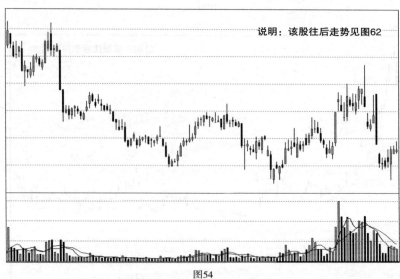

说明：该股往后走势见图62

图54

高手说：想必大家对上面4张图都仔细看了。现在班长已经将大家观察的结果统计后告诉了我，我看了一下准确率不足三成，这说明大家在这方面还需要加强训练。

现在我把答案告诉大家。其实，大家发现没有，在观察这4张图时只要加上一条直线就能看出其中的奥秘了。这条直线就是我们今天要讨论的捕捉短线黑马的第三个关键技巧——颈线（或上边线、下边线）。接下来我就按顺序对这几张图进行解析。

先看图51，根据该股走势，投资者操作时应选择"买进"。这张图清晰地显示该股不久前经过了转增股除权，留下了一个除权缺口。除权后，该股在低位横盘了30多个交易日，构成一个上有顶、下有底的小箱体走势，这在技术上称之为矩形^[注]走势，图中最后一根是放量大阳线，很显然，股价已突破了矩形的上边线（见下面图55）。按照技术图形的理论，股价在放量突破矩形上边线时，是一个重要的买入信号（编者按：如果股价往下跌破

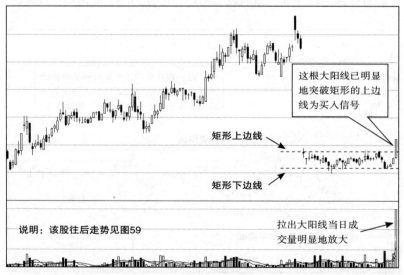

科大讯飞（002230）2008年12月11日~2009年7月10日的日K线走势图　图55

【注】 关于矩形的特征、作用与相关实例，详见《股市操练大全》第一册第282页~第284页。

矩形的下边线则为卖出信号）。另外，我们还发觉该股除权后直到这根大阳线出现时为止，整个股市都处于强势上涨之中，根据股市中"牛市除权，如同火上浇油；熊市除权，如同雪上加霜"的习惯性思维，此时盘中整理已久的股价突然选择向上突破，并拉出一根放量大阳线，说明主力很可能要发动一场以填权为题材的短线黑马行情。既然机会来了，作为聪明的投资者就应该紧紧地抓住它，故而应选择"买进"这个选项。

高手说：对图51的分析就到此为止。接下来，我们再来看图52，根据该股走势，投资者操作时应选择"观望"。如果我们在图中加上一条直线，即颈线（见下面图56），就可以看出该股正在构造一个头肩底[注]。现在头肩底的3个要素——左肩、头部、右肩都具备了，剩下的就看股价能不能突破颈线了。如果股价突破颈线并能有效地站稳颈线，该股就会出现一波强劲的上涨走势；反之，

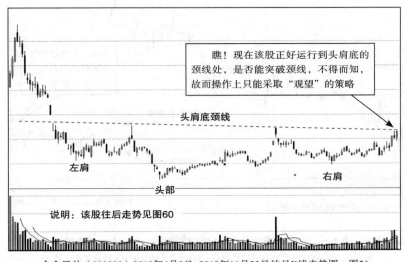

瞧！现在该股正好运行到头肩底的颈线处，是否能突破颈线，不得而知，故而操作上只能采取"观望"的策略

头肩底颈线

左肩

头部

右肩

说明：该股往后走势见图60

合众思壮（002383）2010年4月2日~2010年11月23日的日K线走势图　图56

【注】关于头肩顶的特征、作用与相关实例，详见《股市操练大全》第一册第236页~第238页，《股市操练大全》第九册第387页~第390页。

如果股价无法突破颈线，受颈线压制掉头向下，就会出现一轮向下的走势。目前，股价正运行至颈线的关口处，向上突破与掉头向下都有可能，所以从操作上来说，只能选择"观望"。

高手说：接下来我们再来分析图53，根据该股的走势，投资者操作时应该选择"买进"。我们在这张图中加一条直线，即颈线后发现，该股也是在构造一个头肩底（见下面图57）。不过，它与前面图52中的个股不同，股价已站在头肩底的颈线之上。这就是说，该股头肩底构造已初步获得成功。按照技术操作规则，此时投资者应该看多做多。

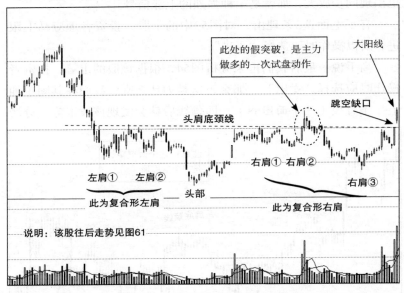

宇顺电子（002289）2010年3月12日~2010年11月5日的日K线走势图　图57

有人说：该股前面也曾出现过突破头肩底的现象，但很快就跌了回来，这说明那次突破颈线是一次假突破。那么，这一次如何保证它是真突破而不是假突破呢？理由有3条：

① 这次突破颈线时，盘中出现的做多力量远胜于前面那次假突破时的做多力量。这从K线、成交量上可以看出，前面那次假

突破没有出现涨停板大阳线，而这次突破头肩底颈线前就拉出了一根涨停大阳线。再则，这次在突破头肩底的颈线时成交量也要比前面那次假突破时的成交量大得多。

②这次突破头肩底颈线，股价出现了一个向上跳空缺口，也就是说，多方以跳空的形式一举跃过了颈线的阻挠。历史上，大凡以向上跳空形式突破颈线的，基本上都是成功的。

③根据大阳线的理论，在低位拉出大阳线，第二天股价再高开高走，出现一根大阳线（编者按：当天突破颈线的阳线涨幅达到8.70%，凡涨幅在8%以上的阳线都可视为大阳线），日成交量也出现同步放大，那就是一种强烈的上涨信号。

有了上面这3条理由，对图53中的个股，投资者理应马上跟进，所以操作时要选择"买进"。

高手说：最后我们再来分析图54，根据该股的走势，投资者操作时应选择"卖出"。那么，这是为什么呢？我们在其图中加上一条直线（见下面图58），即颈线后就会发现该股走势十分严

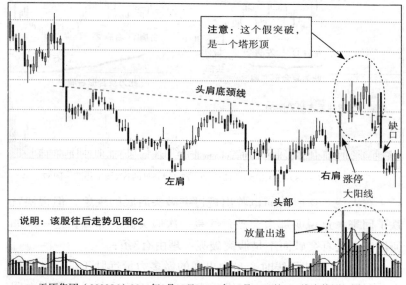

天原集团（002386）2011年3月28日~2011年10月13日的日K线走势图　图58

峻，很有可能会出现大幅下跌。现在若不及时卖出，到时候大跌之后再后悔就来不及了。可能大家要问作出这样判断的理由是什么呢？这里面也有3条理由。

这3条理由是：

① 从图58中看，该股当时头肩底的形态很完备，左肩、头部、右肩都有了，且股价突破颈线时力度很大，是放量的，并且在突破颈线的前一日也拉出了一根涨停大阳线。但奇怪的是，该股突破颈线后就出现了滞涨现象，但期间成交量却很大。这样就出问题了。试想，盘中放出如此大的成交量，股价不继续往上涨，却老是在颈线处徘徊，这内中有什么奥秘呢？这种情况不像主力在做多，而很像主力以假装突破颈线在迷惑大家，暗中却在拉高出货。后来，当图中出现一根大阴线，再次把颈线击穿，股价重新回到颈线之下时，一切真相大白，主力确实在借助于头肩底的假突破，演绎了一场引诱别人来接盘、自己却疯狂出逃的闹剧。大家想一想，既然主力已在拼命地拉高出货，我们若继续看多做多，那岂不是要被主力活活地闷死在里面吗？

② 该股K线图形上出现了一个令人可怕的见顶图形——由左边一根大阳线，右边一根大阴线，中间夹着一些小阴小阳线组成的"塔形顶"[注]。在历史上，无论是大盘还是个股出现塔形顶后，股价大跌的可能性极大。见此图形投资者必须卖出。

③ 屋漏偏逢连夜雨。该股在拉出一根大阴线后，第二天就出现一个向下跳空缺口，这在技术上称为向下突破缺口。向下突破缺口是重要的看跌信号，往后股价大跌的可能性极大。从图形上看，虽然这几天，股价有所回升，把此缺口进行了填补，但下面的成交量很小，这说明该股主力十分狡猾，又在玩弄花招，诱骗一些经验不足的投资者进行接盘，自己则趁机派发手中剩余的

【注】 关于"塔形顶"的特征、作用与相关实例，详见《股市操练大全》第一册第82页~第84页，第七册第68页、第69页。

筹码。通常，图形上出现向下突破缺口，往往预示着在它后面有很大的下跌空间。所以有经验的投资者见此情景都会马上止损离场。

综合上面这3条理由，我们认为对图54中的个股必须选择"卖出"，而且卖出不能拖，早卖一天，损失就少一点，如持股不动或对它逢底吸纳将会输得很惨。

有人问：尽管你说得头头是道，但股市是以结果说话的，前面你对这几张图的分析与操作建议，究竟对不对呢？关于这个问题，大家只要看看图51~图54的后续走势图就清楚了（见下面图59、图60、图61、图62），这个就不用我再作解释了。

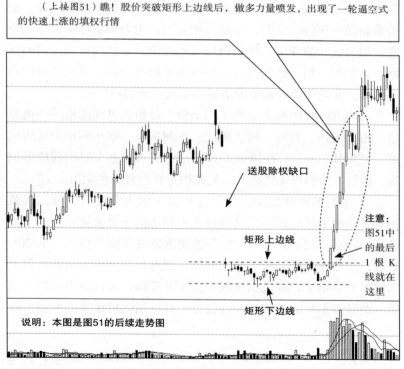

（上接图51）瞧！股价突破矩形上边线后，做多力量喷发，出现了一轮逼空式的快速上涨的填权行情

送股除权缺口

注意：图51中的最后1根K线就在这里

矩形上边线

矩形下边线

说明：本图是图51的后续走势图

科大讯飞（002230）2009年2月12日~2009年8月13日的日K线走势图　图59

（上接图52）注意，该股股价在触及头肩底的颈线时，并没有往上突破，而是选择了掉头下行。所以，大家要记住在股价没有突破颈线之前，只能观望，而不能盲目跟进做多

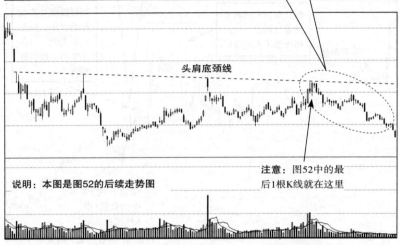

头肩底颈线

注意：图52中的最后1根K线就在这里

说明：本图是图52的后续走势图

合众思壮（002383）2010年4月21日~2011年1月17日的日K线走势图　图60

（上接图53）该图显示，股价突破头肩底的颈线后，出现了一轮很有力度的上涨行情

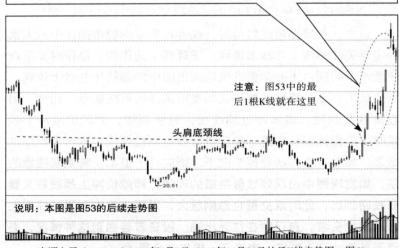

注意：图53中的最后1根K线就在这里

头肩底颈线

-20.51

说明：本图是图53的后续走势图

宇顺电子（002289）2010年4月7日~2010年11月24日的日K线走势图　图61

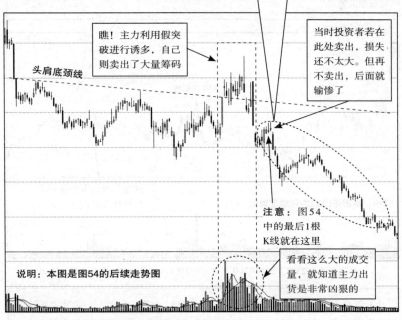

（上接图54）果然，该股突破头肩底的颈线是假突破。瞧！该股后来出现了一路下跌的走势

瞧！主力利用假突破进行诱多，自己则卖出了大量筹码

头肩底颈线

当时投资者若在此处卖出，损失还不太大。但再不卖出，后面就输惨了

注意：图54中的最后1根K线就在这里

说明：本图是图54的后续走势图

看看这么大的成交量，就知道主力出货是非常凶狠的

天原集团（002386）2011年4月19日~2012年1月6日的日K线走势图　图62

　　总之，在捕捉短线黑马时，或者在平常的股市操作中，大家一定要关注颈线（包括上边线、下边线）的作用，操作时要重点注意两个问题：①要学会准确地画出图中的颈线（包括上边线、下边线）。②严格地按照颈线的要求选择买点或卖点。比如，当股价触及颈线，尚未冲过颈线前，只能观望；如股价刚冲上颈线时可先做试探性跟进，如股价有效地站稳颈线，则可大胆跟进做多；如股价在颈线处掉头向下，则应马上退出。**特别要注意的是，如发现图中出现颈线假突破的现象，即股价冲上颈线后又重新跌回颈线，此时成交量也急剧放大，说明主力在利用颈线假突破欺骗投资者，自己则在往外出逃。投资者若遇到这种情况，必须无条件地马上离场，卖晚了，损失就会很大。**

高手说：关于颈线的问题就讨论到这儿，接下来我再向大家介绍捕捉短线黑马的最后一个关键技巧。这是什么技巧呢？我们还是按照前面的做法——先看图后评说。

现在请大家看几张图（见下面图63、图64、图65、图66）。看完后请你告诉我，你发现了图中什么秘密吗？了解这个秘密对股市实战有何帮助？

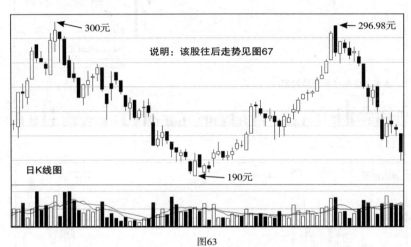

图63

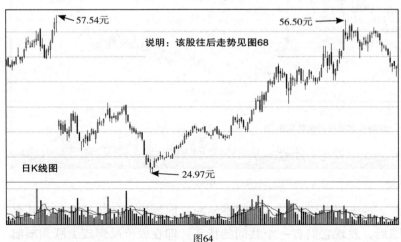

图64

图65

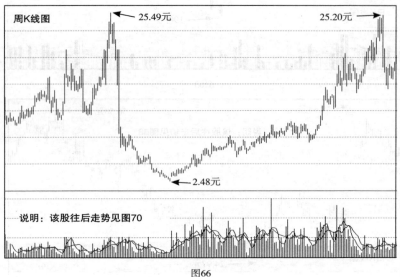

图66

待大家看完图，一位同学站起来回答说："我观察了这几张图后，发现它们有一个共同的特点：即在股价反弹或上涨到离前面的高点只差一点点距离时，行情就戛然而止了。"高手听后十分高兴，表扬这位同学对图观察得非常仔细。

高手说：这几张图的秘密就在"只差一点点"上。那么，"只差一点点"究竟是什么意思呢？它是指个股反弹或上涨行情往往会在接近前面高点处（包括历史高点）回落，其最高股价与前面高点（包括历史高点）的股价仅差一步之遥。这已经成了一种规律性现象，我把这种现象简称为"只差一点点"。

高手说：下面我就按顺序对图63～图66逐一进行分析。图63是沪市主板市场的一个股票，也是迄今为止国内A股中股价攀升得最高的股票。该股在2007年的大牛市中股价一度涨到300元，然后见顶回落，在股价跌至190元后，出现了一轮反弹行情，这轮反弹行情就在离开前面300元高点仅差一点点的地方画上了句号。可见，这个反弹高点（296.98元）就是投资者又一次极佳的逃命机会，如果不逃，后面的股价将跌得非常凄惨（见下面图67）。

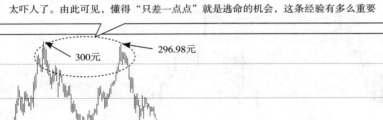

（上接图63）该股反弹结束后，从296.98元一路跌到30.58元，股价跌掉9成，太吓人了。由此可见，懂得"只差一点点"就是逃命的机会，这条经验有多么重要

300元　296.98元

190元

注意：图63中的最后1根K线就在这里

说明：本图是图63的后续走势图

30.58元

中国船舶（600150）2007年8月16日～2008年11月19日的日K线走势图　图67

图64是深圳创业板中的一个股票，它在股价除权后跌至24.97元处，出现了一波V形反转走势，股价摸高56.50元才见顶回落。这轮上涨行情历时4个多月，股价涨幅超过100%，把它列为短线黑马行情是恰如其分的。当然换一个角度，也可以说它是下跌后的一轮反弹行情，或者说它是除权后的一波填权行情。其实把它列成什么样的行情并不重要。重要的是，操作者如何来了解主力的操盘意图呢？经验告诉我们，只要仔细观察、分析就能得知，主力的操盘意图就是让这波上涨行情在离前面高点"只差一点点"的地方，令其寿终正寝。若看不清主力的操盘意图，在"只差一点点"的地方继续看多做多，那就一定会沦为输家（见下面图68）。

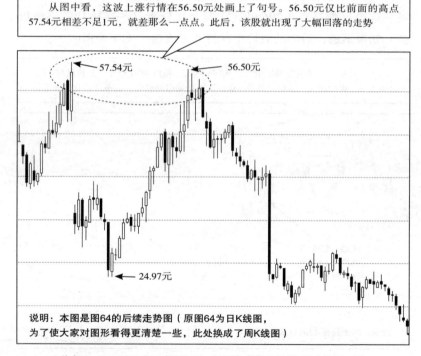

从图中看，这波上涨行情在56.50元处画上了句号。56.50元仅比前面的高点57.54元相差不足1元，就差那么一点点。此后，该股就出现了大幅回落的走势

57.54元　　　56.50元

24.97元

说明：本图是图64的后续走势图（原图64为日K线图，为了使大家对图形看得更清楚一些，此处换成了周K线图）

上海凯宝（300039）2010年1月8日~2012年1月20日的周K线走势图　图68

图65是深圳中小板中的一个股票。上市之初该股头上顶着许多高科技的光环，因而受到市场热烈追捧，股价最高涨到112元，然后出现一轮快速下跌，在跌至75.44元后出现一轮反弹行情，这轮反弹行情最高摸到109元。这个109元的高点与前面112元的高点，相差仅一点点（股价相差3元，幅度仅为2.68%）。但是这个"只差一点点"在技术上是一个重要卖出信号。从此之后该股就一蹶不振，一路下跌（见下面图69）。

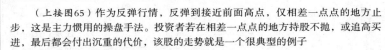

（上接图65）作为反弹行情，反弹到接近前面高点，仅相差一点点的地方止步，这是主力惯用的操盘手法。投资者若在相差一点点的地方持股不抛，或追高买进，最后都会付出沉重的代价，该股的走势就是一个很典型的例子

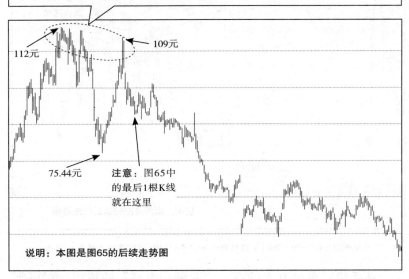

112元　　109元

75.44元　　注意：图65中的最后1根K线就在这里

说明：本图是图65的后续走势图

七星电子（002371）2010年10月20日~2011年12月30日的日K线走势图　图69

图66也是深圳中小板中的一个股票。从图66中看，该股在2008年11月至2011年5月演绎了一段牛市行情，股价涨了9倍多。那么，主力把该股的出货目标位定在何处呢？就定在离前面一轮牛市高点"只差一点点"的地方。前一轮牛市的见顶价格为25.49

元，而这一轮牛市的见顶价格为25.20元，两者仅相差0.29元。该股在25.20元见顶后，股价再次陷入漫漫的熊市泥潭之中，股价越走越低，致使高位追进与持股不抛者后悔不已（见下面图70）。

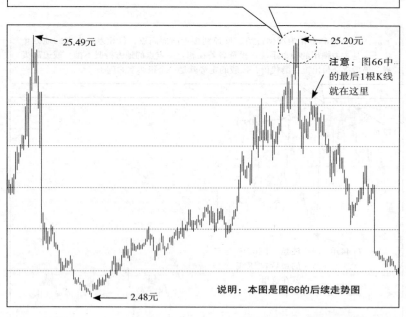

（上接图66）该股这轮牛市行情在离前一轮牛市行情的高点仅相差一点点的地方结束，然后股价就出现了大跌。投资者若了解"只差一点点"这个关键技巧，在股价升至25元附近卖出，那就是一个赢家了；反之，若对"只差一点点"的技巧麻木不仁，就会变成一个大输家

25.49元

25.20元

注意：图66中的最后1根K线就在这里

说明：本图是图66的后续走势图

2.48元

苏州固得（002079）2007年11月9日~2012年8月10日的周K线走势图　图70

高手说：曾经有人问我，"只差一点点"的技巧，对研判大盘走势有无用处呢？我回答说，至少在这几年是挺管用的。比如，2009年8月4日，上证指数在3478点见顶回落。此后的三四年中，上证指数在3000点上方总共出现了6次大小不等的反弹头部，它们分别是：3361点（2009年11月24日）、3334点（2009年12月7日）、3306点（2010年1月11日）、3181点（2010年4月15

日）、3186点（2010年11月11日）、3067点（2011年4月18日）。数字最能说明问题，这些反弹头部都是在与前面高点相差一点点的地方出现的。事实证明，如果在这几年中，投资者坚决按照"只差一点点"的技巧选择卖点做空，结果都是赢的，一次失误都没有，准确率之高令人惊叹。

高手说："只差一点点"的技巧不像其他技巧，有一个明确的量化标准。它的缺点，就是缺少一个量化指标，即具体到多少才称之为"只差一点点"。对这个问题我是这样看的，作为中国人，对汉语的理解能力是很强的，什么情况下才够格"只差一点点"大家应该搞得明白，不会出现很大的偏差。至于一定要订出一个量化标准，确实有一定难度，因为市场强弱不同、个股的股性不一样，大资金操作的习惯各有差异，因此很难定出统一的标准。我在这方面的经验是：针对强势股，我把"只差一点点"定在与前面高点相差3%~5%之处。比如，某股出现一轮强势反弹，它前面的高点是100元，那么我就应该在95元~97元处将它卖出。针对非强势股，我把"只差一点点"定在与前面高点相差8%~10%处。当然，这仅仅是我个人一些不成熟的经验，不一定正确，这儿说出来仅供大家参考。

高手接着说：从表面上看，"只差一点点"，似乎大家都懂，算不上什么技术，更谈不上什么关键技术。其实不然，在我们周围，很多大家应该明白的事情，因为事情太平常、太简单反而被大家忽视了。比如，保护环境比发展经济更重要，这是最简单的常识，但是有些地方为了发展经济，把环境搞得一团糟，污水横流，天空昏暗，连人们的正常生活都无法进行，弄得天怒人怨，不得已政府再花重金来治理环境，这岂不是得不偿失吗？这样的事情因为太多了，已不足为奇。忽视常识，把虽然简单但非常重要的事情搁置在一边，我行我素者，在股市里更是多得数不胜数。所以我们经常看到，每次反弹的头部，每轮短线黑马行情的顶端，在离前面高点"只差一点点"距离的地方，都会有很多中小散户奋不顾身地冲进去，结果被一网打尽，套在高位。另外，也有一些原来应该获利的，但因为持股不抛，幻想股价继续上涨，期望赚取更多利润的投资者，最终因股价下跌，希望落空，弄得白忙乎一场。

也正因为如此，"只差一点点"这个简单的技巧，已变得如此重要。有人估计，投资者在捕捉短线黑马，乃至中长线黑马，或参与反弹行情时，如果记住并能在实战中熟练地使用这个技巧，至少可以躲过40%套在山峰上的风险。

有人问：如果我按照"只差一点点"的技巧，把股票卖掉了，股价会不会出现继续向上的情况呢？当然，这种情况肯定是存在的，但出现的次数很少。投资者正确操作的原则是：不能因为有少数这样的案例而放弃对大概率事件的追求。如果关注小概率事件，我们就要犯大错误。其实，股价真的创新高涨上去了，那也不要紧。如果你继续看好这个股票，在确认其创新高的有效性后（编者按：请注意，主力也会利用"创新高诱多出货"。因此，大家不要一看到股价创新高就马上追进去，这样很容易上当受骗。有关这方面的案例，详见《股市操练大全》第七册第303页～第313页），可以重新买进。这样稳扎稳打的操作，对追求资金安全的投资者来说，难道不是一种很好的投资方式吗？

又及一：本书完稿后，向读者征求意见时，曾有读者问：高手要求大家对不同类型的大阳线脸谱至少要熟记10幅以上，不知这个作用有多大？现解答如下：高手这一要求是正确的。比如，下面图71中画圈处有一根涨停大阳线。有人认为，这是股价在跌至2.46元筑底回升时，为了突破前面的高点，主力才拉出这根大阳线的，这根涨停大阳线出现，成交量也跟着同步放大，表明主力做多的信心十足，这是一根典型的低位大阳线，是看涨信号。投资者理应看好后市，现在应趁股价冲高回落时积极逢低吸纳。那么，这个观点对不对呢？很多人一时难以分辨。但是，如果你熟悉不同类型的大阳线脸谱，就马上可以对图71中的这根涨停大阳线的性质作出正确的判断，进而就能决定自己应该是做多还是做空，保证投资获得成功。

图71

主力拉出这根大阳线，究竟想干什么，
耐人寻味，让我好好地想一想。

　　你想好了吗？现在我要把谜底向外公布了。这根大阳线不是低位大阳线，而是反弹大阳线。那么，怎么知道它是反弹大阳线呢？这是由图71中画圈处大阳线的脸谱图[注]明确告诉我们的，因为在低位大阳线几十张脸谱图中找不到这样形状的脸谱，而在反弹大阳线的几十张脸谱图中，却有一张与它十分相似（见下页图72）。由此可以判断图71中画圈处的大阳线是反弹大阳线。此

　　【注】大阳线脸谱图是指"大阳线＋大阳线后面几根K线"的一段K线走势图，它很像京剧中人的脸谱，故命名为大阳线脸谱图。通常，看涨的大阳线脸谱与看跌的大阳线脸谱，在表现形式上有很大的差别。所以，投资者若熟悉各式各样的大阳线脸谱，就能基本了解主力的操盘意图，判断出股价运行的方向。

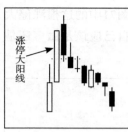

说明：《股市操练大全》第八册摘录"反弹大阳线"脸谱图有36幅，这是其中的一幅，此图见该书550页

图72

时必须马上卖出，逢低吸纳者必输无疑。该股后面的走势，证实了当初的判断是完全正确的。如当初不是卖出而是进行所谓的逢低吸纳，那就完全弄错方向了，日后将输得很惨（见下面图73）。

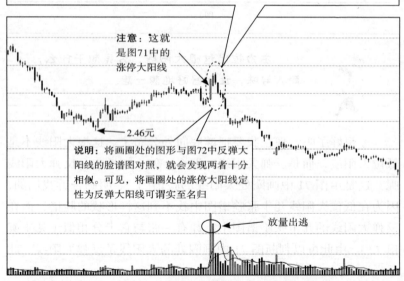

瞧！这根反弹大阳线出现后，股价就出现一路下跌的走势。当初把它当成低位大阳线，进行逢低吸纳者，都被套在半山腰上

注意：这就是图71中的涨停大阳线

2.46元

说明：将画圈处的图形与图72中反弹大阳线的脸谱图对照，就会发现两者十分相似。可见，将画圈处的涨停大阳线定性为反弹大阳线可谓实至名归

放量出逃

ST东电（000585）2011年11月14日~2012年7月17日的日K线走势图　　图73

可见，高手要求大家熟记不同类型的大阳线脸谱是很有道理的，它对我们正确判断大阳线的性质，踏准股市节奏有着十分重

要的意义。

【相关资料链接——高手操盘经验探秘】当然，高手并不是只对别人严而对自己宽的投资者。据彭老师反映，其实，高手对自己要求更加严格，他不仅把常用的大阳线脸谱图记得滚瓜烂熟，他还会把股市中一些典型案例的走势都记在脑子里。高手认为，股市里有一个很重要的特点，就是"历史有惊人的相似之处"，现在有很多个股的走势图，其实就是以前走势的翻版，说白了就是在重复以前的故事。所以，高手对有些股价的走势可以说早有预见了，而他"未卜先知"的本领就是他对股市里以前的故事了然于胸。

比如，有人曾向高手请教如何看待某股的走势（见下面图74）。高手随手拿了一张图（见下面图75）给来者看，问他，两者走势像不像？这个人看了后说，这两个股票都是送股除权后，出现了一轮快速上涨走势，股价在上涨到接近除权缺口上沿处受阻回落，而且股价冲高回落时都拉出了一根很长的上影线。两者确实有很多相似的地方。

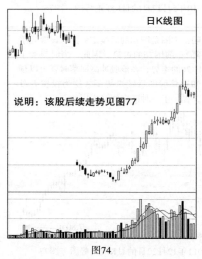

图74

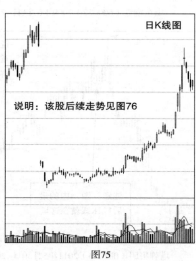

图75

高手听后夸奖他看图看得很仔细，然后告诉他，图75的走势比图74的走势出现的时间要早两年。因此只要了解图75往后怎么走，就知道应该对图74怎么操作了。接着高手将图75往后的走势给他看了（见下面图76）。这位投资者连声道谢，第二天就将该股全部卖出。果然，该股后来也重复了图76的"故事"。这位投资者幸亏及时卖出，逃过了一劫（见下面图77）。

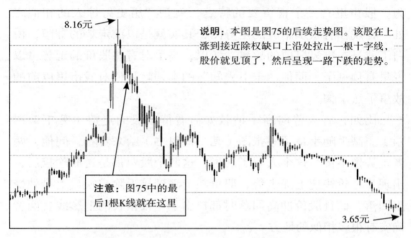

说明：本图是图75的后续走势图。该股在上涨到接近除权缺口上沿处拉出一根十字线，股价就见顶了，然后呈现一路下跌的走势。

8.16元

注意：图75中的最后1根K线就在这里

3.65元

山东钢铁（600022）2009年6月1日~2010年5月17日的日K线走势图　图76

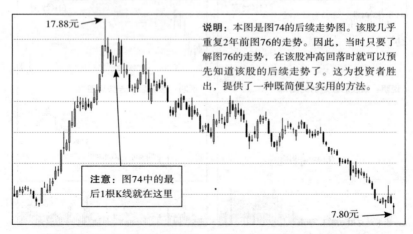

说明：本图是图74的后续走势图。该股几乎重复2年前图76的走势。因此，当时只要了解图76的走势，在该股冲高回落时就可以预先知道该股的后续走势了。这为投资者胜出，提供了一种既简便又实用的方法。

17.88元

注意：图74中的最后1根K线就在这里

7.80元

塔牌集团（002233）2011年5月30日~2011年12月22日的日K线走势图　图77

又如，2012年5月，有一天晚上一位老股民登门向高手请教，问他怎么看待近期的强势股浙江东日的走势。老股民问：该股最近几天横盘整理时，拉出了两根涨停大阳线，这是否反映主力做多的意愿很强？现在可不可以跟进？高手看了看当天该股的走势图后摇摇头说：最近该股以回落向下寻底为主，主力不可能在这个时候再对它发动行情了。

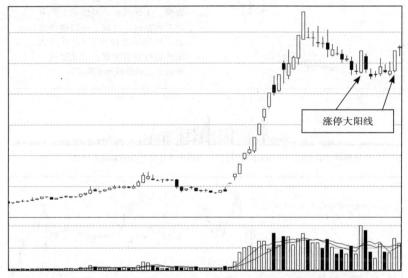

涨停大阳线

浙江东日（600113）2012年1月19日~2012年5月29日的日K线走势图　图78

老股民听后不解地问：为什么？高手随手从他的电脑资料库里打出4张图（见后面图79～图82）递给这位老股民，叫他仔细看看，并说看了以后就会明白的。

亲爱的读者，你不妨也可以考考自己。你看了下面几张图后，你认为对图78是应该跟进做多，还是卖出做空呢？

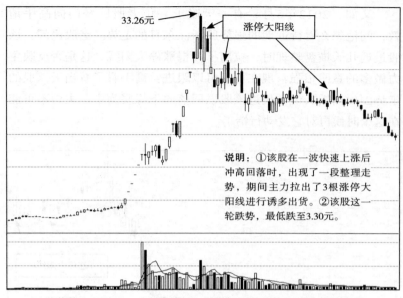

33.26元　　　　涨停大阳线

说明：①该股在一波快速上涨后冲高回落时，出现了一段整理走势，期间主力拉出了3根涨停大阳线进行诱多出货。②该股这一轮跌势，最低跌至3.30元。

上海梅林（600073）1999年11月12日~2000年5月15日的日K线走势图　图79

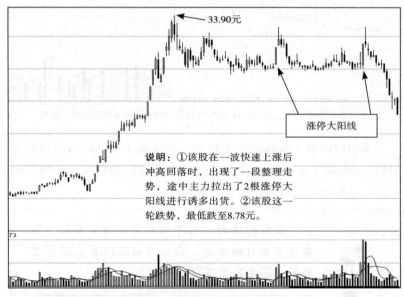

33.90元

涨停大阳线

说明：①该股在一波快速上涨后冲高回落时，出现了一段整理走势，途中主力拉出了2根涨停大阳线进行诱多出货。②该股这一轮跌势，最低跌至8.78元。

中国软件（600536）2009年1月12日~2009年8月19日的日K线走势图　图80

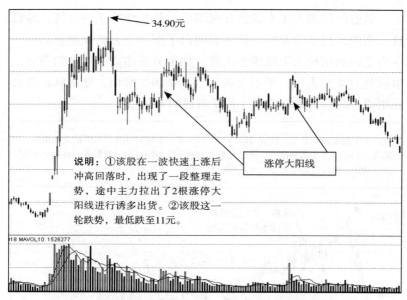

34.90元

说明：①该股在一波快速上涨后冲高回落时，出现了一段整理走势，途中主力拉出了2根涨停大阳线进行诱多出货。②该股这一轮跌势，最低跌至11元。

涨停大阳线

18 MAVOL10: 1526277

阳泉煤业（600348）2010年9月6日~2011年5月12日的日K线走势图　图81

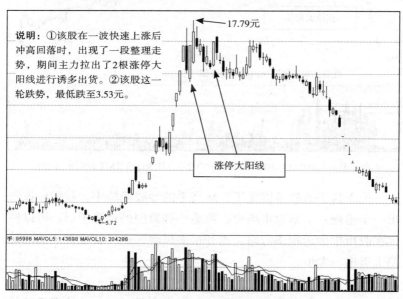

说明：①该股在一波快速上涨后冲高回落时，出现了一段整理走势，期间主力拉出了2根涨停大阳线进行诱多出货。②该股这一轮跌势，最低跌至3.53元。

17.79元

涨停大阳线

-5.72

手: 95986 MAVOL5: 143698 MAVOL10: 204286

罗顿发展（600209）2009年11月16日~2010年5月20日的日K线走势图　图82

老股民仔细看了上面这几张图后，长长地呼了一口气，他说这几张图来得非常及时，让他看明白了图78主力的操盘意图——主力是在利用拉大阳线诱多出货。他十分感谢高手对他的指导，事后他对周围人说，要不是高手这几张图提醒他，他早就跟进套在里面，那后面就输惨了（见下面图83）。

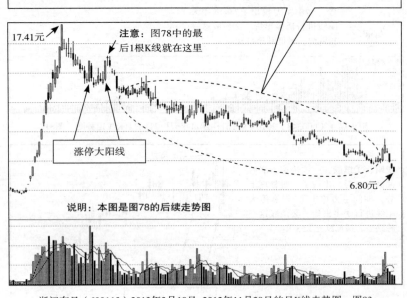

（上接图78）果然，该股与图79～图82一样，在股价冲高回落后拉出的涨停大阳线，都是主力在诱多出货，这已成为主力的一个惯用伎俩。投资者若对这个问题看不清楚，那肯定要吃大亏

17.41元

注意：图78中的最后1根K线就在这里

涨停大阳线

6.80元

说明：本图是图78的后续走势图

浙江东日（600113）2012年3月19日~2012年11月29日的日K线走势图　图83

关于高手的故事讲完了。从高手的炒股经验中，我们应该悟出一个道理：了解股市历史，熟悉一些典型的走势图形，可以使你在股市中少走很多弯路，避开很多风险，这样就能在成功的道路上迈出一大步。

又及二：本书完稿后，向读者征求意见时，一些读者反映他们对"两绳缚蛟龙"的技巧很感兴趣，只是不太清楚何时需要用"3日、5日均线"，何时需要用"5日、10日均线"来缚短线黑马这条蛟龙，两者的区别表现在什么地方？他们希望能找一些实例进行比较，这样印象就会更加深刻。

我们把读者的信息反馈转告给讲课的高手。高手十分明白大家的意思，经过一番准备后，他写了一篇书面发言回答了读者的要求。

高手说：我在课堂上讲了，我们在炒短线，捕捉短线黑马时，发现一个股票出现快速上涨，如果它是以特别陡峭的方式往上一路飚升的，这个时候就应该以"3日、5日均线"两条绳索来锁定风险，如跌破3日均线为第一卖点（指收盘价，下同），跌破5日均线为第二卖点；如果它是以相对平缓的方式一路上涨的，我们就以"5日、10日均线"两条绳索来锁定风险，如跌破5日均线为第一卖点，跌破10日均线为第二卖点。

下面我通过一些实例，让大家了解什么是以特别陡峭的方式往上一路飚升的，什么是以相对平缓的方式一路上涨的。大家看了这些实例后就会很清楚两者的差别在哪里（见下页表1）。

高手又说：炒短线，捕捉短线黑马，行情瞬息万变，所以要把控制风险放在首位。正因为如此，我们在使用"两绳缚蛟龙"这个技巧时，对走势特别强劲的飚升类股票，要严密监视主力在何时出逃。根据经验，设置一条3日均线就能在主力出逃的第一时间锁定主力的踪迹，也就是说，只要股价不跌破3日均线就说明主力还没有出逃，此时可继续看多做多，一旦股价跌破3日均线，就说明主力开始出逃了，此时我们必须眼明手快跟着出逃，这可能是一个最佳卖出点，故而我们把它设置为第一卖点。

大家一定要明白，设置3日均线并不是可有可无的事，它在控制风险上有其独特的作用，下面我们来看几个实例。

实例一：阳光股份（000608）。2000年1月，当时大盘刚好结束对"5.19"行情的中级调整，出现了一轮强劲的上涨走势，

两种不同形式的"两绳缚蛟龙"图例比较一览表

陡峭上涨式，操作方法:跌破 3 日均线（指收盘价）为第一卖点（又称卖点①），跌破 5 日均线为第二卖点（又称卖点②）	平缓上涨式，操作方法:跌破 5 日均线（指收盘价）为第一卖点（又称卖点①），跌破 10 日均线为第二卖点（又称卖点②）
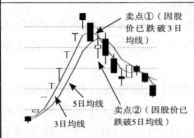 卖点①（因股价已跌破3日均线） 5日均线 3日均线 卖点②（因股价已跌破5日均线） 出处：西安民生（000564） 时间：1999年6月18日~1999年7月12日	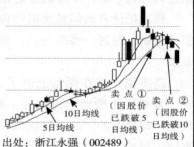 卖点①（因股价已跌破5日均线） 10日均线 5日均线 卖点②（因股价已跌破10日均线） 出处：浙江永强（002489） 时间：2012年2月8日~2012年3月28日
卖点①（因股价已跌破3日均线） 卖点②（因股价已跌破5日均线） 5日均线 3日均线 出处：大禹节水（300021） 时间：2009年11月25日~2010年1月8日	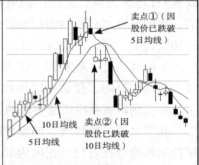 卖点①（因股价已跌破5日均线） 10日均线 卖点②（因股价已跌破10日均线） 5日均线 出处：美欣达（002034） 时间：2011年4月27日~2011年6月20日
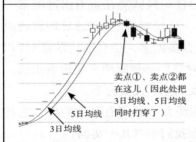 卖点①、卖点②都在这儿（因此处把3日均线、5日均线同时打穿了） 5日均线 3日均线 出处：中航精机（002013） 时间：2010年9月3日~2010年11月23日	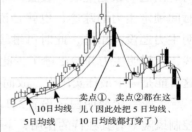 卖点①、卖点②都在这儿（因此处把5日均线、10日均线都打穿了） 10日均线 5日均线 出处：福成五丰（600965） 时间：2007年4月20日~2007年6月25日

表1

不少个股触底狂奔，网络股全面扩散炒作，阳光股份因当时有个亮丽题材被主力看中，主力采取高举高打的手法，演绎了该股连续逼空的走势。由于该股上涨是以很陡峭的方式往上攀升的。所以投资者应该在图中设置3日与5日两条均线来锁定风险。当时该股在摸高60元后回落时收了一根大阴线，这根大阴线的收盘价跌穿了3日均线，说明主力开始出逃了。若此时卖出，就能紧跟主力在第一时间一起出逃，可以说这是在损失最小，也就是在风险最小的情况下一次成功逃顶（见下面图84）。

图中这根大阴线收盘价是51.63元，而当日的3日均线所反映的价格是52.01元。显然当天的股价已跌破3日均线。这是第一卖点。若当时有人在此卖出，卖出的价位是相当高的。它比后面看到5日均线被跌破再卖出，损失要减少许多。可见，对上涨走势很陡峭的个股，用3日均线、5日均线两根绳索锁定风险，是一个非常好的投资策略

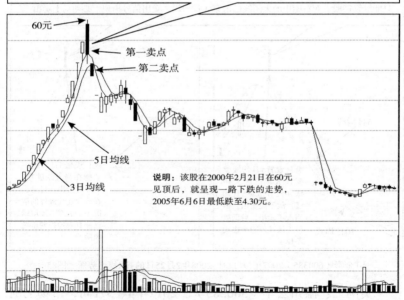

阳光股份（000608）2000年1月14日~2000年5月26日的日K线走势图　图84

实例二：*ST金泰（600385）：该股是沪深股市中有名的庄股。2007年，主力假借该股有重大的资产重组概念，一连对它拉

123

出了几十个涨停板，演绎了股价天天涨停的神话。但概念股炒作都是过山车行情，上涨时升势凌厉，下跌时跌势也十分凶狠。因此，在其见顶时投资者必须及时出局，如逃顶稍微慢一步就会被套在山顶上。从当时该股的走势看，只有依靠3日均线才能锁定出逃的风险，3日均线被跌破，马上出逃还能逃得掉，否则，依据5日均线、10日均线操作，就会因为该股见顶后的连续跌停被困死在里面无法逃出来。由此可见，对那些以陡峭的方式往上一路飚升的强势股，设置一条3日均线，及时反映卖出信号，对预防高位吃套的风险，具有非常重要的作用（见下面图85）。

说明： 下面2张图反映的是同一个股票在某一时段的走势。左图中设置了5日、10日两条均线，右图中设置了一条3日均线。显然，按照均线操作原则，因为左图中的股价摸顶时出现的大阳线仍收在5日均线上方，此时并未显示出卖出信号，故而只能继续持股。而右图中的大阴线已击穿3日均线，卖出信号出现，必须马上卖出

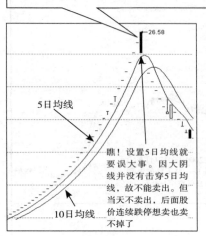
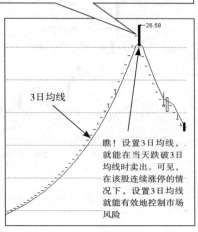

ST金泰（600385）2007年7月11日~2008年2月25日的日K线走势图 图85

实例三：温州宏丰（300283）。2012年4、5月间，市场上刮起了一股强劲的"温州金改"概念股炒作风潮，因为该股地处温州也沾上了光。当时该股接连拉出3根涨停大阳线，涨势咄咄逼人，大有后来居上的意味。

那么，面对这样连续拉涨停的个股，究竟应该设置什么样的均线来控制风险呢？有人主张设置5日、10日均线，有人主张设置3日、5日均线。下面我们来做一个实验，把两者的主张同时用图形表示出来，让大家作一个比较。

温州宏丰（300283）2012年3月13日~2012年5月24日的日K线走势图　图86

均线如何设置，事关大局，马虎不得。现在请你想一想，上面两张图中，究竟左图的均线设置正确，还是右图的均线设置正确，为什么？

大家已仔细观察了上面两张图。接下来，我就可以对这两张图中的均线作对比分析了。

从图86中左边这张图看，图中设置了5日、10日两条均线。虽然当时该股已跌破5日均线，但股价仍站在10日均线之上。按照均线操作原则，只要10日均线未跌破，那么后市仍可看好，这样手上至少应该留有1/2~2/3的筹码，空仓者还可以在此跟进做多。

但从图86中右边这张图看，图中设置了3日、5日均线，股价早已跌穿了3日、5日均线。按照均线操作原则，此时就应该马上全部卖出，主动规避风险。

后来的事情发展表明，图86右图中设置的均线比左图设置的均线正确，因为该股随后出现了大跌。这个事实再一次证明，对陡峭式飚升（当时该股3天就涨了30%多）的个股用3日~5日均线锁定风险的作用，比用5日、10日均线锁定风险的作用要大得多，而且不会对行情的走势发生误判（见下面图87）。

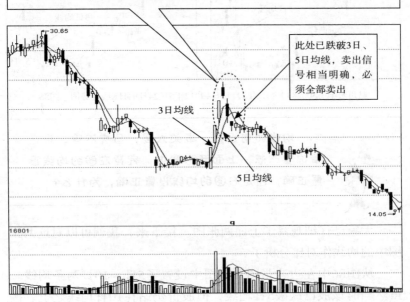

上页图86中的左边这张图，由于不恰当的设置了5日、10日均线，致使一些投资者对该股后市作出了错判，该看空做空时却盲目看多做多了，给投资造成了很大损失。我们再看上页图86中的右边这张图，图中设置3日、5日均线是完全正确的，它及时发出了卖出信号，提醒投资者抛空离场，有效地规避了日后下跌的风险

此处已跌破3日、5日均线，卖出信号相当明确，必须全部卖出

3日均线

5日均线

温州宏丰（300283）2012年3月2日~2012年7月18日的日K线走势图　图87

不过，这里要提醒大家的是，并非是股价呈现一路上涨的走势时，就一定要在图中设置3日、5日均线来锁定风险的。从实战经验来看，3日、5日均线的设置，只适用于上涨走势特别陡峭的那种情况，但它对上涨走势不是咄咄逼人，而是相对比较平缓的那种情况就不适用。若用错地方，同样也会给投资带来损失。其结果就是导致过早卖出，出现踏空行情的错误。下面我们来看两

个实例。

实例四：康美药业（600518）。2007年3、4月间，该股因有送股利好的预期，走出了一轮快速上涨行情，在短短的37个交易日，股价涨幅就超过了100%。但是这轮上涨行情不是以连续逼空，陡峭式飚升走势出现的，而是以一种相对平缓的形式上涨的。故而不能用3日、5日均线来锁定风险，而只能用5日、10日均线来锁定风险，否则，就会过早卖出，出现中途下车的踏空现象（见下面图88）。

说明：这是同一个股票两种不同的均线设置对比图。若以图左边3日、5日均线来设置卖点，股价早就卖出了，黑马就会被中途抛弃，这种踏空风险也是很大的。
若以图右边5日、10日均线来设置卖点，因图中股价从未有跌破10日均线的情况发生，所以可以一直看多做多，这匹短线黑马就骑定了，投资者获利会相当丰厚

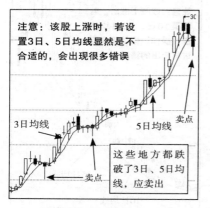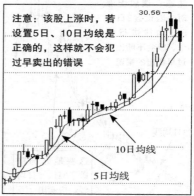

康美药业（600518）2007年3月5日~2007年4月27日的日K线走势图　图88

实例五：世荣兆业（002016）。该股是深圳中小板中的一个股票，2009年9月在利好传闻的刺激下，走出了一轮短线上涨行情，它从6.91元起步，直涨至15.20元见顶回落，不到两个月，股价就翻了一番。但这轮行情走得并不顺畅，一波三折。如果当时在图中设置3日、5日均线就会出现大错。因为按照均线操作规则，当股价跌破3日、5日均线时只能卖出，那后面的上涨行情

就与己无关了。但是如果以10日、15日均线为依据进行操作（编者按：本来图中是设置5日、10日均线的，但依据该股上涨的形式，设置10日、15日均线进行操作，效果更加好一些，故将两条均线改成10日、15日均线，特此说明），因该股上涨时一直在这两条均线上运行，这样几乎可以跑完全程，从而获得很高的投资收益（见下面图89）。

> **说明：** 股价上涨的形式变了，均线设置也要跟着变化。下面的个股，上涨形式并没有出现飚升的走势，故而不能在图中立立3日、5日均线，而只能立立5日、10日均线或10日、15日均线来缚住这匹短线黑马。瞧！若按照左图中的均线进行操作，早就把该股卖出了，但按照右图中的均线进行操作，投资者就能稳稳当当地骑上这匹短线黑马

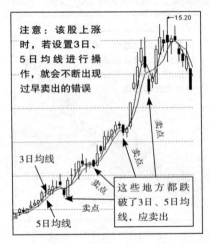
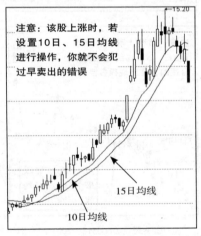

世荣兆业（002016）2009年9月30日~2009年12月18日的日K线走势图　图89

捕捉黑马特别训练

7

上一堂课，高手讲得有声有色，大伙儿也听得非常过瘾。大家希望高手能多传授一些捕捉短线黑马的诀窍给自己，这样实战时好少走一些弯路。彭老师根据同学们的要求，再次请高手来《股市操练大全》培训班讲课。

高手说：上一堂课我们用了整整半天的时间讨论捕捉短线黑马的几个关键技巧，因为时间关系，有些问题我还没有来得及同大家说清楚，现在需要作进一步澄清。

首先我要提醒大家的是，我说的捕捉短线黑马的关键技巧，都是从技术上说的。但技术上的问题，在捕捉短线黑马的整个过程中属于第二层面的问题。它虽然非常重要，不过，若第一层面的问题不解决，仅仅靠它还是达不到应有的目的。那么，第一层面的问题究竟是指什么呢？指的就是短线黑马最核心的内容，即对概念的正确理解与运用。比如，短线黑马多半是因概念引起的。大家就要对概念这个东西有一个正确的认识，知道概念是怎么来的，怎么消失的，什么样的概念是值得期待的，什么样的概念是应该回避的，等等。我听说你们本期培训班的第一堂课是围绕"温州金改"概念展开的，这就很好。大家只有把概念这个问题弄清楚了，行动上才不会有盲目性。

这里我可以举一个典型例子。2011年初，沪深股市里曾出现过炒"缺盐概念"的事情。当时，不知从哪里刮起一股风，社会上突然出现了抢购食盐的风潮，有人几包、几十包地把食盐买回家，一时间，一些地方超市货架上的食盐都被卖空了。当时市场里谣言纷起，有人说：现在的食盐没有经过核污染，后面再生产的盐可能被核电站泄露的物质污染了；也有人说，盐中含有碘的成分，可以防止核污染，需要多吃一点；还有人说，盐马上要大幅涨价了。总之，流言四出，人心慌慌。当时，股市中的一些炒家，抓住这个"机会"对生产、销售盐的个股，进行了疯狂炒作，这些个股纷纷被拉至涨停，炒家们还美其名曰这是在炒"缺盐"概念股。股市中一些缺乏经验的股民经不起诱惑，盲目地跟了进去，最后一个个都被套在里面动弹不得。原因是这个"缺盐"概念仅仅是昙花一现的概念，它很快就烟消云散了。其实，这种情况早就应该在我们的预料之中，因为食盐虽小，但每家每户一日都不能少，它对社会的稳定关系极大，因此国家对食盐的生产、销售十分重视。当市场出现抢购食盐的风潮时，国家马上调集大量的食盐进入市场，并对市场上一些子虚乌有的谣言进行了辟谣，然后，再请医学专家在电视、电台、报刊上传授食用盐的科学知识，告诫大家要科学用盐，一旦食盐过量会引起高血压之类疾病。食盐在国家仓库里有充足的储备，根本不用抢购，所以当时这个抢购食盐的风潮很快就被平息下去。社会上没有人抢盐了，股市中"缺盐"概念股自然就玩不下去了。炒家们一看苗头不对，马上拔脚就溜，而当时一些参与炒作"缺盐"概念股的中小投资者在行动上慢了一步，则被"一网打尽"，全部被套在里面。这个案例告诉我们，炒短线抓黑马虽然离不开概念，但并不是只要是概念都可以炒的。股市里有很多概念，生命周期很短，它们会突然出现马上又会突然消失，这种缺乏生命力的概念是不好惹的，谁碰上谁倒霉。而沪深股市几乎每周，有时甚至每天都会出现一些由某一概念而引发涨停的股票，在这些涨停的股票中，其概念的生命周期大多数是很短的。从表面上看，这些股票走势很强，技术上似乎也无懈可击，但真的跟进去了，这些概念股马上就偃旗息鼓，买入者都会中招倒下。所以，捕捉短线黑马不能只看技术面，还要看概念的内涵是什么，它有无生命力，概念炒作的持续性如何，等等。

在股市里，捕捉短线黑马有一个基本原则：若想成功，就要炒一些确实能吸引市场眼球的大概念，而不要去炒一些稍纵即驰的小概念。因为小概念基本上都是生命周期很短的短命概念，无真实内涵，无持续性。中小投资者如果盲目碰它，结局就是十有九输，而且会输得很惨。

有人问：能吸引市场的大概念是什么概念呢？这就要回到本期培训班开始之初讨论的主题上来：**大事件产生大概念，大概念催生大黑马。有鉴于此，中小投资者捕捉短线黑马，就是要盯住由大事件产生的大概念，而不要涉足无正当理由的小概念。**

遵循这个思路，你就知道短线应该怎么炒了。比如，当你看到一个股票突然涨停时，即使技术上认为可以跟进，但也要深入地想一想，市场炒作它的理由是什么？它究竟属于什么类型的概念，是小概念还是大概念，这种概念炒作有没有持续性，先把这些问题想清楚了，然后再决定是否要跟进。而不是看到拉大阳线，听说炒概念就不分清红皂白地马上跟进去。其实，这个道理是很清楚的，假如事情不如你预期的那样，万一是"几日游"，甚至是"一日游"的小概念炒作，盲目参与进去就存在着很大的风险。所以，这种瞎碰乱撞的事情，我们要尽量避免，聪明人不要去做傻事。

另外，我要提醒大家的是，参与短线黑马的炒作，一定要看大势。社会上那种所谓的"抛开大盘炒个股"的观点是在误人子弟，因为只有大势好，个股炒作才有基础。当然，对大势好，也要有一个正确的理解。大势好，并非一定是牛市，对短线炒作行情来说，只要大盘指数不是出现持续下跌，而是处于相对平衡状态，如在一个小箱体里进行上下震荡，股市里上涨的个股多于下跌的个股，都可以理解成大势在回暖了。总之，股市里投机资金开始活跃，有了赚钱效应，个股炒作才能顺利地进行下去。当然，如果大盘指数处于强势反弹状态，特别是进入牛市了，那大势向好更没有话说了。大家要特别注意的是，在大盘指数出现持续下跌，且下跌个股超过上涨个股的情况下，是不宜参与短线行情炒作的，此时风险远大于机会，投资者应坚持空仓观望为宜。

如何在大势向好的情况下炒作个股，我这里举一个例子。如上一堂课我提到的科大讯飞这个股票，除权后经过一段时间横盘，然后冲破矩形上边线，拉出一根涨停大阳线。当时为什么可以马上跟进呢？这里有两个原因：一个原因是，因为这根大阳线，经分析后可以确定它是低位大阳线，低位大阳线是积极看多做的信号。主力在盘中拉出低位大阳线，说明他们要启动填权行情了，这样一来，该股就可能演绎出一段短线黑马行情；另外一个更加重要的原因是，当时大盘指数正处于强劲反弹之中。也就是说，当时大势是好的，整个股市行情的上涨红红火火，犹如处在一轮"小牛市"中。股市中有一句谚语："牛市除权，火上浇油；熊市除权，雪上加霜。"正因为当时大势处于强势状态，所以看见图51（见本书第95页）中个股横盘后拉出大阳线，可以大胆跟进。反过来说，如果当时大盘处于弱势，即使我们看到这样的大阳线也不能跟进。因为在大盘处于弱市环境中，个股除权后出现填权的情况很少，绝大多数个股除权后都是贴权的，稍有上冲马上会遭到空方的强行打压，股价即刻就会掉头向下。这时个股除权后出现的大阳线，就不是什么低位大阳线了，而变成主力诱多出货的反弹大阳线了。

　　说到这里，我们就可以对上一堂课的内容作归纳总结：捕捉短线黑马的关键技巧非常重要，这是保证我们操作成功的一个必要条件。但除此之外，还有一个更加重要的必要条件，即对大势，对概念必须有一个正确的认识。这两个必要条件对捕捉短线黑马而言，缺一不可。

　　好了，前面我讲了很多。这些都是上一堂课应该讲的内容，拖到今天来讲，有点对不起大家，请原谅。那么，今天这堂课我们要讨论什么呢？今天要讨论的内容是，捕捉短线黑马另一个关键技巧。我现在要告诉大家：这个关键技巧与传统的技术分析、基本分析无关，仅与人的心理活动有关。迄今为止，这个技巧很多人还不知道，它看上去非常简单，但实际上它的实用价值非常大。因此，我们必须要高度重视这个技巧，让它好好地为我们服务。

　　有人可能着急了，想知道这究竟是什么技巧。现在我先暂时保密，等大家做了训练题后，再来揭开谜底。接下来我们还是按照上一堂课采用的方法——先看图后评说。

请看题：下面是3只个股的走势图（见图90~图92）。从图中看，它们在股价见顶后，都出现了大跌，跌幅至少在50%以上，尤其是图92中的个股跌幅更大。不过，该股在188.88元见顶之后，又出现了164.88元与138.99元两个阶段性顶部。可见，该股出现过几轮反弹，逃命的机会是有的，如果不逃被套，那只能怪罪自己了。对这3张图怎么看，有人夸下海口说，只要掌握一种秘诀，这3只个股的5个顶部（包括图92中的两个阶段性顶部），他都能在见顶的第一时间里出逃，绝对不会出错。

请问：这话你能信吗？为什么？

重庆啤酒（600132）2011年12月19日~2012年6月28日的日K线走势图　图90

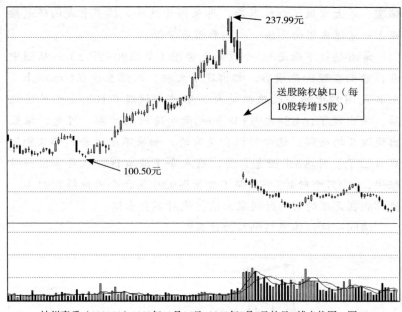

送股除权缺口（每
10股转增15股）

237.99元

100.50元

神州泰岳（300002）2009年12月16日~2010年7月6日的日K线走势图　　图91

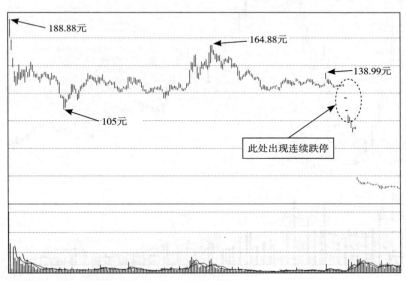

188.88元

164.88元

138.99元

105元

此处出现连续跌停

海普瑞（002399）2010年5月6日~2011年6月9日的日K线走势图　　图92

高手说：有人夸口，对本题图90、图91、图92中的个股，他能在其见顶的第一时间内出逃。这种夸口的话让人听了很不舒服，但如果我们撇开凭感情因素来判断这件事情的是与非，应该承认夸口之人，说的都是事实，他是因为看到走势图最上方显示其最高价中的一组特殊数字才成功逃顶的。原来这组特殊数字里隐藏着一个秘密。无论是谁，只要知道这个秘密，都能在见到图90、图91、图92中的个股冲顶时，轻松地做到在第一时间出逃。那么，这个秘密是什么呢？说穿了一点也不稀奇，秘密就在"88"、"99"两个数字上。当股价有了一定涨幅，在其冲高回落时，只要在当时的最高价的末端拖上"88"或"99"两个字数时，即可判断股价见顶了。此时投资者即可马上卖出，准确率非常高。

其实，炒股票就与做生意一样，当事人想的都是既能做好股票，又能在股票赚钱卖出时图个吉利，好好地庆祝一下。这个思想在主力（庄家）身上表现得非常突出。因为他们认为自己运作的是大资金，做的是大生意，所以对"88"、"99"等一些数字就非常敏感。"88"，就是"八八大发"；"99"，就是"久久好运"。正因为他们有了这种想法，所以卖出股票时，往往会选择其中的一个吉利数字，在股价冲顶时，会在走势图上留下一个特别记号。据了解，沪深股市20多年来，特别是最近几年，个股在见顶时，最高价的末端拖上"88"、"99"两个数字的情况很多，由此"88"、"99"就成了主力"胜利大逃亡"的特殊标记。据了解，这个情况大多数投资者都没有注意到，所以对它没有什么感觉，更谈不上运用这个秘诀为成功逃顶助上一臂之力了。故而对这件事，大家必须引起高度重视。

我们发现，一些个股在见顶时，特别是一些短线黑马在行情走到头时，经常会在走势图的顶端出现"88"、"99"的数字。为了给大家有一个深刻印象，下面请大家多看一些实例（见图93～图114）。

2008年~2012年股价尾数为"88"见顶图形示例

（说明：以下均是日K线图）

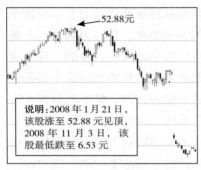

52.88元

说明：2008年1月21日，该股涨至52.88元见顶，2008年11月3日，该股最低跌至6.53元

瑞贝卡（600439）　图93

30.88元

说明：2008年1月25日，该股涨至30.88元见顶，2008年10月28日，该股最低跌至5.97元

路翔股份（002192）　图94

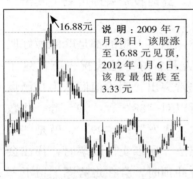

16.88元

说明：2009年7月23日，该股涨至16.88元见顶，2012年1月6日，该股最低跌至3.33元

顺发恒业（000631）　图95

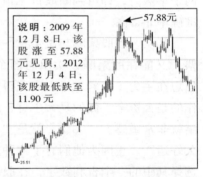

57.88元

说明：2009年12月8日，该股涨至57.88元见顶，2012年12月4日，该股最低跌至11.90元

海陆重工（002255）　图96

22.88元

说明：2010年10月5日，该股涨至22.88元见顶，2012年11月30日，该股最低跌至4.31元

凯恩股份（002012）　图97

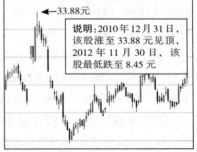

33.88元

说明：2010年12月31日，该股涨至33.88元见顶，2012年11月30日，该股最低跌至8.45元

方正电机（002196）　图98

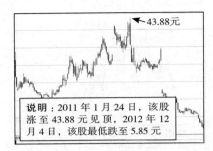

说明：2011年1月24日，该股涨至43.88元见顶，2012年12月4日，该股最低跌至5.85元

双龙股份（300108） 图99

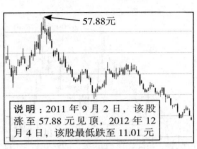

说明：2011年9月2日，该股涨至57.88元见顶，2012年12月4日，该股最低跌至11.01元

初灵信息（300250） 图100

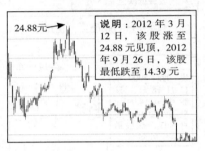

说明：2012年3月12日，该股涨至24.88元见顶，2012年9月26日，该股最低跌至14.39元

金明精机（300281） 图101

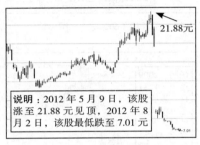

说明：2012年5月9日，该股涨至21.88元见顶，2012年8月2日，该股最低跌至7.01元

华昌达（300278） 图102

2007年~2012年股价尾数为"99"见顶图形示例

（说明：以下均是日K线图）

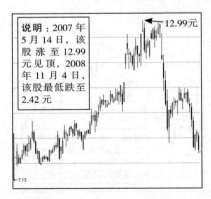

说明：2007年5月14日，该股涨至12.99元见顶，2008年11月4日，该股最低跌至2.42元

信隆实业（002105） 图103

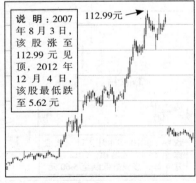

说明：2007年8月3日，该股涨至112.99元见顶，2012年12月4日，该股最低跌至5.62元

山河智能（002097） 图104

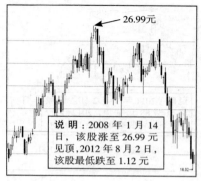

说明：2008年1月14日，该股涨至26.99元见顶，2012年8月2日，该股最低跌至1.12元

ST长油（600087）　图105

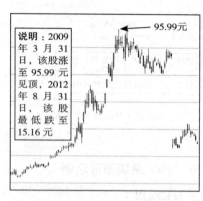

说明：2008年1月24日，该股涨至43.99元见顶，2012年1月5日，该股最低跌至9.25元

科华生物（002022）　图106

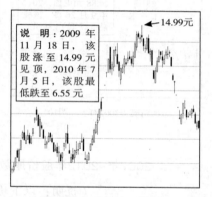

说明：2009年3月31日，该股涨至95.99元见顶，2012年8月31日，该股最低跌至15.16元

恒邦股份（002237）　图107

说明：2009年11月18日，该股涨至14.99元见顶，2010年7月5日，该股最低跌至6.55元

ST东碳（600691）　图108

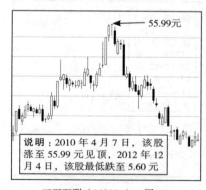

说明：2010年4月7日，该股涨至55.99元见顶，2012年12月4日，该股最低跌至5.60元

三五互联（300051）　图109

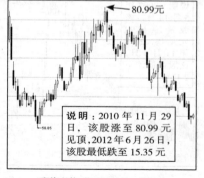

说明：2010年11月29日，该股涨至80.99元见顶，2012年6月26日，该股最低跌至15.35元

瑞普生物（300119）　图110

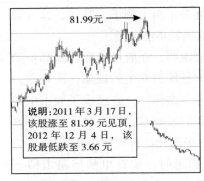

说明：2011年3月17日，该股涨至81.99元见顶，2012年12月4日，该股最低跌至3.66元

东方日升（300118）　图111

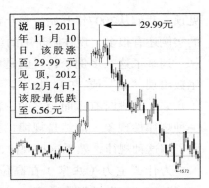

说明：2011年11月10日，该股涨至29.99元见顶，2012年12月4日，该股最低跌至6.56元

久其软件（002279）　图112

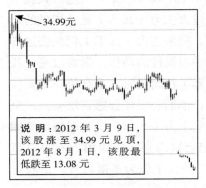

说明：2012年3月9日，该股涨至34.99元见顶，2012年8月1日，该股最低跌至13.08元

蓝英装备（300293）　图113

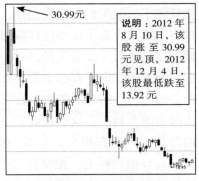

说明：2012年8月10日，该股涨至30.99元见顶，2012年12月4日，该股最低跌至13.92元

双成药业（002693）　图114

说明："2008～2012年股价尾数为'88'见顶图形示例"中少了2007年的例子，是因为《股市操练大全》第七册中已把2007年中股价尾数为"88"的见顶情况列出了一张表格（见该书第464页、第465页），书中登载了当时几十只个股，股价尾数为"88"见顶的详细资料。为避免重复，故本书在制作本图形示例时，以股价尾数"88"的见顶图形示例，比以股价尾数"99"的见顶图形示例少摘录了两幅图。

高手说：上面无论是以"88"数字见顶，还是以"99"数字见顶，我们从2007年开始，每年都举了两个例子。其实，这方面的实例还有很多，现在限于书的篇幅就不能多举了。

列举了这么多例子，目的是要说明，在股价见顶时最高价的尾数出现"88"或"99"数字，不是偶然发生的现象，而是主力（庄家）出逃时有意而为之的一种"杰作"，它已成了股市中的一种规律性现象。既然是规律，我们就要对它进行高度关注，就要了解这种规律，熟悉这种规律，进而让这种规律为我所用。

为什么主力（庄家）在高位出逃时，要在电脑屏幕上留下"88"、"99"这两个数字，《股市操练大全》第七册已对其中的原因作了详细解释（见该书第461页~第463页）。这里我就不重复说了。但我们一定要记住，过去主力（庄家）是这样做的，现在主力（庄家）也是这样做的，将来主力（庄家）仍然会这样做。这是主力（庄家）操盘时一种习惯性的动作，很难改变。我们在调查中发现，有的主力（庄家）在出货时，最高价一定要挂上"88"、"99"这些吉利数字，他们心里才会感到踏实。"出货时要图吉利"，这已经成了一些主力（庄家）头脑里根深蒂固的念头，只要有机会，它就一定会冒出来，这跟国人在办喜事时，在日期选择上，把带有"8"的日子作为黄道吉日，进行首选的道理是一样的。

主力出货时用数字来图吉利的习惯，对股市中的有心人来说也是一件好事。聪明的投资者可以充分利用主力这种习惯，看到股价涨到一定程度，电脑上显示其最高价为"xx.88元"或"xx.99元"时，就可以以此来推断股价见顶了，此时马上卖出，说不定就能争取到在股价见顶的第一时间顺利出逃。试想，我们只要跟着做就能规避掉高位吃套的风险，如此好事，又何乐而不为呢？

比如，本题图91中的个股，它是创业板初创时第一批上市的股票。因为当时创业板是个新生事物，该股当初又有一个很吸引市场眼球的概念，所以该股上市后不久就受到了主力疯狂炒作，并得了市场众多投资者的追捧，股价一度攀升至200元以上的高位。知情人知道，主力把该股的股价推高到如此高的价位，并非是看重它的长期投资价值，而只是把它当作一个能吸引市场眼球的概念股，短期炒一把而已。因此这样的股票实则就是一匹短线黑马。那么，这匹短线黑马跑到什么价位才算跑到头了呢？主力当时把该股拉到237.99元，就是一个明鲜的见顶标志。聪明人看到这样的数字出现，马上就应该意识到该股主力出逃了，股价有可能见顶了，此时即刻卖出，就能在第一时间顺利逃顶。请想想看，若当时有谁真的这样做了，哪该有多好啊！

又如，本题图90中的个股，股价走势因为超跌（从83.12元跌至20.16元），产生了一轮以超跌为主线的短线黑马行情。后来该股从20.16元反弹至40.88元见顶回落。虽然当时大家并不清楚主力把该股炒到什么价位才会出货，但是，当我们从电脑屏幕上见到40.88元数字高悬在上方时，心里就明白了，该股以超跌为主线的短线黑马行情走到头了。尽管当时该股在冲高到40.88元回落时，股价并没有大跌，而是出现了横盘状态。但此时的横盘并非如普通投资者所想象的那样，主力是通过横盘整理进行蓄势，尔后再发动新一轮上攻行情。实际情况恰恰相反，主力正在利用横盘悄悄地往外发货，等货出完后，股价就掉头向下，然后就出现了一轮长时间大幅度下跌的走势。

可见，在该股快速上冲至40.88元见顶回落，处于横盘整理期间，知情者（即知道"88"是见顶信号者）是有足够时间，从容不迫地在40元附近把股票卖掉的，但不知情者仍然会盲目看多做多，尔后该股大跌时就会深套其中，输得很厉害。

再如，本题图92中的个股，是近年来发行价定得最高的新股。当时发行价定为148元，理由是该股生产的新药，利润极为丰厚，成长性极佳。但事实上，操作该股的主力心里明白，这种利润极为丰厚的新药会引来强有力的竞争者，该股的上市公司因缺乏核心技术很难保持其竞争优势，一旦它的竞争优势衰落，该股根本无法维持如此高的股价。因此，该股上市后，当股价比发行价高三成时，主力就开始发货了，而此时发货接盘者众多，因为大家都在憧景其高利润、高成长性。由于主力出货顺利，心里非常得意，在电脑屏幕的上方挂出了188.88元这样特别吉利的数字，以示庆贺他们高位出逃的胜利。结果，这188.88元就此定格为该股的历史最高价了。出乎人们意料的是，主力出货后再对该股实施进一步打压，此时又传来该股的上市公司出现了强有力的竞争对手，往后很难再保持其高利润、高成长性的消息。于是，很多原来看好该股后市的投资者纷纷倒戈，就此形成了一波多杀多的走势，致使股价一路下跌，直回落至105元才出现止跌。此后在高位出货的主力又在股价跌至低位时实施回补，并由此发动了一波超跌之后的反弹行情，当股价被拉到快要接近前面高点时，主力就收手了。此时主力心里明白，在180元上方吃套的投资者正急于等着解套，当然主力是不会让这些投资者解套的，主力要在他们解套之前出货，才能顺利地将低位回补的筹码在高位顺利地派发出去。164.88元，这是主力结束该股反弹向外发货庆祝胜利的又一个吉利数字。果然，该股在164.88元结束这轮反弹后，股价又处于一种不断下跌的状态。

此后，该股主力又趁着送股利好的预期，做了一次反弹行情，这个反弹见顶的最高价是138.99元，反弹见顶的当天成交量比往日放大了四五倍，说明主力拉高出货又获得了成功。138.99元，就是当时主力再次庆贺自己成功出逃留在盘中的一个吉利数字。看到这个吉利数字仍未醒悟，憧憬着该股送股的利好预期，而继续看多做多的投资者，在该股高位横盘半月之后就迎来了让他们怎么也没有想到的股价高台跳水。短短几天，股价就跌掉了近40%，除权后股价更是出现一路下探的走势，到2012年年末股价最低跌至16.98元。

该股从最高价188.88元一直跌至16.98元，这股价也跌得够惨的。倘若投资者知道"xx.88"、"xx.99"吉利数字后隐藏的巨大杀机，在主力出逃时也跟着出逃，就能成为一个数次逃顶都获得成功的胜利者，而对吉利数字麻木不仁继续看多做多的投资者，则完全陷入了主力精心设置的陷阱中，变成一个彻底的失败者。

高手在分析本题图90、图91、图92这三个实例后，语重心长地说：我也是《股市操练大全》的忠实读者，多年来，我从《股市操练大全》中学到了很多有用的知识与经验，该书对开阔我的投资思路，提高我的操作水平都起到了重要作用。我比较了国内很多股票书，我认为《股市操练大全》写得非常实在，没有什么哗众取宠的地方，也没有什么忽悠人的东西，它是我见到的国内最好的，也是最完整、最系统的一套股市操练工具书。我既然从《股市操练大全》中得到了很多，那自然就要回报它。因此，当彭老师找到我，希望我对《股市操练大全》培训班的学员谈一些捕捉短线黑马的经验与体会时。我就一口答应了，这也可以说是一种"知恩图报"吧！

在结束我今天的讲课内容前，我觉得还有一个重要问题需要向大家交代清楚，希望引起足够的重视。

这个问题是：**投资者面临的最大敌人不是凶狠狡猾的主力，而是自己身上的一块"心魔"**。有人会想，我怎么会突然提出这个问题呢？因为有一件事对我印象特别深刻，让我有一种骨髓干喉，不吐不快的感觉，所以我一定要说给大家听。

事情是这样的。在一次股市研讨会上，我把主力利用吉利数字诱惑投资者进行拉高出货的情况向与会者作了介绍。会后有一位投资者很激动，他紧紧拉住我的手说，你说得太好了，对自己启发很大。不过，他好像还有什么不放心的地方，最后问我一句，主力利用吉利数字出货，这种情况能不能说百分之一百是真的。当时我愣了一下，稍作思考后告诉他，大概是八九成吧，可能有一二成是例外的。

一年后，在另一次股市座谈会上，我又碰到了这位投资者。他懊丧地告诉我，他没有记住我的话，在一个股票上栽了大跟头。我问他是怎么一回事。他说，他当时重仓跟进了一只概念股，开始做得很顺利，股价一直往上攀升，账面上已有50%以上的赢利。有一天，当他看到该股拉出了33.88元最高价时，心里感到一震，心想是不是主力在出货了，但观察了几天，该股尽管出现了冲高回落的现象，但没有什么大跌，股价仍停留在30元之上。此时，市场内又传来该股即将有重大利好公布的消息。他的几个股友都认为，该股近期涨势过猛，冲高回落属于正常调整，不必恐慌，调整后股价仍会发力上攻。主力的目标位很可能要把股价打到100元以上。因此，一定要把筹码捂住，千万不能让主力把自己手中的筹码骗走了。

这位投资者说："当时我内心很矛盾，一边考虑的是主力可能利用吉利数字往外出货，此时我应该马上卖出；另一边考虑的是，外界传来该股有利好消息，现在股价出现调整是暂时的，主力在洗完盘后，该股就会发力上攻，后面股价还有很大的上涨空间，此时我应该坚决看多做多，持股待涨。这两种意见在我心里打架，我应该听谁的呢？后来我想到高手你说过的一句话：'主力利用吉利数字出货，不是百分之百的，也有一二成例外的情况。'我思考了很久，最后我认为该股当时的现状大概就属于一二成例外的情况吧，于是我就一股未卖，坚守在里面。但让我想不到的是，此后，该股走势重心一路下移，等我发现情况不对时，股价已经跌了一大截，几乎跌到我的进货价附近。当时我于心不甘，总觉得不能白忙乎一场，便继续持股，等待奇迹出现，谁知道越等越糟，现在的股价早已跌至我的进货价之下，亏损额已超过了50%。"

这位投资者越说越伤心，他懊悔没有听我的话。说到伤心处，竟哭了起来。高手说："当时我看他情绪很激动，也想不出什么话来开导他，只能说一些'不要紧，股市还有机会'等安慰之类的话，把他劝走了。此事对我触动很大。我反复思考后发现，类似这位投资者'言行不一'的情况，在股市里可谓比比皆是。比如，明明是风险临近，他们也看到了，但总认为这次可能是例外，心存侥幸，最后栽了大跟头。这也是很多人亏钱的一个重要原因。由此我想到一个问题。股市中最大的敌人不是主力，而是投资者自己身上的一块'心魔'，投资者只有战胜心魔才能修成正果，成为股市赢家。"

有人问：什么是心魔呢？高手解释说：所谓心魔就是指内心中不切实际的幻想，而这种不切实际的幻想，最终会导致自己在股市中一败涂地。比如，有的投资者心里老是想要找到一种包赢不输的方法。但是，股市中是不存在什么包赢不输的方法的。我们平时说某种方法很有效、很神奇，准确率最多也只有八九成。其实，炒股就是炒概率。如果一桩事情，胜算的概率在七成以上就值得去做，胜算的概率在八成以上就应该抢着去做。炒股总是有风险的，在股市中有八成胜算的概率，那已经是很高的概率了，但即便如此还有两成失败的风险在里面。可见，要想在股市中找到没有风险，只会赢不会输的方法，只不过是一些投资者头脑里的一种不切实际的幻想而已。

高手说："我遇到的那个投资者就存在这种不切实际的幻想，而这个不切实际的幻想害了他。当时他看到自己重仓持有的股票大涨后出现了33.88元最高价。按理说，他也知道"88"这个吉利数是主力出货后留下的一个特殊标记，此时卖出，有八成胜算，正常的情况下，应该马上获利了结，但他没有这样做。因为他脑子里老是想着，除了下跌的概率有八成之外，还有二成是上涨的。万一该股属于二成的范围之内，现在把它卖了，后面该股出现大涨，自己不是吃亏了吗？想到这里，他就不想卖了。而当他真的打算要卖股票的时候，股价早已跌到他的成本价之下，原来赢钱的变成亏钱了，一看股价跌成这个样子，就很难下手把股票卖掉，最后只能眼睁睁地看着股价不断创新低，此时心里再后悔也无济于事了。"

高手再一次强调指出，可见，投资者身上的心魔是自己的最大敌人。那么，有什么办法可以战胜这个心魔呢？高手把他多年的实战经验向大家交了底。高手认为，有两种办法可以战胜这个心魔，建议大家去试一试。

① **一定要牢记，炒股票就是炒概率，对概率大的事要积极争取去做，对概率小的事要尽量回避**。经过仔细分析后，按照某种方法卖出如有八成胜算，你就要毫不犹豫地照着去做。即使思想上有顾虑，也应该采取一半对一半的方法，先卖出一半筹码，规避一下风险再说。比如，在涨势中看到某个股票屏幕的上方出现"xx.88"或"xx.99"的数字，先无条件地减掉一半仓位，留一半仓位观察，若过了一两周，股价重心仍在下移，就坚决抛空离场。

② **打组合拳，将几种方法组合起来互相验证，以此来提高预判的正确性**。虽然单一的预判方法，准确率不会达到百分之百的完美程度，它一定会有差错，会有例外的情况出现。但单一预判方法的缺陷，我们可以通过运用其他技术方法进行弥补，如果有几种方法同时佐证行情即将或已经见顶，那预判的正确性自然会明显地提高，投资者以此进行操作的底气，也就更足了。

比如，图90中的重庆啤酒（见本书第133页），当时演绎的是超跌后的短线黑马行情。有人根据其40.88元判断该股短线黑马行情见顶了。那么这个判断是否正确，会不会看走眼呢？此时我们若再来观察该股当时的K线与均线走势，就可以推断40.88元见顶的可能性极大，出差错的概率微乎其微。因为该股在拉出40.88元的前一天K线，是一根涨停大阳线，而这根涨停大阳线的性质属于高位大阳线，是主力诱多出货的信号。此外，我们若在图90中加上一根60日均线（见下页图115），就会发现40.88元离60日均线仅一步之遥，这一方面说明60日均线对该股上行起到了重大压制作用，另一方面也说明主力炒作该股短线黑马行情的目标位就可能锁定在60日均线之处，再加上40.88元本身就是主力利用吉利数字的一个出货信号。这样，通过几种见顶与出货信号互相印证，我们可以很有把握地说，40.88元就是该股反弹的见顶价格，在此卖出就不会有什么差错。

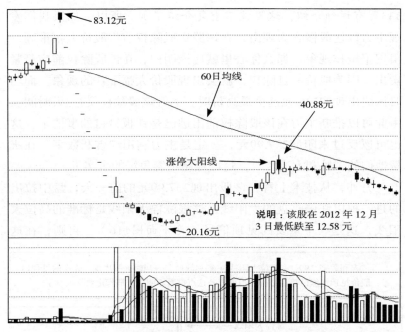

83.12元

60日均线

40.88元

涨停大阳线

说明：该股在2012年12月
3日最低跌至12.58元

20.16元

重庆啤酒（600132）2011年11月14日~2012年3月26日的日K线走势图　　　图115

又如，图91中的神州泰岳（见本书第134页），当时该股之所以能演绎一段短线黑马行情，是因为该股的送股利好超出市场的预期——每10股转增15股（编者按：以往股市中的个股一次最多是每10股送10股，一次以每10股送15股的情况实为罕见）。在该股送股利好公告发布后，不到1个月，股价涨幅就超过100%。显然这是以送股概念为理由的一次疯狂的短线炒作。但是无论当时的走势如何疯狂，只要炒概念总有价值回归之时。根据历史经验，送股前股价大幅走高（人们把这种现象称为"抢权"），送股后股价就会大幅走低（人们把这种现象称为"贴权"）。在股市中，这已是屡见不鲜的现象。由此也形成了主力的一种重要的出货手段——抢权诱多出货法（编者按：有关"抢权诱多出货法"的特征与相关实例，《股市操练大全》第七册第328页~第

335页有详细介绍，这里就不重复介绍了）。所以，如果我们发现主力以送股概念为理由，在该股送股除权前将股价大幅推高，出现了抢权现象，那么你心里就应该明白，在该股除权前应赶紧卖出，因为股价一旦除权，就会出现股价大幅下跌的现象。而当时该股出现237.99元这个最高价时，离开该股除权仅有3天时间。由此可以推断主力在该股除权前出逃已是铁板钉钉的事情了。这也可以反过来印证237.99元，一定是主力利用"吉利数字"在庆贺他们的"胜利大逃亡"，这已经是不容争辩的事实了。

　　另外，从技术上看，该股出现237.99元的前一天，盘中拉出的是一根以涨停收盘的大阳线，这根涨停大阳线是标准的高位大阳线，这是一个重要的见顶信号（见下面图116）。再则，在这

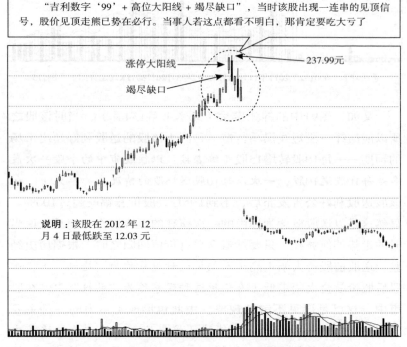

"吉利数字'99'+ 高位大阳线 + 竭尽缺口"，当时该股出现一连串的见顶信号，股价见顶走熊已势在必行。当事人若这点都看不明白，那肯定要吃大亏了

涨停大阳线　237.99元

竭尽缺口

说明：该股在2012年12月4日最低跌至12.03元

神州泰岳（300002）2009年12月16日~2010年7月6日的日K线走势图　图116

根高位大阳线的左下方留下一个向上跳空缺口（注：此缺口性质为竭尽缺口），这个缺口在该股拉出237.99元股价的当日被一根大阴线一下子封闭了。这在技术上又是一个重要的见顶信号。如果我们仔细观察盘面的话，就会发现该股在摸高237.99时，拉出了一根以跌停收盘的大阴线。在股价攀升过程中突然出现这样的大阴线，本身就是一个重要的见顶信号，再加上拉大阴线的当日，成交量比往日放大了一倍，换手率超过10%，这就说明主力确实在高位大量出货。同时，这根大阴线与前面的一根K线合起来就是一组"倾盆大雨"[注1]的K线组合。在股价有了较大幅度上涨后，突然出现倾盆大雨的K线组合，其杀伤力是非常大的，凡领教它厉害的人都会对它望而生畏。

综上所述，经过这么多信号相互印证，那么我们在看见该股出现237.99元这样的"吉利数字"时，就可以大胆判定该股确实见顶了。此时不卖出，又更待何时呢？（编者按：该股除权后出现了大跌，形成了贴权走势。一年后，该股已跌得面目全非。由此可见，投资者在看到该股出现237.99元这一"吉利数字"后，马上看空做空是完全正确的）。

高手说：**多年来，我获得了一条重要经验：在高位，股价拉出大阳线，随后股价出现滞涨，成交量却在放大。如果在盘面上出现这种现象，几乎可以肯定主力在进行诱多出货了[注2]，此时若再出现什么"xx.88"、"xx.99"的吉利数字，那我就可以打保票，股价一定是见顶了，且往后股价大跌的概率极大，可达到99%。**

———————————

【注1】 关于"倾盆大雨"K线组合的特征、技术意义与相关实例，详见《股市操练大全》第一册第56页~第58页。

【注2】 主力这种诱多出货的方法，称为"拉大阳线诱多出货法"。《股市操练大全》第七册第279页~第288页，对这种出货方法的特征、应对策略与相关实例作了详细介绍。请关注。

有人问高手，为什么要说99%呢？干脆说百分之一百，这样不是更好吗？

高手回答说：因为这是股市，可能有人不明白，在股市里是没有绝对的东西，更不能把话说死。比如，倘若老天爷特别关照这家上市公司，突然有一天，在它厂房下挖出了金矿，或者是该上市公司中有人突然发明与推出类似苹果那样的独一无二的专利产品，那么，该股主力立马会从看空做空转向看多做多，此时该股的股价就会立即掉头向上，出现大涨。但这样的机会，可以说微乎其微，一般情况下不会发生。所以我把它起死回升的机会定在1%范围之内。老实讲，我的内心是倾向于对它绝对看空做空的，因为到目前为止，我还没有发现在股价大涨后，形成"**涨停大阳线 ＋ 股价滞涨 ＋ 成交量放大 ＋ 吉利数字**"这一格局，股价有不跌反涨的情况出现。所以我把它的见顶概率定为99%。

我衷心希望，这条经验能对大家判断短线黑马行情何时见顶带来一些实质性的帮助，更盼望《股市操练大全》的读者，在实战中能借助这条经验保住胜利成果，使投资真正获得成功。

捕捉黑马特别训练 8

彭老师说：高手是个热心人，他执意要回报《股市操练大全》的编委与读者，所以把他的操盘经验与秘诀毫无保留地告诉了大家。我们要好好感谢他。

大家对高手的讲课总体评价非常高。不过也有一些同学问：高手认为在高位出现的涨停大阳线是主力在诱多出货，这种大阳线一定是主力的"杰作"。另外，在屏幕最上方出现"xx.88"、"xx.99"的吉利数字也一定是主力胜利大逃亡时留下的特殊标记。高手这样肯定，他手里掌握着什么有力的证据吗？如果没有这样的证据，仅凭猜测，就很难以理服人。我们也可以这样认为，股价上涨时出现大阳线，是因为市场中看好其后市的投资者太多，大家争相买进，才促使股价收出涨停大阳线。另外，做股票图吉利，在普通投资者中也普遍存在着这种心理，那就不排斥某些投资者卖出股票时，特地挂上"xx.88元"、"xx.99元"的情况。如果情况是这样，又怎么可以肯定这些吉利数字一定是主力出逃时留下的标记呢？

因为这个问题提得很尖锐，彭老师没有马上回答。他经过一番思考后决定把它交给全班同学进行讨论。当然，讨论的目的是明辨是非，提高大家的分析与鉴别能力。这对做好股票是很有好处的。

请问：你对这个问题是怎么看的？高手的判断究竟有没有证据？如果有，它们到底是什么样的证据？此事对我们做好股票会带来什么有益的启示呢？

解答

在全班同学对这个问题进行认真讨论后，彭老师作了总结发言。

彭老师说：高手判断主力利用大阳线、吉利数字为掩护，对中小投资者进行诱多，自己却拼命往外逃。高手得出这个结论肯定是有证据的，这件事同打官司的道理一样，原告要控拆、指责被告，主张权利，那原告就要进行举证，没有证据的诉讼肯定是苍白无力的，官司也绝对打不赢。

不过话说回来，做股票与打官司又有很大不同。打官司需要的是直接证据，是黑就是黑，是白就是白，铁证如山，对方就无法抵赖了。但做股票，寻找主力忽悠、陷害中小投资者的证据，就不是什么直接证据了，而所谓的证据，也就是靠分析、靠观察得来的间接证据，直接证据是没有的。其中的原委是，你无法得知主力当时操盘的真实情况。在主力操作时，你既不可能到他们的身边收集相关证据，又不可能在事后去查阅他们的交易记录。这样就不可能找到什么直接证据，最后只能找一些间接证据来证明自己的判断是否正确。

我对高手比较了解。比如，他为了到我们这儿来讲课，他找了很多资料，收集了很多实例。这些资料与实例，就是举证主力利用大阳线、吉利数字、忽悠、陷害中小投资者的有力的间接证据。

高手在我办公桌上留着一叠厚厚的教案与资料（复印件），其中一部分内容详细地分析了主力是如何利用大阳线诱多出货的。我这儿摘录里面一个实例，看看高手分析得是否有道理，他的间接证据可靠性如何。

这个实例是云天化（600096）。该股是沪市主板市场的一个股票。图117显示，该股在2008年3月因故停牌，2008年11月恢复交易后出现了补跌，股价遭至连续跌停，经过连续8个跌停板，股价从60元上方，迅速跌至20元下方，跌幅非常大。因为当时该股的重大利空消息是突然降临的，主力也未曾料到，所以，当该股连续跌停时，主力也和其他投资者一样深套其中。主力被套后，他们采用了积极自救，分批出货的方式——利用三次大反弹完成了其本来应该在该股跳水前高位出货的任务。三次大反弹的头部（见图117中画小圈处）都被主力控制在30元~33元一带区

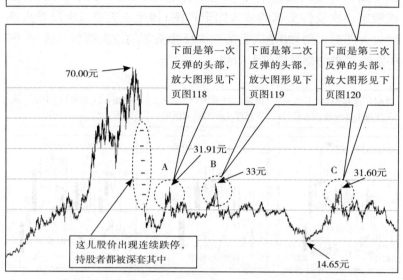

图中画A、B、C3个小圈处就是三次大反弹的头部。每次反弹，在主力出货后股价就掉头向下，特别是最后一次反弹，在主力完成了高位出货的预期目的后，该股就出现了深幅下挫。这是主力操作因前期突然遭遇连续跌停而导致超跌的个股的一种基本运行模式，这应该引起大家足够的重视

下面是第一次反弹的头部，放大图形见下页图118

下面是第二次反弹的头部，放大图形见下页图119

下面是第三次反弹的头部，放大图形见下页图120

70.00元

31.91元

A   B   33元   C   31.60元

这儿股价出现连续跌停，持股者都被深套其中

14.65元

云天化（600096）2006年10月13日~2011年6月24日的日K线走势图　图117

域。从成交量分布情况看，在此价格区间，场外接盘比较踊跃，再则高位深套的投资者尚不愿意在这个价位割肉离场，所以整个盘子抛盘较轻，有利于主力独家出货[注]。主力为此制定了一个详细的操作计划，每到股价跌至22元以下时，就开始低位补仓，而后再慢慢地把股价拉起来，但每次在股价涨到30元以上时，就开始往外发货了。主力此招很管用，几个来回下来，主力前期因股价连续跌停而被困在里面的大部分筹码获得了解放，反过来，

【注】主力如果把股价继续拉高，一方面，场外接盘就会减少；另一方面，随着股价攀升，想割肉离场者也会日益增多，这对主力出货非常不利。如此一来，主力独家出货的目的就很难达到。所以，该股主力必须将股价控制在一个有利于他们自己出货的区域。

很多中小投资者都被深套其中。

那么，主力为何在三次反弹头部能顺利出货呢？其秘密就在三次反弹头部中都出现的一个角色——涨停大阳线上。下面有3张小图，对应的就是当时三次反弹头部的走势。其中，图118是该股第一次反弹头部的放大图形，图119是该股第二次反弹头部的放大图形，图120是该股第三次反弹头部的放大图形。这3张图中箭头所指的都是涨停大阳线。

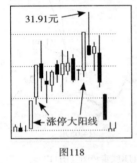

图118

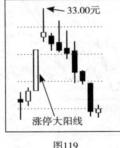

图119

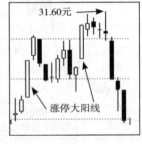

图120

从图118~图120中看，这三次反弹头部的涨停或接近涨停的大阳线并不是看多做多的信号，因为后来股价很快就见顶了。显然，这些大阳线的作用就是诱多。此话说得再明白一点，就是有人利用涨停大阳线在制造股价强劲上涨的假象，欺骗不明真相与缺乏实战经验的投资者进去接盘，而制造大阳线诱多的人则趁机溜之大吉。因此，这种大阳线就是一种陷阱。那么现在的问题是，是谁在制造这种陷阱呢？有什么证据可以证明呢？从逻辑上进行分析，制造这个陷阱的人一定在参与交易的人群中。而参与交易的人群主要有两部分人构成：一个就是手中握有大资金的主力，另一个就是人数众多的中小投资者。

有人认为，行情处于强势状态时，中小投资者会蜂拥而至，买的人多了，股价自然会奔向涨停，因此，涨停大阳线是由于中小投资者抢盘而出现的一种结果。现在我们假设这个观点成立，但接下来的问题就来了。如果涨停大阳线是因为中小投资者抢盘而造成的，那么，为什么在涨停大阳线之后，中小投资者就突然不看好该股，不抢盘了，致使股价很快就见顶了呢？或者说，虽然这些涨停大阳线并不是场内做多意愿的真实表露，是缺乏理性的中小投资者误打误撞自己造成的，然后被主力利用了，成了诱多的陷阱，它犹如踢球时，不把球踢向对方的球门，却把球踢进了自家的球门，类似于足球场上出现的"乌龙球"一样。但这样的解释也存在明显的漏洞，因为踢进"乌龙球"是一件很不光彩的事，它很少发生，一般也就是在很长时间内偶尔出现一次，绝对不会连续出现三次"乌龙球"的情况。而图117中的个股在三次反弹的头部中，都出现过以涨停大阳线进行诱多的陷阱，这总不至于是中小投资者连续踢3次"乌龙球"造成的结果吧。

总之，无论怎样假设，该股在三次反弹头部中的涨停大阳线的陷阱，都不会是由中小投资者制造的。我们认为，只有该股的主力才会这样做，他们有陷害他人的"犯罪"动机，同时也具有制造这种陷阱的能力。此事对中小投资者来说，他们既没有制造这种陷阱、让股价封至涨停的力量（买上几百股，几千股是无法把股价封至涨停的），也没有陷害他人的"犯罪动机"，更不需要制造这样的陷阱来害自己。事实胜于雄辩，铁的事实摆在面前不容更改。在股价将要见顶时，拉出涨停大阳线诱多，然后把跟进来的投资者套在高位，这一切都是由操盘主力为他人精心设置的陷阱，其目的就是趁别人在高位接盘时实现他们的"胜利大逃亡"。

其实，在股价反弹过程中，利用涨停大阳线进行诱多，设置陷阱的情况在股市里可谓比比皆是，数不胜数，大家只要仔细观察一下盘面，就能发现这方面的很多例子。这些例子都可以互相作证，类似这样的间接证据在股市里不胜枚举。这里我不妨再举几个例子（见下面图121、图122、图123），让大家对这个问题

该股反弹时拉出涨停大阳线是一个陷阱，被骗进去的投资者马上就被套住

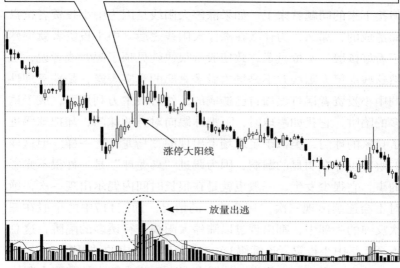

涨停大阳线

放量出逃

东湖高新（600133）2012年2月22日~2012年8月2日的日K线走势图 图121

该股反弹时，拉出一根涨停大阳线，股价似乎创了新高，但这是一个骗局，跟进者马上被套在高位

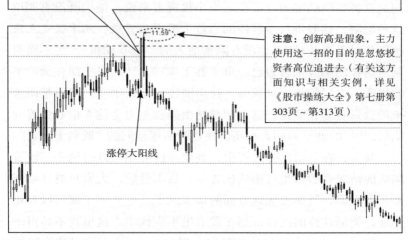

注意：创新高是假象，主力使用这一招的目的是忽悠投资者高位追进去（有关这方面知识与相关实例，详见《股市操练大全》第七册第303页～第313页）

涨停大阳线

同方股份（600100）2011年12月27日~2012年8月1日的日K线走势图 图122

该股在下跌途中出现两次反弹，每次拉出一根涨停大阳线，把投资者骗进来后，主力就开始疯狂出货（这从下面成交量上可以看出）。故而这种反弹大阳线都是主力设下的陷阱。只有大家看明白了，才不会上当受骗

涨停大阳线

涨停大阳线

12027

放大量出逃

洛阳玻璃（600876）2012年2月20日~2012年7月31日的日K线走势图　图123

看得更加透彻、明白些，知道反弹途中，主力拉涨停大阳线是十分阴险、凶狠的，这种大阳线是碰不得的。

有人提出，在个股反弹途中出现的涨停大阳线，是主力故意为中小投资者设置的陷阱，这方面的证据已经很充分了。但个股呈现牛市格局，大涨之后出现涨停大阳线，尔后股价就见顶了，此时如何证明涨停大阳线就是主力为中小投资者设置的陷阱，其证据呢？

这方面的证据也很多，我从高手留下来的案例与资料中，随便找上几个，就能看出高手的判断是有根有据的，并非是主观猜测。下面我举的几个股票例子（见后面图124~图126），是不同

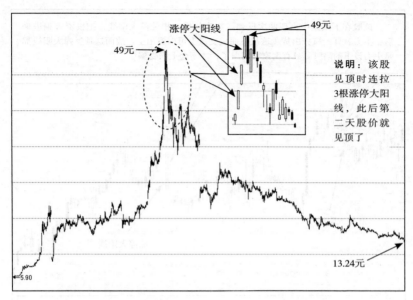

平安银行（000001）1996年1月22日~1999年3月1日的日K线走势图　图124

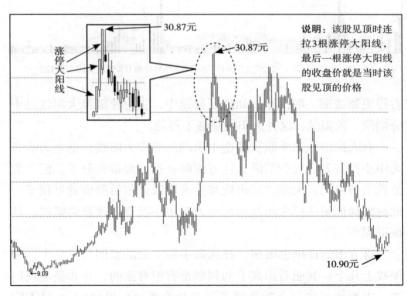

登海种业（002041）2007年10月10日~2008年11月12日的日K线走势图　图125

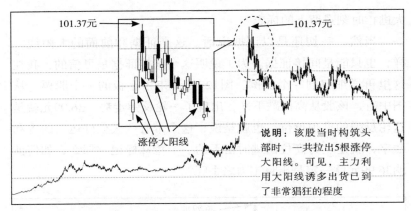

图中标注：101.37元　101.37元　涨停大阳线

说明：该股当时构筑头部时，一共拉出5根涨停大阳线。可见，主力利用大阳线诱多出货已到了非常猖狂的程度

广晟有色（600259）2007年1月18日~2011年12月28日的日K线走势图　图126

时期的大黑马或大牛股。大家仔细看看，这些个股的走势有什么特点，我们能从中发现一些什么奥秘呢？

我们发现这些大黑马、大牛股在股价见顶时都出现了连拉涨停大阳线的现象，而在股价攀升至高位，能连续拉涨停大阳线的，除了主力，别无他人，中小投资者既没有这样的实力与能耐，也没有这个必要把股价连续推至涨停。因此，在股价攀至高位时连续出现的涨停大阳线，一定是由主力炮制的。其证据确凿，主力是无法抵赖的。当然主力在股价大涨之后再炮制涨停大阳线，其目的不是继续做多，而是要制造一个强烈看多、做多的氛围，以此来吸引市场的眼球与追涨者，待这些投资者盲目进来后，主力就毫不客气地把筹码甩给他们，而追进者与在里面继续持股的投资者，只能自尝苦果，在山顶上"站岗放哨"。

说到这里，我们就可以做一个总结：高位大阳线、反弹大阳线都是主力一手炮制的，这种情况已为无数的事实所证实。虽然我们不能改变主力的行为，也不能指望主力发善心，现在我们唯一能做的，当主力以涨停大阳线进行诱多时，我们一定要及时地识破它，躲开它，不让主力的阴谋得逞。

接下来，我们讨论第二个问题，"88"、"99"是不是主力大逃亡时刻意留下的标志？

　　当然，一切还是以证据说话。这个证据和前面的大阳线一样，也只能是间接证据。为了说明这个间接证据是可信的，我在这里再详细解剖一个实例。图127是深市中小板的一个股票。从图中看，该股从高位跌下来，出现了一轮反弹走势。36.99元就是这轮反弹的见顶价位。也就是说，这个带有"久久好运"的吉利数字，就是主力高位出逃时留下的一个特殊标记。那么，如何证明36.99元就一定是出自主力之手呢？

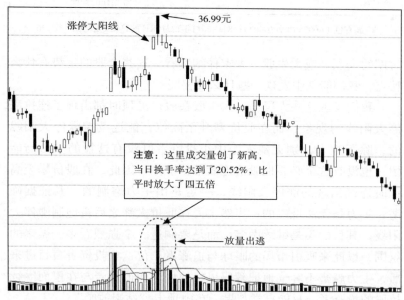

涨停大阳线
36.99元

注意：这里成交量创了新高，当日换手率达到了20.52%，比平时放大了四五倍

放量出逃

奥特迅（002227）2011年1月7日~2011年5月30日的日K线走势图　图127

　　这里有4条理由：

　　① 在股价反弹到一定位置后，利用拉涨停大阳线进行诱多出货是主力的惯用手法。大家仔细看图127后就会发现，在该股出现36.99元的前一天，该股收了一根小阳线，但股价是以涨停收盘的，因为它是大幅跳空高开，所以阳线实体较小（编者按：

它实际上充当了涨停大阳线的角色，而且这种形式的涨停大阳线更能起到忽悠他人的作用）。由于它是跳空高开的，然后是高开高走，一直把股价封至涨停，这就更加呈现出盘中做多的强盛气势，自然会吸引更多的跟风者进来接盘。主力在出货前作了如此精心的安排，说明他们对这件事蓄谋已久。按逻辑推理可以肯定，随后出现的以"36.99"这个吉利数字为出货的特殊标记，也是主力整个"蓄谋已久"的计划中的一部分。这也就是说，"36.99"这个数字，一定是由该股主力自己炮制的，决不可能出自他人之手。

② 开盘的定价权掌握在大资金手里。俗话说："一年之计在于春，一日之计在于晨。"在股市交易中，每天的开盘价是大家最看重的。据实证分析，沪深股市中个股的开盘定价权，基本上掌握在大资金手里，中小投资者在这方面是没有发言权的。因为根据交易制度规定，每天开盘前的集合竞价就成为当日的开盘价，而某一个股票集合竞价时到底价格定在多少，这就要靠资金来说话，资金量最大的群体认定的价格，通常就是集合竞价的价格。比如，某股票昨天收盘价格是10元，按规定，第二天若涨停，最高价格为11元，第二天若跌停，最低价格为9元。这样，投资者在第二天参与集合竞价时，可在9元~11元之间，申报一个买进或卖出的价格。这样申报出来的价格，可能就有9元、9.20元、9.50元、9.80元、10元、10.20元、10.50元、10.80元、11元等各种不同的价格，那么，最后怎么确定集合竞价的价格呢？这就要看当天早上开盘前在规定的时间里哪个价格申报的资金最多，集合竞价就定在这个价格上。比如当天集合竞价时，该股有50%以上的资金集中在10.50元的价格进行交易，那么，这天的开盘价就定在10.50元。可见，个股的开盘价，说到底是由集合竞价时申报的资金量大小决定的。这样的开盘价的定价权就自然而然地落到了大资金手里。主力手里掌握着大资金，那么，当该股以36.99元价格开盘时，我们就可作出明确判断，是该股主力刻意将开盘

价定格在36.99元处，此事与其他人无关。

③ 中小投资者资金量小，且力量很分散，形不成合力，无法与主力抗衡。有人说，虽然中小投资者势单力薄，但他们犹如蚂蚁，一旦团结起来力量就很大，足以撼动大树。如果中小投资者真的团结起来，拧成一股绳，这时的资金实力就会成倍地增加，大资金见了也得退让三分。如此一来，开盘的定价权就会回到中小投资者手里，那该股的36.99元就有可能出自中小投资者之手。实际上这完全是一种空想，是永远办不到的事情。为什么呢？因为任何一个计划都要有人来组织实施，即使在中小投资者中，某人的能耐很大，要当中小投资者的领头人，但中小投资者又有多少人会听他的指挥呢？他又如何保证中小投资者听他指挥就能获利呢？退一步说，即使有人愿意听他指挥，他又怎么与这些中小投资者联系呢？因为在股市里账户都是保密的，他又有什么办法能知道某个散户已经买了这个股票，某个散户没有买这个股票呢？茫茫人海，怎么寻找？可见，不管是谁，谁也没有这个本事能将中小投资者"团结"在一起。还有一个问题，中小投资者中有人看多，有人看空，观点对立的情况非常多，碰到观点对立时如何协调？不协调就无法"团结一致"，就不能对主力形成一种具有威慑性的合力。再退一步说，即使可以协调，这要做多少"思想工作"，要支付多少人力成本。显然，这些都是不切实际的空想，在现实中根本无法实现。由此我们可以作出一个结论，该股当时显示的开盘价36.99元，一定不是由中小投资者合力制造出来的，因为中小投资者在个股的开盘定价问题上是没有话语权的。

有人问：开盘时出现"88"、"99"的吉利数字，一定是主力所为，这个事实他们已经很清楚了，证据也足够了。但是，如果"88"、"99"这些吉利数字不是出现在开盘，而是出现在交易的途中，那么，会不会是由某些中小投资者在交易时也想图个吉利弄出来的呢？我认为，这个可能性基本上也没有。试想，即使某个中小投资者在股价上涨的过程中，卖出价格申报为"xx.88"或"xx.99"，尔后股价成交了。但这个价格会不会作为当日的最高价，一切就要看主力的态度了。主力不认可，随便一动，就会把股价拉到一个更高的价格，尔后再让它见顶回落。当然主力做盘，不像中小投资者，它是有"计划"、有步骤的，时候未到，他们还没有出货时，是不会轻易让标志着"胜利大逃亡"的吉利数字挂在屏幕上方的。

④ 屏幕上出现"88"、"99"的数字时，成交量往往会出现异常放大的现象。就像图127中的个股，当天该股以36.99元开盘，然后股价一路下挫，最后这天收了一根大阴线，成交量比往日放大了四五倍，换手率超过了20%。这个现象表明主力在疯狂出货，它也反过来证明"36.99"的吉利数字确实是因为主力为庆贺胜利大逃亡而留下来的一个标志。这个事实主力是无法抵赖的。

最后要提醒大家的是，主力在出逃时留下来的"88"、"99"这些吉利数字，我们不仅要知道它是一个见顶信号，而且要知道这些"吉利数字"背后隐藏着巨大杀伤力。据了解，很多带有"xx.88"、"xx.99"的顶部都是历史大顶，后来股价都跌得惨不忍睹。就像本书第134页图91中的个股在2010年4月13日见到237.99元最高价后，股价一路向下寻底，截至2012年12月4日，股价最低跌至12.03元，不及当时高峰时零头的一半；本书第134页图92中的个股，在2010年5月7日见到188.88元最高价后，也呈现一路下滑的走势，截至2012年12月4日，股价最低跌至16.98元。更让人感到吃惊的是，有的个股当年以"xx.88"、"xx.99"见顶后，十几年过去了，股价始终在它们的阴影下抬不起头来（见下页图128、图129）。一想到这里，这些看上去很吉利的数字，让人有一种不寒而栗的感觉。故而大家在实战中见到屏幕上挂出这些吉利数字，千万不要把它不当一回事，而要对它高度关注，万分警惕。我们惹不起它，总该躲得起它吧！

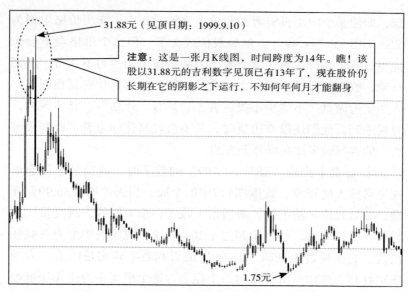

31.88元（见顶日期：1999.9.10）

注意：这是一张月K线图，时间跨度为14年。瞧！该股以31.88元的吉利数字见顶已有13年了，现在股价仍长期在它的阴影之下运行，不知何年何月才能翻身

1.75元

ST金化（600722）1998年11月~2012年7月的月K线走势图　图128

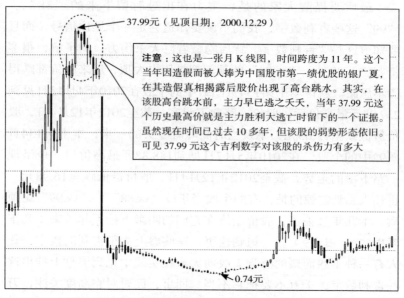

37.99元（见顶日期：2000.12.29）

注意：这也是一张月K线图，时间跨度为11年。这个当年因造假而被人捧为中国股市第一绩优股的银广夏，在其造假真相揭露后股价出现了高台跳水。其实，在该股高台跳水前，主力早已逃之夭夭，当年37.99元这个历史最高价就是主力胜利大逃亡时留下的一个证据。虽然现在时间已过去10多年，但该股的弱势形态依旧。可见37.99元这个吉利数字对该股的杀伤力有多大

0.74元

ST广夏（000557）1999年2月~2010年10月的月K线走势图　图129

中 篇

捕捉中长线黑马关键技巧专题练习

主讲人：金老师

导 语

捕捉到一匹短线黑马，跑完全程有1～2倍的收益，捕捉到一匹中长线黑马，跑完全程有4～20倍，甚至更高倍数的收益。正因为如此，在低位捕捉到一匹中长线黑马，到高位卖出，就成了投资人心中的最大愿望。

但成功捕捉一匹中长线黑马难度非常大，它远不是一些人想象的那样，凭什么消息或简单地看一些财务报表，长期持有就能做到的。这里面涉及到当事人的投资理念、投资眼光、投资策略，以及在看图识图上的独到功力。

故此，我们按照培养一位优秀的捕捉中长线黑马投资者的要求，并依据"捕捉中长线黑马要从源头抓起"的原则，在题目设计时，对本篇内容特作了如下安排：先从战略层面（投资理念、投资思路）上进行训练，然后再从战役层面（投资策略、精选个股）上进行训练，最后再进入到战术层面（看图识图、选择买点或卖点）上进行训练。

这一阵子《股市操练大全》培训班十分热闹，来黑马大讲堂听讲的人川流不息。这边捕捉短线黑马的讨论刚刚结束，那边如何猎杀中长线黑马的辩论赛又开始了。会议主持人金老师说：今天参加辩论赛的都是有多年投资经验的老股民，以及各方面的专家学者，大家可以各抒己见，充分发表自己的观点。我们的目的，是想通过这场辩论赛，将猎杀中长线黑马中的一些关键问题理清楚，这对大家日后实际操作会带来很好的帮助。

下面先请齐先生上来演讲，他演讲的题目是"猎杀中长线黑马——知易行难"。

请问：你知道齐先生是怎样演讲的吗？你是否同意"猎杀中长线黑马——知易行难"这个观点？为什么？

齐先生说：说起猎杀中长线黑马，自然要提到在猎杀中长线黑马中获得超额收益的股市大赢家——美国"股神"巴菲特。

巴菲特做股票的最大特点是：选好股票后，就耐心等待，长期持有。据了解，在巴菲特所操作的股票中，做短线的股票一个都没有，最短的股票也持有几年时间。比如，他在2003年4月开始陆续从香港股市买进中石油H股（当时他买进的价格在1.60港元～1.70港元，共买进23.4亿股），一直持有到2007年下半年将其全部卖出（卖出的平均价格在14港元左右），持股时间超过4年，这已经是他持股时间相对较短的一个股票。而在巴菲特手里，多数股票的持有时间都很长，如可口可乐这个股票，他已经持有几十年时间，至今仍在他手里捂着。

显然，巴菲特是"世界上最正宗的长线投资者"。巴菲特几十年来，一直按照选好股票后长期持有的方式，做出了非凡成绩，从而把自己变成为世界上有史以来在股市上赚钱赚得最多的人，其个人的资产富可敌国，在世界顶级富豪的排名中，他常年位居前三甲。

更令人感到惊奇的是，巴菲特所选中的股票，并非是一些不为人所知的冷僻股票，他所选的股票，大多数人都很熟悉。比如，前面提到的中石油[注]、可口可乐，这两个股票几乎无人不知。

那么，为什么巴菲特成功了，而全世界股市（包括沪深股市）中无数做中长线的投资者都没有达到巴菲特的成就呢？即使一些做得最出色的投资者（包括各种基金经理），与巴菲特的成绩相比，也仅仅是小学生水平而已，做得差的就不用提了，中长线投资变成了中长期套牢，其成绩实在太寒酸，已难以向人启口。

心理学告诉我们，只要有榜样在，众人一定会去效仿；效仿未成功，其中一定会有原因。本人经过长期研究后发现，之所以世人很少有人能通过学习巴菲特，圆上股市赢家之梦，其原因可以用四个字进行概括——知易行难。

所谓知易，有两层意思：一是指巴菲特一直在用价值投资方式买卖股票，即在股价被市场严重低估时买进，在股价被市场高估时卖出，这种选股思路大家早已耳熟能详；二是指巴菲特做股票的方法大家也是熟知的，买入后就长期持有。

所谓行难，表现在两个方面：第一，虽然巴菲特的投资理念与所选的股票，众人皆知，但能自觉地运用巴菲特的投资理念去选股的人很少，大多数人都会受到市场短期的利益诱惑，热衷于概念股、题材股的炒作，而不会去自觉地关注、挖掘一些有投资价值的股票；第二，难在缺少长期持股的耐心与自制力，在沪深股市中，做短线者占绝大多数，即使声称自己在做中长线的投

【注】注意，巴菲特投资的是中石油H股，而不是中石油A股。这两个股票虽属同一家公司，但它们的发行与上市价格却有天地之差，前者给投资者带来了丰硕回报，后者则成了投资者的"绞肉机"。有关这个问题，本书后面有详述，请留意。

资者，多半持股时间也只有一年半载，而真正拿着股票几年不动的，几乎都是在高位被一路深套的投资者。

有鉴于此，投资者若要想真正学习巴菲特，在股市中做出成绩来，当务之急就是要克服自己的浮躁心态，不仅要知道巴菲特怎么做股票，更重要的是把巴菲特的投资理念、投资方式落实在行动上。我相信只要投资者把这个工作做好了，学习巴菲特就能学出成效来，圆上股市赢家之梦不再是可望而不可即的事了。

【编后说明】有人问：本篇阐述的是捕捉中长线黑马的关键技巧，为何不直接说这是捕捉长线黑马的技巧呢？对这个问题，我们在此向大家作一个解释。虽然从理论上说，黑马可以分为短线黑马、中线黑马、长线黑马，但长线黑马产生是有条件的。最主要的条件是股市经历了几十年风雨，整个市场环境走向成熟后，才有可能产生出长期都能保持一个旺盛的增长态势，从而给长期投资者带来超额收益的长线黑马。而我们的股市运行时间很短（至今只有20来年），市场投机性太强，还是一个很不成熟的新兴市场，因此现在讨论长线黑马尚为时过早。特别是有很多问题还看不清楚，如照搬国外判断长线黑马的理论，妄加评判沪深股市中的个股会误导读者。

故而，本书采取避开长线黑马的概念，把在沪深股市中曾经有较长一段时间远远跑赢大盘指数，涨幅在4~20倍，甚至涨幅更高的个股，统称为中长线黑马（意思是，它与真正的长线黑马还差一个档次，但其上涨幅度、上涨时间都远远超过了短线黑马，比起一般的中线黑马也要高出一大截）。当然，中长线黑马是一个新的概念，本书对它的论述有很多不完善的地方。但我们认为以这样的方式来讨论那些上涨时间较长、涨幅巨大的黑马股，比较符合沪深股市的实际情况，阐述的内容有指导性，不会误导读者。本书这样做是否妥当？大家可以作出评判。

金老师说：齐先生的演讲，"猎杀中长线黑马——知易行难"得到了很多人的好评，但有一位董先生并不认同齐先生的观点，他认为"猎杀中长线黑马——知不易行更难"。

现在请你猜猜董先生究竟是怎么阐述他这个观点的？你同意董先生的观点吗？

据了解，董先生是这样阐述他的观点的。

董先生说：把巴菲特的投资理念与选股思路说成是"知易"，这是在误导投资者，"知不易"才是事实。你看世界上又有多少人读懂了巴菲特价值投资理念（编者按：巴菲特价值投资理念有很大学问在里面，我们对此深有同感。有关如何正确理解价值投资，《股市操练大全》第八册第407页~第418页，曾作了详细的分析，有兴趣者不妨一阅）。正因为很多人没有读懂，每年一次的"与巴菲特共进午餐"的"门票"争夺才会越来越激烈，每张门票要卖到几百万美元。试想，如果巴菲特的投资理念像齐先生说的那样简单，大家早就耳熟能详了，那么每张门票（仅仅是与巴菲特一起吃一顿午餐，听听巴菲特当面说说他的投资理念而已）卖到如此高的价钱还会有人要吗？

其次，"知不易"还表现在巴菲特的选股上。现在回过头来看，巴菲特选股似乎不难，他选的多半是大众熟悉的股票，如可口可乐、中石油H股等等，但问题是，当时这些股票都躺在那里，很少有人问津，却被巴菲特慧眼选中了。比如，就拿中石油H股来说吧，2003年中石油H股只有1元多港币时，巴菲特大量买进，重仓持有。但当时很少有人（包括机构投资者）看好它，等巴菲特在该股涨到10多港元把它卖掉时，很多人（包括机构投资者）开始看好它，追高买进，最后被套在山峰上。据了解，巴菲特仅在中石油H股这一个股票上就赚了40多亿美元，可见其选股的眼光十分了得。经济学上有一句名言"眼光就是财富"，巴菲特凭其独特的眼光，选中了一大批长线黑马，长期持有，为他赢得了巨额利润。巴菲特超乎寻常的选股本领，至今世界上还没有人能与之相比。这难道是"知易"吗？显然，把巴菲特的选股说成是"知易"，完全是在自欺欺人，经不起任何推敲。

知不易，行就更难。为什么行就更难呢？这里我先给大家讲一个故事。

2011年10月，随着传奇人物史蒂夫·乔布斯的英年早逝，和他名声紧紧连在一起的苹果公司再次成为整个世界关注的焦点。在乔布斯的带领下，苹果公司曾经创造过一个又一个奇迹，不仅在IT领域，同样也包括投资界，短短10余年内，苹果已经成长为全球市值最大的公司。

数据显示，从1997年乔布斯复出时，苹果公司的股价不到5美元，而目前苹果公司的股价已超过600美元（注：截至2012年8月31日），期间股价涨幅超过100倍。巨大的财富效应令人感慨，想当初谁能慧眼识宝买入苹果公司股票该有多好！

不过话说回来，即使你真的是一位在1997年买入苹果公司股票的幸运儿，你就一定能获得100倍的投资收益吗？事实上，苹果公司在10多年的股价上涨过程中并非一帆风顺，而是充满了起伏和不确定。2000年9月29日，因业绩低于预期，苹果公司当日市值即缩水一半，接下来的3个月，苹果股价从25多美元一路下跌至14美元以下；2008年金融危机，短短半年时间，公司股价从190多美元一路下探至80美元以下。此外，期间还至少出现过4次短期内公司股价跌幅接近50%的情况。可见，在这令人心跳的走势中，所谓"苹果公司的100倍收益"，注定只能为少数人所拥有。

从这个故事中，我们可以得到两点重要启示：

第一，选中一匹中长线黑马不易，而要坚守它，与它长期相伴更不易，即使像苹果这样伟大的公司，其发展也不会一帆风顺，也会经历种种冲击，股价自然更不可能一帆风顺。试想，当其股价出现剧烈波动时，又有几个人能坚守呢？到最后能始终与它相伴的人一定是极少数心理素质极佳的长线投资者。

第二，正确的行动来源于正确的判断，正确的判断来源于对事物本质的深刻理解。长期来，能将苹果公司股票始终捂在手里，坚持到600多美元才卖出的投资者，一定是对该公司和乔布斯有深刻了解的人。

我们发现，尽管无数投资者津津乐道于巴菲特近乎苛刻的投资评估过程——自律、耐心、冷静、独立地筛选投资目标，不厌其烦地将方方面面的因素都考虑在内，但是，仍然只有极少数投资者能真正做到言行一致，最终在股市中像巴菲特那样赚到了大钱。那么，为什么只有极少数人才能够做到呢？因为只有投资者真正理解了自己的投资产品，他才不会骑上大黑马后因为受周围各种各样的诱惑与忽悠的影响而中途下马。无数事实证明，一些投资者很早就骑上了大黑马，但中途下马，最后只赚了一个零头，眼睁睁地看着大黑马离他们远去，让其后悔不已的根本原因是：这些投资者对自己投资的股票潜力缺乏深刻的理解（知不易），行动上更是昏招不断（行更难）所造成的。

正当齐先生与董先生展开激烈辩论时，袁女士又上来打擂了。袁女士很直率，她说：知易行难也好，知不易行更难也好，说来说去就是一个"难"。那么，到底难在哪里呢？我认为，难就难在巴菲特有超越常人的智商、情商，一般人根本无法企及，所以巴菲特的投资理念、选股能力，捕捉中长线黑马的本领，别人是学不会的。此言一出，全场哗然。

请问：袁女士的观点是否正确？为什么？（请说明理由）

袁女士这一番讲话遭到很多人反对，张先生走上讲台，说了他的看法。张先生说：袁女士的观点是错误的。按照袁女士的观点，因为巴菲特的智商、情商太高了，别人无法与他相比，所以学了也是白学。这个观点听起来似乎有点道理，但它是经不起推敲的。比如，中国人踢足球，水平很差，当中国足球准备向世界一流巴西队、意大利队学习时，有人出来吹冷风，巴西队、意大利队踢球的技艺太高了，一般的球队根本无法与他们相比，所以中国队是学不会的。这话说给中国球迷听，他们能同意吗？事实很清楚，如果中国足球队不向世界一流球队学习，老是在三流球队里打转转，那永远也无出头之日了。虽然我们知道，以中国足球队目前的现状，即使努力向巴西队、意大利球队学习了，在相当长的时间内，都不可能挤进世界一流球队，但不管怎么说，向高手过招总比向低手过招有进步。古人云"取法其上，可得其中，取法其中，可得其下"，这话意思很清楚，普通人向高手学习，虽不能指望自己也变成高手，但可以变成中手，如果他们只会找水平较差的人学习，学来学去也只能学成一个低手。

明白了这个道理，我们就可以明显地感觉到袁女士的观点存在很大片面性。现在被全世界公认为"股神"、"股王"者，就是巴菲特一人，虽然普通投资者再怎么学，也不可能变成"股神"、"股王"，因为巴菲特的炒股成绩，我们这一代人已无法与他相比，或许在以后几百年里也无人能超越巴菲特。但这不等于说，普通投资者就不能向巴菲特学习了。其实，差距越大，普通投资者就越是应该向巴菲特这样的高手学习，这才是求学的正道。

当然，袁女士的话也不是全错，她有一点是说对了，巴菲特智商、情商太高了，一般人是无法与他相比的。有鉴于此，普通投资者向巴菲特学习必须实事求是，量力而行，学习时不能期望值太高，学习要讲究方法。一般来说，中小投资者学习巴菲特的路径是：由浅入深，循序渐进，不能指望一口吃成大胖子，更不能动不动就把自己的投资行为与巴菲特的投资行为相比。比如，看到巴菲特选了一个股票，5年、10年的长线持有，获得了超额的投资回报，那么，我们买了一个股票，也放它5年、10年，然后也等来个"超额投资回报"，这就自不量力了。试想，巴菲特拥有特高的智商、情商，能百里挑一，准确地选准一个潜力股中长期持有，而普通的投资者有这个本领吗？所以巴菲特怎么样，我们就应该怎么样，这种说法是经不起逻辑推理的。

这里我给大家说一个真实的故事。2007年夏天，有人告诉我，经过他长期考察，发现沪深股市中有一个股票，与巴菲特手中的可口可乐十分相似，长期持有必定能获得超额投资回报。这个股票就是万科A（000002）。他当时给我看的万科A的材料也确实十分亮丽，万科A上市10多年来，企业从小做大，越做越强，利润翻了数百倍，同期股价也涨了近百倍，它已成为地产界的龙头老大。当时在上市之初买进该股，并长期持有者都发了大财。他认为这样的股票，就像巴菲特手中的可口可乐一样，放它几十年投资回报会越来越大。我听后对这位朋友说，万科A的成绩确实很亮丽，但这仅代表它的过去，并不能说明它的未来。再说巴菲特长线持有可口可乐获得超额投资回报，是凭他独特的眼光和极高的投资素养，在这一点上我们远不及他，因此我们不能把巴菲特几十年长期持有可口可乐这件事，盲目地套用在沪深股市某个股票上，对万科A这样的股票仍旧要保持一种谨慎的投资心态。比如，要不断研究它的公司治理结构与发展方向，研究国家对房地产行业的政策、房地产行业的景气度、研究它的技术走势，等等，而不是不问青红皂白地拿着它睡大觉。现在此事已经过去5年，万科A的股价也从当时最高40多元跌到现在不足10元，股价跌掉八成，持股者损失巨大。

我说这件事并不是说我有先见之明，其实，万科A能不能变成可口可乐这样的伟大公司，我当时心里一点也没有数，我只是觉得，现在沪深股市里的一些投资者，动不动就拿自己的投资行为与巴菲特的投资行为相提并论，这是错误的。巴菲特可以一眼相中一个股票长线持有几十年，而我们没有这个本领就不能这样做，一切都要量力而行，从实际出发。

张先生最后说，我向巴菲特学习后有3点认识：

第一，中长期持有一个潜力股，可以给当事人带来巨大投资回报，但要选中这样一个潜力股中长期持有非常不容易。

第二，中长期持有不等于一直把股票拿在手里。即使是一个优质潜力股，在它出现趋势性下跌时还是应该卖出，等它跌到相对低点再把它买回来。这是规避风险，保证收益的正确选择。我认为，在沪深股市处于大起大落的情况下，对任何股票都应该波段持有，而不是不问青红皂白地拿在手里睡大觉。

第三，我认为在沪深股市里捕捉中长线黑马，一定要有一个好的投资理念，这个理念就是，"以投资的眼光选定股票（即只有在价值被严重低估时才可以选择它），以投机的思路进行操作（即在它出现大的趋势性拐点时，要学会高抛低吸），以技术来锁定风险（即在大的趋势性拐点出现时，要通过技术分析选准卖点或买点）。"

在如何看待中长期投资，捕捉中长线黑马的辩论赛上，最后一个嘉宾亮相了。这位嘉宾是一位实践经验丰富，战绩突出的王先生。王先生与众不同，他一连亮出了3个观点：① 进行中长期投资要注意基本面的局限性；② 捕捉中长线黑马要警惕、回避"僵尸"股；③小心驶得万年船，投资大师也会遭遇"滑铁卢"。

请问：王先生的3个观点究竟表达了什么意思？他这些观点对实战有什么参考价值？

王先生的3个观点很另类，但很重要，它对中长期投资，捕捉中长线黑马有很大的参考价值。下面我们先来看看王先生的3个观点究竟表达了什么意思。

一、进行中长期投资要注意基本面的局限性

王先生说：很多人以为中长线选股只要看股票基本面就行了。也就是说，基本面好、有投资价值的个股，就可以选择它长期持有。其实，这个看法是有问题的，在实际操作中会面临很大的风险。

这里我给大家说一个故事。我认识的一位投资者是上海某大学的经济学教授，按理说，像他这样有着高智商，又有着丰富专业知识的人，在选股与股票操作上应该比常人高出一筹，获胜概率很大。但事实并非如此。比如，2006年~2007年，沪深股市经历了一轮轰轰烈烈的大牛市。在这轮行情启动后不久，他就看空后市，离场观望了。其理由是：当时沪深股市的平均市盈率超过了20倍，已不具有投资价值（据了解，当时上证指数还在2000点下方运行）。于是，他把手中的股票全部卖了，但后来的股市走势让他大跌眼镜。在他卖出后，上证指数继续上涨且一直涨到6124点才见顶。显然，这位教授犯下了大错，基本上踏空了这轮牛市行情。有人看到他当时卖出的股票交割单，发现有两只股票在他卖出后足足涨了10倍以上。因此大家对他过早卖出感到十分惋惜，他本人也为此后悔不已。

又如，2011年初，这位经济学教授在研究了市场的基本面后认为，目前股市已经有投资价值了，特别是银行板块平均市盈率仅10倍左右（这个市盈率比998点、1664点时的银行板块市盈率要低），其投资价值被大大低估了。当时有人劝他现在银行股走势很弱，不要去碰，但他力排众议，买进了大量银行股。但后来的事实证明他买错了。他怎么也想不到，银行股业绩不断创出新高，但其股价却越走越低。当其账面亏损超过50%时，他再也忍不住，只能认赔出局。

一系列的事实表明，这位经济学教授在股市中是一个失败者。仔细分析起来，这位教授做股票屡遭挫折的一个重要原因，就是太相信基本面分析了。其实，中长期投资，以及捕捉中长线黑马，虽然离不开基本面分析，但这仅仅是事情的一方面，除此之外，影响股价走势的还要看市场环境，看股市运行趋势。

比如，在股市大趋势向上时，投资者最需要做的事情就是捂住股票，不要轻易离场。因为在牛市环境下，股价上涨了，市盈率高企是一种常见的现象。此时投资者如果仅仅根据基本面分析，判断股票的价值被高估了，就盲目地把它卖出，当时自以为是对的，但事后一验证都是错的。那么这是为什么呢？道理很简单，"涨时重势"，一旦股价上涨趋势确立后，众人拾柴火焰高，一些得"势"的股票，股价会涨得非常厉害。过早卖出，就会让煮熟的鸭子飞走了。

又如，在股市大趋势向下时，投资者最需要做的事情就是捂住口袋，不要轻易买股票。因为在熊市环境下，股价不断向下，股票的市盈率越走越低，也是一种常见的现象。此时投资者如果仅仅依据基本面分析，判断股票的价值被低估了，就盲目地买进股票，当时自以为是捡了便宜货，但过后就会发现这些"便宜货"的股票都被套在半山腰了。那么，这又是为什么呢？道理也很简单，"趋势为王"，一旦股市走熊向下趋势确立后，股市中绝大部分股票都会跌过头。

由此可见，这位经济学教授在股市里不断碰壁，就是因为不懂得或者是忘了"进行中长期投资要注意基本面的局限性"，对股价走势作出了错判，踏错了行情节拍，从而给投资带来了重大损失。其实在很多情况下，股价走势是向上还是向下，向上能涨得多高，向下能跌得多低，等等，都不是由基本面决定的，而是由市场环境、市场趋势所决定的。

有人会不同意我的观点，因为他们认为巴菲特是不看股市趋势，完全按照上市公司的基本面进行选股与操作股票的，最终成为世上无人能与之相比的超级大赢家的。但是，这些人并不真正了解巴菲特。其实，巴菲特早就看出了基本面选股的局限性，所以他主张的选股方式，以及低位买进并长期持有一些潜力股的投资策略，也并非完全根据个股的基本面制定的。尽管巴菲特一贯主张从基本面去分析研究股票的投资价值，但同时巴菲特有一套严格的选股与操作顺序，以保证买进的股票，在将来一定能为他带来超额收益。从某种意义上说，这套严格的选股与操作顺序就是为了弥补基本面选股的局限性而设置的。据了解，巴菲特的选股与操作顺序中，最主要的内容是强调股票的"安全边际"，以及如何避免出现亏损。因为巴菲特深知，像他这样的大资金，所选的股票，特别是重仓股，一定要有"安全边际"，避免出现亏损，在这方面绝对不能马虎。否则就要出大乱子，弄不好就会被股市淘汰出局。这是巴菲特从他的老师格雷厄姆投资失败中获得的重要经验教训。

股市的历史告诉我们，价值投资并非是巴菲特发明的，而是他的老师格雷厄姆创立的。但是格雷厄姆犯了一个致命的错误，在大熊市里坚持价值投资，手里拿着股票，一直捂着不放。1929年，美国股市进入大熊市，格雷厄姆在熊市中持股做多，最后投资亏损超过80%，差一点遭到破产。此事给巴菲特留下的印象特别深刻。所以，巴菲特懂得做股票，除了要深入研究股票的基本面，选择有潜力的股票进行投资外，在具体操作时一定要看准趋势，把握好买进的时机。巴菲特心里明白：只有到了熊市尾端，市场最黑暗、投资者最恐慌时，才能买进并持有那些把"黄金当成地砖出售"的潜力股。过早买进，或大熊市里一直持有股价不断创出新低的股票都会犯下大错。巴菲特是不会做这种傻事的。

如果说，格雷厄姆纯粹以基本面选股并买入持有的投资策略，是一种带有缺点，难以保证投资安全的原生态的价值投资，那么，巴菲特在继承老师的价值投资理念，在买进时机上作了重大改变的投资策略，则是一种更安全、更具有活力的价值投资。或许是上天的"眷顾"，或许是"青出于蓝而胜于蓝"，或许还有我们未知的原因，最终比较下来，巴菲特的价值投资所取得的成就，已远远超过了他的老师格雷厄姆。

股市中有一句名言："冬天来了，春天还会远吗？"意思是说，牛熊转换是股市的一条基本规律。虽然熊市是股市里的冬天，但熊市过后就是牛市，因此能熬过熊市这个黑暗冬天的投资者，一定会见到股市春天的明媚阳光。当然，从总体上说，这个观点没有错。但问题是，冬天的寒冬时节，可分为"一九"至"九九"，如果在"一九"、"二九"初冬时就进入股市，大部分投资者会因为熊市大幅下跌，亏损累累，很难熬过熊市这个令人恐惧，又极度寒冷的冬天的，而只有把握好时机，在"八九"，甚至"九九"进入股市的投资者，才能挺过来，走出熊市的寒冬，最终迎来股市新的春天。这正如阿里巴巴掌门人马云所说，"明天是美好的，但如果你熬不过今晚，明天对你也就没有意义了。"

投资者中常常有这样的想法，有价值的股票拿在手里，即使遇见熊市也不怕，因为只要是"金子总会有闪光的时候"，但这些投资者忘了有价值的股票，哪怕真的是金子，也很难逃过大熊的伤害。在熊市初期、中期，过早买进股票最后都会付出沉重的代价。

这里再给大家说一个关于金子的故事。众所周知，黄金是货真价实的金子。现在一说起黄金，大家都知道它很值钱。最近 10 年来，黄金市场十分红火，一些看多做多黄金与黄金股票的投资者都发了大财。但很多人可能不知道，这轮黄金大牛市起来之前，黄金市场已经熊了 20 来年。在黄金市场走熊期间，很多有实力的机构或个人投资者看多做多黄金，最后都遭到了惨败，有的还因此破产走上了轻生之路。所以，尽管黄金是货真价实的金子，但在熊市中你拿着它，犹如在大海里游泳时抱着一块沉甸甸的石头，绝对是坚持不了很长时间的，时间一长你就和它一同沉入海底。而只有在黄金熊市进入尾端时，逢低买进看多做多黄金的投资者才能经过短距离的冲刺，将黄金带到岸上，成为一个赢家。

美国有一位投资大师说："在熊市用基本面分析选股而买入持有的投资者，无异于在自杀。"这话说得太夸张了一些，但他却说出了很多人不愿听的一番道理，即中长期投资必须注意基本面的局限性，价值投资也要看时机。若不注意基本面的局限性，不看时机进行价值投资，弄不好就会翻船。这样的教训，在股市里可谓不胜枚举，大家只要查找一下就可找到很多与之相关的实例。

二、捕捉中长线黑马要警惕回避"僵尸"股

王先生说：我先解释一下什么是"僵尸"股。所谓"僵尸"股，就是股价长期涨不起来，一直在低位徘徊的股票。仔细观察股市后会发现，即使在市场环境向好时，一些"僵尸"股也处于一种昏昏欲睡的状态。更使人寒心的是，别的股票在涨，它不涨；别的股票下跌，它会跟着下跌。

沪深股市20多年来，出现过不少僵尸股，其中以大盘股居多。僵尸股形成的原因很复杂，但基本上可以分为两类：一是因为上市公司基本面出现恶化，其股票长期遭到市场冷落；二是上市公司基本面良好，但因为市场已知或未知的原因，坐了冷板

凳。对前一种类型僵尸股，尚好对付。因为捕捉中长线黑马，本来就应该避开基本面持续恶化的问题股，而对后一种类型的僵尸股，投资者就需要格外当心了。

比如，在2011年、2012年期间，沪深股市中有不少蓝筹股都成了僵尸股，尤其是银行股的僵尸状态更让人感到操心，虽然它这几年都保持着20%到40%的业绩增长，但是，这样漂亮的基本面却没有反映在股价上，多数银行股每股收益是5年前的1倍多，然而这5年来很多银行股的股价却不涨反跌，令投资者非常失望。但反观其它股票，大家会发现，从金融危机以来，有相当多业绩增速不如银行的股票反而创了新高，这种奇怪的现象是无法用价值投资理念去解释的。

"僵尸"股的现象，在海外股市中屡见不鲜。据媒体报道，一位华盛顿的资深投资人，持有通信设备思科长达10年。他发现，10年后该股的股价比10年前还低4%。更使他感到不可思议的是，思科的每股收益在逐年上升，增长了200%还多。不过，基本面没有影响到其股价（而那时大盘标普指数已经反弹了60%以上），但思科的股价依然是处于熊市底部价位。除思科外，还有不少蓝筹股也紧跟其后。可见，"僵尸"股的现象在国外股市中早就存在了，这并不是什么新鲜的事情。

有人问：沪深股市里出现"僵尸"股，特别是蓝筹股变成"僵尸"股的现象可能是暂时的，但到底是不是暂时的现象，谁能知道呢？如果不是暂时的现象，而是很长时间的现象，那又该怎么办呢？人生苦短，等是等不起的，或许换股是一个最好的选择，哪怕先换掉一部分，把资金做活了，总比全部陷在里面，被这些不知什么时候才能见到曙光的"僵尸"股把自己拖垮拖死要强得多。

王先生很坦率，他说自己亮出这个观点遭到过很多人反对，特别是一些崇尚价值投资的投资者，对蓝筹股也会沦为"僵尸"的观点提出了尖锐的批评。他们认为，蓝筹股的"僵尸"现象是一个伪命题。其理由是：因为巴菲特说过，市场从短期来看是一台投票机，但是从长期来看是一台称重机。巴菲特还说过，如果你在投资时不能忍受股价下跌百分之五十，或者买进后持股时间少于五年、十年，你就不是一个合格的投资者。所以，在进行中长期投资时，不能因为一段时间的股价涨跌，就肯定或否定一家公司。时间是最好的试金石，一家好的公司不管投资者如何对待它，市场最终会给它一个合理的定价和评判的。

王先生说：虽然上面这些理由很冠冕堂皇，但我认为这些理由是在自欺欺人，不值一驳。关于这个问题，我是这样看的，巴菲特确实说过，只要是一家有潜力的公司，股价暂时下跌不要怕，因为是金子总会闪光的，并要作好持有5年、10年的思想准备，好公司一定会给投资者好的回报。但同时巴菲特还说过投资的第一原则是不要亏损，投资的第二原则仍然是不要亏损，投资的第三原则是记住第一原则、第二原则。可见，巴菲特是非常注重投资安全与投资回报的。想想也是，巴菲特做股票做成世界顶级富豪，这是一个罕世奇迹。如果他不注重投资安全，不注重投资回报，他还能够成为人人敬仰的世界股神吗？据了解，在巴菲特几十年的投资生涯中，几乎每年都在盈利。他在股市中这种超强的盈利能力，世界上无人能与之相比。

有人问：既然巴菲特如此拒绝亏损，强调投资回报，那么，他为什么不在乎股票的一时涨跌，甚至股票跌掉50％他都不怕呢？因为巴菲特在买股票时特别慎重，只有经过他深入调研，精挑细拣后的品种，才能进入他的股票池，而且买进时都必须符合价值被严重低估与有特许经营权两个重要条件（编者按：关于什么是“特许经营权”，详见本书第520页）。这样的股票一是价值被严重低估，二是有长期上升的潜力，将来赢利空间会很大，所以他才会说“不要惧怕股价的一时下跌，甚至跌掉50％都不用怕。”因为巴菲特相信这些股票必然会涨上来的。事实也的确如此，虽然巴菲特投资的一些股票，在他买入后股价继续下跌并不鲜见，但往往过了一段时间，股价就会有非常出色的表现，让他赚得钵满盆满。

现在我们把话题转回来，如果有一个股票，业绩虽好，但股价长期卧着不动，甚至大盘好的时候它还在下跌，这种形同"僵尸"的股票，巴菲特会选它吗？答案一定是否定的。因为巴菲特所选的股票将来一定能让他赚到大钱的，赚小钱的股票他都不会要，更何况是长期涨不动，处于"僵尸"状态的股票呢？可以肯定巴菲特是不会碰它们的。大家只要查一查，在沪深股市里长期处于"僵尸"状态的股票并不少见，这在一些所谓的蓝筹股上表现得尤为突出。不管你承认不承认，在股市里，"僵尸"股的现象是客观存在的，谁也不能否认。

事实上，那些长期处于"僵尸"状态的股票，必有不为人知的特殊原因在里面，盲目投资这些股票会存在着很大的风险。这个风险主要表现在以下三个方面：

① 时间成本风险。有人以为成本只是对资金说的，其实不然，时间也是有成本的。比如，有人花了20万元投资一个股票，当初买进价格是10元，5年后再10元卖出，表面上看这样做没有输什么钱，最多是贴了一些手续费而已。但事实并不是这样，这20万元投资，其中有一个5年时间成本没有计算在里面。大家可以算一算，如将20万元定期存上5年，5年的银行利息是多少，这个利息就是5年的时间成本。时间成本还有另一层意思，你花了5年时间做一个股票，结果一无所获。这个5年劳动不是白花了吗？要知道劳动也是应该有价值的，这个价值也要算在成本里面。

② 资金搁置风险。现在是负利率时代，资金搁置在那里不动，即使一分钱不少，搁置几年后早就不值原来的钱了。因此，如果把钱投资在一些"僵尸"的股票里，钱就会越捂越少。

③ 股价下跌风险。股市里有一句俗语，叫做"久盘必跌"。如果一些"僵尸"的股票老是在下面盘来盘去，盘到最后，股价

就会越盘越低，等要卖出时，股价很可能已经跌掉了一大截。

投资者若要规避上面的风险，唯一的办法，就是在遇见这些"僵尸"的股票时，持币者先不要碰它，持股者则先出来（哪怕先卖出其中一部分也好），把资金盘活，用到能赚钱的股票上。

有人担心，说不定什么时候，那些"僵尸"股突然启动了，自己却割肉出来了，那损失不是更大了吗？其实，对此不用担心，因为这些股票若真的启动了，也不会一路上升，震荡上升是其基本运行格式。比如，等到图形上确实发出了买进信号再进去也不迟，不存在什么踏空的风险。此时或许你早先盘活的资金在投资别的股票上已赚了钱，再用这笔资金买这些已经苏醒的"僵尸"股，股票份额会比原来有所增加，这有什么不好呢？

三、小心驶得万年船，投资大师也会遭遇"滑铁卢"

王先生说：过去大家一直认为普通投资者需要谨慎投资，而世界级的投资大师是不存在谨慎投资这个问题的，因为他们眼光看得准，操作手法精确老练。但后来碰到的几件事，使人们改变了想法，大家开始认识到在高风险的资本市场，任何人都需要谨慎投资，即使是世界级投资大师，稍有不慎，投资也会栽跟头。小心驶得万年船，对任何投资者都是适用的。

这里我给大家讲几件事：2011年对几位投资大师而言可谓是流年不利。欧洲股神、富达的明星基金经理安东尼的富达中国基金遭遇了"滑铁卢"，当年净值损失超过30%以上，其重仓股票先后出事；霸王集团因"二恶烷事件"导致市值缩水90%以上，最终波顿黯然割肉亏损7亿港元；泛华保险、西安宝润这两家公司则因为财务造假遭到质疑，西安宝润甚至被退市了。

同样面临挑战的还有对冲基金巨头保尔森。2011年6月初，"浑水公司"对加拿大上市企业嘉汉林业发表做空报告指出，嘉汉林业其实是一场庞氏骗局，其每股估值低于1美元。保尔森基金持有3500万股嘉汉林业，其发言人宣布抛空嘉汉林业股票后，估计损失超过5亿美元。而保尔森也不是唯一一个在嘉汉林业中深受其害的知名对冲基金经理，保尔森清空前的第二大股东是一家管理规模为710亿美元的旗舰对冲基金，这位基金经理此前一直保持着优良的投资业绩，也在嘉汉林业上栽了跟头。

人非圣贤，即便是股神，也不是先知，难免遇到黑天鹅。众所周知，巴菲特自上世纪60年代开始接管以纺织为主业的伯克希尔·哈撒韦公司，在其后的20年致力于改善这家公司亏损的局面，但直到上世纪80年代，巴菲特才意识到纺织行业的本质决定了不可能实现高回报，并且为保证其竞争力，需要相当大的资本投入。1985年，巴菲特痛下决心解散了伯克希尔·哈撒韦的具有一百多年历史的纺织部门。这二十多年的投资失误给了巴菲特一个很宝贵而又深刻的教训：很少有人能成功地扭转一家病入膏肓的亏损企业。但令人欣喜的是，巴菲特充分利用由纺织业务积累起来的资本，把伯克希尔·哈撒韦重组成了一家以保险为主业的多元化投资的巨无霸公司，从而彻底恢复了元气，并走上快速发展之路。

【编后说明】设计这道题，目的是为了开拓读者的思路，提高主动规避风险的意识。

王先生的三个观点向我们表达了一个意思：股市中风险无处不在，投资的过程始终与风险相伴。即使股市高手、投资大师也难免会碰到一些令他们意想不到的倒霉事情。因此，无论什么类型的投资者，必须谨慎投资，有错必纠。尤其是在捕捉中长线黑马时，投资更要谨慎、再谨慎，投资者只有确保自己选择的品种真正具有中长期投资价值后才能对它进行中长期投资。在这中间稍有疏忽都会酿成大错，若出错后不及时纠正，就会造成难以弥补的损失。总之，小心驶得万年船，这是股市中永恒不变的真理。

又及：本书稿完成后，向读者征求意见时，有些读者对王先生提出的"小心驶得万年船，投资大师也遭遇了'滑铁卢'"表示了异议，他们认为这话有点言过其实，投资大师成功者多，遭遇"滑铁卢"毕竟很少，也可以说是偶然事件吧。

关于这个问题，我们在这里谈一些看法。我们认为，是不是偶然事件暂且不去讨论，即使对投资大师来说是偶然事件，但对其他人，对普通投资者来说就不是偶然事件了。这个道理很简单，投资大师的投资水平要比普通投资者高得多，因此，投资大师犯错误的概率要远远小于普通投资者犯错误的概率。如果10个投资大师中有1个遭遇"滑铁卢"，那么到了普通投资者这一边，10个炒股人中就会有3、4个，甚至6、7个人会遭遇"滑铁卢"。在沪深股市20多年来的发展历史中，此类事情可谓举不胜举。这里举一个典型例子。

实例：中国股市第一批股票大户，在1994年大熊市中几乎全军覆没。沪深股市最早出现的股票大户主要由两部分人组成：一是在上海证券交易所成立之前买进股票的人（当时的股票价格非常便宜，相当于现在大小非买进的价格），在上海证券交易所成立后，这些股票都出现了暴涨，少则涨了几十倍，多则涨幅超过100倍，这些人身价陡增自然而然地成了股票大户；二是在1992年买进上海第一批认购证的人。上海推出第一批认购证时买的人很少（因为当初发行认购证时，规定每张认购证要花30元购买，还不保证一定能中奖，认购到新股），但认购证发行结束后，这些认购证的价格就飞涨起来，最高每张认购证被炒到1万多元。当时原先购买认购证多的人，一下子就变成了股票大户。

但钱来得快去得也快，沪深股市第一批股票大户，在1994年大熊市中集体遭遇了"滑铁卢"，最后存活下来的寥寥无几，绝大多数都被市场淘汰出局，富人一下子又变成了穷人，从终点又回到了起点。

那么，是什么原因导致这些大户集体遭劫杀呢？关键是这些大户还没有经历过这样残酷的大熊市，不知道熊市的厉害，动不动就抄底，结果钱越抄越少，更要命的是，当时大户室融资炒股是一个普遍现象，很多大户抄底时就向证券公司借款（编者按：据了解，在那个年代，很多证券公司为了多赚佣金，也乐意借给他们）。在熊市里借钱抄底，很快就让这些大户吃足了苦头。

比如，当时在浦江大楼某证券营业部，有一位有200万元资金的大户，在上证指数跌至530多点时，他认为底部到了，向证券公司借了200万元，一下子拿400万元进去抄底。但后来上证指数500点没有守住，最后跌到了325点才见底。上证指数从530多点跌到325点，跌了200多点，但很多个股在这期间跌幅过半。据了解，这位大户当时借款抄底买进的股票，后来跌幅都超过50%，当上证指数跌到300多点时，事实上这位大户的实际资金已成为负数，因为这时他的股票已亏了200多万元。证券公司见到这样的情况，就采取"强硬措施"，马上逼迫这位大户将200万元借款还掉。最后这位大户只能将股票悉数卖出，卖出后，这位大户就一无所有了，连原来的200万元本钱都赔个精光。类似这位股票大户被净身出户的例子，在1994年大熊市末期比比皆是。当时这些大户破产后被证券公司扫地出门的惨状，给众多老股民留下了深刻的印象。

金老师说：前面我们讨论如何捕捉中长线黑马时，大家都不约而同地提到了一个外国人的名字——巴菲特。可见大家对他非常重视。这是为什么呢？因为巴菲特是当今世界上捕捉中长线黑马最成功的投资者。

很不幸的是，2012年4月18日，巴菲特公开致信股东们，他已被确诊患癌。不过，令人稍感安慰的是，巴菲特的病情现在还不会危及生命。

消息传出后，全世界崇尚价值投资的投资者都特别揪心。上海《新闻晨报》的一位记者，以"巴菲特的中国粉丝"名义，在报上刊登了他写给巴菲特的一封信，这封信写得情真意切，读后十分感人。这位记者在信中说：

如果我有翅膀，我就能飞来看你。

我有翅膀吗？没有。

所以我也没办法飞。

如果把整个太平洋的水倒出，

也浇不熄我对你的崇拜和敬仰。

整个太平洋的水全部倒得出吗？

不行……

但，我依然爱着你。

如果你还有很长的寿命，

那么今年我就想和你共进午餐。

你还能撑住吗？行。

所以我们还有希望。

巴菲特，你好！

你的午餐价很贵。2000年起，每年拍卖一次。从2003年起，转为网上拍卖，所得善款全部捐给美国慈善机构。

2010年，你的午餐价最终落槌在262万美元，超过2008年创造的211万美元最高拍卖纪录。2011年，你的午餐价也高达234万美元。

对于一个从来没有到过美国的记者而言，这样的价码无疑让我望而却步。

纵观十年来，你的午餐上，多为商业领袖、金融巨子。令中国人高兴的是，步步高创始人段永平、"私募教父"赵丹阳均曾是你的座上客。从此后的效果看，他们和你午餐后，各自的投资水平都有提升，对人生财富的感悟也今非昔比。

作为你千千万万中国粉丝中的一员，我一直在想为什么你的投资比所有人都成功？

一个重要的原因就是，你坚持正确的基本原则和基本常识，但是在具体操作上，从来不固执于前人的做法，也不固执于导师的做法，更不迷信什么学术理论，而是一切从实际出发，不断尝试，不断改进，不断学习，不断与时俱进。

在理论上，你的导师格雷厄姆要比你成就大得多。但是，在实践上，以财富来衡量，你要比你的导师以及其他所有投资大师成就大。

在此，我再次祝你早日康复。

读了上面这封信后，我们感到这位记者不仅对巴菲特非常敬佩，而且他对巴菲特的情况，如"巴菲特的午餐"、巴菲特的投资理念及其实绩研究得非常清楚，在只有六七百字的一封短信中，把我们国家的广大投资者对巴菲特无限崇敬的感情，和大家要向巴菲特学习的迫切心情表达得非常清楚，真不愧为名副其实的巴菲特铁杆粉丝。其实，我们当中很多人都非常崇拜巴菲特，尤其是一些想做价值投资，捕捉中长线黑马的投资者都在认真学习巴菲特。从这个意义上说，他们都是巴菲特的粉丝。当然要做巴菲特的粉丝也不是这么简单的。你首先要真正了解、认识巴菲特，否则，你又如何让别人认可你就是一个巴菲特的粉丝呢？

请问：你对巴菲特的投资究竟了解多少？巴菲特的投资理念究竟有什么与众不同之处？

很多人都说自己了解巴菲特，但对巴菲特的投资，他们却知之甚少，这怎么能说已经了解巴菲特呢？故而你若要说了解巴菲特，就必须对他的投资情况能够说出一个A、B、C来，这样才能名副其实，让人感到你说的都是真的。

下面我就向大家说说我所了解的巴菲特。据大量史料证明，巴菲特是全世界在股市上赚钱最多的投资大师，每次熊市都没有给他造成什么伤害，反而给他带来很多投资机会。他的投资成绩，在全球无人能与之相比。因此他被世界各国投资者尊称为"股神"。

现在我们从其股价表现来看，截至他的癌症消息公布的前一天，巴菲特掌管的投资公司伯克希尔，即2012年4月17日的收盘价为121310美元。他得癌症的消息公布后，股价稍有小的波动，不过，就长期走势而言，伯克希尔的股价，2012年以来一直稳步走高，在巴菲特患癌症消息公布时已接近年内的高点。

除了巴菲特旗下伯克希尔公司，投资者对于巴菲特的股票投资也颇为关注。通常情况下，巴菲特往往能起到"点石成金"的作用，他的重仓股无不因他的光环而表现出色。

根据巴菲特2011年四季末的持股文件，截至2011年12月31日，伯克希尔共持有34家公司的股票，合计市值661.5亿美元。其中，可口可乐市值为138亿美元，仍为第一大重仓股。值得一提的是，巴菲特2011年首次大手笔买入的科技股IBM，其市值高达123亿美元，成为巴菲特的第二大重仓股。

2011年巴菲特完成了一系列大手笔生产性资产投资。当年，巴菲特就斥资107亿美元购买IBM的股票，成为IBM的第一大股东，同时还以约90亿美元的价格收购了全球最大润滑油添加剂生产商Lubrizol。资料显示，2011年IBM累计上涨55%，远远跑赢标普500近56个百分点。

据了解，巴菲特大手笔投资IBM，成了当时市场的热门话题。这倒不是因为投资IBM本身这件事有多么重大，而是大多数人认为巴菲特破除了之前一直排斥科技股的投资信条，进而人们认为其转变了投资风格。

不过，巴菲特本人却并不这么认为。他表示，他是在阅读了IBM发布的年报之后才决定投资这家公司的，该公司一直以来都立足于向企业提供技术服务，这是他长期以来寻求的投资目标之一。巴菲特说："IBM适用于我所有的投资原则……它是每一个投资者都梦寐以求希望能够无限期拥有的公司。"

另外，根据2011年四季度报告显示，2011年四季度，巴菲特旗下的伯克希尔公司增持了富国银行、英特尔、IBM、美国最大的药品零售商CVB等7家公司股份，减持卡夫食品和强生等3家公司股份。同时，伯克希尔公司卖出埃克森石油，新买入了一家媒体公司和一家医疗设备商的股票。

此外，值得注意的是，巴菲特投资的股票并不都是成功的，失败的例子也不少。这主要表现在他非重仓的股票上。有人详细研究了巴菲特的投资组合，找到了他投资这么多年来，出现亏损或者微利（年收益率小于5%）的股票（见下表）。

巴菲特部分非重仓股的股价表现一览表（截至2012年1月31日）

股票名称	所属行业	持股时间	结果	收益
GATX	制造	1年	亏损	-27%
PNC银行	银行	1年	亏损	-18%
美国铝业	制造	2年	亏损	-7%
吉尼斯	食品	3年	亏损	-19%
美国合众银行	银行	3年	亏损	-20%
卡夫食品	食品	4年	亏损	-4%
赛诺特安万特制药	制药	4年	亏损	-20%

（续表）

股票名称	所属行业	持股时间	结果	收益
康菲石油	能源	5年	亏损	-2%
福斯特公司	保险	1年	微利	4%
西北实业	制造	1年	微利	2%
比特特里斯	金融	1年	微利	1%
里尔西格勒	制造	1年	微利	1%
慕尼黑再保险	保险	1年	微利	1%
强生	消费	4年	微利	1%

表2

我认为真正要了解巴菲特，除他的投资情况外，还要了解他的投资理念。巴菲特的投资理念十分丰富，比如，大家熟知的巴菲特的一句名言"别人贪婪我恐惧，别人恐惧我贪婪"，这代表了他与众不同的投资理念。除此之外，巴菲特的另外几个重要的投资理念也值得我们进行深入的探讨与了解。如：

一、不抄底，选股永远重于选时。巴菲特认为，长期投资者完全没有必要在抄底问题上投入过多的时间精力，只要你能控制好自己的心理情绪，敢于在相对底部区域买入一些价值被严重低估的股票并坚持长期持有，就有希望在未来获得合理的回报。

每次市场大跌，就有许多投资者开始热议"抄底"，而且这似乎总是大部分投资者孜孜以求的美事。巴菲特认为，许多投资者之所以热衷于"抄底"，往往存在一个想当然的逻辑，即只要能在底部买进、顶部卖出就可以战胜市场，获得最佳投资绩效。其实，这个想法很难实现。因为凡"大底"真正出现的时候，却极少有人能真正猜中并热烈拥抱它。

事实上，依靠投资而荣登世界亿万富豪榜前三甲的巴菲特，就是一个从不喜欢刻意"猜底"和"抄底"的人。巴菲特说过这样一句意味深长的话："模糊的正确远胜于精确的错误。"每一次重大危机中，当巴菲特买入时，刻意寻底的市场派人士经常都会讥笑他"买高了"或"被套了"。但他从不会为此气馁沮丧而始终坚持自己的判断，因为他知道精确的底部根本无法预测得出，他所选择的是一个"模糊的正确"，而大部分人却自作聪明地选择了"精确的错误"。

从具体操作上讲，巴菲特并不善于"抄底"，甚至常常属于一买入即被"套牢"一族。统计数据显示，巴菲特所投资的股票有高达70%以上都是刚买入就遭遇被套。比如，即便是被世人公认最成功的对可口可乐公司的投资，巴菲特当初在买入后不久也被套牢了30%。又比如，巴菲特在1973年刚开始买进华盛顿邮报这只股票时，美国经济低迷，道指大跌，华尔街的投资家们认为买入的风险太大。但巴菲特并没有理睬这些投资家的建议，还是毫不犹豫地把它收入囊中，当时巴菲特买进它后一直套了两年。之后该股大涨，不但让他解套，还让他大赚特赚。巴菲特这种看上去似乎不合常理的主动买套，然后大获成功的投资，让一度讥笑巴菲特的华尔街投资家们大跌眼镜，连呼看不懂。

事实上，从另一种角度看，巴菲特这种不抄底，选股重于选时的操作方式，就是一些高手常说的"弱市学会潜伏"的方式，这种在弱市中主动买套的操作方式，实际上也是一种抄底，不过这种抄底方式不被大家认可罢了。但巴菲特用这种方式买股票，短期吃套，长期收益，让他赚得钵满盆满，这事的确让人深思。

二、投资一定要首先保证资产的安全性。这是巴菲特的又一个重要的投资理念。巴菲特投资有三条原则。巴菲特说："第一，投资不要亏损，第二，仍然是不要亏损，第三，记住第一与第二两条。"可见，巴菲特对投资的安全性是非常看重的。

过去我们一直以为巴菲特主张投资安全性，是对他投资的所有股票说的。现在我们分析了他所持的全部股票后发现，巴菲特所说的投资一定要首先保证资产的安全性，投资不要出现亏损，主要是对其所持的重仓股说的。因为重仓股是他投资中的大头，所以绝对要保证长期持有一定能赢利。只要重仓股能获得大利，其他非重仓股，即使稍有亏损问题也就不大了。巴菲特是这样想的，也是这样做的。

比如，巴菲特手中的几十只股票，总市值为600多亿美元，但他手里的第一大重仓股可口可乐，与第二大重仓股IBM，仅仅两只股票，加起来的市值就超过了260亿美元，占其总资产的40%还要多。

重仓股的资金安全性，一直是巴菲特关注的重点。就拿巴菲特第一大重仓股可口可乐来说，巴菲特之所以敢于重金投资可口可乐，除了看中它是消费者口中的美妙滋味外，巴菲特对可乐的偏爱其实还有另一个重要原因——出于资产"安全"考虑。

这并不是一个假设，而是一个铁的事实。2012年2月9日，巴菲特在《财富》杂志上发表了他的年度致股东信。在信中，巴菲特说："目前投资波动大的股票实际上远比债券、黄金安全。"巴菲特认为，人们也许不需要黄金、债券，但永远需要可乐（饮料）。虽然生产性的资产，比如，关于制造性企业，它们的波动可能比较大，选择起来也不太容易，但购买这些公司的股票就意味着你总能通过生产来满足别人的购买需求，这样的"商业乳牛"比债券类货币性资产和黄金要安全得多，从而也更吸引人。

巴菲特进一步补充道："衡量投资的风险不应根据股价的波动性，而应根据投资者在计划持有期间内丧失购买力的可能性。只要在持有期间资产合理地体现购买力增加，即使价格大幅波动，也没有风险。反而无波动的基于货币的资产可能面临通胀的风险而遭受损失。"

但对非重仓股，巴菲特的态度就不一样了，他主要是拿它们作试验性的投资，这有点类似于我国古人说的"投石问路"。既然是试验性的投资，所投入的资金又很少，那么资金的安全性与增值就不是主要的，巴菲特主要想通过小资金的试验性投资，寻找到真正适合长期投资的优良品种。有些人看到了巴菲特手中有很多非重仓股出现亏损，就认为巴菲特主张投资一定要注意资产安全，不能出现亏损，也仅仅是说说而已，这其实是对巴菲特投资理念的重大误解。试想，巴菲特重仓的一些股票，资金都安全了，都在不断地增值，虽然他用少量资金对一些非重仓股进行试验性投资出现局部亏损，但换来的却是为进一步优化投资品种取得了重要的经验，这种以小换大的操作方式不是一场很合算的买卖吗？现在有人将巴菲特在投资非重仓股上出现的亏损进行说事，想以此否定巴菲特"投资一定要保证资产的安全性"的投资理念，这能够否定得了吗？

另外，我们还看到巴菲特对小资金进行试验性投资也在不断调整中。比如，巴菲特在2011年四季度减持的"卡夫食品"，就是一个投资了4年仍在亏损的非重仓股，减持的"强生"，也是一个投资了4年仅处于一个微利状态的非重仓股。可见，巴菲特对非重仓股并非只关注它们投石问路的作用，而不考虑它的资产安全性。事实上，他是通过调整品种，有进有出，不断优化其持股结构，以此来提高资产的安全性。

三、风险资产投资最安全。 这是巴菲特坚持了几十年的投资理念。

所谓风险资产投资，说白了就是股票投资。现在社会上，一说到资金安全，肯定有人想问：为什么不将钱投向最安全的资产，比如国债、货币市场基金、抵押贷款甚至直接存银行？

对此，巴菲特有他自己的解释，"虽然这些货币资产的持有人仍在继续收到及时的利息和本金支付，但长期以来的低利率和通胀已使它们难以抵消投资者所遭受的购买力风险。此外，基于货币的投资中，可能面临风险的包括债券、货币市场基金、抵押贷款和银行存款等。其中债券更应被贴上警示标签。"我们发现，截至2012年4月末，伯克希尔·哈撒韦公司虽然对货币性资产进行部分投资，但巴菲特表示他对美国国库券之类的持有主要是基于流动性考虑，对这些投资标的获利预期并不高。

另一方面，对于其他投资者热衷的黄金，巴菲特则举了一个形象的例子：同样价格的一堆黄金和一片农田，一个世纪后，无论可能使用哪种货币，农田都将生产出大量的玉米、小麦、棉花和其他作物，继续带来有价值的回报。而那堆黄金既不会增加规模，也不能产出任何东西。"你可以深情地抚摸它，但不会得到它的任何回应。"

换一句话说，巴菲特认为最安全的投资就是在低位选好股票长期持有，它远比投资国债市场、货币市场、黄金市场等来得安全。在巴菲特看来，只有股票投资才会带来真正的财富大增长，所以他才会得出风险资产投资最安全的结论。

这个结论与大多数人的想法是不一样的。大多数人认为股票投资风险很大，而巴菲特却认为股票投资最安全。其实，巴菲特这个投资理念由来已久，它已被事实证明是非常正确的。试想一下，巴菲特如果不投资股票，在几十年期间，何以能白手起家，做到富可敌国的亿万富翁。可见，长期持有潜力股、成长股，确实是将个人资产做大的一个最有效途径。这是巴菲特投资理念中最有亮点的部分。

 小资料

巴菲特与伯克希尔公司简介

沃伦·巴菲特，人类历史上最杰出的股市投资大师，全球超级亿万富翁。1930年8月30日出生于美国西部的一个"乡村小镇"——奥马哈市。巴菲特从小就极具投资意识，1941年，11岁的巴菲特购买了平生第一只股票。1947年，巴菲特进入宾夕法尼亚大学攻读财务和商业管理。两年后，巴菲特考入哥伦比亚大学金融系，拜师于著名投资理论学家杰明·格雷厄姆。1956年他回到故乡奥马哈，开始了个人的投资生涯。巴菲特把家人和朋友组织起来，筹集了10.5万美元，设立了一个合伙公司——巴菲特有限公司。1964年，巴菲特的个人财富达到400万美元，而此时他掌管的资金已高达2200万美元。

1965年，35岁的巴菲特收购了一家名为伯克希尔·哈撒韦的公司，巴菲特本人则成为这

家公司的CEO。从此之后，伯克希尔公司就完全变了模样，走上了其神奇的发展之旅。在巴菲特领导下，伯克希尔在投资上开展了一些慧眼识宝的伟大动作，在低位抓住了很多极具投资潜力的公司。比如，它一开始就出资860万美元买下奥马哈的保险公司国民赔偿公司；1977年它出资购入《华盛顿邮报》10%的股份；1985年它出资5亿美元买下18%的大都会公司股票，1988年它出资10.2亿美元买下7%可口可乐股票……正是这一系列大动作，使伯克希尔公司业绩年年大增，几十年来一直保持着高增长的态势。

据了解，1965年巴菲特收购伯克希尔公司的时候，它还是一家名不见经传的纺织公司，将近50年来，虽然伯克希尔公司早就不做纺织业务了，但是，巴菲特没有给公司改名，现在的伯克希尔已演变为一个庞大的金融集团，它是一家以保险业为主，旗下有近80家子公司，涉及各个行业的世界级大公司（截至2013年4月，伯克希尔在全球大公司中名列第5位）。

有人说，正因为巴菲特是当今世界独一无二的伟大投资家，伯克希尔也因此成了全球独一无二最伟大的投资公司。它有几个鲜明的特点：①它是全球最贵的股票，每股超过16万美元（截至2013年5月10日）。②从来不分红、不送股，伯克希尔的股本50年后依然是袖珍股，至今股本只有166万股，巴菲特本人持有其中的47万股。③1970年至2012年，伯克希尔公司每股利润的年复合增长率为20.8%，40多年来出现如此高的增长率，无人可及。④伯克希尔股价虽然高，但依靠的是公司业绩增长，没有水分，现在（截至2013年5月10日）伯克希尔每股净资产为11万美元，市净率只有1.45倍，市盈率也不过10多倍，远远低于中国A股市场大多数股票的市净率和市盈率。⑤长跑冠军，谱写了长线黑马最辉煌的历史，48年股价涨了1万倍（1965年股价仅为15美元，2013年股价已达到16万美元）。

伯克希尔公司的一个特别之处，就是从来不分红，这种公司如果放在中国A股市场，恐怕早就被批得一塌糊涂了，"铁公鸡"的帽子是逃不掉的，大家不会认为这是一家世界最优秀的公司之一。那么，为什么巴菲特不让它分红呢？在2013年《致股东的信》中，巴菲特对其分红政策进行了解释。巴菲特说公司产生的利润有4种用途：第一是将资金再投资于现有业务中，做大做强；第二是寻找与现有业务无关的并购机会，只要这些项目能带来更好的回报；第三是用于回购；第四是分红。巴菲特认为如果公司利润增长速度较高，不分红可以让股东获得更高的收益。事实也正是如此，一些早期追随巴菲特，买入伯克希尔的投资者，几十年长期持有该股后，很多人都成了亿万富翁，这就是一个最好的例证。

值得注意的是，虽然巴菲特与伯克希尔的成绩非凡，但却从来没有什么书与总结面世。目前世上有关巴菲特与伯克希尔的书与总结都是他人所述。巴菲特所有的投资理念、策略，都散落在他一年一度《致股东的信》与在股东大会上他的发言中，人们只能从他的零碎的讲话中分析、了解这位伟人。其实，在这位伟人身上有太多的谜团等待破解。否则，每年一次高达数千万人民币的与巴菲特共进午餐的活动，怎么会有那么多股市达人、股市高手出巨资进行争抢呢？

金老师说：进行价值投资，做中长期投资，捕捉中长线黑马都要学习、研究巴菲特。上一堂课，我们向大家介绍了巴菲特的一些投资情况与投资理念。但大家仅仅知道这些还不够，还不能说已经了解巴菲特，只有从中悟出一些什么道理，才能说真正了解巴菲特，这样对自己的投资才会有帮助。

请问：通过上一堂课对巴菲特情况的介绍，你究竟悟出了哪些道理？

我从中悟出了以下一些道理。

悟出的道理之一：股市中没有股神，也没有百战百胜的绝招。

虽然巴菲特因其炒股成绩太突出被世人称为股神，但巴菲特本人却从来没有接受过这个称号。他曾多次反复地说，自己在炒股中经常会犯错误。事实也的确如此，巴菲特非重仓股中有不少处于亏损与微利状态，这说明巴菲特在炒股中确实犯了这样或那样的错误。由此我们可以作出一个明确的判断：如果连世界上炒股成绩最好的第一高手都难免在股市中失手，那么在股市中谁还有资格能自诩为股神呢？现在大家看清楚了，沪深股市里被封为民间股神的那些人，一是他们的实际炒股成绩连巴菲特的一个零头的零头都不及，甚至有的从来没有买卖过股票（比如，有一个被判刑的股神，自他开了股票账户后的10多年中，没有买卖过一个股票，交易记录为零），就忙不迭地把自己打扮成股神，与巴老别起了苗头；二是他们当中很多人的经历、成绩都是伪造的，有的已因触犯国家法律被判了刑。可见，在股市里自封为股神者，不是骗子就是疯子。投资者对此一定要高度警惕，千万别给他们骗了。

那么，为什么股市里出不了股神呢？其实这个问题很好解释。因为股市如战场，在战场上没有只胜不败的将军。虽然每次战争的结局都以一方胜另一方败而告终。但作为胜者一方，只是在赢的次数上多于对手，或者是在关键点上能克敌制胜而已。

即使历史上最杰出的军事专家，也并非是每场战役、每次战斗都是赢的，没有输过，这种事情在历史上从来没有发生过。比如，诸葛亮打仗虽然能神机妙算，但错用马谡，失街亭也给他留下了一个污点。又如，在第二次世界大战中，苏军最终战胜了德军，让法西斯魔头希特勒死无葬身之地，但苏德战争一开始，苏军一再溃败，几十万人成为俘虏也给世人留下了深刻的印象。显然，在世界上没有谁有通天本领，打仗只赢不输。其实，股市如战场，炒股的情况也是如此。一个人操作10次，如果能赢上7次，那就很了不起了，这样的成绩，就能称为高手了；如果能赢上8次，那就是高手中的高手；如果能赢上9次，那就是万里挑一了，这样的成绩可足以称为大师了。

既然股市里没有股神，那自然也就不存在百战百胜的炒股绝招。只有自封为股神的那些人，才会把股市中的一些操作方法神化，刻意包装后把它吹嘘成百战百胜的绝招，来忽悠、欺骗广大投资者，并以此达到不可告人的目的。而正常的人就根本不需要这样做，因为正常人都知道，股市中任何方法都存在一定的缺陷，而且方法也因人而异、因股而异、因时而异。迄今为止，我们还没有发现有哪一种炒股方法可以适合任何人，也没有发现哪一种方法在牛市、熊市、震荡市，在大盘股、小盘股，在价值类股票、概念类股票上都可以使用的。投资者一定要根据自己的年龄、性格、投资习惯，并依据不同的市道、环境来选择炒股方法，这才是切实可行的一条正确路径。

在股市中，方法没有好坏之分，只有适合与不适合的区别。适合的就是好方法。不适合的就应该主动放弃，另找其他方法来代替。正因为如此，《股市操练大全》自出版以来，就不断向大家介绍一些适合某种环境的操作方法，希望给大家有一个充分挑选的余地。大家要切记一句话：在股市中没有什么最好的方法，只有最适合自己的方法。只要投资者抱着这样的想法，就一定能找到一些行之有效的方法，在操作中派上大用场。

悟出的道理之二：小聪明难敌大智慧。

巴菲特的中长期投资，实际上就是一些股市大赢家经常使用"弱市进行潜伏"的投资策略。从长期来看，这种投资策略很适合中长期投资。但从短期来看，"弱市进行潜伏"很容易在下跌途中吃套，因为无人能够在弱市最低点买进，买进后股价就由跌转升。一般人做不到，巴菲特也做不到。因此，"弱市进行潜伏"，免不了买进后会有一段吃套的过程。有人总结了巴菲特近20年来弱市建仓的历史，发现巴菲特的很多股票，买进即套，吃套百分之十、二十是很常见的一种现象，吃套百分之三十、四十也并不鲜见。巴菲特这样耗时长且经常被套的操盘业绩，或许在A股市场某些快进快出的投资者看来可笑之极。

但问题是，为何在习惯追求抄底的投资者看来操盘水平如此之差的一个人，最终却成为全球市场独一无二的股神呢？究其根源，巴菲特具有解读和把握市场长期趋势的能力。虽然他从来无法准确获知底部的确切点位，但是在熊市最黑暗，也是市场最恐慌的时候，他却能力排众议，准确地抓住中长期投资的机会，买进一些具有长期发展潜力的股票，然后耐心等待上升趋势的来临。

可见，巴菲特的短期被套，长期获大利的操作方式属于"大智慧"；而沪深股市里一些技术高手，短期不被套，获小利，但长期大方向把握不住的操作方式属于"小聪明"。

在股市里玩弄"小聪明"的人很多，但能把握"大智慧"的人却少之又少。世界股市发展的历史证明，做股票靠小聪明是赚不了大钱的，只有靠大智慧才能赚大钱。所以，看了巴菲特的投资过程，我更加明白了做股票要靠什么，为什么"小聪明"无法胜过"大智慧"的深刻道理。

悟出的道理之三：股市中的英雄都是有缺陷的，没有缺陷的英雄一定是冒牌货。

说起股市中的英雄，最高级别应该是股神了。在国外，因为炒股成绩出众，被世人称之为股神的都是国际上著名的投资大师，如巴菲特就是世界公认的股神。在国内，同样因为炒股"成绩出众"，也有一批人被称为民间股神，如简某、殷某某。大家比较后发现，根据一些媒体的宣传与广告，无论怎么看，"国外的股神水平都不如国内的股神"，因为国外的股神在操作中都出现过错误，有的错误还很严重，而国内股神却一个个都是神通广大的炒股奇人，他们一出手就能百分之百地抓住一匹大黑马，他们一开始就知道股市的顶与底在什么点位，而且可以做到分毫不差。国内的股神有如此大的本事自然是国外的股神所望尘莫及的。

但奇怪的是，虽然国外的股神身上有诸多缺陷，但经过时间考验，这些人的财富在不断增长，他们越来越受到世人的尊重。而国内的股神尽管身上没有一丝一毫的缺点，本事通天，但随着时间推移，财富未见增长，却有很多人触犯刑律，被送进了牢房。这究竟是怎么一回事呢？

后来事情真相大白，国外的股神虽然其事迹看上去并不完美，但它都是真的，真金不怕火炼，所以他们越活越精彩。而国内的股神虽然他们的炒股成绩被吹得天花乱坠，但拆开一看都是假的，一旦其真面目被揭露，大家就会发现这些人打着股神的旗号，在招摇过市，骗人钱财，那最后自然逃脱不了法律的制裁。

通过国外的股神与国内的股神比较，我们可以认识一条朴素的真理：是英雄必定有缺陷，没有缺陷的"高"、"大"、"全"的英雄，一定是杜撰出来的英雄，在现实生活中是永远也找不到的。

有了这样的认识，我们的头脑就清醒了，看人做事就不会出什么大错。比如，对那些动不动就吹嘘自己能在第一时间精确逃顶，在第一时间能精准抄底的股神，你就不会相信了。这样他们再吹嘘，你也不会受骗上当，不会付出高昂的会费，成为他们的会员，或付出高昂的学费成为他们的学员。

又如，当有人向你吹嘘某个炒股软件有百战百胜的神奇功能时，你就会保持一份高度警觉，不会花大价钱买这些并不靠谱的神奇软件，因为炒股成绩的好坏，并不是由炒股软件决定的。

我们不妨来作些假设。如果世界上真有这等好事，有了这样的软件，就能成为百战百胜的股市大赢家，那事情就变得很简单了，只要每个人或者几个人合起来，花上几万元把这个宝贝买回来，股市上的一切都可搞定，后面等着在家数钱就行了。请问：这有可能吗？

如果世界上真有这样神奇的软件，发明者用它来炒中国股市、日本股市、欧美股市，每战必胜，揽尽天下钱财，那用不了多久就能横扫全球，成为世界股王了，这样他还有必要为了推销其软件，赚几万元小钱而费时费力吗？

可见，这样的假设是不存在的，炒股成绩的好坏最终是由炒股人的智商、情商、财商决定的，而不是由什么炒股软件决定的。说到底，股市高手、投资大师等成为股市大赢家者，无一不是因为才智过人、眼光敏锐才铸就他们今天的辉煌。

再如，看到股神巴菲特也经常会犯一些低级错误，你就不会对自己在股市中的失误耿耿于怀了，就会认识到无论什么人炒股都有出错的时候，即使世界股神也不能幸免。问题是，在股市中犯错不要紧，但有了错误要及时改正错误，并吸取教训。有了这样的认识，你就会安下心来，认真学习一些投资理论与炒股技巧，接受严格的训练，从输多赢少的输家，逐步转变为赢多输少的赢家，从而将自己锤炼成炒股的胜利者，甚至可以把自己打造成为一个人见人赞的股市高手。

悟出的道理之四：抓大放小是赢家思路，而抓小放大是输家思路。

纵观巴菲特的投资，就会发现巴菲特对大的东西特别在意。

比如，对股市的大趋势，巴菲特是看得很准的。他买股票时，通常是在熊市下跌进入尾声阶段，过后不久，股市就会由跌转升，步入牛市。又如，他花重金购买的股票，一定是经反复研究捏得很准才建仓的，而正是这些股票为他日后带来了源源不断的赢利。但是巴菲特对小的东西就不太在意了。比如，股市短期趋势，巴菲特似乎并不关心，他买股票时，短期走势都非常严峻，以致他买进的股票都会陷入短期被套的状态。又如，他对自己花小钱买进一些非重仓股，要求就没有像重仓股那么严格，以致这些用少量资金购买的非重仓股有一部分经常处于亏损与微利状态。造成这种状况的原因，主要是巴菲特把它们当成试验性投资，并没有指望靠它们来获取超额报酬。很显然，巴菲特的投资是重大不重小，是一种"抓大放小"式的投资。这种投资方式看似很简单，但实际效果却非常好。巴菲特几十年来就是靠这种大智若愚的投资方式把自己做强做大的。

反观我们股民中很多投资思路，就与巴菲特的投资思路恰恰相反，他们对小的东西特别在意。比如，即使股市走熊到了尾声阶段，很多人买股票仍然担心吃套，只要看到买进的股票不涨，马上就会慌了神，他们宁可错过股市由熊转牛后的大涨机会，也不愿意在熊市末端买股票受到短期吃套而带来的"痛苦"。又如，有的人做股票，大量资金深套在里面他不在乎，而只要占他资金量很小的股票出现了较好涨势，他就会欣喜若狂；也有的人做股票，在熊市中跑短线，为降低一点佣金与券商争得面红耳赤，但在熊市中频繁跑短线致使本金出现大面积亏损，他却能坦然接受。很显然，我们股市里很多投资者的投资是重小不重大，是一种"抓小放大"式的投资。这种投资方式看似很精明，对短期利益斤斤计较，有利必争，但实际效果却非常糟糕。很多人做股票，经过几年、十几年，最后却把自己越做越小，其根本原因就是因为采用了这种过于计较短期利益的投资方式。

悟出的道理之五：投资不看一时成功，而要看长期收益。

据了解，巴菲特虽然被世人尊称为股神，但每年平均的收益率不足25%。有人想，25%不就是2个半涨停板吗？一年投资下来只有这点收益，未免也太少了一点吧。这些人认为在沪深股市里一年赚2个半涨停板的大有人在，根本不值得炫耀。这也就能解释，为什么在我们的市场中始终有一批人会认为，巴菲特这样的水平是不值得学习的。若要学，就要学电视《股市达人秀》中的那些炒股英雄，一出手就抓几个涨停板，那该多潇洒啊！但这些人却忘了投资中一个非常重要的原则，即投资不看一时成功，而要看它长期收益如何。

我们应该知道巴菲特之所以被世人称为股神，因为其长期收益是无人能匹敌的。每年25%的收益，初看确实少了一点，但巴菲特做股票已几十年，年复一年25%的正收益，这是相当不容易的，总账算下来就是一个天文数字。这就是复利的力量。巴菲特从股市里一个小散户做到拥有几百亿美元的股市超级大赢家，其辉煌的成就就是用复利垒出来的。而看看我们股市中的达人，虽然有的人某一年成绩非常突出，能赚上几倍的收益，但厄运降临时，某一年成绩也会非常糟糕。长期以来赚赚赔赔，赔赔赚赚，若将其全部做股票的时间加起来，他们的总成绩，即平均年化收益率就远不如巴菲特了。更何况，巴菲特进行股票投资已有五六十年时间，他每年都保持20%多的正收益，这是股市中的奇迹，也是股市中的吉尼斯记录。

坦率地说，沪深股市运行至今，仅仅只有20多年的历史，现在要找到一个每年都保持20%正收益者已经很难，假如再过20年，沪深股市里还能找到继续保持每年20%正收益者吗？这恐怕比登天还要难。所以，巴菲特炒股几十年来，都能保持每年20%多的收益，确实是无人能与之相比的奇迹。

伟人毛泽东说过这样一句话："一个人做点好事并不难，难的是一辈子做好事。"如果我们把毛泽东的话套用到股市里来就可以这样说，"一个投资者一年赚上20%、30%并不难，难的是一辈子能保持这个记录"。而目前在世界上，能在大半辈子时间一直保持这个纪录的，只有巴菲特。因为巴菲特做到了别人做不到的事，所以他才能成为世界股王。这个事实再一次证明，在股市里，"不看一时成绩，而要看长期收益"是衡量投资是否获得成功的唯一标准。

悟出的道理之六：满招损，谦受益。

股市里蹲久了，我们就会发现一个奇怪现象，有的人炒股炒了多年，成绩一塌糊涂，但吹起牛来却不输给任何人，好像股市里别人都不行，高手唯他就是。这种狂妄自大，眼高手低的现象，不仅在普通投资者身上经常可以见到，在一些名人的圈子里也屡见不鲜。

比如，国内有一些著名证券报刊上时不时会出现一些讥讽巴菲特等国外投资大师的文章，如《国外股神也不见得高明》、《某某只瘟股坑了巴菲特》等。本来批评某一个人，包括批评巴菲特都是很正常的事，因为人都会犯错误，巴菲特有错误当然也可以批评。但实际情况并不是这样，只要看看一些文章的标题，大家就胸中有数了。这些文章无非是说，以巴菲特为代表的国外投资大师水平也不过如此，没有什么可以值得学习和称赞的。

其实，在股市里要想做出成绩，最重要的一点，就是要虚心好学。试想，如果连巴菲特这样的一流国际投资大师都认为不值得学习，那么，又该向谁学习呢？这样又怎么能够做好股票呢？

在我们股市里，有些事情是很荒唐的。比如，一方面有人在不断贬低巴菲特等国际一流的投资大师，一方面又有人在不断地凭空造出不少民间股神。这些民间股神被造出来后，本事大得不得了，牛皮吹得一个比一个大。如现在一个已被判刑，号称散户教头的民间股神股某某，自己从来没有买卖过股票（编者按：该股神被抓后，在刑事调查中，公安机关发现他股票账户一直空开着，十几年里竟没有任何交易记录），却到处为别的投资者指点迷津，这还不算，他和他的同伙，把一些不明真相的投资者忽悠进来，上几堂炒股培训课就要收取上万元的高昂学费，并大言不惭地吹嘘"认识了殷某某就认识了人民币"，而这样的大牛皮竟然迷倒了很多投资者，上当受骗者甚众。此事真让人感到既可恨又非常好笑，真不知道很多人的警觉性到哪里去了。

有一句谚语说得好："鹰有时会比鸡飞得低，但鸡永远不会比鹰飞得高。"巴菲特等国际投资大师就是股市中的鹰，虽然这些鹰也会在股市中犯一些低级错误，但他们的成就永远是一般人比不上的。如巴菲特历经美国数次大熊市，但他在熊市里始终保持着很高的正收益。就这一点，国内又有哪一个投资者能做到呢？就连号称专家理财的证券投资基金也望尘莫及。比如，2011年沪深股市走熊，全国几百家基金集体亏损超过5000亿，几乎没有一家基金获得正收益。很显然，巴菲特等国际投资大师的成就，沪深股市中的普通投资者做不到，国内机构投资者也做不到。在这种情况下，我们又有什么理由不好好地向巴菲特等国际投资大师学习呢？

古语云："取法其上，必得其中；取法其中，必得其下。"股市中每一个投资者（包括我们）都应该虚心地向国际一流投资大师学习，切实提高自己的操作水平。切不可以放着高水平的大师不学，而被国内那些只有三流、四流水平，顶着各种头衔（如民间股神）的伪大师忽悠得团团转。如果盲目地向他们学习，跟着他们的指点去炒股，那最后一定会输得很惨。

不过话说回来，在股市里有理性的投资者不会这样，水平越是高的投资者，越懂得"满招损，谦受益"的道理，虚心好学在他们身上表现得非常明显。

比如，在沪深股市里，赵丹阳是一个赫赫有名的股市大赢家。2001年~2005年沪深股市进入了大熊市，在这场大熊市中别人都在输钱，但他的私募基金却一枝独秀，每年都保持两位数的正收益。熊市赚大钱，这在业界成为佳话，其成绩在国内所有的基金中排名第一。2008年年初，赵丹阳主动提出清盘。当时上证指数还停留在5000点附近，他就看空做空沪深股市，并宣布在此点位把股票全部抛空，这一抛空使他逃过了2008年大暴跌，成为当年机构投资者中唯一全身而退的逃顶英雄。赵丹阳被大家公认为国内股市的炒股高手，但他却认为自己知道的还太少，其成绩与国际一流投资大师的成绩相比，差距还很大，因此他感到自己还需要向水平更高的投资大师学习。2009年，赵丹阳以260多万美元争取到一次与巴菲特共进午餐的机会。他要当面聆听巴菲特的指教。这场午餐历时3小时，若以人民币计算，每小时花费超过了500万元，可谓世界上最贵的午餐。但赵丹阳认为这个天价午餐非常值得。因为他从巴菲特那里听到了炒股的真谛，解决了他多年的一些困惑，心里感到特别爽快。

大家看看，水平这么高的股市大赢家对巴菲特都如此尊敬，不惜花重金向巴菲特请教。而水平远在赵丹阳之下的专家、民间股神却动不动抓住巴菲特炒股中的某些缺点不放，刻意贬低巴菲特，抬高自己，其行径又有多么卑劣与可笑。

悟出的道理之七：不熟不做，选股不要超出自己的能力范围。

对中长线投资者而言，选股是一个最重要的问题，但要选对一个合适的中长期品种非常难，即使像巴菲特这样具有丰富实战经验的国际顶级大师选股，有时也会出错（编者按：上一道题中列出的《巴菲特部分非重仓股的股价表现一览表》，其中有些连年亏损的股票，就属于股票选错了），更何况一般的投资者呢？所以选股一定要慎之又慎。

究竟是什么原因造成巴菲特把股票选错了呢？经研究发现：越是巴菲特较少介入的行业，亏损率越高。赛诺特安万特制药是我们所知的巴菲特至今唯一买进的制药类股票，也是巴菲特亏得比较厉害的股票。在这里，我们再次看到了一个投资的原则，那就是不熟不做的原则。巴菲特所熟知的行业并不在于工业制造、医药等，所以他很少投资。巴菲特最熟悉的行业是消费与金融，他之所以能够在消费和金融类股票上挣大钱，是因为他对这几个行业非常了解。巴菲特选股出错一事，再次用事实证明，一旦脱离自己所熟悉的行业进行选股，风险非常大，弄不好就要翻船，即使像巴菲特这样的国际一流投资大师也不例外。这就意味着，投资者对这个行业越不了解，选股的出错率、亏损率就越高。巴菲特选股出错的案例再一次提醒我们，要在自己熟悉的行业中挑选好股票，不熟不做，不要超出自己的能力范围去选股，这样才能提高投资的成功率。

 **小资料**

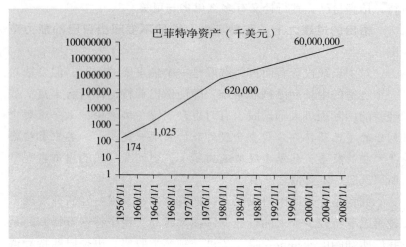

巴菲特净资产增长曲线表

资料来源：Wind

表3

捕捉黑马特别训练 15

金老师说：依据学习"捕捉中长线黑马要从源头抓起"的思想，我们前几堂课围绕巴菲特，从战略层面上讨论了捕捉中长线黑马的思路与基本的投资策略。接下来，我们要从战役层面探讨用什么方法才能捕捉到中长线黑马。

今天讨论的主题是：选择中长线黑马，要瞄准将来能成为顶尖企业的股票。因为它一旦成为顶尖企业，其股价必然会大涨，投资者长线持有后的投资回报就非常高。当然，将来能成为顶尖企业的股票很少，这就要看各人的眼力了。据了解，最给力的眼力就是一开始就能看出，哪家上市公司没有中国企业经常犯的三方面通病，哪家上市公司在扎扎实实地把它最重要的事情做好。因为，只有这样的上市公司将来才有可能做强做大，进而成为顶尖企业。

请问：你知道中国企业经常犯的三方面通病是什么？上市公司要把最主要的工作做好，这究竟是什么工作？为什么只有把最主要的工作做好的上市公司，才能列为中长线黑马的候选对象？

解答

中国企业的三大通病是：①盲目多元化，东一棒西一锤，到处撒胡椒面；②打小算盘，肥水不流外人田；③基础没有打好就想做大，乱攀比，好大喜功。这三大通病严重地阻碍了企业发展。很多企业搞了几十年，看上去规模搞得很大，但大而不强，效益低下，这与建立现代企业的原则格格不入，与顶尖企业标准更是相差十万八千里。在沪深股市里患上三大通病的上市公司有很多，这些上市公司的股票并没有什么投资价值，一般只有在它们的股价跌深时，或有什么题材、概念能吸引市场眼球时，作为投机对象，炒一把还可以，但绝不是长线投资者选择的对象，将来它们也绝对不会成为市场的长线黑马。

现代企业的管理理论告诉我们，上市公司的主要工作就是它的主营业务。一个好的上市公司，它主营做什么清清楚楚，绝不含糊，而一些质量差的上市公司，或是主营业务很不景气，或是主营做什么看了半天都看不明白。上市公司只有将主营业务做专做精，才能把企业做强做大。

与国内企业三大通病相反的是全球顶尖企业的做法。他们的做法是：

一、全球顶尖企业只专注于主营业务，绝不会盲目地搞什么多元化。他们办企业的理念是：将能量集中到一个点上，把主营业务做专做精。先在地区里把主营业务做大，然后在全国同行业里把主营业务做大，进而再到世界同行里去竞争把主营业务做大，有的做了几十年就专做它的主营业务。比如，沃尔玛公司是世界上销售金额最大的公司，但它几十年来的主营业务就是搞大型超市，它的大型超市不仅在美国独占鳌头，在全球也是雄霸天下；微软公司几十年来就是开发研制软件，它的桌面软件已做到了极致，占领了全球个人电脑市场；可口可乐公司上百年经营饮料的主线一直没有变化，它的目标就是世界上有人流的地方就能见到可口可乐，现在可口可乐已经成为全球商业第一品牌。

当然，全球顶尖企业中也有一些是开展多种经营的。但它们的多种经营与国内企业的盲目多元化不同，它们是在搞好主营业务基础上，在把主营业务做专做精后，有了多余的力量再去开展多种经营的。因为它们明白，只有先把主营业务做好，当上单项冠军后，才可以进行多元化，争取当上全能冠军。

二、全球顶尖企业会充分利用全球资源展开相互合作，他们不打小算盘，而打的是大算盘。比如，全球顶尖企业微软与IBM、惠普、爱立信、英国电信等建立了合作关系，在印度、中国建立了研究院，它对外的联合呈现大步流星的态势。有人问：这是为什么？答案只有一个，未来的社会是一个专业化的社会，全球合作的背景是专业细分。又如，全球顶尖企业只专注于主营业务，在不熟悉的业务上，采取明智的联合战略。在麦当劳，卖得最多的饮料是可口可乐；在肯德基，卖得最多的饮料是百事可乐；在戴尔电脑上，芯片是英特尔的，软件是微软的；在波音飞机上，发动机是通用电气的；在通用汽车上，发动机有可能来自日本丰田。总之，只要互惠互利，顶尖企业与其他企业，甚至与其他国家的政府之间的联合战略就会不断地进行下去，他们绝不会有什么肥水不流外人田的想法。因为他们深知，你封锁别人，别人也会封锁你；你不与别人合作，别人也不会与你合作。孤军奋战的结果，只会路越走越窄、越做越弱，不会越做越强。

三、全球顶尖企业做主营业务时会把它做到极致，只有先在自己所在地区、行业内做强做大后，才会向全国、全球去拓展。在全球顶尖企业身上找不出什么好大喜功的坏习惯，把基础先打好，一步步向外拓展就是它们的基本发展战略。比如，大家都熟知的麦当劳。其实，它初期在美国快餐业并不占什么优势，它后来发展壮大了，成了美国主流快餐公司中的一员，但始终有一个强劲竞争对手——吉尼罗食品公司在压着它。据有关资料统计，到1969年12月，吉尼罗食品公司在美国有1022个网点，在加拿大有29个；一年以后，网点数又分别增加到1200个和36个。3年的时间里，其销售额总共增长了70%还多。全美国快餐业84%的特许经营以及16%的销售额被吉尼罗公司占据，而当时的麦当劳经营状况远不如吉尼罗食品公司。

但是，吉尼罗公司在快速扩张的同时，没有提升服务质量。当竞争者改进服务质量时，吉尼罗无动于衷。麦当劳对这一问题看在眼里，记在心里，在主营业务质量上下了狠劲。为了保证食品的同一质量，麦当劳制定了标准化的烹调制度。比如，一磅牛肉的脂肪含量不能多于19%；制成的肉饼重量必须达到47.32克，直径为98.5毫米，厚度为5.65毫米；甜面包必须3.5英寸宽，若面包不圆、切口不平不能出售。在食品制作时间上麦当劳也有规定。比如，要在50秒钟内制出一份牛肉饼，烧好的牛肉饼出炉后

10分钟卖不出去必须扔掉；三明治的保质期为10分钟、炸薯条保质期为7分钟、咖啡保质期为30分钟……超过保质期的食品必须丢进废品箱。

麦当劳的创始人克罗克发明了"QSC + V"法则，Q代表品质，S代表服务，C代表清洁和卫生，而V代表麦当劳的价值。

麦当劳把主营业务的质量、服务做到极致的策略非常有效。消费者抛弃了吉尼罗转向了麦当劳，以至麦当劳最终成了美国快餐业的霸主（编者按：笔者最近去美国旅游，跑了美国很多城市，到处都能见到麦当劳快餐店，而肯德基快餐店只有在较偏远的地区才能见到，麦当劳确实是美国快餐业的一面旗帜）。麦当劳在国内立住脚跟后，才开始向世界上其他地区拓展。

通过上面的情况介绍，我们心里就有数了。**这里给大家提供一条投资思路：如果你想做中长期投资者，想捕捉到中长线黑马，那么你一定要记住：凡是患上中国企业三方面通病的上市公司绝对不是中长期投资的品种，要坚决地抛弃它，我们要挖掘的中长期投资品种，就是要像全球顶尖企业那样，把主营业务做专做精，做到极致，并善于与别人展开战略联合的上市公司。只有这样的上市公司才真正具有中长期投资价值，中长线黑马必定是从这一类上市公司中诞生的。**

【编后说明】捕捉中长线黑马是一个伟大工程，完成这个工程就能实现股市大赢家的梦想。但要完成这个伟大工程，首先要在战略层面上树立起全局性、系统性思维的观念，倘若投资者的思维或视野过窄，就会被社会上各种流言所迷惑，甚至落入主力设置的陷阱之中。故而，本篇一开始先从战略层面与大家一起讨论了捕捉中长线黑马的问题。这些问题虽然很原则，但很重要，因为这是迈向成功的第一步，希望能引起投资者的高度重视。

老王是一个中长期投资者，这几年他买了贵州茅台、万科A、格力电器、云南白药、苏宁电器5个股票，进行长期投资。虽然他知道投资也要学会波段操作，但是，因为最近几年大盘走势很弱，再加上他对卖点、买点没有把握好，因此，他的波段操作总体上来说还不太成功。也许他太看重自己手里的中长期投资的品种，到2011年末，他手里除了少量资金外，其余资产都是这5个股票。如以2011年末账面盈利计算，贵州茅台、格力电器、云南白药都有两三倍以上的收益，苏宁电器略亏，万科A亏了50%以上。在一次投资经验交流会上，老王介绍了他的投资思路。随后金老师肯定了他投资思路中最基本的要素，并指出了他操作上的一些缺点。最后金老师总结说，正因为老王投资思路中最基本的要素是正确的，所以，尽管这两年大势很弱，老王的波段操作也不太成功，但这几年投资下来的结果还是赢多输少。因此对中长期投资者来说，投资思路中的最基本要素是否正确，对其投资能否获得成功将起到决定性的作用，这个经验大家一定要时刻铭记在心里。

请问：老王投资思路中最基本的要素究竟是什么？为什么这个基本要素对其投资赢多输少起到了决定性的作用？另外，你知道金老师给老王指出了哪些缺点吗？日后操作时应如何改进？

老王的投资思路中最基本的要素就是买行业中位居第一的股票。从他这几年买的股票中可以看出，他选择的品种，个个都是行业中的龙头股，如贵州茅台是国内酿酒行业的第一品牌、格力电器是国内空调行业的第一品牌、云南白药是国内治疗跌打损伤药物的第一品牌、万科A是国内房地产行业的第一品牌、苏宁电器是国内家电商业连锁企业的第一品牌。

老王瞄准股市中的"第一"进行投资，这个想法是对的。从历史经验看，对"第一"进行投资，尤其是对它进行长线布局，赢的概率非常大。尽管这几年老王在操作上还存在着一些问题，再加上大盘走势很弱，但由于其投资思路中的最基本要素抓对了，所以总体上还是赢多输少。

有人问：为什么投资"第一"赢的概率大呢？这是由"第一"的性质所决定的。

首先，最吸引市场眼球的是"第一"，而不是第二、第三。比如，体育比赛，从亚运赛场到奥运赛场，从足球场到篮球场，从百米决战到万米长跑，冠军是比赛的焦点。其实，在商业领域也是如此。众所周知，世界排名第一的零售企业是沃尔玛；世界排名第一的快餐连锁企业是麦当劳；世界排名第一的饮料品牌商是可口可乐；世界排名第一的飞机制造商是波音；世界排名第一的电脑直销商是戴尔；世界排名第一的软件开发商是微软；世界排名第一的消费电子产品供应商是苹果公司。

世人熟知第一，但是又有多少人知道第二、第三呢？在这个高速发展的信息时代，大家往往只记住第一，无人关心第二、第三。

其次，排名第一的企业会得到最大的客户资源，市场竞争力最强。营销大师特劳特研究证明，同一行业中，人们最多能记住7个品牌，而提及最多的只有第一。"第一"永远受青睐，永远受追捧，永远受尊重，永远受信任。买"第一"的商品可以节省成本，使用第一的产品质量好，并拥有高效率。因此，在消费者心里"第一"永远拥有极高的附加值。

从人们的消费习惯进行分析，可以发现，人们消费时首选的是"第一"，因为人们害怕承担风险，害怕决策失误。那么，为什么会出现这种现象呢？其主要原因：一是人们缺乏安全感，而"第一"是经事实检验被证明是最好的，因而选择"第一"更安全；二是人们的从众心理，总是跟着别人去选择"第一"，从而可以消除消费中的心理障碍，享受到消费带来的快乐。

再次，排名第一的企业机会最多，市场拓展的空间最大，所获得的利润最高。排名第一的企业，无论在资源、成本、人才、营销、广告宣传的号召力等各个方面都会比排名第二、第三的企业拥有更多、更大的机会。据美国营销协会长期调查的结果表明，第一名市场拓展空间的能力远远优于第二、第三名，第一名获得的利润至少是第二、第三名的2倍，多至10～20倍。

另外，排名第一的企业最长寿，生命力最强。本世纪初美国营销协会作了一番深入调查研究，发现了一个很重要的数据：50年前统计的全球500强企业，已有1/3消失，不过，在当时是第一名的企业，50年后则仍然保持基业长青，没有一个被淘汰出局。

总之，对属于"第一"的上市公司进行投资，风险小、机会大。在同等条件下，买排名第一的股票，它的投资回报率是最高的，而买排名第二、第三的股票，投资回报率则远远不如前者。这种情况在沪深股市里也非常明显。比如，贵州茅台、五粮液、水井坊都是中国的名酒，它们也都是沪深股市中的酿酒类上市公司，但投资者买了这3家公司的股票，投资回报率是不一样的。比如，在它们股票刚上市时就买进，并一直持有到2011年末，按长期投资的收益计算，你就会发现，投资贵州茅台的回报率远远高于投资五浪液、水井坊的回报率，前者要高于后者许多倍。之所以会出现这样的结果，其主要原因就是贵州茅台的高档酒在国内名酒中排名第一，它已被官方、民间公认为"国酒"，这样贵州茅台理所当然地成为国内白酒公司的第一品牌，而五浪液、水井坊虽属名酒，但它们不是国酒，只能排在贵州茅台后面。

瞄准"第一"，投资"第一"，老王是这样想的，也是这样做的。正因为如此，这几年老王在大势不妙的情况下，投资贵州茅台、格力电器、云南白药这些在国内不同领域内排名第一的股票，仍然获得了较好的投资回报（对这点应该加以肯定）。

但是老王在投资"第一"的过程中，在操作时也存在严重的缺陷，其缺点是盲目使用"第一"，有滥用"第一"之嫌。作为投资，买进一定要慎重，如果不问时间、地点，也不管在什么环境、条件下，见到第一的股票就投资，最后也要翻船的。老王这几年投资万科A、苏宁电器这两个在国内房地产、家电商业连锁企业中排名第一的股票，结果吃了大亏，就是一个很明显的例证。

那么，为什么买了"第一"的股票还会造成亏损呢？我们在此作些简要分析。先看万科A。虽然万科A在房地产行业中排名第一，但这两年国家对房地产行业进行严厉调控，整个房地产股票都受到了严重的打击，以致万科A也跟着房地产板块出现了深幅调整。显然，在这个时期投资万科A是错误的，老王买万科A股票出现严重亏损也就在预料之中了。

再来看苏宁电器。苏宁电器是国内家电商业连锁企业的第一品牌。前几年买苏宁电器的投资者都赚了大钱。如果以2003年苏宁电器上市至2009年末这个时段进行计算，投资它的股民，只要长期持有，多的有三四十倍的投资回报，少的也有几倍以上的投资回报。换一句话说，在2003年~2009年买苏宁电器是买对了，持有苏宁电器的投资者都发了大财。但到了2010年、2011年，再选择买苏宁电器进行投资就错了。因为2003年~2009年苏宁电器处于高速发展阶段，再加上其股本小、公积金多，股本在不断扩张（编者按：苏宁电器2003年~2009年，曾出现过几次大规模送股），所以投资它的人都成了赢家。但在2009年以后，苏宁电器从高速发展状态转入平稳发展状态，企业的利润率出现了明显的下降，扩张股本的公积金已用之殆尽（编者按：根据其财务报表公布的数据来看，该股往后在相当长的时间里，已不具备大规模送股的条件）。所以主流资金暂时把它打入另册，致使苏宁电器这两年出现了自它上市以来从未出现过的深幅调整。难怪这几年投资苏宁电器的股民，几乎都成了输家。

另外，老王在操作中还出现了一个明显的错误，即选对了股票却选错了时间。比如，大势不好时，应该少投资或不投资。但老王只要看到排名第一的股票就按捺不住，立马买进。虽然从理论上说，属于"第一"的股票，应重在其长期的投资回报，而不在乎它的短期表现，但选时不佳，尤其是大势不好时盲目买进，也会对投资造成很不利的负面影响，它将直接影响投资者的收益。

通过老王这个案例，我们可以得到如下启示：

一、做价值投资，尤其是**捕捉中长线黑马，首选"第一"是一个非常好的投资策略**，因为这会给投资者带来较高的投资回报。

二、虽然总体上说，投资"第一"风险小、机会大，但是，如果这个"第一"的股票，所属行业景气度很差，仍然存在较大的风险。因此只有行业景气度高的"第一"，才有它的实际意义。简言之，**做价值投资、做中长线，选股就应该选"行业中排名第一 + 行业景气度在上升"的个股。**

三、经济学理论告诉我们：企业有高速发展阶段，也有进入成熟时期的平稳发展，甚至是向下调整阶段，即使排名第一的企业也逃脱不了这个规律。因此，**我们在选择"第一"时，要仔细分析所选的对象，对已进入平稳发展，甚至向下调整阶段的股票，就需十分谨慎。**一般只可在其股价调整进入尾声，或者在上市公司重新步入快速增长时期买入。这样做就可以规避掉许多不必要的风险，使操作的成功率得到显著提升。

四、**投资者选"第一"的股票进行投资，要贯彻选股与选时并重的策略。**这也就是说，股票一定要选对，必须是真正的第一，而不是冒牌的第一，同时买入与卖出的时机要把握好。比如，大盘趋势向下，行情走熊时，应多观察，少操作。这是因为大盘出现系统性风险时，绝大部分个股都会遭殃。虽然"第一"的股票因质地较好，具有一定的抗跌性，但最终或多或少都会受到大盘下跌的影响，有时影响还很大，大盘深跌，它跟着一起出现向下深幅调整，正所谓"覆巢之下无完卵"。因此，在股市整体走熊时，应坚持空仓观望，只有到熊市末期，大盘已经跌得惨

不忍睹时，根据"跌势重质"的原则，方可逢低吸纳一些优质的
"第一"股。又如，再好的"第一"股，它也存在价格与价值相
互匹配的问题。如果它的股价被一些主力（庄家）过分炒高，脱
离了自身价值，投资者应适时卖出；反之，如果它的股价被一些
主力（庄家）故意打压，价值被严重低估时，此时可以考虑逢低
买进。简言之，投资者对"第一"的股票也要学会波段操作（编
者按：关于如何进行波段操作将涉及到很多技术问题，这里就不
展开了。有关这方面的技巧，我们在剖析其他个股时，会向大家
作详细介绍的），这样获胜的概率就会大大增加。

捕捉黑马
特别训练
17

在一次中长线黑马研讨会上，一位高手以无锡尚德、四川长虹为例，谈了他研究中长线黑马的体会。高手说：这两个股票，一个是在美国上市的，另一个是在中国上市的，它们都有过一段辉煌的历史，期间投资它们的股民都获得过超额收益。但是，它们的辉煌后来没有继续下去，企业走下坡路，股价也越走越弱，后面对它们进行投资的股民都输得很惨。那么，为什么一个好端端的优秀企业说不行就不行了呢？

有人认为，它们的产品更新赶不上时代步伐，所以落伍了；也有人认为，它们的技术退步了，所以被竞争对手打败了；还有人认为，它们的规模效应没有体现出来，出现了大而不强的现象，所以被市场淘汰了。

固然这些都是它们由盛变衰的重要原因，但还不是根本原因。根本原因，我可以用一句话进行概括，企业缺乏×××××。

请问：你知道高手说的企业缺乏什么吗？高手的观点究竟对不对？此事能给我们捕捉中长线黑马带来什么有益的启示？

高手说的企业缺乏的就是**核心竞争力**，这是一些优秀企业由盛变衰的根本原因。那么，什么是企业的核心竞争力呢？其意是指一个企业有着与众不同的特质。这个特质或是指企业在资源上有它的独特性与垄断性，或是指企业在品牌上有强大号召力与不可替代性，或是指企业的持续创新能力与技术领先能力特别强。经验告诉我们，具备核心竞争力的企业更能体现出快速成长的特点，企业盈利会持久、高速增长，即使市场上出现系统性风险，它的股票也具有很强的抗跌性，甚至会走出不跌反涨的独立行情。

高手举了两个例子，说明一个共同的道理：曾经很优秀的上市公司，一旦丧失核心竞争力，由盛变衰就是一个必然现象。投资者若长期投资这样的公司，一定会输得很惨。

高手举的第一个例子是无锡尚德。该企业于2005年12月首次在美国公开上市，成为第一个在纽约股票交易市场成功上市的中国民营企业。他们生产的多晶硅薄膜太阳能电池，是太阳能设备的重要组件，代表了绿色、科技的发展方向。在"全球变暖"的阴影笼罩中，无锡尚德受到了资本的热烈追捧，股价摸高90美元，市值超过145亿美元，成为仅次于百度的明星企业。

然而，在经历与资本市场的短暂蜜月后，无锡尚德股价一路下滑，截至2011年10月4日，股价最低跌至1.80美元，跌幅高达98%，股民损失极为惨重。

究其原因，一言以蔽之：无锡尚德公司没有核心竞争力。

高手说：光伏产业，虽然号称高科技，但真正有技术含量的部分，在于上游的硅片等基础部分，这些生产牢牢掌握在美国、韩国的企业手里。无锡尚德更像是一个组装高科技零件的加工厂，虽然比一般的加工厂的技术要先进些，但核心竞争力终究不在自己手里。当国内常州天合、中电电气等企业开始一拥而上时，市场瞬间变为惨烈红海。屋漏偏逢连夜雨，为了抢占市场份额而扩大产能后，又赶上金融危机，各国政府减少了对太阳能的补贴，相对于火电成本高昂的太阳能，在市场上马上就失去了竞争力，一下子败下阵来。企业前景暗淡，自然也会影响到股价。炒股就是炒预期，所以无锡尚德的股价后来出现大跌也就不奇怪了。

【相关资料链接】据2012年10月初的一些媒体报道：①2012年三季度包括无锡尚德在内的境外上市的9家光伏公司全线亏损，无一幸免。截至当年三季度末，9家光伏公司合计实现营业收入20.52亿美元，同比下降35.66%，合计亏损额高达5.76亿美元，毛利率为-7.16%。

②2012年下半年以来，无锡尚德电力、大全新能源、晶澳太阳能、赛维LDK太阳能等在内的四家境外上市的龙头光伏企业纷纷遭遇退市警告。值得一提的是，在上述四家企业中，分别代表了国内光伏产业各个细分市场的龙头。其中，赛维LDK太阳能是硅片市场龙头，无锡尚德电力和晶澳太阳能都是组件龙头，而大全新能源属于多晶硅的龙头。

事实上，上述4家光伏企业遭遇退市警告是必然的结果。在此之前，其2012年3季报业绩已先后报出巨亏。

③光伏行业龙头企业的纷纷倒下进一步加剧了行业亏损潮的蔓延。截至2012年12月13日，在沪深25家光伏上市公司中，已有17家发布了2012年全年业绩预告，亏损占比近七成，业绩令人堪忧。

④有关调查表明，截至2012年12月13日收盘，在沪深两市逾2000家上市公司中，自2012年初以来二级市场股价（按复权计算）跌幅位居前列的前十大熊股中，光伏行业上市公司就多达四席，分别为亿晶光电、天龙光电、精功科技、向日葵，全年跌幅分别高达64.71%、55.63%、54.95%、54.97%。

⑤中国光伏产业处境艰难引起了中央高度关注。2012年12月7日下午3点，无锡尚德太阳能电力有限公司网站挂出一则短讯："中共中央政治局委员、国务委员兼国务院秘书长马凯一行莅临无锡尚德电力。"

⑥"光伏产业为什么出现如此严重的危机？"马凯把这一问题抛给无锡尚德的掌门人施正荣。施正荣回答说，主要原因是过去几年投资过热，举国上下大搞光伏产业园，导致产能暂时过剩，企业间恶性竞争，价格大跌，企业利润急剧下滑乃至亏损，银行失去信心，抽贷压贷，把一个国家大力支持的产业迅速恶化为高危高风险的产业。

⑦马凯在江苏调研中表示："光伏企业要加快结构调整与产业升级，提高技术创新能力，不断增强企业的核心竞争力。"

⑧经验提示：并非是新兴产业就一定有投资价值，它究竟有无投资价值与成长性，归根到底是要看企业有无核心竞争力。

高手举的第二个例子是四川长虹（600839）。上世纪90年代中期，四川长虹曾是沪深股市第一绩优股，它连续几年每股税后利润都在2.00元以上，在股市中特别引人注目。当时，四川长虹是国内彩电生产企业的领头羊，它生产的彩电，品种新、质量优、价格低，很受市场欢迎。四川长虹管理层为了拓展市场，几次主动降价，受到了全国消费者的热烈吹捧，长虹彩电在全国各地卖疯了，生产多少卖多少，几乎做到了零库存。而与之不同的是，国内其他一些彩电生产企业则被四川长虹挤压在一边，日子很不好过，当时就连国外的彩电企业在中国大陆的销售也一片冷落。正因为如此，四川长虹得到了政府的多次嘉奖，它被公认为全国的彩电大王。四川长虹股价也从1994年最低7.15元一路攀升至1997年5月最高66.18元（编者按：四川长虹在当时实行多次送股，如按复权价计算，四川长虹股价已升至180元，短短几年，股价涨了24倍）。据了解，当时买进四川长虹股票的投资者都赚了大钱，在那个时候，很多人都把四川长虹与美国的可口可乐相比，认为它会不断地发展与成长下去，并会给投资者带来无穷无尽的财富，社会上甚至流传了这样一句话："吃长虹、穿长虹，世世代代靠长虹。"可见，四川长虹在当时投资者的心目中已成为一颗耀眼的明星，被大家公认为是一棵摇钱树。更让市场感到鼓舞的是，当时的四川长虹董事会也顺应民意，打出"产业报国，缔造百年长虹"的宏伟规划，这更加坚定了一些投资者长期投资四川长虹的信心。

但谁也没有想到，如此辉煌的企业，在上世纪90年代后期如明星坠落，一下子就失去了所有光环。

首先，它的产品更新遭到了巨大的瓶颈——以显像管为主要技术的彩电败给了以背投、液晶为主要技术的彩电。消费者更欢迎后者而不是前者，而当时四川长虹生产的几乎是清一色的显像管彩电。显像管彩电在城市出现明显滞销，致使四川长虹的市场份额出现了急剧萎缩。其次，四川长虹管理层"病急乱投医"，在城市市场份额下降时，幻想通过启动农村彩电市场来扩大市场份额。为了打好农村彩电销售的战役，当时四川长虹囤结了大量显像管，但不幸的是，农村彩电市场未打开（因当时农村中购买彩电的人很少），囤结的几十万只显像管变成巨大的包袱，静静地躺在仓库里，从而造成了巨额亏损。四川长虹因此也从绩优公司一下子滑入绩差公司行列。后来四川长虹管理层调整战略，从国外引进新的彩电技术，开始生产背投、液晶彩电。但其步伐比别人总是慢一步。当它的背投电视进入市场时，别人已从背投电视转向更先进的液晶电视；当它的第一代液晶电视亮相时，别人第二代、第三代液晶电视已卖得热火朝天。据有关资料介绍，从九十年代后期至今的10多年中，四川长虹的产品新、质量优、价格低的优势已丧失殆尽，市场份额越来越小，业绩越来越差，股价也只能越走越低。截至2012年11月末，其股价已不足2元，致使长期持有四川长虹股票的投资者都成了大输家。

有人问：四川长虹为何会从"天上"掉到"地下"？原因同样是企业缺乏核心竞争力。

从我们了解到的情况看，当年四川长虹之所以能成为国内彩电大王，沪深股市第一绩优公司，完全是靠其规模取胜。它掌握了显像管彩电生产技术，但当时它对彩电的更新、更先进的技术——背投、液晶彩电的生产技术，却知之甚少，而这些核心技术都掌握在日本、韩国的彩电公司手里。当外国公司以背投、液晶彩电的新技术进军市场时，四川长虹以传统的显像管彩电技术占领市场的优势就消失了。所以，尽管四川长虹一开始把彩电生意做得很大，甚至雄心勃勃地想要"以产业报国，做百年长虹"，但终因缺乏核心技术竞争力败下阵来，至今仍无翻身迹象。

上面两个案例告诉我们一个道理：选择中长线黑马，不能光

看一时的业绩，也不能被当时的产品优势、市场优势蒙蔽自己的眼睛。考察一个股票有无中长线黑马的品相，是不是值得长期持有它，归根结底就是要看这家公司有没有核心竞争力。如果考察下来公司没有核心竞争力，即使其业绩再优秀，我们也只能把它当短线黑马（最多也只能把它视为中线黑马）看待，炒一把后就要与它"拜拜"，决不能把它当长线黑马捂着、养着，否则，就会重蹈长期持有无锡尚德、四川长虹而遭至惨败的覆辙。这个深刻教训我们一定要铭记在心，终生勿忘！

金老师说：围绕如何捕捉中长线黑马，我们举办了几场辩论会，参与辩论的投资者都很认真，会前都作了充分准备，辩论时观点鲜明、论据充足、举例详实，对大家启发很大。今天关于如何捕捉中长线黑马的辩论赛就要结束，在结束前对有些问题我要说一下自己的观点，供大家参考。我今天讲的内容是：第一，在捕捉中长线黑马时，投资者究竟如何来选股？选股时重点看什么？为什么做中长线也要处处注意风险？第二，如何使捕捉中长线黑马的利润得到最大化。接着金老师就这两个问题谈了自己的意见。同学们感到金老师讲得很精彩，金老师讲完，大家报以热烈的掌声。

请问：你知道金老师为什么要强调这两个问题？金老师究竟是怎么说的，让大家听了感到十分满意的？

（一）

金老师说：做中长线、捕捉中长线黑马最重要的是选股，一旦选股出错，以后的事情就麻烦了，但是现在很多人选股的路径不对，存在着很大的风险，所以我要同大家交流，弄清楚正确的选股路径是什么。

金老师对此进行了详细分析。他说：做中长线、捕捉中长线黑马，选股是第一关，投资者一定要选有投资价值的股票，即首选那些价值被市场严重低估，未来发展前景广阔的成长股。这个道理大家都明白，但从哪里去寻找这些价值被市场严重低估、未来发展前景广阔的成长股呢？很多人不是靠自己研究，而把希望寄于别人身上。这样的选股路子就走错了，这是十分危险的。

比如，有的投资者在选择具有投资价值的股票时，完全听从他人的介绍与建议，出错概率很大。我这里举一例子，某报曾报道过一条消息：有一位投资者认识科利华（该股票已经退市）的董事长，因听到这位董事长讲科利华股票有很大的投资价值，股价被市场严重低估了，于是他以23元左右的价格买进很多科利华股票。后来当该股从23元跌到18元时，这位投资者问董事长，为什么科利华股票会出现如此大的跌幅，董事长却叫他放心，说什么科利华发展前景很好，不会有问题。这位投资者因为太相信别人的意见，于是就把这个股票一直拿在手里。再后来，当这个股票走势越来越弱，跌到几元钱时，这位投资者慌了，赶紧打电话询问董事长，然而董事长已关机。这时他没有办法了，只得把该股卖掉，卖出的价格只有2元多，损失巨大（编者按：幸好卖掉。如不卖掉，后来该股退市，那真的输得一无所有了）。

又如，有的投资者在选择具有投资价值的股票时，是靠券商、证券咨询公司等机构的研究报告来选的。据了解，2011年尽管沪深股市大盘走势很弱，但一些有来头的机构仍然在不断推出个股的投资价值的研究报告。比如，某机构的研究报告说，攀钢钒钛拥有2.68亿吨的优质石墨矿产资源，股价被市场严重低估，专家对攀钢钒钛公司前景十分看好，近期股价要上涨到188元。又如，另一家机构的咨询报告提出，庞大集团、比亚迪等新股未来3年的平均复合增长将一直保持高速增长的势头，因此股价上涨的空间巨大，现在正是最佳的买进时机，等等。这些研究报告把事情说得有板有眼，很多人在"挖掘"到这些研究报告后，信以为真（编者按：据了解，机构研究报告中夸大事实、正话反说、反话正说的情况很普遍，所以，信以为真者难免会上当受骗），盲目地买进这些股票，但这样并没有给他们带来好运，这些股票后来多数是不涨反跌，致使持有这些股票的投资者遭到了严重亏损。

其实，了解内情的人知道，机构的研究报告并不能真实地反映个股的投资价值。尽管这些报告充满了估值模型、繁琐公式和大量数据，表面看上去似乎觉得客观、公正、详尽，但其背后却隐藏着很多的猫腻和潜规则。

猫腻一：研究员不专业，无责任心，随意性很大。由于券商投入的研究资源有限，同时也由于现在很多研究员资历太浅、经验不够，平时工作量又很大，实地调研自然就很少。比如，对于源源不断的新股，研究员根本无暇顾及，研究报告大多数是照搬上市公司招股书中的"自说自话"进行分析。况且有些机构的研究报告为了吸引市场的眼球，好放"卫星"，语不惊人誓不休，故意不作风险提示。投资者若依据这些研究报告进行选股，错多对少就在所难免了。

猫腻二：作为研究报告的发布者，券商同时还经营着自营盘，所以经常会有研究员与自营盘串谋，一边"研究"、一边"荐股"、一边"出货"相互交融在一起的现象不断发生，受骗的投资者则被套在高位，出现严重亏损。

猫腻三：与基金合作谋利益。目前研究机构的收入模式如交易分仓，与基金公司、投资公司、证券公司等大机构息息相关。这些机构一般手握巨资，需要租用多个券商的交易席位才能进行交易，也就是常说的分仓。因此主动推荐机构手中的股票进行示好，或者机构在重仓某只股票之后，找知名研究员出具投资报告，让中小投资者帮忙"抬轿"，这已经成为机构内部的一大潜规则。

猫腻四：与上市公司沆瀣一气，报喜不报忧。上市公司是研究员收集信息的主要渠道。一些研究员为了讨好上市公司，想成为上市公司的座上宾，其研究报告只能报喜不报忧，否则得罪上市公司，就会失去到这些公司进行现场调研和拜访的机会，进而失去职务晋升的机会。所以在这种背景下，研究员受上市公司的旨意，对上市公司进行刻意包装，并由此来忽悠投资者的现象时有发生。

在机构的研究报告里，这样的猫腻还有很多，上述的数种现象只不过是其中的一角而已。

试想，机构的研究报告有如此多的猫腻，我们还能相信吗？投资者如果把它们当作选股的依据，那不是在自找苦吃吗？

　　总之，选股是一件很严肃的事。残酷的事实告诉我们，选股只能靠自己。判断一个股票究竟有没有投资价值，其股价是不是被市场严重低估了，要靠自己进行独立分析与研究，想依靠别人"代劳"，这条路是走不通的。

　　有人问：我不会分析怎么办？答案是，不会分析就要想办法去学。世上无难事，只怕有心人，只要用心去学，没有什么学不会的。下面我向大家介绍一种适合普通投资者使用的分析方法。

　　前面我同大家说了，一家企业能否长期生存、发展下去，做强做大，关键是看企业有无核心竞争力。从投资股票的角度分析，上市公司的核心竞争力具体就表现在公司的成长性上。而上市公司的成长性受到宏观、行业及公司经营管理等多方面的因素影响。作为普通投资者，受专业性限制、信息不对称的影响，分析这个问题时，难度相对较大，弄不好还会走上歪路，作出错判。

　　那么，有没有比较简单的方式，分析一家公司的成长性呢？多年来，很多人在关注每股收益，但一个简单、实用的评判上市公司成长性的重要指标却被大家忽略了。这个指标就是公司的主营收入。

　　经验证明，通过公司主营业务收入这一指标，成长性的复杂因素就可以迎刃而解。因为一家公司的发展情况最终会反映到财务指标上，主营业务收入是一个最敏感、最具有参考价值的指标。主营业务收入是公司利润来源的根本，更是利润的先行指标。和利润相比，主营业务收入指标显得更"纯净"。每家上市公司的利润在与投资人见面之时，一般都会经过不同程度的包装，如投资收益、公允价值变动、补贴收入、营业外收入等都有可能被充当包装材料，在分析利润时要小心剔除这些偶然性因素的影响。而分析公司主营业务收入就简单得多。如果主营业务收入持续稳定增长，基本上可以判定公司发展是向好的。

如果一家公司在外部经济环境恶劣的情况下，主营业务收入仍能保持较高的增长速度，这样的公司竞争力就很强，值得投资者格外关注。例如，2008年前三季度国内经济受金融危机影响，宏观经济环境对企业发展相当不利，若这一时期上市公司主营业务收入仍能快速增长，就值得重点关注。

假设一年前依据下面三个条件选择成长性的公司：

① 公司主营业务收入同比增长30%；

② 季度主营业务收入环比增长30%；

③ 主营业务收入三年复合增长率为30%。

那么，持股一年后，会有什么结果呢？根据新东风无忧价值网选股平台的统计，因符合上面条件而选出的26家公司其间平均涨幅为14%，而同期的沪深股市表现却很差劲。由此可见，用这个方法选股还是非常有效的。

不过，这里大家要注意的是，看一个公司收入，不能简单地看主营业务收入是多少，而应该结合收入的同比、环比、多年复合增长率等系列指标进行综合评判。只有这样，对这家上市公司的成长性，才能得出一个正确的结论。

金老师说：有人问，为什么做中长线也要处处注意风险呢？因为做中长线并不是像有些人理解的那样，买进股票后就长期捂着。其实，做中长线从选股开始就存在着风险，即使股票选对了，之后的每一步路都存在着风险。比如，公司的基本面突然变坏了，这是风险；大盘出现趋势性下跌，绝大多数股票会跟着下跌，这又是风险；股价被过度炒作或被庄家蓄意打压，这也是风险。所以，大家在做中长线、捕捉中长线黑马时一定要把控制风险放在突出位置，时刻铭记，警钟长鸣才能立于不败之地。

（二）

金老师说：接下来，我们再来谈谈"如何使捕捉中长线黑马的利润最大化"这个问题。金老师指出，做中长线的目的就是要赚大钱，而不是赚一些短期内高抛低吸的小钱。抓到一个有潜力的股票，做几年长线，赚个5倍、10倍的利润是不稀奇的。比如，有一个投资者从1998年8月到2008年8月长线持有深圳股市中的盐湖股份（000792）。该股在这10年中股本放大近4倍，净利润涨了34倍，股价涨幅达到35倍多。这位投资者长线持有该股获利非常丰厚。可见，在挖掘到一个有潜力的股票后，只有做好中长线，才能使捕捉中长线黑马的利润达到最大化状态。

那么，怎样才能做好中长线呢？选股是第一关，第一关闯关成功后接下来要做的工作，就是要对选出的中长线黑马好好地伺候，用股市里的行话来说，这个工作就是"养马"。当然，养马的方法不是只有一种，而是有几种养法。常见的方法有：

第一，不看大势，选好企业，长期持有的养马法；

第二，做好波段的养马法；

第三，做市场趋势，跟着主力资金进出的养马法。

这三种养马法若做得好都能成为中长线赢家，当然，到底采用什么方法把中长线黑马养肥养壮，到时候就要看具体情况了。打个比方吧，假如当事人是你，下面有3种情况可供你选择。

① 如果反复比较下来，觉得自己在行业研究、企业调研上很内行，能从基本面上正确判断个股的投资价值，此时，你就可选择第一种养马法。

② 如果反复比较下来，觉得自己对基本面研究、企业调研并不在行，此时，你就可以选择第三种养马法。

③ 如果反复比较下来，觉得自己对基本面研究，技术分析都做得不错，此时，你就可以选择第二种养马法。

总之，不管你用什么方法，只要你自己感到合适，能把马养好，这种方法对你来说就是最好的养马法。

又及：本书完稿后，向读者征求意见时，有读者问：你们在书中介绍了许多捕捉中长线黑马的知识与技巧，但总的来说，给人一种感觉——捕捉中长线黑马很难。现实中捕捉中长线黑马真的有那么难吗？我们看到有的人捕捉中长线黑马没有费多大劲，这里面有没有运气成分？

收到读者信息反馈后，我们作了研究，现答复如下：

的确，捕捉一匹中长线黑马，尤其是在低位捕捉到一匹中长线黑马非常不容易。这不是光靠运气能够成功的，为什么呢？

第一，私募教主赵丹阳先生的一番话很能说明这个问题。他说："优秀的企业像钻石一样稀有，赤子之心的投资哲学是寻找能够长期生存的优秀企业。从长期衡量企业的股价，一定会反映企业的内在价值。我们所要做的事情非常简单，即寻找那些在未来10年或更长的时间能够存活下来，并且具有较高的成功确定性的企业。"

有些人以为在低位能找到一家优秀的企业，捕捉到一匹中长线黑马，很可能是一种运气。其实，这种想法完全错了。

关于运气的问题，一本很有名的书——《聪明的投资者》上是这么论述的，纵然华尔街有各种各样的赚钱机会，一次幸运的机会或一个极其英明的决策所获得的结果，可能超过一个熟悉业务的人的一辈子努力，可是运气或者英明决策的背后，一般必须具有充分准备的头脑和具备很深的专业能力的条件。人们只有在打下足够的基础并获得足够的认可之后，幸运大门才可能向其打开。不然，哪怕你一夜暴富了，也未必能持续地富有。

在沪深股市中，由于投机之风盛行，很多人把寻找优秀企业寄托在运气上，但结果往往会被一些冒牌的优秀企业坑害了。就像当年号称中国第一绩优股的银广夏就骗倒了大量的个人投资者，甚至机构投资者。银广夏是一个典型的造假公司，它所有的优秀业绩都是凭空编造出来的，后经人包装，红遍全国，俨然以中国的可口可乐自居。当时，它得到了很多报纸、电台、电视台等媒体的大力宣传，以致很多人对它的前景充满期待，对它的优秀业绩、高速成长性深信不疑，有的甚至把全部积蓄都买了银广夏。后来银广夏的造假丑事被人揭露后，股价高台跳水，连续暴跌，致使持有银广夏的投资者输得惨不忍睹。

事后有人把错误投资银广夏造成惨重损失一事，怪罪于自己的运气不好。但这是很难解释得通的，因为寻找优秀的企业进行投资，是不能靠运气的，而必须要求当事人具有敏锐的眼光。比如，作为巴菲特的追随者——赵丹阳，平时要花费大量的时间调研上市公司，用怀疑的态度来研究上市公司。赵丹阳通过研究上市公司真实的营运情况、现金流和资本回报率这三大重点来透视纸面上的财务报表等。据熟识赵丹阳的人介绍，当年他在调研银广夏时，由于公司方面不让他调研，赵丹阳就转去天津税务局查看银广夏每个月的用电额度。在发现该公司每月用电额度仅上百度之后，赵丹阳就警惕起来，常识告诉他，用电量如此少，说明这家公司根本没有进行生产。不生产，哪里来效益呢？因此他就怀疑这是一家骗子公司，于是他打道回府，彻底放弃了投资银广夏的打算。又如，赵丹阳为了决定是否买某只高速公路股票，他还曾亲自到收费站蹲点，数车流量，以便观察这家上市公司的真实运营情况……

可见，要寻找一家真正的优秀上市公司进行投资，并不是有些人想像的，看一些内部研究报告，或者瞄一下财务报表那样简单。当事人先要对上市公司作筛选、甄别，然后还要对其基本面作深入调查研究，等等。这里面并不是靠什么运气，或道听途说就可以选定一家公司进行投资的。

据我们了解，股市高手、股市大赢家绝对不会靠运气来做股票的，他们在低位寻找到一家优秀公司进行投资，然后通过长期持有获得超额收益。在这个投资过程中，当事人必定是付出了大量的艰辛劳动，这不仅在体力上要亲历亲为（比如要实地去调研），而且在脑力上也要超常付出（比如要作精细的案例分析、评估）。真可谓一份耕耘，一份收获，这中间来不得半点虚假。

第二，现在很多人知道在低位抓到一匹中长线黑马，就等于找到了一颗摇钱树。于是，大家都会想着法子把这棵摇钱树抢到手。我们看到，在股市里一些能被市场上认可的优秀上市公司，其股价往往会被主力（庄家）拉抬到很高的位置。因此，当你发现它是一家好公司时，或许股价早已高高在上。若好公司的股价被高估，风险也是很大的。你买进后股价就有可能出现向下调整，甚至是深幅调整。另外，更重要的问题是，这家好公司能否经得起日后的市场检验，会不会中途变质，从一家好公司蜕变成一家差公司，这一切都是未知数。万一当事人看走了眼，把一家名不副实的所谓好公司当成中长线黑马捏在自己手里，那日后就会输得很惨。

因此说到底，**投资者要想捕捉中长线黑马获得成功，首先要找到一家有发展前景的优秀公司；其次，这家优秀公司的股价未被人爆炒过，或股价上涨在合理范围内，后面还有很大的上升空间。这两个条件缺一不可。**

那么，如何才能让两个条件同时具备呢？这就要在绝大多数人对好公司尚未察觉的情况下，悄悄地抢先入驻。但若要做到这点，那就要深入研究，切实搞清楚哪些行业、哪些板块[注1]会催生出好公司？好公司有什么鲜明的特点？捕捉到好公司后应该怎么操作[注2]，等等，当事人对这些都要作出全面规划、精心部署，操作上稍有疏忽就可能全功尽弃。因此，投资者在股市上捕捉中长线黑马，犹如在生意场上做一笔特大的生意，是否能获得成功，这一切都要取决于当事人的智慧、眼光与胆识了，而不是靠运气。

【注1】 从哪些行业、哪些板块中寻觅中长线黑马，详见《股市操练大全》第五册第298页~第305页。

【注2】 捕捉到好公司后怎么操作，详见《股市操练大全》第五册第305页~第316页。

捕捉黑马特别训练 19

金老师说：前面我们用较大篇幅讨论了捕捉中长线黑马的投资理念与投资策略的问题，这些问题看上去很原则，不那么具体，但它非常重要。当你有了正确的投资理念与投资策略时，你就会知道把什么样的股票作为中长线黑马的选择对象，然后再在具体操作上，即如何通过看图识图，把握好个股的买进与卖出的时机。只有这样，捕捉中长线黑马才能水到渠成，获得成功。

关于看图识图的问题，《股市操练大全》前面几册，特别是第九册讲了很多，本书在讲述捕捉短线黑马时也讨论了许多图形的识别技巧（其实，图形识别技巧很多是相通的，完全可以举一反三）。当然，捕捉中长线黑马的图形识别与运用技巧，也有它的一些与众不同之处。这些与众不同的技巧最终将会决定操作的成败，十分关键，大家一定要高度重视。接下来的几堂课，我就要与大家重点讨论捕捉中长线黑马，必须掌握哪些关键的图形识别技巧。

下面请看题。

小赵为了捕捉到一匹中长线黑马，做了不少功课，他看好中小板的一个股票，从基本面、市场面、心理面对该股作了认真研究，认为该股潜力很大。于是，他在该股往上突破时追了进去（见图131中箭头A所指处），却不料正好买在该股涨势的头部，这样一套就套了将近一年的时间。现在该股又出现了往上突破的现象（见图130中箭头B所指处）。那么，这次是不是又是一次假突破呢？如果是假突破，他就应该把前面套牢的筹码逢高卖出进行解套；如果是真突破，他就应该再冒一次险追高买进。对这个问题，他反复思考后都没有想出一个所以然，心中甚是困惑，不知道下一步该怎么操作？

请问：你能帮助小赵出一个好的主意吗？从这个案例中，我们能得到什么有益的启示？

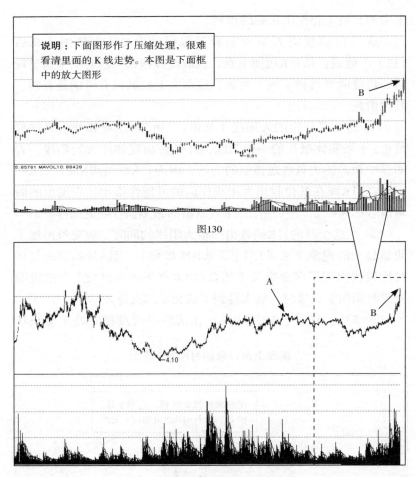

说明：下面图形作了压缩处理，很难看清里面的 K 线走势。本图是下面框中的放大图形

图130

深圳中小板某个股的日K线走势压缩图　图131

解答

　　　　一位资深投资人出来解盘，阐述了他的观点。他说：小赵此时究竟应该是把前面套牢的筹码逢高卖出，尽快解套，还是应该再冒一次险追高买进呢？要解决这个问题，光看日K线图心里并不踏实。投资者在操作时，只有把该股的月K线图与周K线图找出来，仔细地查看深入地分析后，才能对该股

未来的行情走势作出正确的预判。

　　这位资深投资人给大家看了该股的月K线走势图（见图
132）。他说：从月K线图上看，该股经过很长一段时间横盘整理
后，最终股价选择了向上突破，这个向上突破很有可能是真的。
其理由是：

　　① 这个月拉出的大阳线（见图132中箭头A所指处）是该股
最近3年来实体最长的一根阳线，在低位出现如此大的阳线，表
明盘中做多的力量胜过做空的力量。因为月K线与周K线、日K线
不同，月K线在低位收出大阳线作假的可能性很小。它发出的做
多信号比周K线，特别是比日K线发出的做多信号要更加可靠。

　　② 在这个月的月K线收出一根大阳线的同时，成交量出现了
明显放大的现象（见图132中箭头B所指处），且5月均量线与10
月均量线出现了黄金交叉（见图132右边下方画圈处），这说明
该股收阳向上突破时，确实得到了成交量的支持。

　　③ 5月、10月、30月均线，在前期股价盘整时处于交织状

该股上市以来的月K线全景图

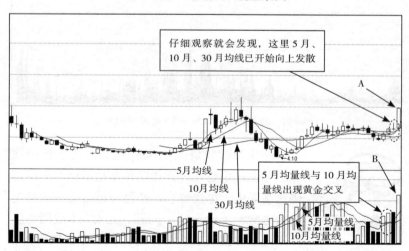

图132

态，现在这几根月均线已出现向上发散的迹象（见图132右边上方画圈处）。一般来说，5月、10月、30月均线出现向上发散，极有可能是股价大涨的前兆。

综合以上几点，我们可以得出一个结论：该股月K线图发出了积极看多做多的信号。此时做多，机会大于风险。

接下来，这位资深投资人又给大家看了该股的周K线图（见下面图133）。他说：从该股最近几年来的周K线走势图上看，主力向上做多的意图十分明显，此时正是大家积极跟进，持股做多的最佳时机。其理由是：

① 该股前一阵子走的是一个矩形走势（也就是平时大家说的箱体走势），现在股价已突破矩形的上边线。本周已是第二周站在矩形上边线之上，且本周的涨幅接近20%（见图133中箭头A所指处）。从涨幅上看，这次股价突破上边线已属于有效突破。一般来说，在向上突破的有效性被确认后，股价继续上涨的概率在7成以上。而且该股的矩形整理，前后化了近一年半的时间。股谚云："横过来有多长，竖起来就有多高。"因此，该股往上突

该股最近三年周K线走势图

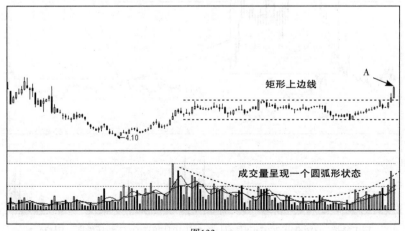

图133

237

破后前景可观，上涨潜力巨大，所以在此跟进做多有较大的胜算。

②从周K线图的成交量上看，该股在矩形整理期间，成交量呈现一个圆弧形的状态（见上页图133中最下方画虚线处），俗称成交量的圆弧底。根据经验，成交量圆弧底一旦被市场确认，后面就会爆发出一个很大的做多能量，股价有可能会形成连续上涨的态势。

③周K线图中的MACD已回到O轴线之上，红柱状线开始显现。这也是一个积极看涨的信号（图略）。

综上所述，该股周K线发出的做多信号更加明确。这位资深投资人指出，通过对周K线的分析，我们可以得出一个结论，该股经过长时期的矩形整理后，积蓄了相当大的做多能量，主力极有可能借该股向上突破的契机，启动一轮主升浪的上涨行情。如果情况真是这样，那现在就是捕捉中线黑马的一个极佳时机。

接着，这位资深投资人又详细分析了该股的日K线走势图（见下面图134），说明小赵前期操作为什么会出错，而这次为什么要积极做多的缘由。

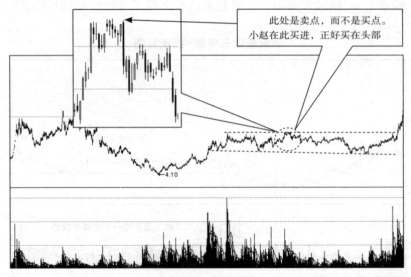

此处是卖点，而不是买点。小赵在此买进，正好买在头部

精工科技（002006）2007年8月3日~2010年10月29日的日K线压缩图　图134

238

他先分析了上次小赵操作出现失误的一些主要原因。他说：现在我们在前面图131的日K线压缩图中加上两条虚线（见上页图134中的两条平行线），大家就可以发现，小赵在一年前买进该股的地方，正处于矩形的上边线处，股价并没有出现有效向上突破的现象。通常，股价在走矩形走势时，会有较长时间在矩形的上边线与下边线之间进行上下震荡。因此，从技术上来说，当时这个地方并不是一个买点，而是一个卖点。显然，小赵把卖点当成买点进行操作，是犯了一个很大的错误。小赵在此买进，正好买在头部。

其实，小赵上次操作出现重大失误，可能与其不懂或不太关心该股的月K线走势与周K线走势有很大关系。当时，小赵只要仔细看看该股同期的月K线图与周K线图（见下面图135），就会明

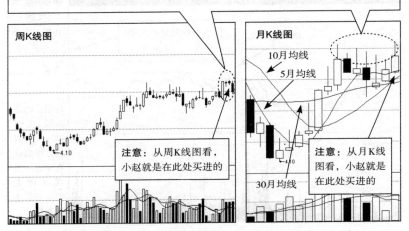

从周K线图看，小赵前期买进该股的地方，股价冲高后即构筑了一个明显的头部，股价并没有有效地突破前面的高点；从月K线图看，股价正处于盘整状态中，比如，5月、10月、30月均线交织在一起，5月、10月均量线死亡交叉留下的负面信号并未解除，几根月K线上面都长有长长的辫子（见右图中画圈处），说明上档存在较大的抛压。总之，当时的周K线图、月K线图都没有发出买入信号。可见，小赵当时在此处买进肯定是买错了地方

周K线图

注意：从周K线图看，小赵就是在此处买进的

4.10

月K线图

10月均线

5月均线

30月均线

注意：从月K线图看，小赵就是在此处买进的

精工科技（002006）2008年8月~2009年11月的周K线、月K线图　图135

白在这个地方，月K线图与周K线图都没有出现明显的买进信号，买进被套也就在所难免了。

这位资深投资人又说：不过这次该股出现向上突破的情况，与上一次向上突破的情况有很大的不同。首先，该股在这个地方，月K线与周K线都发出了强烈的做多信号，说明它的上涨是有根基的（可参见前面第236页图132、第237页图133）。其次，从日K线图上看，小赵上次买进该股的地方，正是其触及矩形上边线的地方，股价没有丝毫向上突破的迹象（可参见前面238页图134）。但是这一次的情况与上一次有很大的不同，股价在冲出矩形上边线后，继续上涨，向上突破的态势非常明显，且这种上涨是在成交量整体放大的格局下出现的（见下面图136"实际走势"这一部分）。由此可以推断，该股经过近一年半时间的横盘整理，主力已经完成了震荡洗盘、夯实股价的既定目标。主力接下来的目标就是要联合市场上做多的力量，打开该股的上涨空间，将股价推升到一个新的高度。

看清主力这个操盘意图后，我认为小赵理所当然地要在此积

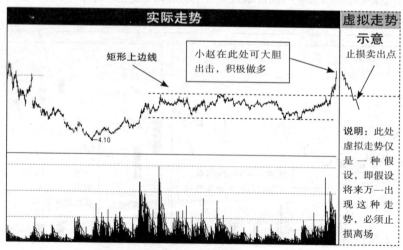

精工科技（002006）2007年8月6日~2010年11月2日的日K线压缩图　图136

极地跟进做多，现在不但不应该把前期套牢的筹码卖掉，而且要继续增加一些仓位，抓住这次难得的投资机会，进行大胆出击，积极做多（当然，按照股市操作规则，即使积极做多，也要预防万一可能出现的风险。根据图136的走势，现在可把止损点设在股价冲高回落，跌破矩形上边线的地方。止损点的设置可见上页图136中的虚拟部分箭头所指处）。

【相关资料链接】下面图137是图136的往后走势图。过了10个月，该股最高涨到79.95元。这说明当初资深投资人的分析判断是完全正确的。小赵当初若听从资深投资人的操作建议，就能逮住这匹大黑马（见图137中文字说明）。

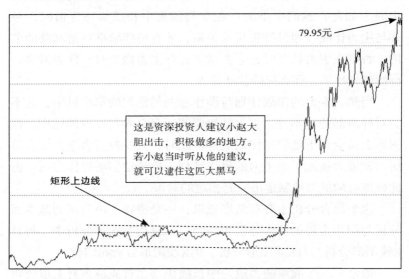

79.95元

这是资深投资人建议小赵大胆出击，积极做多的地方。若小赵当时听从他的建议，就可以逮住这匹大黑马

矩形上边线

精工科技（002006）2008年10月~2011年8月的日线价格走势图　图137

待这位资深投资人讲解结束后，金老师走上讲台。金老师说：这位资深投资人是我们的老朋友，他在这方面有丰富的实战经验，所以我请他来解盘。他为我们讲了一堂内容很丰富、很精彩的案例分析课，在此我代表全班同学向他表示衷心的感谢（全

班同学热烈鼓掌）。

送走这位资深投资人后，金老师接着说：那么，从这个案例中，我们能悟出一些什么道理呢？我认为，至少有以下几方面的道理值得大家去留意与思考。

第一，只有学会综合分析，才能摸清主力的操作意图，这是获胜的最关键因素之一。俗话说："股市如战场。"据了解，主力不像散户，他们每做一个股票，都会像打仗一样，制定出一套完整的作战计划，尤其是捕捉中长线黑马，因为投入的资金量很大，运作时间又很长，所以这个作战计划就会制定得特别严密。如行情何时启动，在什么地方进行震荡洗盘，预计要花费多少时间，洗盘后何时向上突破，等等，在计划中都会有明确的交代。正因为如此，我们中小散户在参与捕捉中长线黑马行情时，只有与主力作战计划保持正相关关系，才有可能踏准行情涨跌的节拍。否则在主力做多时，你去做空，在主力做空时，你去做多，行情就做反了，那么风险就非常大。

当然，主力的作战计划与操作意图是他们的军事机密，是不会对外泄漏的。不过，主力既然要调动资金参与该股的运作，在图形上总会留下他们运作的痕迹。此时，只要投资者学会综合分析，就能间接地了解主力的操作计划，摸清他们的操作意图，由此就能有的放矢地制定出一套相应的对策。

这个综合分析主要有两层意思：一是指将上市公司的基本面分析与图形走势的技术分析相结合；二是指在图形分析中，将日K线图形分析与月K线图形分析、周K线图形分析相结合。

通常，一个股票能否成为中长线黑马，首先应该看上市公司的基本面有无中长线潜力。比如，一个股票有独特的，对市场有长久影响的重大题材（比如，像上世纪90年代的浦东改革开放这个题材，影响面非常广泛，对推动中国改革开放具有重大意义，从而引发了对"陆家嘴"、"外高桥"等股票几年时间的炒作，促使这些股票成为那个时候当之无愧的中长线黑马），或企业业绩有重大实质性的改善（如2006年、2007年的大牛市中，有色金属股涨势最厉害，很多股票上涨了十倍，甚至几十倍以上，成为当时最响当当的中长线黑马，其原因就是因为当时市场对有色金属需求特别旺盛，促使有色金属的价格大涨，以至这些上市公司的业绩猛增所致）等等，这些都是我们选股时必须高度关注的。事实证明，当一个股票在基本面上显示出中长线潜力时，大资金才会关照它。所以，一个股票要成为中长线黑马，基本面向好是一个先决条件。

第二，大资金怎么运作也是形成中长线黑马的一个必要条件。基本面再好的股票，没有大资金参与，它是涨不起来的。因此，大资金如何运作，也是我们中小投资者必须考虑的一个问题。而大资金如何运作，只能通过对图形走势的分析才能得知。有经验的投资者在发掘中长线黑马时，在对上市公司的基本面作了深入研究后，接着会对该股的技术图形走势进行认真分析，并将两者结合起来，再作出怎么操作的决断。

平心而论，小赵在这方面确实做了一些工作，但做得还很不够，其主要表现是，他对图形分析尚缺乏一个综合的研究与判断的能力。比如，小赵在对图形进行分析时，既抓不住重点，又没有将日K线图与月K线图、周K线图对照起来分析。这样就影响了他对该股走势的正确判断。相反，资深投资人对该股运用综合分析，按照图形走势分析中"大管小"的原则，先从月K线图查起，然后将月K线图、周K线图、日K线图放在一起进行仔细对照、分析、研究，终于弄清了主力的投资意图，提出要对该股采取积极做多的策略，从而为踏准该股的运行节拍，赢得日后胜利，打下了一个坚实的基础。

当然，要做好综合分析看似简单实质还是有一定难度的。因为真正的综合分析，一是要求当事人具备相关的知识，二是要求当事人能静下心来，舍得花时间进行研究，而不是忙于实盘操作。正如网上流传的理财名句：在股市中，成功的投资者会用

80%的时间进行学习研究，用20%的时间进行实盘操作；相反，失败的投资者会用80%的时间进行实盘操作，而用20%的时间进行后悔。所以，在股市中要想获得成功，就应该多学习、多研究，而并非在电脑屏幕前三五分钟即决定买卖。从这个角度来看，那些不想花时间和精力做研究的中小投资者，是很难在捕捉中长线黑马中取得成功的。这个问题很重要，大家一定要有足够的认识。

第三，看准时机，大胆出击，才能抓住重大的赢利机会。经验证明，再好的分析、研究，如果在实际操作中不去贯彻执行，那么一切都是空的。比如，我们请来的资深投资人为小赵出谋划策，建议小赵积极买进。但是小赵有无魄力，排除干扰，大胆出击呢？这个就要看小赵本人的态度了。倘若小赵当时态度还是犹犹豫豫，即使能勉强接受资深投资人的建议，买进的数量也一定很少，如果情况真的是这样，那么该股大涨后，因为小赵持股数量很少，实际上也是赚不了大钱的。从理论上说，投资者盈亏的大小和资金管理密切相关，即与分配在这次交易上的资金比例有直接的关系，显然仓位越大，盈亏也就越大。这其实是在提示我们，在把握较大的情况下应该适当提高仓位，而在把握不大的情况下只能用较少的资金去试盘。但很多投资者在实际操作时并非按照这样的方式去做，不管把握大与把握不大都是轻仓。难怪有些投资者在有很大把握的情况下买到中长线黑马也赚不到大钱，原因就在这里。

其实在这方面，股神巴菲特已为我们树立了一个很好的榜样。仔细分析巴菲特的持股结构就会发现，巴菲特把胜算大的股票当成台柱子，进行重仓持有，而把胜算不大的股票作为试探性买入的对象，进行轻仓持有。虽然，巴菲特轻仓持有的股票，从个股数量上看，比重仓持有的要多，而且其中不少股票出现了亏损。但是，由于巴菲特重仓持有的个股在整个资金量上占大头，而轻仓持有的个股在整个资金量上只占小头，所以，总体上巴菲特在股票投资上仍然获得了空前的成功，赚到了具有天文数字的赢利，并让他成为在全世界股市中赚钱赚得最多的超级大赢家。

有鉴于此，我认为投资者在交易时，看准时机后能不能大胆出击，重仓持有，这是非常重要的。事实告诉我们，在看清方向后怎么去执行，执行的力度有多大，对当事人是一个考验。只有经受住考验，闯过这一关的人，才能真正成为捕捉中长线黑马的大赢家。否则在看清方向后，也只是轻仓持有，不敢大胆出击，那么前面做的很多分析、很多研究也是白干，得出的结论再正确，最后都会变成一件没有意义的事情了。

第四，了解历史就是了解现在，就能做到谋定而动。财经专栏作家《千年楼市》、《食在宋朝》、《祖宗的生命》的作者李开周，对了解历史就是了解现在，曾发表过一段很精辟的论述。

他说："咱们都是古人诈尸，都是今之古人，咱们活在今天就是活在过去，体验旧朝就是体验今天，采访死人就是采访活人，跟生者同在就是跟逝者共生，读新闻就是读历史，读历史就是读新闻。"大家只要仔细观察就会发现，人世间到处在演绎着历史有惊人的相似之处的故事。股市是一个充满投机的市场，似曾相识的事情就更是多得不可胜数。如果你是一个深入了解沪深股市历史的投资者，你就会发现，现在很多股票运作的模式，主力操作的手法，与5年、10年……以前的情况非常相似。可以毫不夸张地说，当今，绝大多数中长线黑马，从它诞生起直到跑完全程，其发展过程与整个走势图形都有一个长期不变的"标准"模式，现在的一匹中长线黑马走势就是过去某匹中长线黑马走势的翻版。

比如，小赵参与交易的精工科技这个股票，该股从2008年11月最低4.10元附近起步，至2011年8月攀升至最高79.95元见顶回落。在不到3年的时间里，股价涨了近19倍。可以说，该股是一匹很典型的中长线黑马。但主力在炒作这个股票时，运作的模式非常清晰，就是"三段式"上涨的模式——先小涨，后横盘，再大涨（见下页图138）。

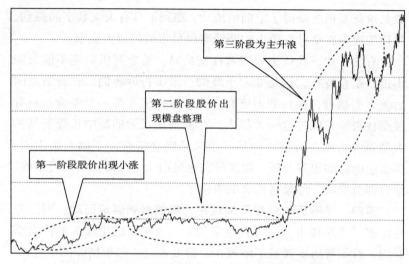

第三阶段为主升浪

第二阶段股价出现横盘整理

第一阶段股价出现小涨

精工科技（002206）2008年10月~2011年8月的日线价格走势图　图138

　　其实，这种以三段式上涨跑完中长线黑马全程的模式并不是什么新鲜事，在沪深股市里类似这种情况还有很多。下面我们举几个例子，以便大家进行比较（见图139、图140、图141、图142）。

实例一：

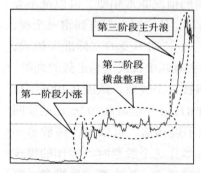

第三阶段主升浪

第二阶段横盘整理

第一阶段小涨

长城开发（000021）1995年3月~1997年5
月的日线价格走势图　图139

实例二：

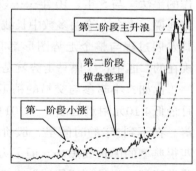

第三阶段主升浪

第二阶段横盘整理

第一阶段小涨

东方电气（600875）2002年1月~2008年3
月的日线价格走势图　图140

实例三：　　　　　　　　　　实例四：

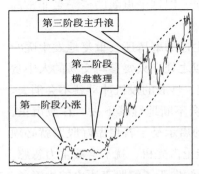

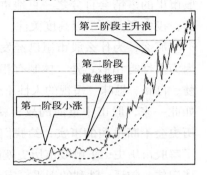

宏源证券（000562）2005年2月~2007年
11月的日线价格走势图　图141

贵研铂业（600459）2005年7月~2007年
10月的日线价格走势图　图142

　　上面几个实例中的股票，在当时都是一匹中长线黑马，运作时间至少在2年以上，股价涨幅至少在10倍以上，多的已超过20倍。它们的运作模式就是三段式上涨的模式。试想，你若了解三段式上涨的模式是主力操作中长线黑马的一个主要模式，那么，对小赵当时参与的精工科技股票，其往后走势是怎么发展的，对主力会如何运作这只股票的，你心里就大致有数了。这样的话，操作起来就有了方向。比如，在该股经过长时间横盘向上突破后，你就可推测出该股运作进入了第三个阶段——主升浪上涨阶段，这是三段式上涨的模式中，上涨幅度最大的一个部分。作为有经验的投资者无论如何都要紧紧地抓住这个机会。而相对来说，对以三段式的上涨模式运行的股票来说，它运行的第二阶段是横盘震荡阶段，这个部分是最不值得参与的，因为这个时期的股价折腾得非常厉害，整理时间长且又不知道整理到何时才会结束（编者按：何时结束盘整，一切都要看操盘主力的态度），一旦被粘住，资金就搁死了，弄得不好，还会像小赵第一次买精工科技那样套上一年半载，那就更不值得了。

　　总之，了解了历史，你就了解了现在，从而就能做到谋定而动，不会犯方向性错误。有人问：股市的历史一定会重演吗？

答案是：在股市里似曾相识的事情实在是太多了。虽然不能说，股市里的事情会百分之一百地重演，但这个重演的概率是非常高的，投资者必须予以高度关注。

那么，为什么股市里已经发生过的事情还会重复地发生呢？因为人性有相似之处，体制有相似之处。只要参与交易的人中贪婪、自私、愚昧、短视的人性不变，炒股的投机冲动就不会消失。如此一来，股市中重演的故事就会不断地继续下去。在股市里，历史会不断重演的事实，给我们的启示是：若想做好股票就必须了解股市历史，了解股市历史就能抢占先机，就不会被主力忽悠。请记住一句话：胜利的天平一定会倾向于了解股市历史的投资者。

第五，不见兔子不撒鹰。在股价横盘时，最佳策略是观望，等股价出现明确的向上突破信号后再跟进，这样就能预防一些不可预测的风险。有人说，如果知道该股是以三段式上涨的模式上涨的，那么在横盘时买进也无所谓了，即使短期被套，从长远看还是会涨上去的。有人还把横盘时买进被套美其名为"只输时间不输钱"。其实这种想法是非常错误的，因为股价进入横盘整理后，最终选择向上突破或者向下突破都有可能。大家切勿以为，股价横盘整理后一定会选择向上突破。很多事实表明，股价经过横盘整理后选择向下突破的情况也不在少数。下面我请大家看几个实例（见下面图143、图144、图145、图146）：

实例一：

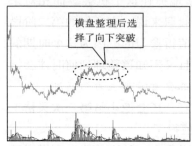

宁波联合（600051）1998年3月13日
~2003年10月17日的周K线压缩图　图143

实例二：

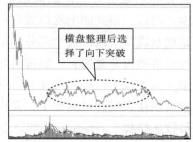

蓝星新材（600299）2008年2月15日
~2012年9月21日的周K线压缩图　图144

实例三：

实例四：

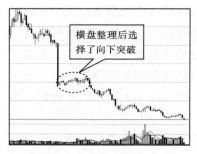

回天胶业（300041）2010年10月22日
~2012年9月28日的周K线走势图　图145

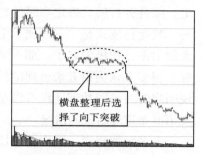

武汉钢铁（600005）2009年11月23日
~2010年7月16日的日K线走势图　图146

　　通过上面几个实例，我们可以看得很清楚，股价经过长时期横盘后一旦选择向下突破，就会爆发出巨大的做空能量，下跌起来是挺吓人的。所以，股价在横盘整理时一定要以观望待之，说的就是这个道理。对这个问题大家一定要高度重视，切勿忘记。

　　又及：本书完稿后，向读者征求意见时，有人对金老师总结的几点道理提出了异议，他们认为第四与第五两条道理存在着互相矛盾的现象。其理由是，既然事先已经做了功课，通过了解历史，综合分析后，判断出该股是一匹中长线黑马，且运行的模式是"三段式"上涨，那么就不会出现金老师说的第五种情况。两者必居其一。如果放在一起讲，而且针对的是同一个股票，表面看上去很全面，但实际上是自相矛盾的。还有人提出，金老师所举的几个实例，既有涨上去的，也有跌下来的，反正涨与跌都提到了，这种四平八稳的讲述方法，与一些股评家的讲法很相似，没有多大的实战指导意义。

　　我们把读者的意见转交给了金老师，金老师感谢大家的批评。他说：因为时间关系有些问题没有讲透，所以造成了大家的误解，这里再向大家作一些补充解释。

金老师说：有人提出，既然事先已经做了功课，通过了解历史、综合分析后，确定当时的精工科技这个股票是一匹中长线黑马，其运行模式是"三段式"上涨的模式，那接下来就可以对它大胆出击，积极做多了。那么又何必要多此一举提出第五条道理呢？很多人认为第五条道理的提出是对第四条道理的否定，至少说明当时对该股功课还没有做足，把握还不大，所以才会担心出现第五条道理所说的情况。

金老师解释说：其实，事情并非如大家想象的那样，因为股市里没有绝对把握的事情，即使你功课做得再扎实，研究得再深透，有了80%的把握（这已经是很大把握了），尚有20%失败的概率存在。所以，我们一开始不能绝对肯定那个股票一定是一匹中长线黑马，一定是以三段式上涨的面目出现的。大家想一想看，前面提到的那位资深投资人，是什么时候才推测到当时精工科技的主升浪（即三段式上涨中第三阶段）开始了，建议投资者此时要紧紧抓住这个机会，大胆出击的呢？大家看一下当时的走势图就会知道，资深投资人是在该股经过横盘整理，出现明确的向上突破信号后才作出这个判断的。如果资深投资人真的有百分之百把握，那早就该作出这个判断了，何必要等到图形上出现向上突破信号后，才建议大胆出击呢？这是其一。其二呢？即使资深投资人认为有很大把握，但在建议小赵可以大胆出击时，仍然没有忘记关照他操作时要设好止损点，而止损点就设在股价冲高回落，跌破矩形的上边线之处（见前面第240页图136中"虚拟走势示意"的止损卖出点）。这说明，资深投资人是懂得股市里风险无处不在、无时不在的道理的。

金老师继续解释说：另外，我要提醒大家的是，中小散户是股市中的弱势群体。弱势者一定要懂得自我保护，而自我保护最重要的一条就是不要让操作出现重大亏损。我们看到有些中小投资者在股市里也赚到过钱，甚至很多钱，但往往会因为出现一两次操作上的重大失误，就将所有赚的钱都赔了回去。所以大家要记住，每一次操作都不能忘记风险，即使把握再大，也务必想到风险，买进的同时一定要设好止损点。这样，万一对行情作出错误判断，或者是原来判断是正确的，但情况突然发生了变化，致使行情出现逆转，那也不会措手不及。比如，一旦发现向上突破是一个假突破，股价返身向下，在跌至止损点时马上止损离场。如此操作，投资就不会出现重大亏损（具体操作方法，请见下面图147）。

股价向上假突破重归跌势止损离场示意图

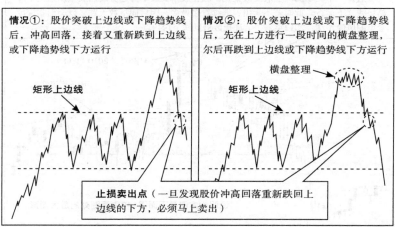

情况①：股价突破上边线或下降趋势线后，冲高回落，接着又重新跌到上边线或下降趋势线下方运行

矩形上边线

止损卖出点（一旦发现股价冲高回落重新跌回上边线的下方，必须马上卖出）

情况②：股价突破上边线或下降趋势线后，先在上方进行一段时间的横盘整理，尔后再跌到上边线或下降趋势线下方运行

横盘整理

矩形上边线

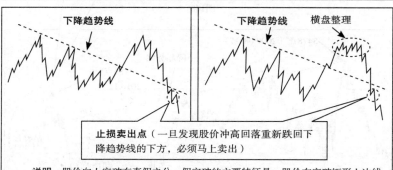

下降趋势线

止损卖出点（一旦发现股价冲高回落重新跌回下降趋势线的下方，必须马上卖出）

下降趋势线　横盘整理

说明：股价向上突破有真假之分。假突破的主要特征是：股价在突破矩形上边线或下降趋势线后，并没有保持继续上升的势头，反而又重新跌回上边线或下降趋势线的下方。假突破是主力拉高出货的惯用伎俩，投资者须高度警惕，谨防上当受骗

图147

【相关资料链接】股价在向上突破后，没有继续保持上涨势头，反而再次跌回上边线的下方，呈现弱势。此时投资者必须顺势而为，停损离场。这要作为一个铁的纪律来严格执行。这个操作原则不仅适用于个股，也适用于大盘。下面请大家看一个实例（见下面图148、图149）。

实例：上证指数向上假突破后股指大跌典型图例

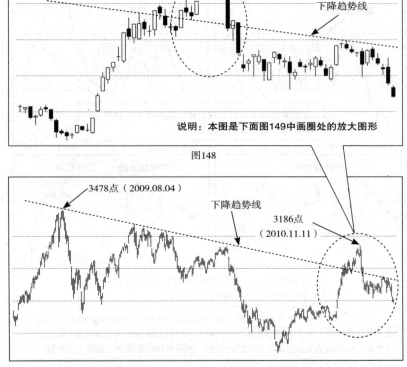

这是一个典型的向上假突破案例。瞧！股指突破下降趋势线后又重新跌回下降趋势线之下运行。此时若不卖出，继续看多做多，因后面指数大跌，就会面临深度套牢的风险（注：2012年末，上证指数最低跌至1949点）

3186点（2010.11.11）

下降趋势线

说明：本图是下面图149中画圈处的放大图形

图148

3478点（2009.08.04）

下降趋势线

3186点（2010.11.11）

上证指数2009年5月21日～2010年12月31日的日K线压缩图　图149

252

金老师接着解释说：我们了解到有些中小投资者自信心很足，认为自己对某个股票的基本面研究已经相当充分，在确定上市公司基本面向好后，操作起来就很大胆，只想到股价会怎样涨上去，而没有想到股价会怎样跌下来。其实，这样的想法是错误的。因为上市公司的基本面向好，并不能保证股价一定会涨上去，主力操盘还有他们自己的考虑。如果主力发现筹码都集中在中小散户手里，主力是不会把股价打上去的。这样就有可能出现我在第五条理由中说的情况，盘整之后股价不是向上突破，而是选择向下突破，通过股价下跌来逼使投资者交出筹码。

除此之外，还有一种情况，上市公司的基本面突然出现了变化，也会使主力的操盘计划作出重大改变。比如，前几年新能源中的光伏产业的行业景气度很高，涉及的上市公司业绩大增。因此产生了不少中长线黑马，精工科技就是其中一例（注：该股是太阳能设备的制造商）。

然而最近两年，光伏产业的行业景气度急剧下降出现了冰点，致使涉及的上市公司业绩出现暴跌，一些原来股价表现很好的股票也随之出现暴跌（注：精工科技这两年股价大跌，与其业绩突然变得很差有很大关系，该股2011年每股收益为1.35元，2012年上半年每股收益就暴跌至-0.02元）。我们在这里可以做一个假设，如果当年精工科技在盘整期间，光伏产业突然变冷，那么该股盘整后就不会选择向上突破而只会选择向下突破。此时，投资者就必须按照第五条理由所列举的几个实例那样，在跌破矩形下边线时马上清仓离场。

金老师最后归纳总结说：总之，主力的操盘意图，股价的运行趋势是通过图形走势反映出来的。当股价横盘整理后选择向上突破时，我们就跟进做多；当股价横盘整理后选择向下突破时，我们就跟着做空。一切都要顺势而为，只有这样，才能踏准股市涨跌的节拍。所以，我认为在课堂里我说的第四条、第五条理由并不存在互相矛盾的现象。股市里的形势千变万化，投资者只能根据当时现场的变化情况，参考第四条理由或第五条理由，选择做多或做空，尽可能地减少一些不必要的投资失误，争取更大的胜利。

噢，我明白了，炒股不能光朝好的方面去想，即使看到股价向上突破也要留一手，预防主力从中作假。如果一旦发现向上是一个假突破——股价重新跌到矩形上边线或下降趋势线的下方，就要马上止损卖出，千万不能拖。否则，就要吃大苦头。中小散户被向上假突破所蒙骗，套在山顶上的例子实在是太多了。所以，大家必须提高警惕，擦亮眼睛，吸取教训，不能再做冤大头了。

捕捉黑马
特别训练
20

金老师说：上一堂课，我们讨论了捕捉中长线黑马的一个常用技巧——如何把握三段式上涨的投资机会。

今天这堂课，我们讨论的是捕捉中长线黑马的另一个关键技巧，如何通过均线来把握好个股的投资机会。

虽然说，均线技巧在股市中使用的频率非常高，懂的人似乎很多，但它最大的问题是易懂难用。我们在调查中发现，一些投资者在实际操作中，只是为了用均线而用均线，并没有真正了解均线的实质意义，对均线的使用，基本上是处于一种盲目、自说自话的状态，所以它的实际效果差强人意，有的时候因使用不当，还会带来很大的负面作用。

为了说明均线的"易懂难用"究竟表现在什么地方？为什么必须要改变这种现状？下面我来解剖一个典型案例，让大家对这个问题有一个深入了解。我相信只要把这个问题妥善解决了，我们在实际操作中就能自觉地运用均线来锁住中长线黑马，打出一场，甚至几场漂亮的胜仗，早日实现我们捕捉黑马的赢家之梦。

现在我要解剖的典型案例，是用情景再现的方式来向大家展示的。故事中的主人公是董先生，是位老股民，他对技术分析很熟悉，在均线使用上有自己的习惯。他的故事很有代表性，在我把他的故事讲完后，我会提出一些问题让大家思考、回答的，所以希望大家听这个故事时要多动些脑筋，仔细琢磨，不要听过就算了。

【情景再现①】前一时期，董先生对深圳中小板中某个股票作了深入研究，认为当时该股的行业景气度在升高，上市公司的基本面有可圈可点之处。他隐隐约约地感觉到该股会受到大资金的关照，有较大的上涨潜力。当然，该股是否真的被主力相中，他心里还没有底，他要等到盘中出现买进信号后再跟进。据了解，董先生是在图150中箭头A、B所指处，分两次买进的，而这

255

两处，当时出现的都是涨停大阳线，成交量也随之放大。董先生认为，从性质上说，这两根涨停大阳线都是低位大阳线，是积极看涨的信号。果然，在董先生买进后，股价出现了震荡上升的走势，董先生第一步操作取得了成功。

登海种业（002041）2008年4月16日~2009年2月16日的日K线走势图　图150

【情景再现②】董先生在低位买进该股后，在图中加设了5日、10日、30日3条均线，他要用这3条均线来锁定该股的风险。董先生有一个投资理念：只要这3条均线呈现多头排列，他就看多做多，但是如果这3条均线出现空头排列，他就要考虑止损离场。图151显示，该股在第一次冲高回落后就击穿30日均线，且几条均线开始出现空头排列的迹象（见图151中左边第一个画圈处）。董先生仔细想了想，为了预防风险，卖出了手中的一半筹码。但让他没有想到的是该股并没有跌下来，尔后很快返身向上，5日、10日、30日均线再次出现了多头排列的状态。但该股走势很诡异，5日、10日、30日均线刚刚呈现多头排列之状，马上在K线图上又构筑了一个塔形顶（见图151中第二个画圈处）。在塔形顶出现后，虽然股价没有马上跌下来，但5日、10日、30日均线又出现了向下缓慢发散状态（见图151中最右边的一个画圈处）。董先生对着图思考良久，觉得该股在"塔形顶＋均线向下发散"的双重打击下，股价下跌在所难免。董先生认为，既然自己已经看清了该股往后的下跌趋势，晚走不如早走，于是，他把剩下的一半筹码全部卖掉了。

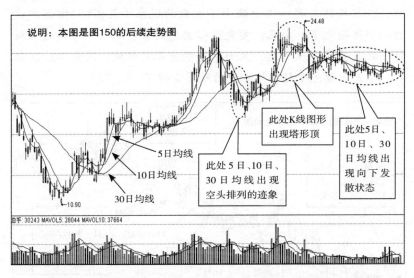

说明：本图是图150的后续走势图

5日均线
10日均线
30日均线

此处K线图形出现塔形顶

此处5日、10日、30日均线出现空头排列的迹象

此处5日、10日、30日均线出现向下发散状态

登海种业（002041）2008年10月8日~2009年6月30日的日K线走势图　图151

【情景再现③】董先生将该股全部卖出后，原以为该股一定会跌下来。但让他没有想到是，前面出现的塔形顶与5日、10日、30日均线出现空头排列都是一个假象，主力在这里精心设计了一个空头陷阱，将他手中的筹码骗走了。董先生感到上当了，心里有点忿忿不平。后来董先生发现该股的5日、10日、30日均线又重新恢复了多头排列的状态（见图152中最左边的画圈处），再加上他前期对该股基本面进行了深入研究，认为该股成长性较佳，所以他再一次作出判断，认为主力不会在此做头，股

价继续上涨的可能性较大。于是，他又追高买进了一些筹码，但考虑到此时该股已有了很大涨幅，所以，买进的数量要比前面减少很多，仓位降至一半。不过，由于董先生这次跟进及时，市场又给了他一次机会，这匹黑马总算让他快快乐乐地骑了一阵子。只是到了该股进入图152中的最后一个阶段，图形上又出现一个小三重顶（见图152中最上方的画圈处），这让他产生了警觉，后来股价果然跌了下来。现在虽然股价跌幅不大，但5日、10日、30日均线又再一次出现向下发散的现象（见图152中最右边的一个画圈处），由此，董先生心里感到紧张起来，害怕这次股价下跌是真的。理由是，主力不可能老是用假跌、用空头陷阱骗人。于是，董先生赶快把手中的股票卖掉了。

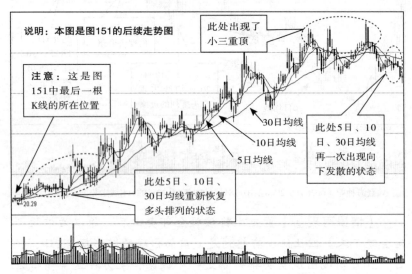

登海种业（002041）2009年6月26日~2010年3月26日的日K线走势图　图152

【情景再现④】但再一次出乎董先生意料的是，主力用相同的手法又一次欺骗了董先生这样的投资者，把他们抛出的筹码悉数吃了进去。董先生把股票卖出后不久发觉又上了主力的当了。前面所谓的小三重顶，5日、10日、30日均线向下发散出现空头排列，都是主力在忽悠大家，因为该股后面又出现了大涨（见下面图153）。这事让董先生心里感到甚是气愤。他感到主力太狡猾了，他要等待机会，与主力再较一把劲，把过早卖出所造成的损失补回来。他在仔细观察图153走势后认为，图153后一阶段的走势（见图153中画圈处），主力又在故伎重演。先制造5日、10日、30日均线向下发散的假像，等中小散户将股票抛掉，现在又把股票拉了上去，让股价重新站在30日均线之上，使5日、10日、30日均线开始形成多头排列，且图153中最后一天K线，出现了明显地放量上涨的现象。董先生分析后心里产生了一种强烈的感觉，觉得主力正在对该股启动新一轮上涨行情。于是他狠了一下心，在此重仓跟进，因为他不想再错过这次上涨机会了。

董先生认为，此处主力又在故伎重演，先把5日、10日、30日均线弄成空头排列，骗取筹码后，到最后又将股价拉上去，并让5日、10日、30日均线再次恢复多头排列的状态。这是股价大涨的前兆，现在正是跟进做多的极佳时机

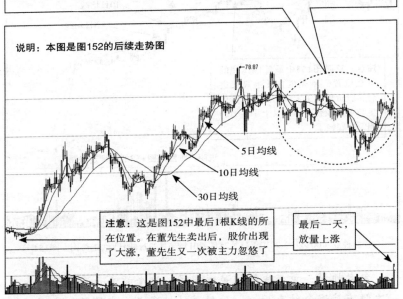

说明：本图是图152的后续走势图

5日均线

10日均线

30日均线

注意：这是图152中最后1根K线的所在位置。在董先生卖出后，股价出现了大涨，董先生又一次被主力忽悠了

最后一天，放量上涨

登海种业（002041）2010年3月18日~2011年2月22日的日K线走势图　图153

【情景再现⑤】董先生这次与主力较劲彻底输了。在他重新买进该股后，他期望该股再次发力上攻的现象没有出现，反而股价出现连续下跌的走势，并将30日均线也轻易击穿（见下面图154）。此时，董先生已经方寸大乱，思维出现了混乱，该做空时不知道做空了，眼睁睁地看着股价下跌，此时他已经没有勇气止损离场了。据悉，董先生当时心里有一个幻想，盼望着该股除权后，股价会出现转机，产生填权走势。但该股除权后，市场并没有给董先生面子，股价仍然阴跌不止，这让董先生感到彻底失望。最后他只得咬咬牙，在股价跌破20元后，把该股全部卖掉了。至此，董先生在捕捉这匹中长线黑马的战斗中基本上是打了一个败仗出局（前面小赚后面大亏）。现在一提到此事，董先生心里一直是五味杂陈，后悔不已。

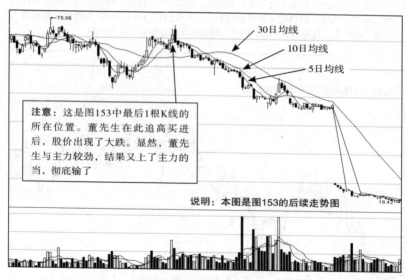

登海种业（002041）2010年11月25日~2011年6月23日的日K线走势图　图154

金老师说：董先生的故事说完了，这个故事是有来头的。在一次股市座谈会结束后，一位姓董的投资者向我倾诉，我听后深有感触。所以，我现在把它改编成"情景再现"的故事介绍给大家。这个故事很有典型意义，研究它会得到很多启发，对我们的日后操作会带来很大帮助。

现在我提几个问题请大家思考：① 以5日、10日、30日均线是多头排列还是空头排列来判断股价趋势，决定做多还是做空，本来是一个很好的方法，但是为什么董先生用了它之后却失误频频？② 董先生操作上的错误主要表现在什么地方？③ 你有无与董先生相同的经历？这些经历给你留下过什么刻骨铭心的教训？④ 任何强敌都有软肋，那么主力操作一匹中长线黑马，他们的软肋在什么地方？在高手的武器库里能不能找到一种杀手锏，一剑刺中主力的软肋，锁定胜局呢？如答案是肯定的，请说出它究竟是一种什么样的杀手锏？

① 世界上无论什么好的方法，它都有一个适用范围，超出这个范围，就会变成无效，甚至是有害的东西。同样的道理，股市中的任何技巧、任何方法只有在它适用范围内使用，才能产生出预期效果。从技术上说，5日、10日、30日均线的排列，属于一种短期均线排列。这种短期均线排列，在股价上下波动范围不大的情况下，用它来判断股价趋势就很有效果，但在股价上下波动范围很大的情况下，用它来判断股价趋势就会失灵。而董先生操作的个股，其股价上下波动的范围很大，所以在这种场合下，他根据5日、10日、30日均线是多头排列还是空头排列，以此来判断股价运行趋势，决定做多还是做空，难怪会出现较大的失误。

据了解，当时除董先生外，还有人在操作这个股票时运用60日均线，结果也出现了失误（见下页图155、图156）。按理说，60日均线经常被人们认为判断股价走势强弱的分水岭，为何把60日均线用在当时登海种业这个股票上也失灵了呢？其实，内中的

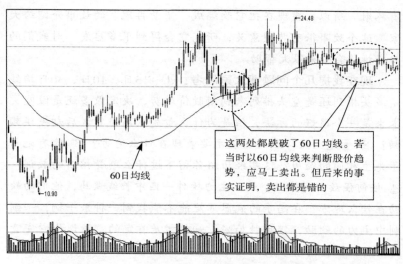

这两处都跌破了60日均线。若当时以60日均线来判断股价趋势，应马上卖出。但后来的事实证明，卖出都是错的

60日均线

←10.90

←24.48

登海种业（002041）2008年10月21日~2009年7月1日的日K线走势图　图155

瞧！看着60日均线操作的投资者都犯了严重的错误，每次在股价跌破60日均线时止损离场均中了主力的圈套。显然，60日均线在此已失去了对股价趋势的判断作用

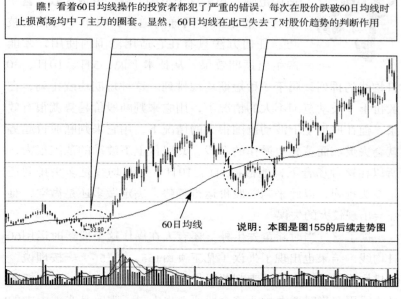

60日均线

说明：本图是图155的后续走势图

←33.90

登海种业（002041）2010年2月3日~2010年10月14日的日K线走势图　图156

原因与上面讲的道理一样，60日均线在登海种业这个股票上同样出现了水土不服的现象。可见，在登海种业这个股票上，当时运用60日均线是不能缚住这匹中长线黑马的。显然，投资者若要骑好这匹黑马必须另想其他办法。

② 董先生的操作错误主要表现在以下3个方面：第一，先入为主，用错均线；第二，一错再错，执迷不悟；第三，意气用事，落入陷阱。

当然，董先生的操作也并不是一无是处。他开始逢低买入时就做得很出色。这要归功于他对低位大阳线的正确判断。他的错误主要是在使用均线上。其实，在股市中，当一个股票行情启动后，到底以什么方式展开它的上升走势，会有很多种变化。投资者只有根据其实际走势的变化，选用适当的均线进行操作才会产生出好的效果。而董先生在登海种业行情启动后，就先入为主地认为，只要运用5日、10日、30日均线的排列技巧，就能把握好该股上涨与下跌的节奏了，因为董先生先入为主的观念留在头脑里的印象太深、太强了，而当后面的行情走势与他的判断出现很大差异时，他就没辙了。更使人感到惋惜的是，董先生在运用这个方法而接连出现错误时仍然没有醒悟，不去总结经验，选择一个更适合的均线技巧来替代已经失效的方法，从而导致操作上出现了重大的失败。

股市是一个高风险市场。当明知一个方法不适用时，如果仍然要坚持使用这种方法，由此就会造成一系列的不良后果。这是董先生在该股前阶段的操作中成绩不佳的主要原因。

董先生在最后阶段，因为错用了短期均线，致使他踏空了登海种业后面一大段的上涨行情。按理说，董先生此时应先冷静下来思考自己在这一段行情中的得失，并找出自己失误的原因后才能进行下一步操作。但遗憾的是，董先生并没有这样做，仍然以盲人摸象的方式在进行操作。另外，董先生忘了一件非常重要的事情，该股在连续上涨后已经积聚了很大风险，在没有很大把握的情况下，是不可以进行"高位增仓"的（编者按：很多事实告诉我们，盲目进行"高位增仓"，是许多投资者在股市中遭到惨败的一个重要原因）。但此时的董先生求胜心切，竟然产生了与主力赌一把的想法，大量买进已出现过疯涨的股票。正是这个错误的想法，导致他日后的惨败。其实，主力在这个时候使出一个十分凶狠的阴招，精心编织了一个多头陷阱，让一些求胜心切、想赌一把的投资者往里面钻。董先生不知当时股价重新攀上 30 日均线，放量上攻（见前面第 259 页图 153 最后两根 K 线与下面的成交量），是主力诱多的一个计策，重仓追进，一下子就被套在山顶上了，后来又由于心存幻想，止损不及时，最后出现了重大亏损。

③ 董先生的这种遭遇很多人都经历过。该案例给我们留下一个深刻印象，捕捉黑马的过程实际上就是在与主力斗智斗勇。主力为了阻止普通投资者平稳地骑上黑马，会施放出各种各样的烟幕弹，设计出名目繁多的陷阱，让投资者上当受骗。因此，为了避免落入主力的圈套，我们在使用均线技巧或者其他技巧时，一定要认识到我们的对手——主力是非常狡猾的。对狡猾的敌人，我们必须采取灵活多变的策略。说通俗一点，就是不能有死脑筋，要做到敌变我也变，若一旦发现使用的方法出现明显的差错，就应该马上改正，换一种思路，换一种方法进行积极应对。唯有如此，才能最终胜出。

④ 虽然主力很狡猾，但他们在操作上也有软肋的地方。这个软肋就是他们制定的作战计划，经常会沦为精明的投资者手中的猎物。

一般来说，主力操作一个股票，尤其是把它当成中长线黑马炒作时，他们一定会在事先就制定出一套严密的作战计划。比如，何时对股价进行打压，何时吸筹，何时拉升，何时震荡洗盘，何时出货，在作战计划中都会有详细的交代。当然主力的作战计划属于绝对的商业机密，局外人是不会知道的。但是话说回来，虽然，局外人不可能知道主力制定作战计划的详细内容（除非有内线），但精明的投资者，可以通过盘面分析，从侧面去了解到主力作战计划的一个大致概况（编者按：有关这方面的技巧与相关实例，详见《股市操作大全》第八册第194页~第210页），同时还可以了解到主力操盘中最核心的机密，即主力操作某个股票，在震荡洗盘时，容许股价下跌的底线在何处。

这也就是说，无论主力施用什么花招，盘中设置什么陷阱，也无论主力洗盘时股价震荡幅度有多大，它都有一个价格底线。只要股价跌到价格底线附近，就会出现"自动止跌"的现象，然后就会出现重新向上的走势。

另一方面，主力在低位建仓所拿到的筹码，只有到高位卖出后才能获利。由于主力出货很隐蔽，普通投资者很难识别。董先生就是因为无法识别股价下跌时，在5日、10日、30日均线出现空头排列的情况下，主力究竟是在洗盘还是在出货的问题，因而被主力忽悠得团团转，最后以大失败而收场的。现在，假如我们能了解到主力心里的价格底线，那么，一切事情就好办了。比如，当股价冲高回落时，只要股价下跌没有跌破价格底线，就说明主力是在洗盘而不是在出货；反之，跌穿了价格底线，就说明主力不是在洗盘而是在出货了。如此一来，主力的操盘意图就彻底暴露了。因此，了解了主力的心里价格底线，就等于揭开了主力做盘的底牌。此事意义非常重大。

现在我们就以登海种业这只股票为例，看看怎么才能找到主力心里的价格底线。2008年11月初，该股从最低10.90元起步，到2010年10月中旬，涨至最高78.87元后见顶回落，股价涨涨跌跌，走势十分诡异。但大家只要在图中设置一条X线（见下页图157），就马上可以把主力心里的价格底线勾画出来。这样我们就可以把主力操盘的底牌看得清清楚楚。有了这条X线，大家在操作时就不会犯董先生那样的错误。因为在X线光芒的照耀下，图中买点、卖点，大家会看得一清二楚。如此一来，主力在操作

说明： 本图经过压缩处理。从图中看，该股从10.90元涨至78.87元，股价涨了6倍多，盘中震荡非常激烈。因此，要想坐稳这匹中长线黑马决非易事。董先生就是因为看不清方向，在操作时被主力弄得晕头转向，最后以败局收场。但是对付这样的股票，高手武器库里也有杀手锏，即在图中加上一条X线，就能把这匹黑马拴住。在X线面前，主力的一切阴谋都破产了。投资者只要看着这条X线操作，股价不跌破X线就拿着，跌破X线就卖出。如此操作，就能稳稳当当地骑上这匹大黑马，成为一个股市大赢家

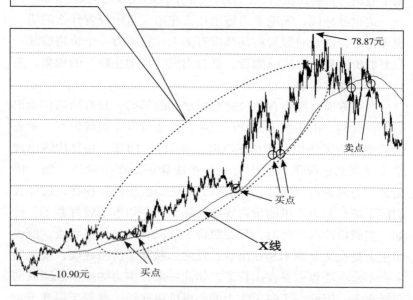

登海种业（002041）2008年9月25日~2011年5月18日的日K线压缩图　图157

中施展的任何阴谋、设置的任何陷阱，在X线面前都变得仓白无力，甚至一文不值了。投资者只要按照X线指引的买点（即股价冲高回落，跌到X线处企稳时为买点）、卖点（即股价下跌时跌穿X线处为卖点）进行操作，就能踏准该股上涨与下跌的节拍，稳操胜券了（编者按：据了解，有人就是在掌握X线这一秘密后，不但跑完这匹中长线黑马的上涨全程，而且还成功地做了几次高抛低吸的动作，额外地赚取了一些短期差价，一轮行情做下来，总收益竟然超过该股的实际涨幅，其战绩让人惊叹不已）。

最后，金老师说：今天由于时间关系，课就讲到这里。关于这条X线究竟是什么样的曲线，它是怎么出来的，投资者在操作时要注意什么，有关这些问题现在请大家先回去思考一下，我们下一节课再进行深入讨论。

　　嗨！这次让我开了眼界了。原来股市中还有这样一根X线，能把中长线黑马牢牢地拴住，这简直太神奇了。对这根X线，我回去要好好琢磨琢磨，看看里面究竟隐藏着什么秘密。

金老师说：由于时间关系，上一堂课对如何用均线锁定中长线黑马只是开了一个头，还有很多问题没有来得及进行讨论。比如，上一道习题中最后提到的图157的X线到底是什么线？它是怎么形成的？这条X线有无普遍指导意义？投资者在使用X线时要注意什么？有关这些问题，都需要我们认真思考、认真研究后，才能找到一个正确的答案。现在，请各小组先围绕这些问题进行讨论，然后派代表到台上来向大家作汇报（汇报时请亮出各自的观点与相关证据）。

（一）

讨论结束后，第一小组的代表张小姐首先走到台上发言。张小姐说：我们小组学员经过认真研究，仔细核对，查明图157中的X线就是120日均线（又称半年线）。那么金老师为什么不直接说明图157中的X线就是120日均线呢？我们的理解是：第一，金老师历来主张，凡事先要自己动脑筋想一想，不要急着看现成的答案，想过后再去看参考答案，这样印象会更加深刻。第二，更重要的是，主力在操作股票时，对每一个股票所设置的价格底线是不一样的。图157中的个股价格底线是120日均线，但换成别的股票，价格底线就会换成另外一种均线，所以价格底线会因股而异，它是一个动态概念，动态概念用"X"表示是非常贴切的。

X线是什么？现在已经向大家挑明了。既然如此，我们不妨就给它起一个名字，叫做"**兜底线**"。用兜底线来拴住中长线黑马，这样的操作方法，我们也给它起了一个好听的名字，叫做"**兜底擒马术**"。当然，这样的叫法是否妥当，还请大家批评指正。

我们认为，兜底擒马术是中小散户与主力抗争，捕捉中长线黑马的最有效的武器。如果用好这个武器，普通投资者骑上黑马或牛股后，就能做到中途不被主力洗盘出局，高位主力出逃时能跟着及时了断，保护好胜利成果。这样，普通投资者骑好中长线黑马，跑完牛股全程就不再是可望而不可即的事情了。下面我请大家看几个用兜底擒马术捕捉中长线黑马的实例。

实例一：华联控股（000036）。该股在2006年~2007年期间，展开了一轮上涨行情，股价从3.25元涨至12.31元见顶回落，半年多时间股价上涨近3倍。投资者只要在图中加上一根20日均线进行兜底，看到股价未跌破20日均线就一路持股，看到股价跌破20日均线就卖出。如此操作，就能稳稳当当地赚上几倍收益（见下面图158）。

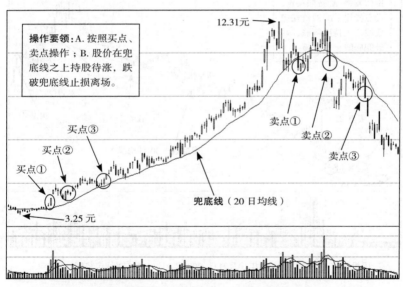

华联控股（000036）2006年11月7日~2007年7月16日的日K线走势图　图158

实例二：国投新集（601918）。该股在2008年~2009年期间，股价在4.56元见底后就演绎了一轮牛市上涨行情，股价最高涨至22.79元见顶回落。在这轮上涨行情中，途中主力几次洗盘，但最多把股价打到30日均线处就收手了。据查，在这轮上涨走势中，该股的股价（指收盘价）从未跌破过30日均线（编者按：2009年6月23日，开盘价低于30日均线，但收盘时股价又站在了30日均线之上，当日收了一根小阳线，见图159中箭头A所指处）。所以，投资者只要把兜底线设置为30日均线，就可以万事大吉了。有此股票的投资者，平时看到股价站在30日均线之上，即可拿着股票放心睡大觉，看到股价跌破30日均线，就马上卖出（卖点见图159中箭头所指处）。如此简单的操作，就能让当事人赚得钵满盆满。

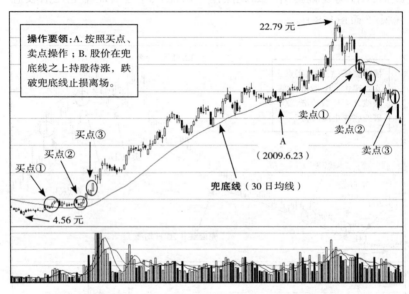

国投新集（601918）2008年10月21日~2009年9月1日的日K线走势图　图159

　　实例三：通程控股（000419）。该股在2006年~2007年期间出现了一轮涨幅巨大的牛市行情，股价从4.58元涨至35.81元见顶回落，最大涨幅达到6.82倍。那么投资者如何才能拴住这匹中长线黑马呢？方法是用60日均线进行兜底。只要股价未跌破60日均线就一直持股，跌破60日均线抛股离场。这样操作，虽然不能做

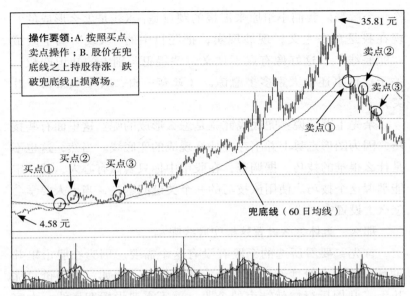

操作要领：A. 按照买点、卖点操作；B. 股价在兜底线之上持股待涨，跌破兜底线止损离场。

35.81 元

卖点②

卖点③

卖点①

买点①

买点②

买点③

兜底线（60 日均线）

4.58 元

通程控股（000419）2006年8月1日~2007年11月16日的日K线压缩图　图160

到在最高价处卖出，但一定能保证当事人在次高位胜利出逃，总的收益相当惊人。可见，看着兜底线进行操作，当事人就会赚得眉开眼笑（见图160）。

（二）

待张小姐发言结束后，第二小组的代表余先生走上讲台。他说：常言道"好马要配好鞍"，同样股市里的好方法也要配一个好名称，这样才叫得响。第一小组的学员想象力很丰富，把X线称为"兜底线"很确切，因为"兜底"这两个字言简意赅，谁都能听得懂。由此产生的"兜底擒马术"这个名称，喊出来更是响当当，很有文学色彩，我举双手赞成。

我今天向大家汇报的主题是：**兜底线是怎么形成的？普通投资者能不能学会设置兜底线？** 在讲这个问题前，我先向大家作一个解释。我们小组原来汇报的题目是：X线是怎么形成的？现在我是拿来主义，现炒现卖，把题目中的"X线"马上改成"兜底线"，这好像有点不仗义，"侵犯"别人的知识产权，关于这件事还请大家多多愿谅。（此话一出，引起教室内一片笑声）

余先生继续说：兜底线究竟是怎么形成的呢？这里面有些技巧，因为图形走势上并不存在什么现成的兜底线。当然，这也不是什么很难的技巧。据调查，在股市中你只要做有心人，就一定能掌握这个技巧。使用该技巧的一个关键问题是，当事人要学会怎么去设置兜底线。

那么，具体怎么设置这根兜底线呢？

首先，要看所选的个股有没有这个需要。因为在股市里并不是所有的个股炒作都需要设置兜底线的。比如，对股价只涨几天、几周后行情就结束的个股，就不需要设置兜底线，大家只要按照常规操作就行了。因为在短线炒作的个股身上设置兜底线是没有任何意义的。一般来说，只有当一个股票在基本面上有利好因素存在，并引起大资金的关注，大资金也打算长时间运作时，才需要对它设置兜底线。原因是主力在操作这种股票时，从低位建仓，一直把股价推升到高位出货，途中往往需要有若干次震荡洗盘动作。但在震荡洗盘的过程中，股价无论波动幅度有多大，主力都会把它控制在一定范围内，这也就是说，如果是洗盘，股价下跌幅度都是有限度的。主力一定会预先设立一个底价，股价只要跌到这个底价附近，主力就不会让它再跌下去。需要注意的是，这个底价并不是股价的具体价格，而是指股价跌到哪一根均线时止跌的价格。换一句话说，只有具有中长线上涨潜力的个股（一般是指股价涨幅在两三倍以上，上涨时间超过半年的股票），才需要设置一根兜底线。

明白了这个道理，投资者在选择一些具有中长线潜力的个股进行运作时，一定先要从基本面入手，然后在股价上涨到一定阶段时，再为其量身定制一根兜底线。

其次，要从时机上看条件是不是具备了。一般来说，如果一个股票具有中长线潜力，主力在这中间运作时间就很长。这些股票见底后行情开始启动时，它的运行轨迹与一般短线炒作的个股运行轨迹差不多，投资者只要按照传统的技术手段进行操作就行了，这个时候不要去想设立什么兜底线。一般来说，真正需要设置兜底线，通常都是在上升趋势确立后，行情进入震荡洗盘或直接拉升的阶段，也只有到了这个时候，设置兜底线的时机才算成熟。有关这个情况，我在下面讲述如何设置兜底线时，会以图例的方式向大家进行详细说明的。

兜底线设置的方法可以用一句话进行概括：用不同的均线不断地进行试验，直至找到一根合适的均线为止。投资者进行此项试验有两条路径。现在我先向大家介绍第一条路径的试验办法。

试验对象：仍然以登海种业股票为例。

试验均线：20日均线、30日均线、40日均线、50日均线、60日均线、70日均线、80日均线、90日均线、100日均线、110日均线、120日均线……一直试到250日均线为止。

为什么试验到250日均线就不再试下去了呢？这里向大家作一些解释，因为250日均线是年线（一年交易的实际天数在250天左右，所以250日均线被定为年线），年线是牛熊的分界线。通常，如果一个股票洗盘洗到最后把年线都打穿了，此事只有两种可能：一是主力根本不是在洗盘而是在出货；二是因为主力的资金链断裂，或者因为该股基本面突然恶化，迫使主力放弃原来做多的打算，把做多改成做空。显然，不论是哪一种可能都说明，投资者没有必要再参与这个股票炒作了。所以，兜底线试验在调试到250日均线后就该结束了。

下面我们来看看这个试验具体是怎么实施的。

第一步，在确定行情正式启动后，说明寻找主力打压股价的心里底线的时机已经成熟，此时就可以开始进行设置兜底线的试

验了（见下面图161）。从图中看，该股见底后出现了一轮强劲的上涨走势，现在股价正处于冲高回落，进入横盘整理的状态。虽然后面的走势是向上还是向下尚不明朗，但有一点可以肯定，即该股见底后行情确实启动过了。这说明现在寻找该股兜底线的时机已经成熟，接下来大家就可选用不同的均线进行试验了。

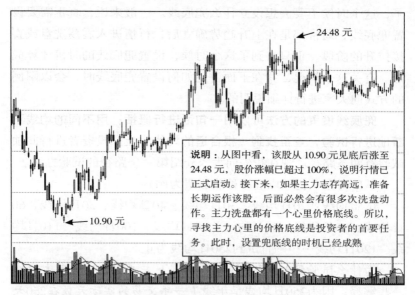

说明：从图中看，该股从 10.90 元见底后涨至24.48 元，股价涨幅已超过 100%，说明行情已正式启动。接下来，如果主力志存高远，准备长期运作该股，后面必然会有很多次洗盘动作。主力洗盘都有一个心里价格底线。所以，寻找主力心里的价格底线是投资者的首要任务。此时，设置兜底线的时机已经成熟

登海种业（002041）2008年9月25日~2009年7月10日的日K线走势图　图161

第二步，用20日均线、30日均线、40日均线、60日均线、80日均线……调换着进行比较试验，一直到找到一根最贴近股价实际走势的均线为止。

具体操作细节是：

① 先用20日均线进行试验。试下来，发现股价并不是依托20日均线往上攀升的，这说明20日均线对股价没有任何支撑作用。此时应放弃20日均线，再去寻找合适的均线（见下页图162）。

② 再用30日均线进行试验，试下来的结果仍然不行，再放弃（编者按：该图形中有关30日均线的画面已出现过，见本书第

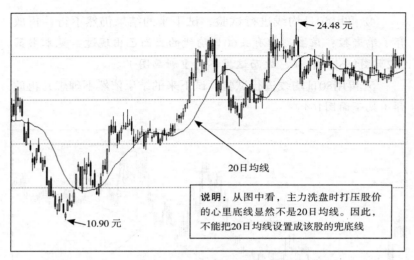

图中标注：
- 24.48 元
- 20日均线
- 10.90 元

说明：从图中看，主力洗盘时打压股价的心里底线显然不是20日均线。因此，不能把20日均线设置成该股的兜底线

登海种业（002041）2008年9月25日~2009年7月10日的日K线走势图　图162

257页图151，故而这里不再重新画图）。

③ 再用40日均线进行试验，试下来的结果还是不行，再放弃（见下面图163）。

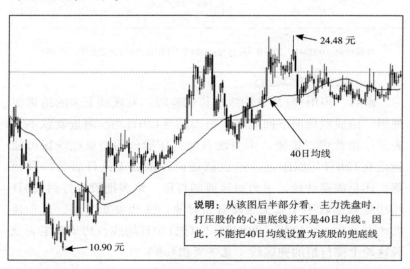

图中标注：
- 24.48 元
- 40日均线
- 10.90 元

说明：从该图后半部分看，主力洗盘时，打压股价的心里底线并不是40日均线。因此，不能把40日均线设置为该股的兜底线

登海种业（002041）2008年9月25日~2009年7月10日的日K线走势图　图163

④ 再用60日均线进行试验，试下来的结果仍然不行，再放弃（编者按：该图形中有关60日均线的画面已出现过，见本书第262页图155、图156，故而这里不再重新画图）。

⑤ 再用80日均线进行试验，试下来的结果依然不理想，再放弃（见下面图164）。

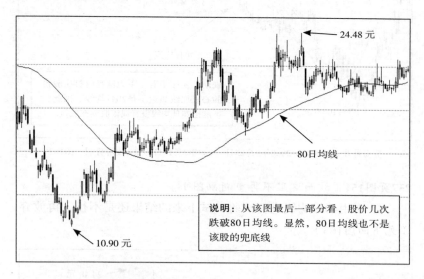

24.48 元

80日均线

说明：从该图最后一部分看，股价几次跌破80日均线。显然，80日均线也不是该股的兜底线

10.90 元

登海种业（002041）2008年9月25日~2009年7月10日的日K线走势图　图164

……试验在继续进行。

最后，当用到120日均线进行试验时，发现试下来的结果很理想，该股股价向下回调时，只要跌至120日均线附近就跌不下去了。由此可以推测，主力洗盘时打压股价的心里底线很可能就定在120日均线附近。这也就是说，该股无论日后是冲高回落，还是震荡洗盘，主力对该股的打压，最多把股价打到120日均线处就会收手（直至这轮行情结束，主力要出货了，这个情况才会改变）。这样，我们就可以把120日均线，初步确定为该股这轮上涨行情的兜底线（见下页图165）。

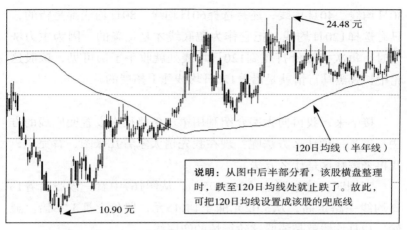

说明：从图中后半部分看，该股横盘整理时，跌至120日均线处就止跌了。故此，可把120日均线设置成该股的兜底线

登海种业（002041）2008年9月25日~2009年7月10日的日K线走势图　图165

【相关资料链接】下面这张图是上面图165的后续走势图。从这张图看，当时在设置该股兜底线时，无论是选择20日均线、

特别提示：兜底线画准确了就能稳操胜券。操作时只要记住：股价站在兜底线之上，可放心看多做多，股价跌破兜底线就看空做空，止损离场。如此简单的操作，就能让当事人赚得钵满盆满。可见，学会设置兜底线有多重要

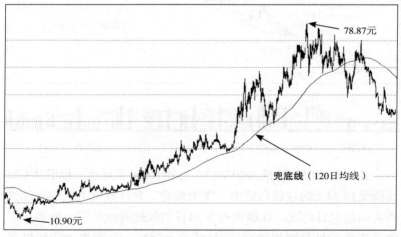

登海种业（0020417）2008年9月25日~2011年5月18日的日K线压缩图　图166

30日均线、40日均线，还是选择60日均线、80日均线都是错的，只有选择120日均线，把它作为兜底线才是正确的。因为主力洗盘时，每次把股价打压到120日均线处就收手了。可见，该股这轮中长线黑马行情就是沿着120日均线往上拓展的。

接下来，我再向大家介绍利用第二条路径来设置兜底线的方法。这是一种什么方法呢？现在我先请大家看几张图，看完了，我再来解释这是什么方法。

实例四：德豪润达（002005）。从图167中看，该股沿着13日均线一路走高，从3.02元涨至14.45元，股价上涨3.78倍。显然，13日均线就是该股这轮行情的兜底线。

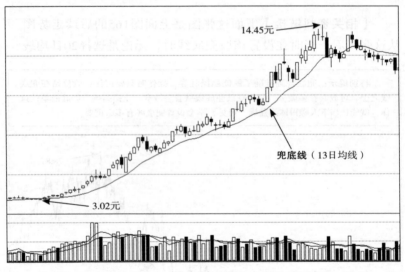

德豪润达（002005）2009年1月14日~2009年6月5日的日K线走势图　图167

实例五：中航精机（002013）。图168画面显示，该股从4.22元涨至15.34元的这轮行情中，主力洗盘，允许股价下跌的心理价格底线是34日均线，在股价打至34日均线处就收手了。比如，图中箭头所指处是两根跌幅超过9%的大阴线，这两根大阴线砸下来，气势汹汹，确实吓退了很多短线客。但股价在跌至34日均线处就马上止跌。令人惊奇的是，第二根阴线的最低价是8.03元，而当日34日均线所处的价格位置也是8.03元，两者分毫不差。第二天马上就雨过天晴，股价又继续沿着上升通道往上攀升。可见，34日均线就是该股这轮行情的兜底线。

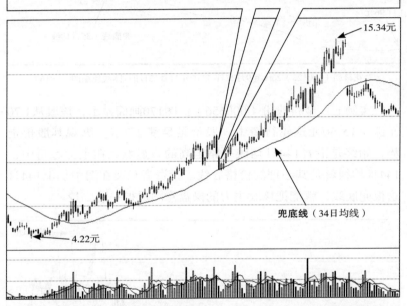

该股主力阴招不断，这儿两根超过9%的大阴线，并不是在出货，而是在洗盘。所以当时仅看K线操作很容易上当，而只有看均线才能看明白主力的操盘意图

15.34元

兜底线（34日均线）

4.22元

中航精机（002013）2008年10月14日~2009年6月23日的日K线走势图　图168

实例六：兰花科创（600123）。从图169中看，该股2006年9月从11.96元起步，一直涨至65.82元见顶回落。该股每涨一段都要进行一次洗盘，大大小小的洗盘次数超过10次，但每当股价最低下跌到55日均线时就跌不下去了。显然这55日均线就是该股这轮行情的兜底线。投资者若按照这根兜底线操作，就能稳操胜券。

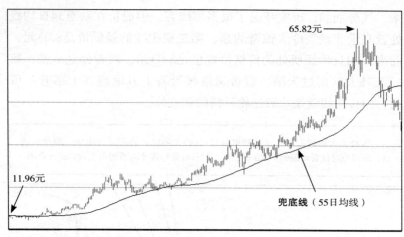

兰花科创（600123）2006年9月27日~2007年11月12日的日K线压缩图　图169

实例七：金科股份（000656）。图170画面显示，该股从1.70元涨至13.60元这轮行情中，股价足足涨了7倍。纵观其股价走势，始终是沿着144日均线一路走高的。显然，在主力心目中，144日均线就是其心理的价格底线。投资者只要在图中加上144日这根兜底线，就能把该股主力的操盘意图看得一清二楚。

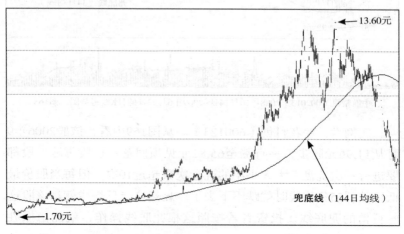

金科股份（000656）2005年6月29日~2008年7月3日的日K线压缩图　图170

上面几张图中的兜底线与前面介绍的兜底线有很大的区别。前面的兜底线是以"10"为一个单位向上递进的，所选择的均线都是整数，如20日、30日、40日、60日……120日均线等。但后面充当兜底线的均线是13日、34日、55日、144日均线，那么，为什么不选整数，而要选这些非整数的均线来测试主力心中的价格底线呢？原因很简单，据了解，虽然主力长期运作一个股票，必定会设置一个心里价格底线，但是有的主力喜欢选择整数均线作为股价回调时的价格底线，有的则喜欢选用非整数均线，尤其是喜欢用神秘数字[注]作为股价回调时的价格底线。前面几个实例中的13日、34日、55日、144日均线正是一组以神秘数字为代表的均线。这些均线在图167~图169中，都充当了兜底线的角色。当然，主力从神秘数字中挑选自己的心里价格底线，是他们的自由，我们局外人是无法干涉的，我们唯一能做的就是把以"3、5、8、13、21、34、55、89、144、233"为数字的均线都"请出来"，用它们在图中一根根地进行试验，把最贴近股价实际走势的均线，列为该股的兜底线。

其实，这样的操作并不难。因为在250日均线（即年线）之下的神秘数字，总共加起来只有10个数字，用它们作试验所花费的时间不会很多。一根试下来不行再换一根，几次试下来心里就有数了。比如，图170中的金科股份，该股在1.70元见底后，第一波最高冲至3.13元见顶回落，随后就贴着144日均线进行盘整。当试用144日均线发现这个现象时，我们就可以推断该股主力的心里价格底线就是144日均线。所以，此时我们用144日均线对该股进行兜底就有很大把握。操作时只要记住一点，即股价不跌破144日均线就捂牢股票，跌破144日均线就立马抛空离场。若有谁按照这个方法做了，谁就能在这个股票上赚得钵满盆满。

【注】 神秘数字是怎么回事？有关这方面的知识介绍，详见《股市操练大全》第四册第299页，第五册第72页。

（三）

待余先生发言结束后，第三小组的代表刘女士走上讲台。她说：他们小组讨论的主题是，投资者在使用X线时，需要注意什么问题。刘女士是一个资深股民，性格很豪爽。她直言不讳地说，既然大家都喜欢把X线称为兜底线，我就把汇报的题目直接改成"**兜底擒马术使用两大须知**"。

第一大须知是：投资者用兜底擒马术捕捉中长线黑马时，不要把图形绝对化，要允许股价出现偶尔跌破兜底线的现象存在。只要大的趋势是沿着某条均线上升的，就要认可这样的均线就是兜底线。

下面我们来看几个实例。图171中的个股是沿着20日均线，图172中的个股是沿着30日均线，图173中的个股是沿着55日均线一路往上涨的。这些个股从低位启动到高位见顶回落，股价都涨了好几倍。虽然这些个股途中都出现了跌破兜底线的现象，但这些跌破都属于偶尔跌破，一是跌幅很浅，二是跌破仅一两天就重新回到了兜底线上方运行。所以从总体上看，兜底线支撑股价的作用并没有受到什么影响。因此，投资者在操作时仍应采取持股待涨的策略，只有这样，才能保证骑好这些黑马，不会出现中途下马，过早卖出的错误。

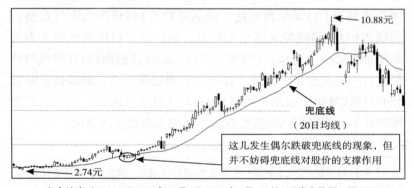

宝安地产（000040）2006年12月6日~2007年7月5日的日K线走势图　图171

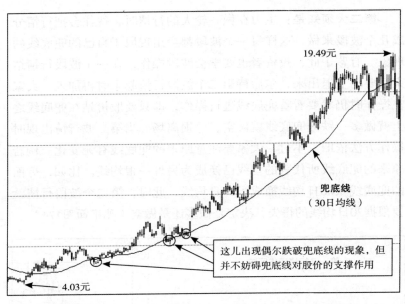

19.49元

兜底线
（30日均线）

这儿出现偶尔跌破兜底线的现象，但
并不妨碍兜底线对股价的支撑作用

4.03元

荣盛发展（002146）2008年10月28日~2009年8月19日的日K线走势图　图172

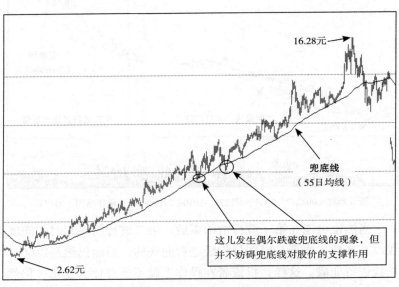

16.28元

兜底线
（55日均线）

这儿发生偶尔跌破兜底线的现象，但
并不妨碍兜底线对股价的支撑作用

2.62元

永鼎股份（600105）2008年10月15日~2010年7月2日的日K线压缩图　图173

第二大须知是：主力在做一轮大的行情时，往往会把行情分成几个波段来做，这样每一个波段都会出现属于自己的兜底线的现象。有鉴于此，投资者也要学会波段操作，在一个波段行情结束后要马上退出来，尔后待第二个波段行情起来时再加入。大家在操作时仍然要看着兜底线进行操作，即只要股价站在兜底线之上就做多，跌破兜底线就做空，停损离场。当第二波行情出现时操作方法依旧。不过，大家要注意原来的兜底线有无变化。倘若原来的兜底线所代表的均线已换成为另外一根均线。比如，后面的兜底线从60日均线换成了20日均线，此时，第二个波段行情就要根据20日均线的得失，决定是做多还是做空（见下面图174）。

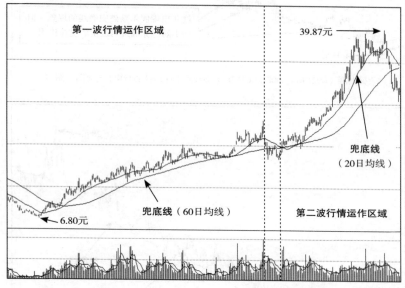

帝龙新材（002247）2008年9月22日~2010年2月4日的日K线压缩图　图174

当然也可能在第一波行情结束后，第二波行情兴起时，兜底线没有变化，原来是以60日均线进行兜底的，后面仍然是以60日均线进行兜底。这样，投资者在操作上就不要有什么变化，仍然应该依据60日均线进行操作（见下页图175）。

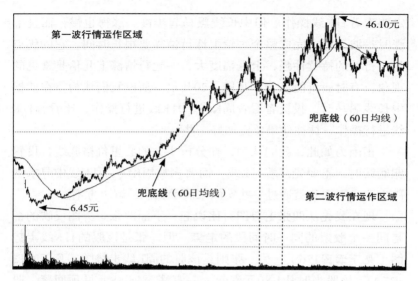

第一波行情运作区域

46.10元

兜底线（60日均线）

兜底线（60日均线）

第二波行情运作区域

6.45元

伊利股份（600887）2008年8月25日~2011年6月22日的日K线压缩图　图175

总之，如果看到第二个波段行情（有时也可能会有第三个波段行情）出现后股价回调的价格底线发生变化，那么，我们对兜底线的设置也要跟着变化；反之，如果第二个波段行情出现后股价回调的价格底线没有变化，那么，我们对兜底线的设置也不应该有变化。这叫做敌变（主力心里的价格底线变了），我也变（设置的兜底线也要跟着变化）；敌不变，我也不变。投资者明白这个道理，就可以在操作中减少很多风险，从而能把握好更多的投资机会。

（四）

待刘女士发言结束后，第四小组的代表陆先生走上讲台。陆先生说：他汇报的题目是：**换一种思路来设置兜底线（请允许我把X线改成为兜底线），以便更好地提高操作的成功率。**

陆先生继续说：中长线黑马与短线黑马的表现形式是不一样的。短线黑马，起步快，涨得凶，行情结束也快，所以投资者一定要看着日K线操作。但中长线黑马起步慢、涨得也慢，而且上涨时一波三折，完成整个一轮上涨行情需要很长时间。它的优点是：行情的持续性强，上涨幅度大，一轮行情涨上几倍是常见的现象，有时股价能涨上10几倍、20几倍。所以我们认为，在捕捉中长线黑马时，投资者看着周K线、月K线进行操作，比看着日K线进行操作，往往效果要更加好一些。

正因为如此，我们认为，在分析主力的心里价格底线，设置兜底线时，不要光盯着日K线，而要多从周K线、月K线中寻求解决方案。下面我就通过一些实例来展示我们的解决方案。

现在我先从两张走势图对比说起，下面两张走势图反映的都是同一个股票的同一时间段的走势。但一张是该股的日K线走势图（见下面图176），另一张则是该股的周K线走势图（见下页图177）。该股当时从1.80元涨起，一直涨至18.88元见顶回落，股价足足涨了9倍。如果谁在该股低位时买进（哪怕当时股价已到了2元之上再买进），在18元附近卖出，谁就能把将近8倍的利润收入囊中，这样的高收益是十分惊人的。

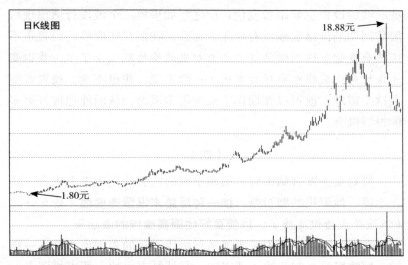

宜华地产（000150）2006年3月31日~2007年11月16日的日K线走势图　图176

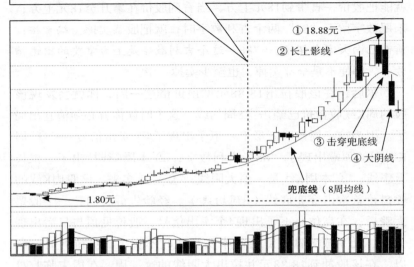

瞧！图中一下子出现4个卖出信号：①"88"吉利数字；②长上影线；③股价
击穿兜底线；④大阴线。这个现象说明上涨行情走到头了，必须马上卖出

① 18.88元

② 长上影线

③ 击穿兜底线

④ 大阴线

兜底线（8周均线）

1.80元

宜华地产（000150）2006年3月31日~2007年11月16日的周K线走势图　图177

　　有人问：如何才能获得如此高的收益呢？我们认为，看日K
线操作就很难，因为该股上下震荡非常厉害，洗盘时经常出现
暴涨暴跌，甚至忽而连续涨停，忽而又是连续跌停的现象（编者
按：图175是该股日K线压缩图，如果在电脑里把图形放大，就能
看清其暴涨暴跌的走势），因此，即使想在日K线图中选择一根
兜底线进行兜底，但因该股在日线中暴涨暴跌太厉害，一时也很
难选择出一条合适的均线进行兜底。这样，当事人如果看着日K
线图进行操作，就很容易在中途被主力洗盘出局，犯下过早卖出
的错误。但当事人如果把日K线图换成周K线图，在周K线图中加
上一根8周均线作为兜底线（见上面图177中箭头所指处），就能
轻轻松松地跑完该股上涨的全程。

　　其具体操作方法是：股价攀上8周均线后买进（此时买进的
价格在2元左右），然后看着8周均线进行操作。当事人只要做

287

到以下一点，就能稳操胜券，即在每个周末收盘时，看到股价（指周收盘价）站在8周均线之上就继续持股，看多做多，这样就能把股价一直带到18元上方。当看到股价在攀升至18元上方，末尾数字留下"88"两个吉利数字时，就把股票卖掉（编者按：前面已向大家介绍过，"88"这个吉利数字是主力重要的出逃信号），即使不是全部卖掉，也至少卖掉一半。

尔后，在该股拉出18.88元见顶价格这一周，你就会发现该股的周K线收盘价已经击穿8周均线。这个时候你就必须清仓出局了。因为这一周该股图形上一下子出现了4个卖出信号——① 周K线图的顶端出现了"88"吉利数字；② 本周K线拉出了一根长上影线；③ 本周K线是一根大阴线；④ 一年多来，该股周K线的收盘价首次击穿兜底线（8周均线）。经验告诉我们：一个股票大涨后，在高位一下子出现4个卖出信号，股价见顶与日后出现大跌，几乎成为铁板钉钉的事实。此时不卖出，更待何时？所以，在该股冲到18.88元并拉出大阴线的这一周，在周末临收盘前，是无论如何要停损离场的。当然，有些人反应较慢，或者还心存幻想，那么在该股第二周再一次出现一根大阴线时就必须无条件的卖出了。若当时有谁这样做了，哪怕是属于反应慢的，在股价见顶下跌后出现第二根大阴线再出逃的投资者（若以低位2元左右买进的价格算起），卖出所获得的利润也十分丰厚。

由此可见，当看着日K线图因震荡激烈而难以操作时，把日K线图换成周K线图，在周K线图中设置一根恰当的兜底线，就能大大提高投资的成功率。

下面我就如何在周K线图中设置兜底线，用它来拴住中长线黑马的问题，再举几个例子。

实例八：汇鸿股份（600981）。从下页图178中看，2006年11月该股跌至2.78元见底后，很快就走出底部，展开了一轮新的上涨行情，这轮行情在2007年6月冲至32.88元后结束，一共走了18个月。那么，投资者在这期间该怎么操作呢？其具体方法是：在低位买进该股后，只要在它的周K线图中找到一根5周均线作为这轮行情的兜底线，就可以做到稳操胜券，大赚特赚了。因为该股自从攀上5周均线后，就一直沿着5周均线往上攀升，股价从未出现过跌破5周均线的现象（编者按："未跌破"是指周收盘价没有发生过跌破5周均线的现象。比如，虽然图中箭头所指处出现过跌破5周均线的现象，但周末的收盘价仍收在5周均线之上），最后冲至32.88元，这轮行情才画上句号。

其实，该股的见顶信号也很明确：一是出现"88"吉利数字；二是这周的周K线是一根带有长上影线的射击之星。"88"与射击之星都是明确的卖点。

两个卖点叠加在一起，风险很大，必须马上卖出。可见，在该股这轮上涨行情中，用"兜底擒马术"拴住这匹中长线黑马，在其股价见顶时再卖出，可谓十拿九稳，所获得的利润将十分惊人。

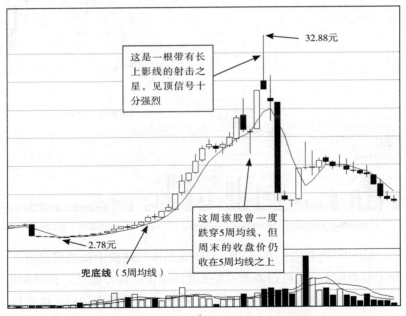

这是一根带有长上影线的射击之星，见顶信号十分强烈

32.88元

这周该股曾一度跌穿5周均线，但周末的收盘价仍收在5周均线之上

2.78元

兜底线（5周均线）

汇鸿股份（600981）2006年9月22日~2007年11月9日的周K线走势图　图178

实例九：恒源煤电（600971）。图179显示，当时该股从2006年3月的7.69元涨起，至2008年1月冲至60.99元见顶回落，股价上涨近7倍，算得上一匹中长线黑马了。根据该股当时股价运行情况，兜底线应设置为10周均线。该股上涨时一直沿着10周均线往上攀升，当股价回落时击破10周均线，行情实际上已经结束了，虽然该股在破掉10周均线后出现了一次反抽，但反抽所形成的上涨是一种假象。反抽时形成第二个高点"60.99元"，构筑了一个双顶，这是留给多方的一次逃命机会。试想，图中出现了"99"吉利数字与双顶图形，股价怎么会不大跌呢？后来该股果然出现了一路狂泻的走势，未逃者都输得很惨。

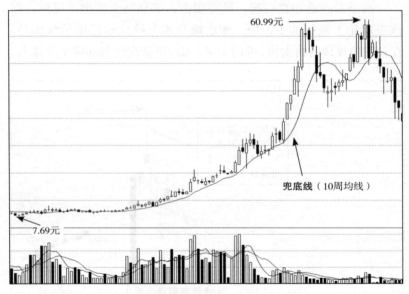

恒源煤电（600971）2006年3月3日~2008年3月28日的周K线走势图　图179

陆先生接着说，在运用"兜底擒马术"捕捉中长线黑马时，除了看周K线，还可以看着月K线进行操作。其方法是，在月K线图上设法找到一根能兜底的均线，待兜底线设置成功后，就可以直接操作了。下面请大家看两个实例：

实例十：海螺型材（000619）。从图180中看，该股在2008年11月跌至3.02元后，出现一轮V形反转走势，随后股价就沿着5月均线一路走高，直涨至16.05元见顶回落，途中每月收盘价都站在5月均线之上，而在股价击穿5月均线后，行情就急转直下，出现了大跌。该股操作方法很简单：只要股价站在5月均线之上就拿着股票做多，跌穿5月均线就立即卖出离场。其实，该股的见顶信号也很明确，这轮行情的最高点16.05元与上一轮行情的最高点16.39元"只差一点点"。有经验的投资者若用上"只差一点点"的技巧，就能在其高点顺利出逃，所获利润就相当丰厚。

16.39元

16.05元

兜底线（5月均线）

3.02元

海螺型材（000619）2007年2月~2012年1月的月K线走势图　图180

实例十一：西山煤电（000983）。图181显示，该股在2006年11月之后走出了一轮气势磅礴的牛市行情，直至2007年10月，股价摸高77.77元后见顶回落。那么，投资者如何逮住这匹中长线黑马呢？经过盘面分析就可以作出预计，若预计主力是以5月均线为心里价格底线进行操作的，此时就可在图中设置一根5月均线作为这轮行情的兜底线。接下来就可以按照"兜底擒马术"的原则进行操作。比如，可在箭头A处设立一个买点（俗称第一买点），在箭头B处再设置一个买点（俗称第二买点）。投资者按照上面的买点提示进行建仓后，就可以看着5月均线进行操作了。

有人问：什么时候卖出呢？这里有几个明显的卖出信号，可供大家参考。比如：

① 图181中的上端出现了"77.77"几个数字。"77.77"谐音是"吃、吃、吃、吃"，这是主力出逃时留下的一个特殊标记，故可作为卖出信号看待。

② 当时西山煤电在上涨过程中，在图181中拉出的最后一根大阳线是巨阳线，当月涨幅达到56.50%，其性质为赶顶的巨阳线。按照K线理论，巨阳线的收盘价，在股价冲高回落后被打穿，就是一个卖点。另外，巨阳线的实体被覆盖1/3就是一个更大的卖点，应全部卖出。

③ 5月均线被有效击破（见图中箭头C所指处），就应无条件地抛空股票，清仓出局。

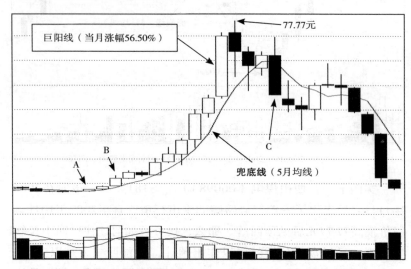

西山煤电（000983）2006年6月~2008年10月的月K线走势图　图181

292

总之，在该股月K线图上设置一个恰当的兜底线后，何时该买进，何时该持股做多，何时该卖出离场，月K线图上都会显示出明确的信号。大家只要按照这些信号的提示进行操作，就能大获全胜，绝对不会出现低位踏空、中途过早出局、高位被套的错误。

（五）

　　待4个小组的代表发言结束后，金老师走上讲台。金老师说：**在研究捕捉中长线黑马的过程中，我最大的感悟是：兜底擒马术是我们中小投资者最实用、最可信赖，而且成效特别显著的炒股技巧**。掌握这个技巧极其重要，《股市操练大全》的掌舵人黎航老师再三关照我，一定要把这个技巧讲深讲透，让所有笃信《股市操练大全》的读者都能从中受益。那么，为什么我们要特别重视这个技巧呢？因为无数事实告诉我们，一旦投资者掌握了这个技巧，并能成功地运用于实践中，所获得的收益就不是什么短线操作赚上几个百分点的那点收益，甚至捉上几匹短线黑马所获得的收益，即使全部加起来都不如用兜底线捉上一匹中长线黑马的收益大。这个事实，大家已从各个学习小组代表所举的实例中看到了，用一根兜底线栓住一匹中长线黑马，跑完全程，少则股价能涨上三四倍，多则可涨上10几倍。从某种意义上说，兜底线就是黄金线，准确地抓住兜底线就等于抓住了主力的命门，就能在股市中做到一招制胜，赚得钵满盆满。

　　也正因为这个技巧实在太重要了，所以我们这节课作了充分准备，各学习小组就如何设置兜底线，如何运用"兜底擒马术"捕捉中长线黑马展开了深入讨论。

　　事实证明，这样的讨论非常必要。如果我们不能通过深入讨论认识这个捕捉中长线黑马的关键技巧，那么就无法理解为什么有的投资者能轻轻松松地在股市中赚到大钱（买进股票后，可以几周、几个月持股不动。他们的制胜秘诀就是，只要股价站在兜底线之上就持股做多，跌穿兜底线就卖出），而有的投资者整天在股市里忙进忙出却一无所获。其实，两者的区别就是前者已经通过兜底线看清楚了主力的底牌，而后者却被主力施展的各种伎俩，忽悠得团团转。所以，我们可以这样说，**如果你真正理解了这个技巧，则在行情初起时，它会有助于你发现更好的买进切入点；在行情进行的途中，它会有助于你看清趋势发展的方向，不会犯过早卖出，中途踏空的错误；在行情结束时，它会有助于你马上作出判断，及时地止盈或止损离场。如此一来，你在股市里就赢定了。**

金老师在作了这一番陈述后，开始对各学习小组代表的发言进行点评。

金老师说：有一句歌词说，我们不知道你是谁，但我们知道你为了谁。如果套用这句话，当主力长期运作一个股票时，我们虽然不知道主力心里的价格底线在什么地方，但我们知道主力的心里一定是秘密地设置了一个价格底线。这是主力操盘的最核心机密，当然他们不会让外人知道。也正是这个原因，我们一开始把隐藏在主力心里的价格底线称为X线。但这个名词起得确实不好，后来我们研究了很长时间，准备把它改成"托底线"，但没有想到的是，第一小组学员讨论后起了一个比它更好、更响亮的名字——兜底线。

虽然，"托底线"与"兜底线"，仅一字之差，但反映的投资思路是不一样的。从根本上说，主力就是我们中小投资者的敌人，他们每时每刻都在想如何忽悠中小投资者。说到底，主力在股市中赚取的巨大利润都是从中小投资者身上刮来的。因此，我们没有义务，也不需要做主力的"托儿"，托他们的底。但兜底就不同了，"兜"字说明我们中小投资者是在主动出击，预先在主力必经之处打埋伏（当然为了打好理伏，在操作时，对主力的"必经之处"要预先作出精确计算）。所以，兜底线到底选择什么均线是很有讲究的，这也是我们要做的一个重要功课。

金老师又说：由兜底线引出的"兜底擒马术"，这个名词、概念，让人听后确实有点耳目一新之感。现在大家对这个新名词、新概念都认可了。说明它的出现是"顺应民心"的（下面出现一片笑声）。不过，我认为一个技巧光有好听的名词还不行，投资者必须了解它的内容是什么，才能知其然知其所以然。

我个人认为，**"兜底擒马术"核心内容有3个：①当事人要充分认识设置兜底线的必要性与它的重要作用。②一开始就要找准兜底线的位置，设置出来的兜底线一定要与主力洗盘时打压股价的心里底线相符合。③在实际操作中要让兜底线的作用发挥到最优化状态，即在一匹中长线黑马跑完全程时，基本上能做到低位不踏空，中途不被主力洗盘出局，当主力在高位出货时能及时出逃。虽然这个要求很高，但是我们在座的人，一定要力争做到。**今天讨论这个问题的重要意义就在这里。第一学习小组为这个技巧起了个好名词，也为今天的大讨论开了个好头，在此我要向他们表示衷心感谢。

当然，第一小组张小姐的发言也不是尽善尽美的。其主要问题是图形单一化，给人的印象是，所有的个股都可以用一根均线把它的全部上涨过程一网打尽。其实，对有的个股而言，主力在操作它们的时候，心里的价格底线会随着形势的变化而变化。此时，投资者要摸准主力心里的价格底线，可能就要设置两根，甚至更多根的兜底线。有关这个情况，第一小组在讨论时忽略了，我这儿作些补充说明。下面请大家看一个实例。

实例十二：横店东磁（002056）。图182显示，该股在2008年10月跌至5.21元后，演绎了一轮牛市上涨行情，股价在2010年11月摸高49.85元后才见顶回落。在这两年期间，该股最大涨幅达到856.81%，可谓是一匹很典型的中长线黑马。那么，如何使用兜底线拴住这匹黑马呢？在该股上涨的前半段部分，发现主力洗盘时的心里价格底线在200日均线附近，此时，我们设置的第一根兜底线就是200日均线；但在该股上涨的后半段部分，发现主力洗盘时的心里价格底线变成了 20 日均线，此时，我们设置的第二根兜底线就是 20 日均线。按照兜底擒马术的操作规则，当股价冲高回落，跌穿 20 日均线时就应马上止损离场。若这个时候仍然按照第一根兜底线，即看着 200 日均线进行操作就会出现很大的错误（见图 182 中说明）。所以，投资者在设置兜底线时要记住，**兜底线并不是只有一根均线兜到头的一种模式，有的中长线黑马，你要把它拴住，有时就要用到 2 根，甚至再多几根兜底线才能把它锁定。**总之，兜底线的设置要因股而异，因时而异，大家在用兜底擒马术的操作过程中，不能只记住一种模式。

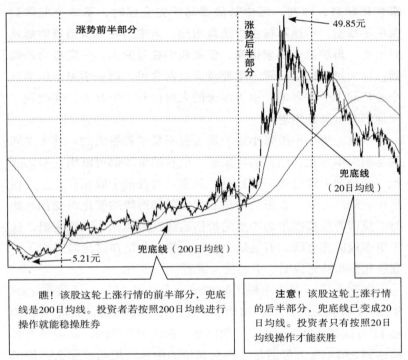

涨势前半部分

涨势后半部分

49.85元

兜底线
（20日均线）

兜底线（200日均线）

5.21元

瞧！该股这轮上涨行情的前半部分，兜底线是200日均线。投资者若按照200日均线进行操作就能稳操胜券

注意！该股这轮上涨行情的后半部分，兜底线已变成20日均线。投资者只有按照20日均线操作才能获胜

横店东磁（002056）2008年8月21日~2011年10月20日的日K线压缩图　图182

　　金老师对第一学习小组代表的发言作点评后，开始对第二学习小组代表的发言作点评。金老师说：第二学习小组提出的如

何设置兜底线的思路是正确的，但他认为设置兜底线的工作，还可以做得再细一点。比如，可以用5进位的方式一级一级地往上进行测试，如30、35、40、45、50、55、60、65……为什么要这样做呢？因为在股市中有的主力为了不让外面人察觉，故意把其心理价格底线设置在如45日、75日等均线处。倘若我们一味地以"10"这个数字为单位，以10进位的方式一级一级地往上跳，很可能会出现一些不必要的差错。另外，还有一种方法也可以试试，即看主力在以前的行情中曾经用过什么均线作为他们的心里价格底线，这次是否也会故伎重演呢？这个方法有时也很灵验，值得一试。下面我们来看一个实例。

实例十三：七匹狼（002029）。从图183中看，该股在2005年10月~2007年5月，上演了一轮牛市行情，股价涨了6倍多。当时，主力洗盘时的心里价格底线是90日均线。2008年10月该股跌至8.52元后又重新展开了一轮强劲的升势。在这次行情中主力也是把90日均线作为其心里价格底线的。因此，投资者参照上次兜底线的设置方法，这一次也可以把兜底线设在90日均线处（见图

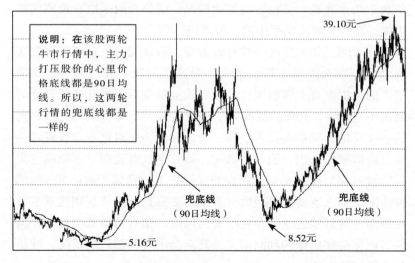

七匹狼（002029）2004年8月6日~2011年2月9日的日K线压缩图　图183

183中箭头所指处），同样会取得很好的效果。

接着金老师又对第三学习小组代表的发言作点评。金老师说：第三学习小组提出以兜底擒马术捕捉中长线黑马时，判断兜底线是否被跌穿，要看主流，偶尔有几天跌穿无碍大事。对这个观点，我总体上是赞成的。但这个观点的不足之处是，刘女士在发言中没有具体说明，出现什么现象不属于"偶尔"情况，必须卖出。关于这一点，我认为不能含糊其词，必须有明确的说法，否则操作起来就会面临很大的风险。我现在对这个观点作一些补充说明，我认为，**所谓的偶尔跌破，应不包括下面两种现象。**

① **股价跌破兜底线，已达到了有效跌穿的标准：即股价已连续3日以上收在兜底线之下，且最后1根K线的收盘价与兜底线相比，跌幅已超过了3%。**

② **股价跌穿兜底线时是以股价向下跳空方式出现的，且在当天K线图形上留下了一个明显的向下跳空缺口。**

如果出现上面这些现象，那么就要警惕主力在出逃了，这并不是什么偶尔跌破了（此时，如果盘中成交量明显放出，那就更不属于偶尔跌破）。投资者见此情况，应该及时采取止损离场的措施，至少也要卖出手中的一半筹码。

有人问：如果兜底线被有效击穿，后来股价又重新站在兜底线之上，那么要不要再追进呢？对这个问题，我认为一定要慎重。因为根据有关资料统计，兜底线被跌穿后再展开一轮升势的情况不足30%，70%的情况属于股价破位后，即将出现大跌之前的一次反抽。反抽在技术上是一个逃命机会。对这一点投资者一定要有清醒的认识。换一句话说，倘若你没有把握，不能确定兜底线被打穿后股价又重新站在兜底线之上，是属于前面30%的那种情况，那么就要坚决地放弃看多做多的打算。要想到这是主力在诱多，盲目跟进就会存在很大的风险，稍有不慎就会被套在高位，把你前期所赚的利润搋光，甚至会出现倒赔钱的情况，这是非常得不偿失的。

当然，对于股价偶尔跌破兜底线的情况则不在此例。若你分析下来兜底线被击穿，属于偶尔跌破，后来股价又重新站到兜底线之上，出现新的一轮升势，此时有股者仍可继续持股，无股者则可以追高买进。总之，在这个时候投资者应看多做多，而不是看空做空。为了说明这个问题，下面我请大家看两个实例。

实例十四：荣盛发展（002146）。图184显示，该股在2008年11月股价跌至4.03元后出现了一轮升势，当时股价是沿着30日均线往上攀升的。显然，30日均线就是该股这轮上升行情的兜底线。但当股价上涨接近20元时，向下掉头并跌穿30日均线之后，其跌穿的有效性就被市场确认了。虽然后面股价又重返30日均线之上，并创出新高，但后来的事实证明，兜底线被有效跌穿，说明主力已无心再推高股价，开始大量出货，之后的创新高是假的，是主力精心设置的一个多头陷阱。凡追高买进者，或持股不抛者最后都被结结实实地套在山顶上动弹不得。

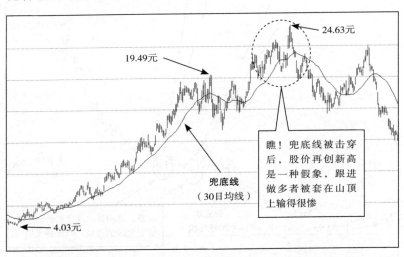

荣盛发展（002146）2008年10月23日~2010年5月17日的日K线压缩图　图184

实例十五：国脉科技（002093）。该股上市不久就出现了一轮大幅上涨行情，股价从19.52元一路走高，直涨至119.77元见顶回落。从图185中看，该股上涨时基本上是沿着20日均线往上攀升的。正因为如此，20日均线就成了该股这轮行情的兜底线。虽然上涨时20日均线在中途失守，但由于这个失守日子很短，跌幅又很浅，不符合有效跌穿的原则，所以中途20日均线失守，被证明为主力在洗盘时有意设置的一个空头陷阱。若在此卖出者都上当了（筹码被主力忽悠进入了他们的口袋），成为过早卖出，中途下马的踏空者。后来该股很快就掉头向上，继续沿着20日均线向上攀升。由此可见，股价偶尔跌穿兜底线并无大碍。如果投资者继续持股或趁股价回调之机跟进做多，就能成为股市赢家，甚至是大赢家（见下面图185）。

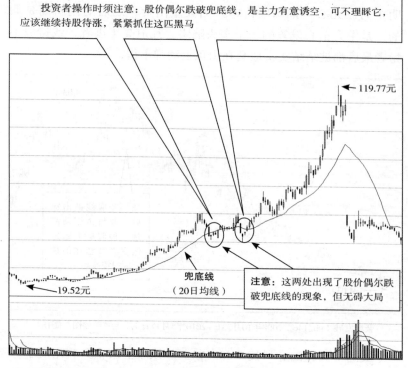

国脉科技（002093）2006年12月21日~2007年9月12日的日K线走势图　图185

总而言之，在一轮大的上涨行情中，如股价偶尔跌穿兜底线，一般不会改变股价运行的方向，此时仍可看多做多；但如属于有效跌穿兜底线就另当别论，即使股价再次返身向上，此时也不应轻易看多做多，应警惕这是主力设下的一个陷阱。

最后，金老师又对第四学习小组代表的发言作点评。金老师说，第四学习小组讨论这个问题时换了一种思路，将兜底擒马术用在周 K 线、月 K 线图上。我认为这很好，因为中长线黑马与短线黑马不同，它的运作时间长，因此看周 K 线、月 K 线操作是可行的[注]。将兜底擒马术用在周 K 线、月 K 线上有以下几个优点：

① 它为平时没有什么时间看盘的投资者提供了极大的方便。这些投资者要做的工作是，在低位选择好股票，设置一根恰当的兜底线后（这两件事是要花时间用心去做的），平时就不需要看盘。若是在周 K 线图上设置兜底线的，那么到每个周末，检查一下本周的收盘价是否站在兜底线之上；若是在月 K 线图上设置兜底线的，那么到每个月末，检查一下本月的收盘价是否站在兜底线之上。通常，只要检查下来，该股的周收盘价或月收盘价站在兜底线之上，就持股做多。如果检查下来该股的周收盘价或月收盘价已明显击穿兜底线，就卖出离场。如此简单的操作，想必每个人都会操作，这种操作方法相当简单、方便，省时、省力是毫无疑问的。

② 越是单位时间周期长的 K 线图形，越能过滤掉因短期波动带来一些不真实的虚假信息。因此日 K 线图形所发出的信号，其准确性比周 K 线、月 K 线图形所发出的信号的准确性差。从这个意义上说，将兜底擒马术用在周 K 线、月 K 线图上，其出错的概率就会小很多。

【注】 一匹中长线黑马从行情起步到见顶回落，时间少则半年，多则达2年以上，若在月K线图上观察，就有6根~24根以上的K线，K线多了就能便于观察；而短线黑马从行情起步到结束，往往就是一两个月，若在月K线图上观察，只有一两根月K线，这样就不易观察，也很难操作。

当然，凡事有利必有弊。虽然兜底擒马术用在周K线、月K线图上有其优点，但也有它的缺点。这些缺点是：

① 买进的价格相对较高。因为周K线、月K线图发出的买进信号要比日K线图发出的买进信号时间要晚，因而买进的价格也多少要高一点，有时会高很多。

② 卖出的价格相对要低。同样的道理，等周K线图，特别是当月K线图发出卖出信号时，股价可能已经跌掉一大截了。这不像观察日K线图操作，只要判断准确，依据日K线图发出的卖出信号把股票卖出，往往就能卖出一个好价钱。

③ 一匹中长线黑马跑完全程，途中往往少不了主力几次大的洗盘动作，这样股价短期高低落差就会很大。这种价格落差，在日K线图上看得比较清楚，由此就可以为熟悉短线操作的投资者提供一些高抛低吸，赚取短线差价的投资机会。但这种落差在周K线图上，特别是在月K线图上反映就不明显。这也就是说，看周K线图，特别是看月K线图操作的投资者就失去了短线高抛低吸的投资机会。

金老师在肯定第四学习小组倡导的将兜底擒马术用于周K线图、月K线图的投资策略后，也指出了他们发言的不足之处。

金老师认为这个不足之处，主要表现在两个方面：第一，没有清楚地表明周K线、月K线图中的兜底线应该怎么设置；第二，月K线图举证有重大遗漏。

那么，如何来弥补这个不足之处呢？下面金老师作了一些补充说明。

第一，在周K线、月K线图中设置兜底线，除了像日K线图中设置兜底线，拿各种不同的均线进行试验外，还要特别注意一点，即所设兜底线对下端低点所触及的情况。这是什么意思呢？其意是指投资者在操作时，应该将周K线、月K线中每根K线的收盘价作为一个点看待，如发现哪根均线触及这个点最多，这根线就是它的兜底线。

第二，第四小组代表的发言中举的两个月K线图形的例子，都是5月均线，这给大家的一个印象是，似乎只有5月均线能充当兜底线角色，其它的均线都没有资格成为兜底线。其实，事实并非如此，在月K线图中，用其它均线担任兜底线的情况并不在少数。另外，月K线图中，一匹中长线黑马跑完全程也会出现两根，甚至两根以上的兜底线。有关这些情况，我认为都应该向大家交代清楚，这样才不会误导大家。下面我们来看两个实例。

实例十六：东风汽车（600006）。该股在2000年1月股价跌至4.50元后出现V形反转走势，股价一路涨到15.20元才见顶回落。据分析，主力当时运作该股时，心里的价格底线就是8月均线。所以，我们在图中用8月均线设置一根兜底线，就能把这匹黑马拴住，一路跑到头（见下面图186）。但是，若在图中错误地用5月均

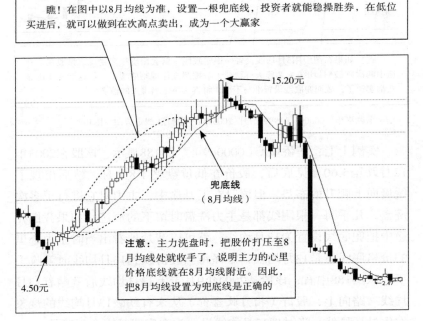

东风汽车（600006）1999年7月~2005年12月的月K线走势图　图186

线设置一根兜底线，在行情起步不久，或最多在行情升至半山腰处，就全被主力洗盘出局，让煮熟的鸭子飞了（见下面图187）。

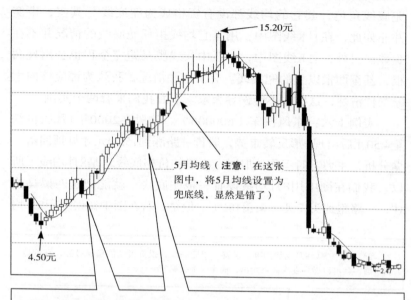

15.20元

5月均线（**注意**：在这张图中，将5月均线设置为兜底线，显然是错了）

4.50元

2.47

瞧！如果在图中用5月均线设置一根兜底线，就会出现很多错误。该股在上升途中两次跌破5月均线（见箭头所指处），按照操作规则应卖出，但这两次卖出显然都卖错了，故而兜底线设置准与不准，将直接决定当事人的输赢

东风汽车（600006）1999年7月~2005年12月的月K线走势图　图187

实例十七：华侨城A（000069）。图188显示，该股在2003年12月跌至5.60元见底后，股价在低位盘整了8个月，然后出现了缓慢向上爬升的态势。但该股在上升途中，主力对它进行了多次洗盘，几乎每一根阴线都是主力洗盘时留下的痕迹。如果我们在途中把兜底线设置为13月均线，就可以清楚地看出当时主力心里的价格底线就是13月均线，难怪每当股价跌到13月均线时就收手了。从图188中看，该股从2004年9月走上13月均线后就贴着13月均线一路向上，股价（指月收盘价）从未有跌破13月均线的现象发生过。显然，当时把13月均线设置为兜底线是完全正确的。

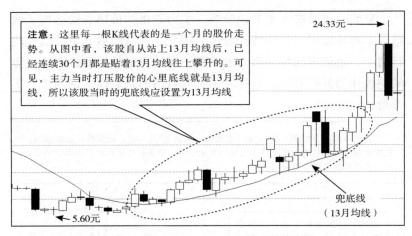

注意：这里每一根K线代表的是一个月的股价走势。从图中看，该股自从站上13月均线后，已经连续30个月都是贴着13月均线往上攀升的。可见，主力当时打压股价的心里底线就是13月均线，所以该股当时的兜底线应设置为13月均线

24.33元

5.60元

兜底线
（13月均线）

华侨城（000069）2003年8月~2007年2月的月K线走势图　图188

不过，后来发觉该股在拉出一轮主升浪行情时，13月均线与实际走势产生了较大偏差，13月均线不再像以前那样，让股价贴着它往上涨，此时再继续用13月均线作为兜底线就不合适了（见下面图189）。

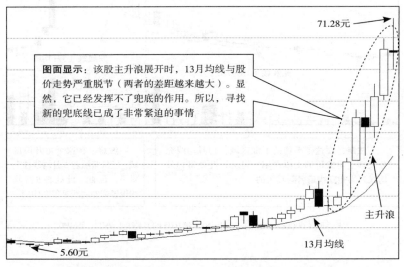

71.28元

图面显示：该股主升浪展开时，13月均线与股价走势严重脱节（两者的差距越来越大）。显然，它已经发挥不了兜底的作用。所以，寻找新的兜底线已成了非常紧迫的事情

主升浪

13月均线

5.60元

华侨城（000069）2004年4月~2007年9月的月K线走势图　图189

显然，该股进入主升浪阶段，主力心里的价格底线已作了调整，不再继续用13月均线护盘了。因此，在该股展开主升浪这段行情中，必须再找出一根新的均线，即找出最贴近股价实际走势的均线作为其兜底线，这样才不会对行情的趋势作出误判（见下面图190）。

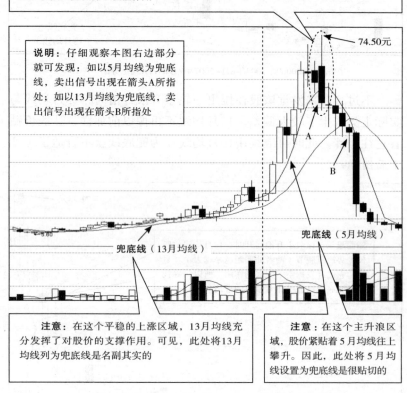

瞧！该股主升浪展开后，及时把兜底线调整为5月均线，在股价见顶回落时，它能比原先的13月均线提早几个月发出卖出信号，这为投资者踏准股市涨跌节拍，减少投资风险发挥了积极作用

说明：仔细观察本图右边部分就可发现：如以5月均线为兜底线，卖出信号出现在箭头A所指处；如以13月均线为兜底线，卖出信号出现在箭头B所指处

74.50元

A

B

兜底线（13月均线）

兜底线（5月均线）

注意：在这个平稳的上涨区域，13月均线充分发挥了对股价的支撑作用。可见，此处将13月均线列为兜底线是名副其实的

注意：在这个主升浪区域，股价紧贴着5月均线往上攀升。因此，此处将5月均线设置为兜底线是很贴切的

华侨城（000069）2004年3月~2008年10月的月K线走势图　图190

金老师说：前面大家通过学习了解了很多捕捉中长线黑马的知识与技巧。但我们必须清醒地认识到，这只是迈向成功的第一步，更重要的是实际操作。

俗话说："三分靠知识，七分看执行。"今天，我们将集中探讨有关捕捉中长线黑马在操作上的几个问题。因为今天讨论的内容很多，所以我把它列成3个专题。第一小组讨论第一个专题，第二小组讨论第二个专题，第三个专题是一个大题目，分成两个部分，交给第三、第四小组分开来讨论。讨论结束后，请各个小组派代表到台上来交流。

下面请听题。

第一题：许先生因看好某股的潜力，在图191中箭头A所指处重仓买进了该股，之后在该股震荡时卖出了一小部分（见图191中箭头B所指处），现在仍有大量股票捏在手中。但该股的激烈震荡，让他捉摸不透主力的操盘意图。他想弄明白主力究竟是通

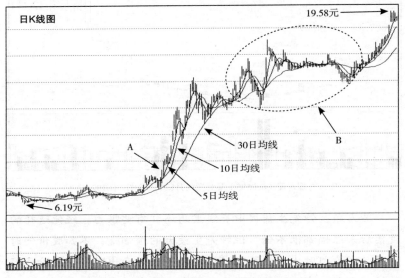

苏泊尔（002032）某时期的日K线压缩图　图191

过上下震荡在出货，还是在洗盘呢？有人告诉他，图191的走势已经透露出主力的操盘意图，看懂这张图就能踏准该股的涨跌节拍。但许先生看了半天仍看不出什么名堂，不知道主力在玩什么花样。**请问：**你能解开图191中的秘密，为许先生释疑解惑吗？

第二题：图192显示，该股当时走出了一轮波澜壮阔的大牛市行情。股价从5.42元一直涨到96.50元才见顶回落，股价涨了近17倍。据了解，某高手通过正确的操作步骤，几乎跟着该股跑完了这轮大牛市行情，赚得钵满盆满。**请问：**你知道这位高手是如何操作的？请把他的操作步骤一步一步地分解给大伙儿听听。

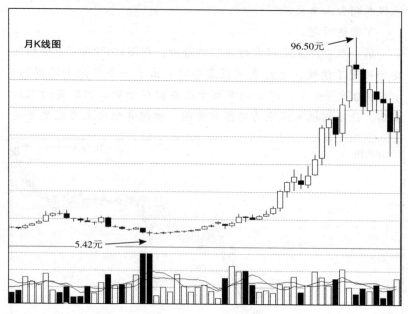

海螺水泥（600585）某时期的月K线走势图　图192

第三题：钟先生捕捉中长线黑马还算有些眼力，经他选择的股票后来涨幅都很不错。但钟先生最大的烦恼是，不知股价何时见顶，主力何时出逃，等他发现情况不妙再卖出时往往股价已经跌掉一大截。有一次，他拜访了一名逃顶高手。这位高手送给他一张纸条，纸条上面写着一段顺口溜："山顶尖刺防扎手，大阳扎堆疑有诈，加速上涨须警惕，长阴落下赶快溜。"高手要他回去把这段顺口溜好好地琢磨，待琢磨透了自然就会知道如何逃顶了。**请问：** 你能理解高手这段顺口溜吗？请举例说明。

（一）

第一小组对第一题进行认真讨论后，派梁先生将他们讨论的情况向大家作汇报。梁先生指着图191说，他们小组的意见是：

① 许先生在图191中箭头A处买进是对的。因为此处该股5日、10日、30日均线已出现多头排列，均线向上发散的态势明显，而且股价经过回踩30日均线已突破前面的高点，再加上成交量也出现明显放大的现象，这些都是盘中发出的积极做多信号。在多重做多信号叠加的情况下买进，获胜的概率是非常高的。可见，许先生初次买进的时机把握得很好，应该作充分肯定。

② 从题目的信息中得知，在该股上下震荡期间，许先生已卖出手中的部分筹码。为什么要卖出呢？尽管许先生没有说明其中的理由，但是从图中可以看出，许先生当初是看见股价站上30日均线买进的，后来看到股价跌破了30日均线心里有些担心，所以抛出了部分筹码。

③ 图191显示，该股两次跌破30日均线，事后不久都重返30日均线之上，现在股价已创出新高，这说明跌破30日均线是主力搞的假摔动作。主力这样做的目的是借机会把一些看着30日均线操作的技术派人士，以及跟风追涨的短线客清洗出局，而许先生也是看着30日均线操作的，自然就成为主力的清洗对象。这样，许先生在该股30日均线失守后卖出正中了主力的圈套。

④ 从图191中看，该股最近一个阶段的洗盘已暂告一个段

落，现在股价已创出新高。从该股主力操作手法来看，每当股价上一个台阶时，主力都会进行一次洗盘。尔后，即使该股处于上升态势，但股价出现激烈震荡的情况会更加频繁。因此，对小许这样的投资者来说，当务之急是要弄清楚主力在洗盘时，把股价往下打压的心里价格底线在什么地方，因为只有摸清主力心里的价格底线，操作时才会有明确的方向。

⑤ 既然图191中股价在上下震荡期间两次都跌破了30日均线，说明该股在行情启动得到市场认可后，主力已放弃了用30日均线来护盘的打算，此时30日均线已不再是主力洗盘时的心里价格底线。也就是说，主力的心里价格底线已产生新的变化。

⑥ 从图191中看，在该股两次跌破30日均线后出现止跌的地方，所对应的均线很有可能就是主力现在，甚至往后打压股价的心里底线。我们对这些地方的均线进行测试后发现：该股第一次跌破30日均线，股价是在触及70日均线时止跌的；该股第二次跌破30日均线，股价是在触及120日均线时止跌的（见图193）。有鉴于此，许先生若要踏准该股后面的涨跌节拍，就要放弃30日均线，在图中重新设置70日、120日两根均线，并把70日均线作为一根短期的兜底线看待，把120日均线作为一根长期的兜底线看待，并按照"兜底擒马术"的技术要求进行操作。

⑦ 根据图193反映的信号，我们可以推断往后主力洗盘时，打压股价的心里底线在何处。我们预计在一般情况下，主力洗盘时，将股价打压到70日均线附近就会收手；在特殊情况下，主力洗盘时将股价打压到120日均线处才会收手。

梁先生代表第一小组总结出的七点意见，你认同吗？请你想一想，下面梁先生会给许先生提出什么样的操作建议？（答案见下页）

说明：此图的K线走势与本书第307页图191中的K线走势相同，只不过把原图中的5日、10日、30日均线作了删除，换成了70日均线与120日均线。其中，股价回调的一个低点就停留在70日均线处，另一个股价回调的低点在120日均线处。这两根均线很可能就是主力心里的价格底线

说明：该股后续走势见图194

19.58

120日均线

70日均线

6.19

苏泊尔（002032）2005年11月21日～2006年12月20日的日K线压缩图　图193

　　有鉴于此，我们建议小许可以这样操作：若往后股价冲高回落跌穿30日均线可不予理睬；若往后股价冲高回落跌至70日均线附近出现企稳迹象，可视为低位回补的第一个买点（指在高位抛出的股票可在低位补进）；若往后主力洗盘的力度加大，股价冲高回落跌至70日均线附近仍无企稳迹象，此时可继续持币观望，待股价回调至120日均线附近，出现企稳迹象，可视为低位回补的第二个买点进行补仓。但要特别注意的是，若股价下跌将120日均线也击穿，此时就要高度警惕了，一旦达到有效击穿的程度，说明这轮上升行情已告结束，此时必须马上清仓离场。

　　后来的事实证明，这个操作策略是完全正确的，小许若按照上述建议操作，就能踏准该股上涨与下跌的节拍，成为一个大赢家（见下页图194）。

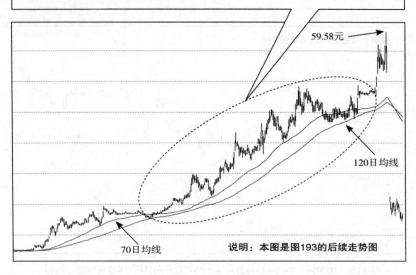

（上接图193）果然不出所料，主力洗盘时的心里价格底线就在70日均线与120日均线处。瞧！该股这轮上升行情就是沿着70日均线、120日均线一路往上攀升的。故而把70日均线与120日均线设置为兜底线，就能让主力的阴谋暴露无遗。投资者只要看着这两条兜底线操作即可稳操胜券

59.58元

120日均线

70日均线

说明：本图是图193的后续走势图

苏泊尔（002032）2006年3月3日~2008年4月23日的日K线压缩图　图194

（二）

梁先生发言结束后，第二学习小组派季小姐上来进行交流。季小姐说：他们小组通过对图192的仔细研究，初步了解了高手的操作路径，弄清楚了高手是靠什么手段跑完该股这轮大牛市行情的。

他们发现高手是这样操作的。

第一步，高手操作时，首先要做好一门功课，即对该股基本面进行深入了解，只有在初步判断该股具有中长线发展潜力时，才会去关注这个股票。

第二步，在该股跌至5.42元见底的地方，并不是最佳买进之处，因为高手在当时并不知道5.42元就是最低价，最低价是回过头来看才知道的。因此，在股价跌至5.42元后，高手仍然在持币观望。但该股在收出5.42元之后的3个月，K线图上拉出了3根小的月阳线，每月的收盘价都在小幅提高，从K线理论上说，这3根小阳线就是一个红三兵的K线组合。通常，月K线图上低位出现红三兵是一个积极的买进信号（见图195中箭头A所指处）。在这个时候，高手很可能是按照K线信号的提示，进行第一次买入（这个买入点俗称为第一买点）。

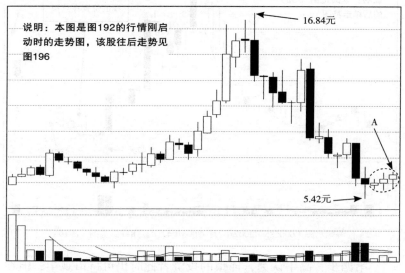

海螺水泥（600585）2002年2月~2005年7月的月K线走势图　图195

第三步，高手买入后，会继续观察，当股价在上涨过程中拉出第一根月阴线（见图196中箭头A所指处）时，高手认为，在当月末就可以用不同的均线，试验主力操作该股的心里价格底线在何处。试下来，大家就会发现，5月均线最合适。因为前面股价基本上是贴着5月均线向前运行的。我们仔细检查后发现，箭头A指的这根月阴线的收盘价是10元，而当时该股5月均线的价格是

313

9.92元，可见，当时该股月K线的收盘价略高于5月均线的价格，这说明5月均线确实在支撑着该股的股价。这根月阴线之后的第二个月，该股又收了一根中阳线，此时该股的股价已完全站在5月均线上方。至此，高手心里有数了，就将5月均线确定为该股这轮上升行情的兜底线，同时他会在这里进行第二次买入（这个买入点俗称为第二买点，见图196中箭头B所指处）。

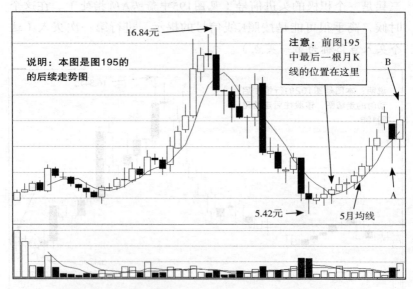

16.84元

说明：本图是图195的
的后续走势图

注意：前图195
中最后一根月K
线的位置在这里

B

5.42元

5月均线

A

海螺水泥（600585）2002年2月~2006年4月的月K线走势图　图196

第四步，高手认为，谨慎的投资者此时仍可持币观望，但在该股走到图197中箭头A所指处时，心里应该有底了。因为从月K线上看，该股在上涨过程中经过两次回调，最终都停留在5月均线上方（请注意：在月K线图上，这是两根实体并不是很长的阴线，但若换成日K线图，股价回调的幅度看上去就很大。这说明该股的5月均线在当时确实发挥了兜底的作用。此时投资者就不应该再谨慎了，应抓住机会赶紧买入，这个买入点俗称第三买点）。

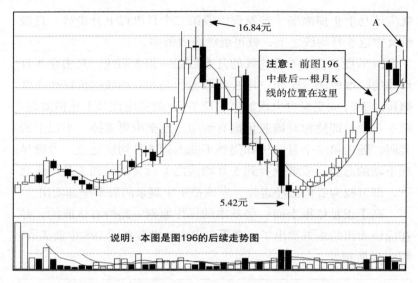

16.84元

A

注意：前图196
中最后一根月K
线的位置在这里

5.42元

说明：本图是图196的后续走势图

海螺水泥（600585）2002年2月~2006年8月的月K线走势图　图197

第五步，高手认为，无论是在第一买点，还是在第二买点、第三买点买进该股的投资者，此时一定要记住按照下面的方法进行操作：平时可以不看盘，只是到每月末收盘后再来看盘，检查一下所持的股票，当月的收盘价是多少？它比该股的5月均线的价格高还是低？只要检查下来，当月的收盘价高于5月均线的价格，就可以继续持股；若检查下来，发现该股当月的收盘价已经低于当时5月均线的价格，就应该高度警惕了，此时就应该马上对该股进行风险评估，并采取相应的对策。风险评估的基本内容是：

A. 若股价击穿5月均线的月K线是一根小阴线，且击穿5月均线的幅度很浅，比如，收盘价与5月均线的价格相比跌幅仅为1%左右，成交量也没有出现异常放大的情况，此时可暂时把这种现象归属于偶尔击穿，操作上仍可谨慎持股观望。但要注意观察该股第二个月的走势，若一旦发现股价继续呈现下跌的走势，且第二个月的收盘价与5月均线的价格相比跌幅超过3%，这个时候就应该马上止损离场；若发现该股第二个月出现上升走势，且股价又重返 5 月均线之上，就可继续持股做多。

B. 若股价击穿 5 月均线的月 K 线是一根大阴线，且击穿 5 月均线的幅度较深，比如，月 K 线收盘价与 5 月均线的价格相比跌幅超过 3%，成交量也出现放大的现象，此时就应该马上止损离场。退一步说，即使你对该股仍抱有希望，也至少要卖掉一半以上的筹码。随后第二个月股价如仍然不能返到 5 月均线之上，继续呈现下跌的态势，或者返身到 5 月均线之上后又跌回到 5 月均线之下，都可视为股价已经走熊，应该把手中剩余的股票全部卖出。

高手正是依据上面一些基本的操作原则一路持有该股的，并在应该卖出的地方卖出了。高手卖出点就设置在图 198 中箭头 A、箭头 B 所指处。

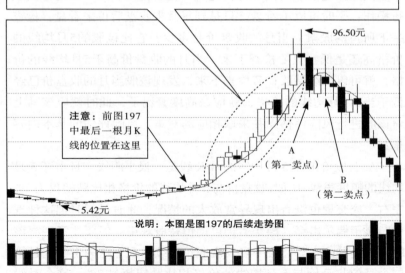

瞧！该股自从攀上5月均线后，就沿着5月均线一路往上走高，途中从未发现股价（指收盘价）跌破5月均线的现象。可见，用5月均线作为兜底线就能牢牢地拴住这匹大黑马，其买点、卖点十分清晰。投资者只要按照兜底擒马术的要求操作，就能大获全胜

96.50元

注意：前图197中最后一根月K线的位置在这里

A
（第一卖点）

B
（第二卖点）

5.42元

说明：本图是图197的后续走势图

海螺水泥（600585）2004年10月~2008年10月的月K线走势图　图198

（三）

季小姐发言结束后，第三小组代表姚先生走上讲台与大家进行交流。姚先生说：他们小组接到的任务是诠释高手顺口溜中的前两句话，现在先来解释第一句话——"山顶尖刺防扎手"。姚先生分析，高手说的"尖刺"，指的是K线上的长上影线。通常，在股价大幅上涨后出现"尖刺"，投资者就要当心了。为什么要当心呢？因为股市里很多股票都是在高位长了"尖刺"后见顶回落的。

姚先生说：他们小组在讨论时把山顶长"尖刺"，致使股价见顶回落的现象，归纳为3种基本形式：

①"单根尖刺"见顶式。股价大幅上涨后，如果有一天突然拉出一根长十字线（或螺旋桨K线、射击之星、倒T字线，见表4），只要在第二天或以后的几天时间里，股价在长十字线的上

"单根尖刺"见顶式一览表　表4

长十字线	螺旋桨K线	射击之星	倒T字线

影线下方运行，股价见顶的可能性很大，此时应果断卖出离场。

实例一：ST科健（000035）。该股现在是带了ST帽子，但在以前它很风光。据了解，该股在1997年~2000年期间，股价曾从6元一路涨到59.20元见顶回落（见下页图199）。当时该股见顶时的K线图形，最上端就是一根长十字线（见图199中的小图）。这根长十字线的上影线就好像一根尖刺长在山顶上，把投资者扎得鲜血淋淋。随后股价就呈现狂泻的走势，持股做多者输得很惨。

317

瞧！该股在上方拉出一根长十字线[注]，第二天股价就跌至长十字线的下影线处，这样该股的顶就被锁定了。随后，股价从最高处59.20元跌至1.43元才见底，跌幅达到了97.58%。这实在太吓人了！可见，股价大涨后，一旦在高位以"单根尖刺"的方式见顶，跌势是非常厉害的，这要引起投资者高度警惕

59.20元

59.20元

1.43元

ST科健（000035）1997年2月27日~2005年12月19日的日K线压缩图　图199

②"球状尖刺"见顶式。它的特点是，股价见顶时并不像图199那样，因为一根带有长刺的K线就见顶了，它整个见顶过程，像是在一个大的圆球上方长满了一堆尖刺，最后导致多方溃败而见顶的。下面我们来看一个实例。

实例二：云南铜业（000878）。图200显示，该股在中长线黑马行情即将走完，构筑头部时，很多K线头上都长满了"尖刺"，它们像是沿着一个圆球进行弧形排列。或许这个圆球上的

【注】本书因篇幅限制，不能多举例子。大家要记住，股价以"单根尖刺"见顶方式见顶时，不一定是长十字线，也可能是螺旋桨K线、射击之星、倒T字线等，其见顶的原理与长十字线相同。相关实例，可参见《股市操作大全》第八册第567页~第571页。

"尖刺"太多了，大家都怕这么多的"尖刺"会扎疼自己，市场上看多做多的人一下子聚减，以致股价就此见顶了。而当初看到圆球上长有这么多"尖刺"，仍与该股恋恋不舍者，日后就输惨了（编者按：该股见顶后，从最高98.02元跌至最低6.81元，最大跌幅达到93.05%）。

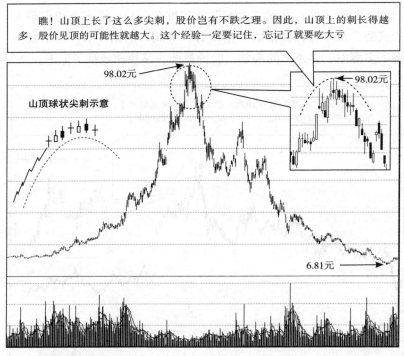

瞧！山顶上长了这么多尖刺，股价岂有不跌之理。因此，山顶上的刺长得越多，股价见顶的可能性就越大。这个经验一定要记住，忘记了就要吃大亏

98.02元

98.02元

山顶球状尖刺示意

6.81元

云南铜业（000878）2006年10月11日~2008年11月21日的日K线压缩图　图200

③"并排尖刺"见顶式。这是以"尖刺"为见顶的方式中最有杀伤力的一种见顶形式，几个带有长上影线的K线，紧挨在一起横排着，故而它被称为"并排尖刺"。大家想想看，股价大涨后，有一根长长的"尖刺"，已让多方扛不住了，如果再有几根长长的"尖刺"并排排列着，多方就更难以招架了。据有关资料

统计，若股价大涨后出现"尖刺"并排的现象，股价见顶的概率可达到九成。这个比例是相当高的，故而大家对此必须要高度警惕，切不可麻痹大意。下面我们来看一个实例。

实例三：三精制药（600829）。图201显示，该股在2010年11月摸高29.40元后见顶。虽然它与图199、图200中的个股一样，都是在头上长了"尖刺"后触发股价见顶的，但它的"尖刺"排列方式与众不同，几根"尖刺"并列排在一起，给多方造成很大的威胁，盘中在拉出最后一根带有"尖刺"的阳线后，马上就出现了多翻空、多杀多的现象，股价就此一路快速地跌了下来。

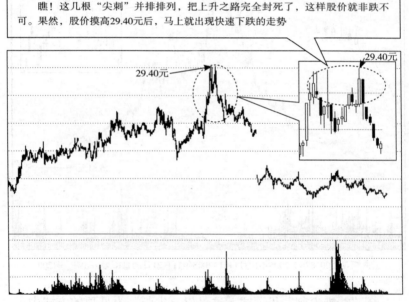

瞧！这几根"尖刺"并排排列，把上升之路完全封死了，这样股价就非跌不可。果然，股价摸高29.40元后，马上就出现快速下跌的走势

三精制药（600829）2008年10月13日~2012年10月12日的日K线压缩图　图201

姚先生说：接下来，我向大家解释高手顺口溜中说的第二句话——"大阳扎堆疑有诈"。那么，什么是大阳扎堆？大阳扎堆对多方来说是好事还是坏事呢？关于这些问题，我们小组在讨论

时争论十分激烈,看好的与看坏的都有。后来通过摆事实,讲道理,大家的认识才得到统一。那么,最后统一的结论是什么呢?我暂时不说,先请大家看几个实例,然后我再把这个结论告诉大家。

实例四:大同煤业(601001)。图202显示,该股在7元附近见底后出现了一轮大幅上涨行情,后来股价冲至40元附近出现震荡横盘的走势。值得注意的是,该股在横盘时,先后拉出3根涨停或接近涨停的大阳线,然后股价就在大阳线附近上下震荡,既没有涨上去也没有跌下来,这种状况一直维持了两个多月。现在的问题是,投资者必须判断,股价横盘的性质是什么?主力是在洗盘还是在出货?如果让你分析,你能分析出里面的所以然吗?

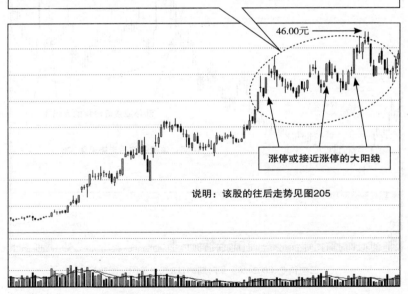

瞧!该股冲高回落出现震荡,股价经历2个多月的折腾,期间出现3根涨停或接近涨停的大阳线(见图中箭头所指处)。股价走势扑朔迷离,让人猜不透

46.00元

涨停或接近涨停的大阳线

说明:该股的往后走势见图205

大同煤业(601001)某时期的日K线走势图 图202

实例五:云南锗业(002428)。这是中小板中的一个资源

类股票，市场上看好它的人很多。该股上升到图203上方这个区域，股价出现了激烈震荡，图中时不时就会拉出一些大阳线。有人认为该股激烈震荡是因为主力的洗盘力度很大，所以才会出现股价的大幅波动，而洗盘时唱主角的就是在股价震荡中出现的大阳线。也有人不同意这种看法，认为这是主力利用大阳线进行诱多出货。那么，真实的情况到底是什么呢？一切只能等以后的股价走势走出来后才会真相大白。

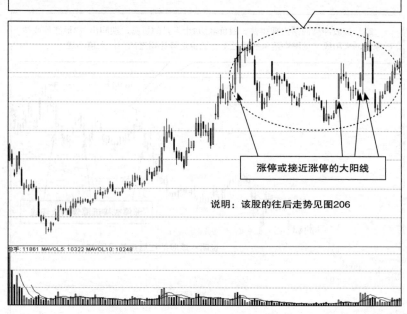

图面显示，该股在画圈处出现大幅震荡，震荡期间图中出现了4根涨停或接近涨停的大阳线（见图中箭头所指处）。出现这样的走势主力究竟想做什么呢？值得人们深思

涨停或接近涨停的大阳线

说明：该股的往后走势见图206

总手: 11861 MAVOL5: 10322 MAVOL10: 10248

云南锗业（002428）某时期的日K线走势图　图203

实例六：三维工程（002469）。图204显示，该股是深圳市场中的一个次新股，上市不久就遭到市场追捧，股价一路冲高，后来出现了横盘震荡的走势（见下页图204中画方框处）。有人

认为该股潜力很大，现在只是第一波行情暂告一个段落。由于跟风的人很多，所以主力要加大洗盘力度，这样才造成股价近期的激烈震荡，现在投资者应趁着股价震荡逢低吸纳，将来必有厚报。但反对的声音也不小，看空者认为，该股出现大幅震荡，又拉出这么多大阳线，这完全是主力精心设置的陷阱，跟进做多肯定要上大当。两种观点，针锋相对。那么，究竟谁对谁错呢？很多人一时还看不清楚，因此不知道应该支持谁，反对谁。

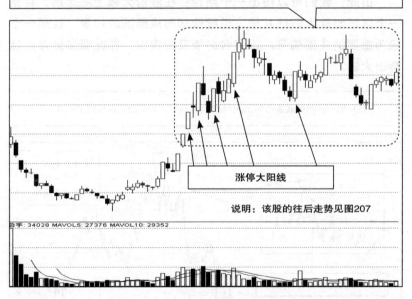

　　瞧，图中画方框处出现了5根涨停大阳线（见图中箭头所指处）。尽管主力拉出这么多大阳线，但股价就是涨不上去。难道这是主力利用大阳线进行洗盘，洗盘后再来发动新一轮上升行情吗？对这个问题大家可要好好想一想

涨停大阳线

说明：该股的往后走势见图207

三维工程（002469）某时期的日K线走势图　图204

　　看了这几个实例后，关于大阳线扎堆是什么意思大家心里应该有点明白了。说得通俗一点，当股价大幅上涨后在某一个区域内出现震荡时，一下子冒出了3根以上的大阳线，这就是高手说

的"大阳线扎堆"现象。在搞清楚大阳线扎堆是什么意思后，我们接下来就要分析，在股价大涨后出现大阳线扎堆的现象，对多方来说，是好事还是坏事？投资者具体应该怎么操作呢？

在股市里，一切都要以事实、数据说话，这样才能让人信服。我们仔细查找数量众多的股票后发现，在股价大幅上涨后，如果在某个区域出现了3根以上的大阳线，但股价仍在某个区域上下震荡，基本上可以断定主力是在利用大阳线制造一种上攻的假象，以此来忽悠广大投资者，而此时主力就会趁大家不注意时，悄悄地出货。一旦主力出货任务完成后，股价必然出现大跌（见下面图205、图206、图207）。

由此，我们可以得出一个结论：**在股价大幅上涨之后，在某一个区域出现大阳线扎堆，但股价却形成滞涨的现象，这是一个极为重要的头部信号。投资者必须及时卖出，在此看多做多必然会出大错。**

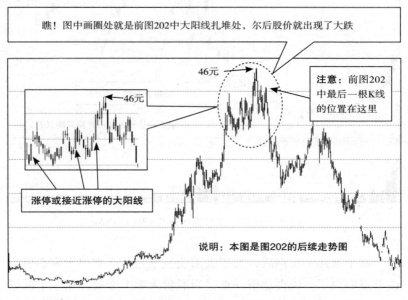

瞧！图中画圈处就是前图202中大阳线扎堆处，尔后股价就出现了大跌

46元

46元

注意：前图202中最后一根K线的位置在这里

涨停或接近涨停的大阳线

说明：本图是图202的后续走势图

大同煤业（601001）2006年6月23日~2008年10月29日的日K线压缩图　图205

瞧！前图203中头部出现的几根涨停或接近涨停的大阳线都在这个方框里面，但股价并没有因大阳线扎堆而涨上去，相反却出现了大跌

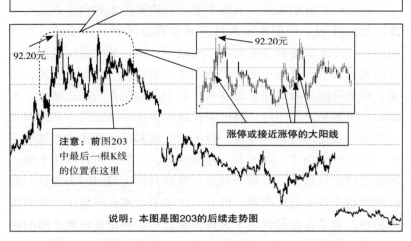

92.20元

92.20元

涨停或接近涨停的大阳线

注意：前图203中最后一根K线的位置在这里

说明：**本图是图203的后续走势图**

云南锗业（002428）2010年7月28日~2012年8月21日的日K线压缩图　图206

本图中画方框处就是前图204中大阳线扎堆的地方。其中，出现涨停的大阳线就有5根（见箭头所指处）。但这些大阳线都是主力设下的陷阱，假如当时有谁看到大阳线扎堆而误以为主力会把行情做上去，盲目跟进，那后面就输惨了

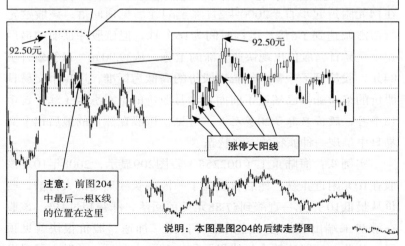

92.50元

92.50元

涨停大阳线

注意：前图204中最后一根K线的位置在这里

说明：**本图是图204的后续走势图**

三维工程（002469）2010年9月8日~2012年6月13日的日K线压缩图　图207

（四）

姚先生发言结束后，第四小组代表唐先生走到台上来进行交流。唐先生说：他们小组的任务是解释高手顺口溜中的最后两句话。现在先来解释其中的第三句话——"快速上涨须警惕"。为何看到股价在涨势中出现快速上涨要警惕呢？在高手看来，快速上涨很可能是股价快要涨到头的标志。这跟在长跑比赛中，当运动员出现加速奔跑时，预示着长跑比赛快要接近终点的道理是一样的。我们通过调查发现，很多中长线黑马出现快速上涨后不久，股价就见顶了。因此有人甚至断言："股价出现快速上涨，两月之内必见顶。"对这个观点，现在我们还没时间去考证，无法判断这个观点是否准确。但有一个事实大家必须承认，**凡是在涨势中，尤其是在股价有了大幅上涨之后，再出现快速上涨的现象，那一定是在赶顶，用不了多久（或许是几周、或许是一二个月，或许是三四个月，但时间肯定不长），股价就会见顶，然后就会出现大跌。**下面我们来看几个实例。

实例七：康达尔（000048）。图208显示，1998年10月该股在14元附近起步直至2000年2月涨至84元后见顶回落，该股这轮行情涨幅达到了5倍，运行时间为16个月。但该股冲顶前的最后14个交易日，股价出现快速上涨的走势，从39.90元一口气攀升至84元，股价翻了一番多。若以股价的高低为标准，这14个交易日股价的绝对涨幅已超过了前面15个月股价的绝对涨幅（注：前面15个月，股价只涨了20多元）。可见，该股在冲顶的最后14个交易日中呈现一种疯狂的上涨状态。

实例八：海陆重工（002255）。图209显示，2008年10月该股在10元附近止跌，然后就演绎了一波中长线黑马的大行情，股价从最低10.15元一直涨到57.88元见顶回落，涨幅超过4倍。该股在涨势末端出现加速上涨的走势，但一加速，股价很快就见顶了。从此，该股这轮中长线黑马行情就画上句号，并踏上了漫漫俗话说："上帝要它灭亡，首先要让它疯狂。"瞧！该股疯狂上涨后，随之而来的就是疯狂下跌。图中显示该股最低跌至7.88元，但这还不是它这轮跌势的终点，该股最终跌到1.60元才止跌。从84元跌到1.60元，股价就像是从天堂跌到了地狱

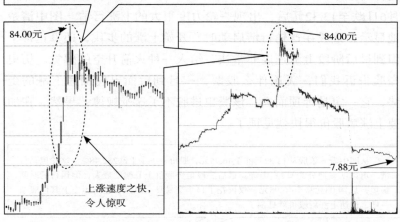

84.00元

84.00元

7.88元

上涨速度之快，
令人惊叹

康达尔（000048）1998年10月28日~2001年8月17日的日K线压缩图　图208

瞧！该股一出现加速上涨的现象，股价很快就见顶了。可见，人们把股价大幅上涨后的加速上涨视为"赶顶"信号是很恰当的

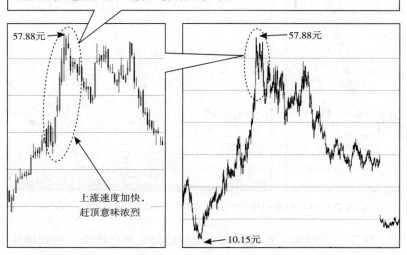

57.88元

57.88元

上涨速度加快，
赶顶意味浓烈

10.15元

海陆重工（002255）2008年6月25日~2012年9月28日的日K线压缩图　图209

熊途，现在股价跌幅已过半（截至2012年9月）。

实例九：东宝生物（300239）。图210是该股上市以来股价走势的全景图（截至2012年10月）。从图中看，该股在2012年1月6日跌至13.32元后，出现一轮力度很大的上涨行情。图中清楚地显示，该股在这轮行情启动时，开始上涨的步伐，还算正常，但到最后阶段上涨速度非常快，给人一种火箭升空的感觉。历史经验告诉我们，无论什么股票，一旦到后面出现加速上涨的走势，它一定是奔顶而去。该股也逃脱不了这个规律，果然，在加速上涨后股价很快就见顶了。

从图中看，该股从13.32元涨至46.95元，股价一下子上涨252.48%。这轮黑马行情，可以明显地分为3段式走势。最后一段走势股价上升幅度最大，但运行的时间最短，从19.03元涨至46.95元，仅仅花了14个交易日。但该股也与历史上其他股票一样，快速上涨后股价就见顶了

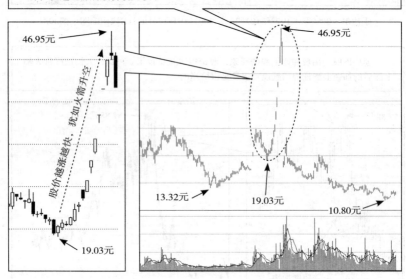

东宝生物（300239）2011年7月6日~2012年10月15日的日K线压缩图　图210

唐先生总结说：股价快速上涨后很快见顶已成为一种规律性的现象。因此，高手顺口溜中叮嘱我们"快速上涨须警惕"是很

有道理的。有鉴于此，**大家一定要记住，股价快速上涨之后必然就是一个大跌走势。所以，一旦发现某个股票快速上涨后，股价出现掉头向下的现象，就必须马上止损出局。否则，留在里面就会越套越深。**

接着，唐先生开始诠释高手顺口溜中最后一句话——长阴出现赶快溜。唐先生说：长阴即大阴线。在股价大涨后突然出现一根大阴线，这对多方来说，决不是小事，这往往是股价见顶，牛市转熊市的开始。正因为问题非常严重，所以高手才会作出当大阴线出现时要赶快溜的判断。下面请大家看几个实例。

实例十：路翔股份（002192）。图211（见下页）是该股上市以来的股价走势全景图（截至2012年9月末）。从图中看，该股在跌至5.97元见底后，出现一轮牛市行情，股价攀升至45.77元才见顶回落。如果把它途中送股的因素也考虑进去，该股这轮牛市行情实际涨幅达14倍多。该股的见顶形态就是由一根大阴线触发的，当时该股创出其历史最高价45.77元后马上就急转直下，收出一根跌停的大阴线（见图211中箭头所指处），随后该股就踏上漫漫的熊途。

实例十一：大连重工（002204）。图212（见下页）是该股上市以来的全景图（截至2012年9月末）。从图中看，该股跌至8.80元后，熊去牛来，出现了一轮气势磅礴的上涨行情，直涨至48.92元才见顶回落。该股这轮行情是典型的三段式走势（编者按：图212中三段式上涨走势用画圈方式表示，每一个画圈处代表一个阶段走势）。其中，第二阶段是调整浪，第三阶段是主升浪。主升浪展开后，股价涨势凌厉，连续涨停（一共出现5个涨停一字线），但最后一个涨停T字线创出历史最高价48.92元后，第二天就拉出一根大阴线（这根大阴线实体很长，当日以跌停收盘），股价就这样见顶了。仔细观察图212赶顶时的放大图形可以发现，在其上方出现的一根大阴线，把该股的下跌大门完全砸开了，随后该股就跌跌不休，股价跌得面目全非。

这是该股上市以来，拉出阴线实体最长的一根大阴线，它一出现该股就被判了死刑。从成交量上看，这两天的换手率就超过了30%（注：因本图作了压缩处理，无法显示出成交量的柱状线。因此，这儿只能用文字表示换手率的变化），这说明主力铁了心在出逃。所以投资者看到股价大涨后突然出现大阴线，应该马上卖出，否则就会被套在山顶上，成为最大的输家

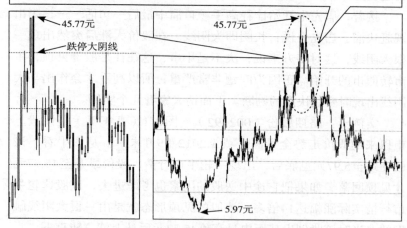

路翔股份（002192）2007年12月5日~2012年9月28日的日K线压缩图　　图211

　　高手说："长阴出现赶快溜。"投资者一定要记住，看到股价在高位突然拉出一根跌停大阴线，必须卖掉。只要想逃，即使当天没有逃掉，第二天、第三天照样可以卖出，卖出就是赢家，这样就不会沦为高位"站岗放哨"的人了

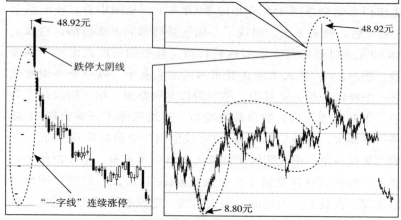

大连重工（002204）2008年1月16日~2012年9月28日的日K线压缩图　　图212

有关这方面的实例还有很多。我想提醒大家的是，在股价大涨后，突然拉出一根大阴线，后市一定凶多吉少。此时不管你手中的股票是否有赢利，应当无条件地止损离场，因为当时卖出还能卖个次高位，若不及时卖出，越拖后面损失就越大。

其实，对这种突然触发见顶，致使股价由牛转熊的大阴线进行识别也是很容易的。一是它们都是在股价大涨之后突然降临的；二是大阴线实体都很长，而且往往是一轮上升行情中，跌幅最大的阴线；三是拉出这根大阴线的前后几天，成交量都会出现异常放大的现象，主力往外出逃的迹象十分明显；四是大阴线之后，K线会连续收阴，股价呈现不断下跌的走势；五是一些重要的均线都会被击穿（包括兜底线）。

可见，这种在大涨后导致股价由牛转熊的大阴线并不难识别。关键的问题是，当事者敢不敢面对现实，在突然降临的大阴线面前，丢掉幻想，坚决执行"长阴落下赶快溜"的纪律。事实证明，大凡在高位大阴线出现后能果断斩仓离场者，都会成为赢家；而犹犹豫豫，患得患失，持股不卖者都会沦为输家。这是用血换来的教训，大家一定要把它牢牢记在心中，永世不忘。

今天，这堂课是捕捉中长线黑马的最后一堂训练课。金老师为这堂课作了精心准备，他不仅要对上堂课各学习小组的发言作评论，指出其不足之处，谈一些感想，还要寻找机会与同学进行教学互动，回答学员的提问。这堂课内容十分丰富。因此，除了本班学员，各个教研室的老师与领导也光临了，足见大家对这堂课的重视。

果然，金老师的讲课不负众望，他对各小组代表发言的评论十分中肯，道理讲得很透彻，大家感到收获很大，尤其是他与学员面对面的互动，更是给大家留下了深刻的印象。

请问：上一堂课各小组代表的发言大家都听了，你觉得这些发言的优点、缺点是什么？金老师会怎么评论他们的发言？你能不能就此说出一个A、B、C来。另外，请你想一想，金老师与学员是怎样开展互动的？

金老师说：上一堂课大家讨论都很深入，各学习小组代表交流时的发言，比前面一堂课更精彩、更具有操作性。当然，这些发言也有一些不足之处。下面就谈一些我个人的意见，供大家参考。

（一）

金老师说：第一小组梁先生的发言，思路非常清晰，①、②、③、④、⑤、⑥、⑦，条分缕析，分析得很有道理，具体怎么操作交代得也很清楚，这是一篇很有质量的发言。

其实，梁先生的发言不仅是针对图191中苏泊尔个股的，他的发言对其他个股分析也有很大的参考价值。我认为，大家在分析个股走势时，应该像梁先生那样，由浅到深，由里到外，一步步地解剖，这样就能看出问题的症结在什么地方，具体应该怎么去操作，如何进行应对。也可以这样说，梁先生①~⑦的分析，为我们如何解剖个股，洞察主力的意图作了一个典型示范。因此，他的发言我很赞成。

从梁先生对图191个股的分析中，我们可以获得一些非常有益的经验。

第一，大家在跟踪一些有中长线潜力的个股时要记住：在行情启动阶段，只要按照传统的技术分析方法进行操作就行了，不用担心主力会玩什么新花样。因为此时行情刚启动，主力操盘是中规中矩的。在这个时候，主力极需要营造一个多头氛围，来吸引场外资金参与其中。此时主力的投资策略主要是"拉"，即尽力要拉住场中做多的投资者，组成一支同盟军，采用众人拾柴火焰高的方式，让行情启动、站稳。从技术上说，能让行情启动、站稳的主要标志是：5日、10日、30日均线的多头排列，并能保持着向上发散的态势。在这个阶段，大家经常会看到这样一些现象：股价向上突破，出现冲高回落，回落到30日均线处就往往止跌了，然后，再次发力向上。图形走势上会显示出，5日、10日、30日均线经过空方打压，仍然呈现昂首向上的态势，以至看空做空的人会越来越少，看多做多的人会越来越多。这样一来，行情上升的格局就形成了。由此可见，在这个阶段，只要看到5日、10日、30日均线为多头排列的状态，积极跟进做多的投资者都有可能成为赢家。

第二，投资者要注意的是：一些具有中长线潜力的个股，在行情启动、站稳后，就会进入到股价的推升阶段。这个阶段是很长的，主力对同盟军使用阴招最多的就在这个阶段。

通常，主力在利用同盟军的做多力量，让行情启动、站稳后，接下来就会考虑，不能让低位买进的投资者捏着筹码不放。否则，主力把股价推升上去，首先获大利的就是这些投资者了（当然主力是不会允许这种结果出现的）。那么，主力如何让这些捏着筹码的同盟军出局呢？唯一的办法，就是不断地洗盘，不断地制造股价见顶的假象，等这些人看到股价不行了（比如，股价跌破30日均线），将筹码卖掉后，此时主力会再次出其不意地将股价拉上去。如此一来，跟着主力做多的力量就会出现分化：一部分卖出的投资者因提早下马，以后不敢再继续看多做多了；而另一部分卖出的投资者看到股价涨上去时，再次追高跟进。由此带来的结果是：主力通过震荡洗盘，会使低位买进并捏着筹码不放的投资者数量大为减少，而低卖高买重新追进来的，以及一些搞投机跟进来的，其持股成本会显著提高。一般经过几次折腾后，同盟军中大多数投资者的持股成本，会远远高于主力的持股成本。这样，主力到最后出货时，就不会惧怕同盟军抢在他们前面出逃了。

　　针对这种情况，投资者在这一阶段若要争取主动，不被主力忽悠，力争跑完黑马全程，就必须要了解主力洗盘时打压股价的心里底线在什么地方，由此设置相应的兜底线。具体来说，可以这样操作：A. 如果你是稳健型投资者，不管主力怎样震荡洗盘，只要股价能站在兜底线之上就把股票捏着，持股待涨；B. 如果你是敏感型投资者，在主力洗盘时，发现短期头部就应该先将股票卖出，然后，等到股价跌至兜底线附近止跌企稳后，再把前面卖出去的股票补回来（如做得好可以赚取一些短期差价）。但要注意的是，做短期差价以不丢失筹码为前提，如没有把握就少做或不做。此时，只要股价在兜底线上运行，就持股待涨，不要轻易出局。

　　第三，投资者一定要明白：等股价涨高了，主力一定会出货的。主力在什么地方出货，何时出货，事先很难预测。作为主力心里很明白，如果手里捏着的一大堆筹码，在高位不能顺利卖出，那前面所有的工作都是白做了。因此，主力选择出货的时机都是市场人气很旺的时候。比如，股价出现了快速上涨与大阳线扎堆的现象，都会让一些投资者特别亢奋，致使盲目跟进的人越来越多，此时主力抛出筹码就不愁没有人接货（因此，投资者一定要懂得：行情疯狂往往会给主力提供极佳的出逃机会，此时中小散户若盲目看多做多就会犯下大错）。

在股价大涨后，投资者的主要任务就是仔细观察主力有无出逃迹象。若发现主力在出货，说明行情已经见顶或快要见顶了，此时投资者就应该跟着主力一起卖出。具体来说，可以这样操作：

① 如果你是稳健型投资者，就应该看着兜底线进行操作。若兜底线不破，仍然可以拿着股票（但此时已不宜再买进）；若股价冲高回落跌破兜底线，就先卖出一半筹码，并要紧盯盘面；若发现几天后，股价仍在兜底线之下运行，并已经形成有效跌穿兜底线的走势，则应该将剩余的筹码全部卖掉。

② 如果你是敏感型投资者，则可以根据高手顺口溜中的几种方法，进行识顶逃顶。但不管情况如何变化，一旦发现股价跌穿兜底线，就必须清仓出局。

③ 兜底线被跌穿必须卖出，这是一个原则。一般来说，投资者在捕获一匹中长线黑马时，只要是在低位买进，然后看着兜底线操作，在兜底线被跌穿时卖出，赢利是很大的。

但卖出后还有一个原则，务必要保护好胜利成果。我们在调查中发现，有些投资者在这方面做得较差，好不容易赚来的钱，后来又赔了回去，这是很可惜的。有鉴于此，**投资者一完要明白一个道理：再牛的股票，只要兜底线被打穿，就意味着一轮大行情已经结束。此后即使股价再重返兜底线之上，也不要轻易再做多，因为这种情况往往是一个大的头部形成过程中，股价向下破位后的一次反抽，反抽之后股价又会重归跌势**。这有点像危重病人在生命最后关头的一次回光返照，这是逃命的机会，而不是什么新的投资机会。

另外，需要注意的是，一个股票在一轮行情中涨了几倍，甚至10几倍，一旦长期兜底线被打穿，往后下跌的空间是很大的。我们发现，历史上很多大黑马、大牛股，在见顶后，股价跌幅非常大，有时甚至会出现股价从哪里涨上来又会跌回哪里去的现象。所以，在高位已经成功出逃的投资者一定要捂紧口袋，不要再去留恋昔日的强势股，因为这些个股即使跌得很深，出现的反弹也往往是转瞬即逝，很难把握（短线高手除外）。除非这些个股的股价已经跌到尽头，看到有新的大资金关照它们时才可以加入（但这个时间很长，只有在股价跌掉百分之六七十之后，才可考虑这件事。若真正要买入，还要满足5日、10日、30日均线出现多头排列，低位放量，并形成价升量增、价跌量减的条件，才能进行试探性买进）。

除了上面说的几条经验外，我们还可以从苏泊尔这个案例中得到一些重要的启示。

启示一： 主力炒作一个股票必须要有同盟军。也就是说，主力在做多时，盘中要有人跟从，否则，光靠主力孤军作战，就是把股价炒得再高，对主力来说也是没有意义的。因为一个股票炒起来后，一旦缺少跟风者，筹码则会迅速集中到主力手中，这是主力最担心的一件事。或许一些读者不了解其中的奥秘，现在我在这里作一个假设，大家听了以后就会明白其中的道理的。

比如，假设某主力炒作一个股票，把股价从5元炒到50元，从表面上看股价已经涨了9倍，但主力的实际成本价在15~20元（因为主力炒作一个股票，无论是吃货、洗盘、拉升时都需要支付成本的）。由于该股主力操作失误，90%的筹码都弄到自己的手里了，如果该股主力在高位要出货，问题是卖给谁呢？此时已没有跟风盘，也就是说，主力出货时没有人接盘，这样主力出货就出不成了。那么，为什么该股到了高位没有跟风盘呢？原因是筹码都集中到主力手中了。这样就会形成一个恶性循环——越是没有跟风盘，成交量就越是稀少；成交量越是稀少，股价高企就越是没有人来跟风。此时主力为了维持股价在高位不下跌，只能自拉自唱（左手买进，右手卖出），但自拉自唱是很难持久的。因为一来自拉自唱需要成本（买进卖出都要付手续费）；二来自拉自唱会受到博取超短线差价的短线客干扰，主力为了维持股价不跌只能将他们低买高卖的股票照单全收（编者按：*一些市场特别敏感者发现某股主力在自拉自唱，他们会今天趁低买进，比如在48.50元处买进，明天在股价回升到49.50元处卖出，来回捣腾，让自拉自唱的主力不堪重负*）。从历史经验看，一个股票一旦出现主力自拉自唱的情况，其最后结果，必然是以高台跳水，自杀式出货[注]收场。沪深股市中，过去一些沦落为主力自拉自唱的股票都出现过这样的悲剧。这些主力也会因为股价高台跳水而蒙受巨额损失（编者按：*据知情人透露，如市价为50元的股票，若主力自拉自唱，最后因资金链断裂，出现高台跳水，自杀式出货的走势，主力卖出的平均价格大约在10元左右，但这个价格已大大低于其成本价。再加上主力炒股的很多资金都是借来的，要支付高额利息，比如，自有资金3亿，融资3亿，若亏个50%，就会使主力彻底破产了。这样的例子在沪深股市里并不少见*）。

　　由此可见，主力在低位建仓后，要想把股价做上去，并且在高位能顺利地把筹码派发出去，就需要一批有相当数量的同盟军跟着他们一起征战。比如，主力在把股价做上去的时候，需要得到同盟军的支持，齐心协力把股价推高；主力在高位出货时，需要同盟军在高位接盘，主力则可以趁机溜之大吉。显然，有无同盟军对主力来说是性命攸关的大事。这是主力避免陷入孤军作战、自拉自唱的一个重要的手段。

　　认识主力炒作股票需要有同盟军的道理很重要，这为我们操作提供了一条重要的思路。首先，我们选股时要避开只有主力在自拉自唱的股票。若发现这样的股票，就坚决不要参与（编者按：*关于如何识别自拉自唱的庄股与相关实例，详见《股市操练*

【注】 所谓高台跳水，出现自杀式出货，是指股价维持在一个高位，无人接盘，主力始终不能把股票卖出去，而股价只有通过高台跳水（比如连续跌停，股价一下子跌掉了50%、60%），场外才会有人愿意因其超跌进来逢低吸纳，此时主力才有机会把筹码卖给他人。而这时主力卖出的筹码已出现亏损，甚至较大的亏损，所以这种出货方式被人称为"高台跳水，自杀式出货"。

大全》第四册第267页~第272页、第369页~第375页，第五册第266页~第269页）。其次，主力想利用同盟军，我们反过来也可以抓住主力的软肋，利用主力来为我们服务。据了解，有的高手就是抓住这点把自己做强做大的，高手的经验值得大家借鉴。

启示二：主力需要同盟军与他们一起作战，并不是要让同盟军来分享他们的胜利成果。其目的是要利用同盟军，让同盟军跟着他们的指挥棒转，为他们的利益服务。比如，到行情的最后阶段，主力会精心设置一系列多头陷阱，把筹码甩卖给同盟军，让他们套在高位，自己则趁机溜之大吉。

启示三：主力在长期运作一个股票时，只要发现盘中的浮筹多了，就会开展一次又一次的洗盘动作。所以，如果投资者摸不清主力的操盘意图，早就被主力洗盘出局了。那么，要摸清主力的操盘意图，最重要的就是要了解主力打压股价的心里底线在什么地方。有鉴于此，投资者在长期参与一个股票运作时，就要把主力的心里价格底线所在位置，用一根或两根均线把它兜住，这就是兜底线的由来。

启示四：主力是很狡猾的，但再狡猾的主力在操盘时也会露出马脚。第一小组在讨论时，从图191中股价击穿30日均线后出现的两个低点处看出了端倪，察觉到了主力的心里价格底线在何处，并由此设置了两根兜底线，这样设置兜底线，在逻辑上是站得住脚的。后来我们看到该股在很长一段时间内，股价起起伏伏的低点都被这两根兜底线兜得严严实实。这说明这两根兜底线的设置确实抓住了主力操作的命门，为投资者顺势操作，正确地选择买点或卖出提供了有力的依据。

我认为第一小组对这个问题的分析，思路很清晰，其方法有很大的参考价值。他们把主力的心里价格底线分为两个层面：一是主力在进行小规摸打压时，把股价打到70日均线处就收手了，在此他们设置了一根短期兜底线，称为1号兜底线；二是主力在进行大规模打压时，把股价打到120日均线处才收手，在此他们设置了一根长期兜底线，称为2号兜底线。他们以这样的方式对行情的发展进行细分，从而为投资者的实际操作提供了更多方便。坦率地说，把兜底线设置成两根，这是我没有想到的，这件事对我本人也是一个启发。我要好好地向他们学习。

当然，第一小组的发言也不是尽善尽美的，也有它不足的地方，主要是对苏泊尔这个股票见顶后如何卖出，投资者在这个时候应该采取什么对策，有关这个问题没有向大家说清楚。从图194中看，当时苏泊尔这个股票在构造头部时并没有出现击穿120日均线的现象。也就是说，如果当时看着120日均线失守来判断该股行情是否见顶是不可能的。那么，这是为什么呢？因为该股当时正处于大面积送股前夕，送股前股价一直运行在120日均线上方。但除权后，在送股前没有卖出的投资者可惨了。该股除权后就连续出现了4个跌停板，股价一下子跌掉40%多（见下页图213中的说明），这个跌幅是很大的。所以，能不能在该股除权前卖出，成了取胜的一个关键问题。

其实，要解决这个问题也并不难，投资者只要使用两个技巧就能在该股见顶时顺利出逃。

第一个技巧是：见到高位大阳线的卖出技巧。该技巧的要点是：① 见到高位大阳线就要特别警觉，须做好逢高减仓的工作；② 高位大阳线的开盘价被跌破应马上抛空离场。

我们来看看苏泊尔当时除权前的K线走势，就会发现，该股在构造其头部时拉出了两根以涨停面目出现的高位大阳线，在除权前最后一天收出的是一根中阴线，这根中阴线已将前面这根大阳线的开盘价击穿，而且击穿的幅度还不小（见下页图213中箭头A所指处）。此时按照大阳线的操作规则，持有该股的投资者就应该在这天收盘前将该股全部卖出。

第二个技巧是：在主力利用抢权诱多时的卖出技巧。如果一个股票在除权前出现抢权现象，说明主力在用"抢权诱多出货法"出货（编者按：关于"抢权诱多出货法"的技术特征与相关实例，详见《股市操练大全》第七册第328页~第335页）。此时，持有该股的投资者就应该在股价除权前将股票卖出。

可见，投资者只要记住这两个技巧中的任何一个技巧，就可以做到在该股见顶时顺利逃顶，这样就能弥补因送股（包括转增股）除权无法利用兜底线判断行情头部的缺陷，从而就会取得这场战役的最后胜利。

图中画面显示：该股这轮行情的兜底线为120日均线，但因为送股除权因素，致使该股构造头部时，无法通过观察兜底线的得失作出判断。此时观察除权前的K线走势就显得非常重要。比如，通过对高位大阳线的识别，就能作出及时出逃的决策，从而就可以避开该股除权后连续跌停的风险

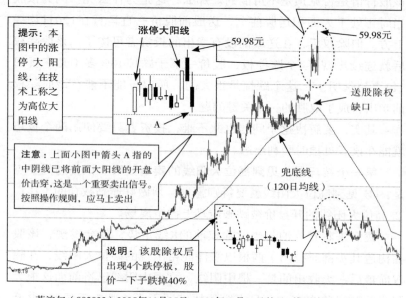

苏泊尔（002032）2005年11月25日~2008年10月20日的日K线压缩图　图213

（二）

金老师在评点季小姐的发言时说：第二小组对图192的分析与其操作步序讲得很对。我与高手交流过，高手说他当时确实也是这样想的。如此看来，季小姐说的与高手当时所考虑的完全合

拍。从这个案例中大家可以得到一个重要启示：只要做有心人，凡是高手能做到的，我们一定也能做到。

不过，金老师提醒大家，要操作好图192中的个股，对投资者的眼光、素质是一个重大考验。如果这个问题得不到解决，就不会有好的效果。

那么，如何解决这个问题呢？其方法是：

第一，要慧眼识宝，选好投资对象。投资者选择中长线黑马或牛股时，一定要从行业景气度、公司治理结构、上市公司的成长性、创新能力、财务数据等多方面因素进行考核，反复比较，精选一个有发展潜力的个股，这是确保操作获得成功的一个最重要的前提。待这个工作做好后，才能根据图形信号的提示，在低位买入，然后长期持有。唯有如此，投资才能有很大的胜算（编者按：关于从哪里去选择中长线黑马，《股市操作大全》第五册第296页~第305页有详细介绍，这里就不重复叙述了）。

第二，操作时一定要有定力。对图192中的个股操作，其实很简单。当事人只要对图192海螺水泥这个股票，在其低位处，当图形上出现第一买点（见图195箭头A处）、第二买点（见图196箭头B处）、第三买点（见图197箭头A处）时跟进做多，然后，在一二年内耐心地把股票捂住就行了，直到该股的中长线卖点出现时（见图198中箭头A、箭头B处）再卖出。卖出的理由也很简单，因为图198中箭头A处这根K线，将该股上升时的兜底线打穿了，而且打穿的这根K线又是一根长阴线（高手顺口溜里已说了"长阴落下赶快溜"），所以必须马上卖出。当然，卖出后就不能再留恋，要坚决与它"拜拜"。以后只有等到该股进入下一个轮次——熊转牛的循环周期到了，才可以去重新关注它。

有人认为，这样简单的操作谁都会。其实不然，股市上有一个重要现象，越是简单有效的操作，对投资者的素质与意志的考验就越大。因为在很多人眼里，炒股票说来说去就是一个"炒"字，几个月甚至几年把股票捂在手里不操作，心里会非常难受。

很少人具有这样的耐心与定力，把这个简单有效的操作坚持到底。另外，投资人有无耐心与定力，与对行情长期趋势的判断是否正确有很大关系。因此，操作一个中长线黑马或牛股，最重要的是兜底线一定要画准确，只有把兜底线画准了，投资者才能知道行情的长期趋势是如何发展的，何时可以继续持股、何时应该卖出股票，这样心里就有底了，心态也就不一样了。经验证明，只有心态好了，在该股行情处于上升过程中，当事人才有可能做到耐心持股。

我们在调查中发现，有的高手投资某个股票后，几年里都操作不了几次，但收益非常惊人，这除了与他们能慧眼识宝精选个股有关之外，还与他们在操作上具有很大的耐心与很强的定力是密不可分的。所以，在股市里并非是忙进忙出，交易次数多的就能成为赢家的，有时恰恰相反，在股市里赚大钱者，有很多是精选个股后长线持有的投资者。这个道理大家一定要想明白，这对我们如何成功地捕获中长线黑马会带来很大的启发。希望大家对这个问题要引起高度重视。

（三）

金老师说：第三小组代表姚先生解析的是第三个题目的前两句话。我们出这个题目的目的，就是想通过这个案例告诉大家，在骑上中长线黑马后，当股价见顶，主力出逃时，如何保护好胜利成果，及时规避捕捉中长线黑马中的投资风险。

金老师说：第四小组讨论的是高手一段顺口溜，他们对高手顺口溜的解释，观点正确，证据充分，很有说服力。不过，有些问题我认为还可进一步向大家说清楚，这样对大家日后操作更有帮助。

这里我说三点意见。

第一，不要只看着一个指标或信号就作出判断，要学会将几个方面的指标、信号捏在一起进行分析，这样对顶部的识别与卖

点的选择准确率会更高。下面请大家看两个实例。

图214是上海主板市场的一个能源类股票。从图中看，该股当时从5.40元直涨至43.88元见顶，股价足足涨了7倍有余。但见顶后该股跌幅也很厉害，股价基本上要跌回原地了。因此，能否在该股见顶时顺利出逃，就成为捕捉这匹黑马能否获得成功的关键问题。当然，要在该股见顶时顺利出逃，首先要对其顶部有所识别。那么，如何识别该股的顶部呢？图214中的一张小图就是当时该股见顶时的一些K线走势图形。仔细分析这张小图，就会发现，当时该股同时出现了几个卖出信号：

① 从图214中的一张小图看，该股上涨时出现连续几根大阳线，仅4天时间，股价就从31.38元一下子涨到43.88元，涨幅达到39.83%。该股在高位出现如此大的快速上涨，是一个重要的赶顶信号。

② 在这张小图中出现了3根涨停或接近涨停的大阳线（见下面小图中箭头所指处），但股价却在回落。这种情况很不正常。由此可以推断，大阳线扎堆是在掩护主力出货，这是一个重要的

上海能源（600508）2006年2月16日～2008年10月31日的日K线压缩图　图214

头部信号。

③ 该股当时冲顶时最高价停留在43.88元。"88"这个吉利数字是主力出逃时留下的一个特殊标记。

④ 该股当时冲顶回落时一连出现3根阴线，形成"下跌三连阴"的K线组合。下跌三连阴是一个明确的看跌信号。如果我们把这些信号叠加在一起，就会得出一个结论：即该股上涨行情已经结束，后市必然出现大跌。因此必须马上卖出。

图215是沪深股市中一匹罕见的大黑马。如果从该股2005年7月最低价1.49元算起，股价在2010年10月摸高101.37元见顶回落，整个一轮行情历时5年，股价大涨了67倍，其涨幅是非常惊人的。那么，该股头部有什么特征呢？从图215中的一张小图中可以看出，该股行情进入尾声时有3个明显的特征：

① 股价在涨升末期，快速上涨走势更加明显，仅仅 13 个交易日，股价就从 39.40 元涨到 101.37 元，上涨速度之快犹如乘直升飞机。可见，该股在上涨行情进入尾声时，加速赶顶的意味特别浓烈。

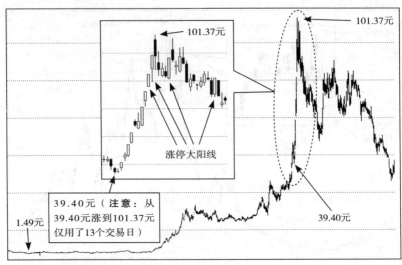

广晟有色（600259）2005年5月9日～2011年12月30日的日K线压缩图　图215

② 该股在上升行情的末端，出现大阳线扎堆的现象，但股价重心却往下沉落，头部迹象十分明显。

③ 股价冲顶后，高点逐渐下移，而且每一个高点处都带有较长的上影线。高手的顺口溜中说："山顶尖刺防扎手。"上影线越多，扎手的现象就越厉害，见顶回落的可能性就越大。

综上所述，可以明显看出，该股历时5年的牛市大行情在此正式画上句号。既然该股牛市行情已经结束，后面的走势就由牛转熊了。此时不逃更待何时？果然，该股后来出现大跌。

第二，股价大涨后，对图形中出现大阳线扎堆而股价滞涨的现象，一定要予以高度警惕，此时，无论如何都要把仓位降下来。历史经验证明，在高位遇见大阳线扎堆，及时卖出是明智之举，而留在里面继续看多做多，日后将付出沉重的代价。

有人问我：为什么你们在分析股价见顶时，老是抓住大阳线不放呢？其实，并非是我们对大阳线有什么成见，而是主力在高位出货时，动不动就要用拉大阳线进行诱多，以此来忽悠广大投资者。特别是一些涉世不深，缺乏实战经验的投资者一看到出现涨停大阳线，就会误认为涨势要出现了，会盲目地跟进去，结果被套在高位，动弹不得。有一次在课堂上，一位投资者拿着一个股票的图形问我（编者按：该图形见下页图216），该股最近在横盘时，经常出现大阳线，是不是说明主力在里面有意护盘，不让股价跌下去，蓄势后再向上发动新一轮行情？我仔细看了该股走势图后对他说，这不像是主力在利用大阳线进行护盘，而是在悄悄地出货。然而他却摇摇头说，老师，这次你说错了，我敢打赌，主力一定是在用大阳线护盘，现在正是跟进做多的时候。

大家想一想，这位投资者打赌，认为该股横盘时拉出这么多大阳线，是主力正在为发动新一轮行情做准备。请问：这个观点究竟对不对？为什么？

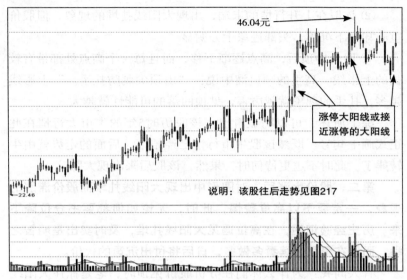

46.04元

涨停大阳线或接
近涨停的大阳线

说明：该股往后走势见图217

梅花集团（600873）某阶段的日K线走势图　图216

据了解，这位投资者在当时已买了该股的大量股票，别人再怎么提醒他，他都听不进去了。后来果然不出所料，该股不久就出现了深幅下挫（见下页图217）。这位投资者因为重仓持有该股，且在该股构筑头部时，一味看多做多，最后出现了巨额亏损。

那么，为什么很多人在主力利用大阳线进行诱多时会屡屡上当受骗呢？因为从大多数人的交易行为看，跟涨不跟跌的心理是很强烈的。因此，盘中大阳线出现次数越多，就越能诱骗一些不明真相的投资者追高买进。主力非常了解中小投资者的这种心理，故而他们在高位出货，特别是手中的筹码较多，需要有一定时间才能将手中的获利筹码兑现时，就会在图中制造大阳线扎堆，股价却滞涨的现象。很多投资者因为经不起大阳线的诱惑，被主力忽悠后追涨跟进，套在高位上。我在这里可以明确地告诉大家：在股价大涨后，若出现大阳线扎堆，股价却形成滞涨的现象，90%以上是在构筑一个头部，是主力利用大阳线为掩护在悄悄地出货。此时，投资者绝对不能看多做多，主动逢高离场是最佳策略。

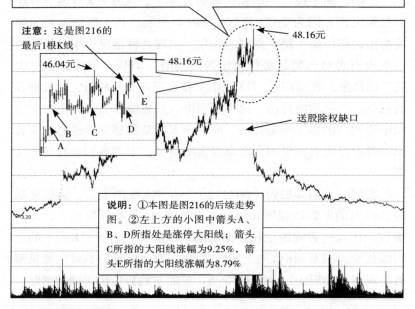

从图中看，该股从2008年10月3.20元起步，直涨至2011年4月48.16元见顶，股价涨了10多倍，主力获利丰厚。主力在该股送股除权前做了一个头部，这个头部中出现5根大阳线（见图中箭头A、B、C、D、E所指处），形成大阳线扎堆的现象。主力就是利用这些大阳线为掩护派发了大量筹码。除权后，该股出现狂跌

注意：这是图216的最后1根K线

46.04元

48.16元

48.16元

E

B   C   D

A

送股除权缺口

3.20

说明：①本图是图216的后续走势图。②左上方的小图中箭头A、B、D所指处是涨停大阳线；箭头C所指的大阳线涨幅为9.25%，箭头E所指的大阳线涨幅为8.79%

梅花集团（600873）2008年9月26日~2012年10月10日的日K线压缩图　图217

友情提示：这是一个很典型的案例。虽然事实已证明这位投资者错了，他本人也因此付出了惨重的代价。但遗憾的是，类似这位投资者的悲剧还在不断地重演。有鉴于此，我们在此有必要提醒大家，要想使自己在与主力斗智斗勇中胜出，不犯这位投资者同样的错误，一是要学会看图识图，二是要了解并且能够克服中小投资者的心里弱点。只有把这两个工作都做好了，才不会被主力忽悠，落入主力设置的陷阱之中。

第三，高手在顺口溜中提到的几个识顶逃顶的方法，不仅可以用在日K线图中，也可用在周K线、月K线图中，有时用在周K线、月K线图中更能发挥出它的积极效应。

比如，高手说的"山顶尖刺防扎手"，这在日K线图上看还不是最突出，因为受日K线10%涨跌幅限制，长上影线再长也幅度有限，难以给人留下深刻的印象。出现这种情况也很容易导致一些投资者对行情趋势作出错误的判断。但长上影线作为"尖刺"的形象，在周K线、月K线图上就表现得非常醒目，对投资者的视觉产生强烈的冲击。这样，当事人就更能体会到高手在顺口溜中说的"山顶尖刺防扎手"那种令人痛楚的感觉，这对投资者识别股价是否真正见顶会带来很大的帮助。下面我们来看几个实例。

实例一：南洋股份（002212）。从周K线图上看，该股见顶时，拉出的上影线幅度超过10%（见图218箭头所指处），非常醒目，让人一看就能记住。据观察，该股见顶时，日K线上的上影线长度，只及周K线的上影线长度的1/2。可见，当时该股见顶时，观察周K线图比观察日K线图，更能对趋势作出正确的判断。

瞧！这根K线的上影线很长，很刺眼，稍有实战经验的投资者都能判断出该股在此见顶了，不马上卖出，就会蒙受很大的损失

周K线图　　35.65元

注意：① 这根上影线是这轮行情周K线图中最长的上影线；② 这根上影线的幅度超过10%

7.56元

南洋股份（002212）2008年9月12日~2010年5月21日的周K线走势图　　图218

実例二：西水股份（600291）。图219是该股的月K线走势图。从图中看，该股见顶时拉出的一根长上影线特别醒目，这么长的上影线在日K线、周K线图中，一般是看不到的，其见顶特征非常明显。事实证明，自从该股的月K线图上出现这根长上影线后，它前面的一轮牛市行情就此画上句号，尔后股价就出现了大跌。

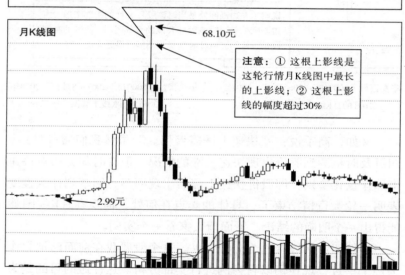

瞧！这么长的上影线已不是什么山顶上的尖刺了，而像是一把寒光闪闪的长剑直接刺向空中。这把长剑出现之时就是该股见顶之日。由此可见，一匹中长线黑马跑到什么地方是尽头，投资者应该在什么地方与它拜拜，这根月K线上的长长的上影线为投资者作出了最明确的提示

月K线图

68.10元

注意：① 这根上影线是这轮行情月K线图中最长的上影线；② 这根上影线的幅度超过30%

2.99元

西水股份（600291）2005年5月~2012年1月的月K线走势图　图219

实例三：华夏银行（600015）。图220的左边这张图是该股的月K线走势图，图中出现几根"尖刺"并列在一起的情况。这种图形在日K线图中就是一个很凶险的见顶图形，现在出现在月K线图中，那真是险上加险了。看到这样的凶险图形，除了卖出，投资者已无第二条路可以选择。

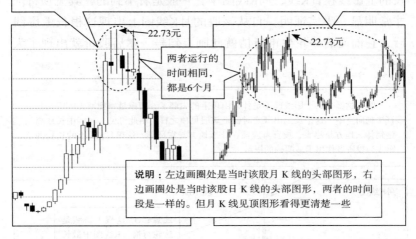

该股在构筑头部时，观察日K线图一时难以辨别，但只要看它的月K线图马上就清楚了，该股在这个地方已被空方完全占领，这么多的长上影线纠缠在一起，股价见顶已确凿无疑，此时应马上卖出

22.73元

22.73元

两者运行的时间相同，都是6个月

说明：左边画圈处是当时该股月K线的头部图形，右边画圈处是当时该股日K线的头部图形，两者的时间段是一样的。但月K线见顶图形看得更清楚一些

华夏银行（600015）2006年2月~2008年
10月的月K线走势图　图220

华夏银行（600015）2007年8月1日~2008年
1月30日的日K线走势图　图221

又如，高手说："快速上涨需警惕。"虽然我们通过日K线图可及时检测到股价出现快速上涨的情况，但有时却无法对快速上涨作量化鉴别，即股价快速上涨后出现回落，回落到什么程度表明一轮大行情结束了，具体的卖点在何处，但观察月K线图就能得出一个明确的结论。下面请大家看一个实例。

实例四：广晟有色（600259）。这个股票我在前面已把它作为例子举过，现在仍以它为例进行实证分析。这样做的目的是为了比较，让大家看看该股在日K线图上出现快速上涨，在月K线图上会有什么反映。如果看明白了，操作起来就会更有方向。

图222就是广晟有色当时的月K线走势图。从图中看，该股在冲上101元高位的最后两个月，拉出了两根月巨阳线。按照K线理论，月巨阳线出现叠加现象，见顶的概率超过80%（编者按：两根巨阳线叠在一起，俗称"叠罗汉"，这是一种很凶险的见顶图

形，相关实例详见《股市操练大全》第七册第122页）。况且该股见顶的当月，在月K线上拉出的是长上影线。这样，趋势发生逆转的可能性就更大了，聪明的投资者当月就会逢高出局。从理论上说，该股最后一根巨阳线的收盘价就是该股这轮行情的牛熊分界线，只要第二个月股价低于这根巨阳线的收盘价（编者按：该股最后一根巨阳线的收盘价是87.82元），即应马上卖出。换一句话说，87.82元处就是一个卖点，股价跌到87.82元之下就要作出停损离场的处理。这个牛熊分界的明确卖点，它在日K线图中是看不出的，而在月K线图中却能明确地揭示出来，这就是看月K线的优势所在。

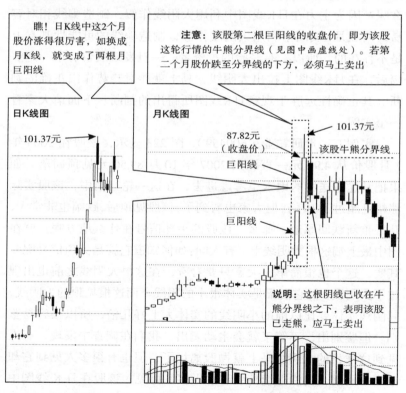

广晟有色（600259）2007年2月~2011年12月的月K线走势图　图222

351

再如，高手说："长阴落下赶快溜。"长阴就是大阴线。通常，无论是什么类型的股票，股价有了一定涨幅后，突然出现一根大阴线，这往往是行情趋势逆转的信号。当然，在日K线图中，主力也可能利用大阴线吓唬大家，把它作为一种洗盘的手段。因此，在日K线图中，对具体某一个股票而言，特别是一些流通盘小，容易被大资金控盘的股票，在股价有了一定涨幅后突然出现一根大阴线，马上要判断出主力究竟是在出货还是在洗盘，往往有一定的难度（这就要看各人的实战经验了）。但在股价有了一定涨幅后，若在周K线图，特别是月K线图上拉出一根大阴线，就很容易判断出股价十有八九是真正见顶了。这是为什么呢？因为主力在日K线图中利用大阴线作假，制造骗线相对容易，而在月K线图中利用大阴线作假，制造骗线的可能性基本上是不存在的。所以，有经验的投资者，一旦发现股价有了一定涨幅后，在月K线图上拉出大阴线，马上就能对趋势作出正确的判断。其正确性远胜于观察日K线图所得出的判断。下面请大家看一个实例：

实例五：贵研铂业（600459）。图223显示，该股在2005年7月股价从4.90元一直涨到2007年10月89.50元见顶回落。如果把其途中送股的因素也考虑进去，在这一轮行情中，该股实际涨幅已超过了19倍。但大家也看到了，该股见顶后，跌幅也非常大，几乎重新跌回原地。那么，该股的头部信号在什么地方呢？就在图中最上端这根大阴线上。有人问：如何知道它就是见顶信号呢？其实，这个也很简单，大家只要看看，在这根大阴线之前也出现过不少阴线，但它们都是实体很小的阴线。而这根见顶的大阴线，其阴线实体要比以前的小阴线的实体大上好几倍，所以很容易鉴别。但鉴别出，不等于就会主动卖出。我们在调查中发现，有人见到这样长的大阴线马上就抛股离场了，但也有很多人见到它却不当一回事，仍然继续持股看多做多。可见，该股在月K线图中拉出长阴后，投资者能不能成功逃顶，取决于当事人有没有高手

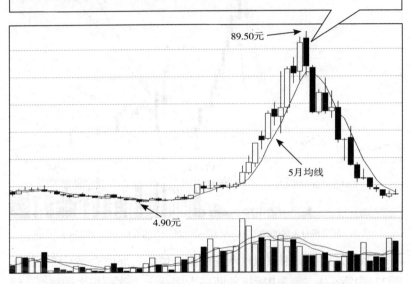

瞧！这根大阴线（见图中箭头所指处）出现时，尽管连5月均线都没有打穿，但经验告诉我们，股价大涨后，突然出现如此大的阴线，后市必然凶多吉少。投资看到月K线中出现这样的大阴线应马上卖出，这样就能逃过后面的大跌。请注意：因电脑显示造成的视觉误差，粗一看，这根月阴线算不上是大阴线。但据核实后发现，这根月阴线的最高价是89.50元，最低价是67.50元，两者落差为-22元，阴线的实体跌幅为-16.29%。可谓是一根名副其实的大阴线。见到这样的大阴线，投资者必须要高度警觉，千万不能麻木不仁，无动于衷

89.50元

5月均线

4.90元

贵研铂业（600459）2003年11月~2008年12月的月K线走势图　图223

所说的见到"长阴落下赶快溜"的意识，这才是问题的关键所在。

实例六：浦发银行（600000）。图224是该股2004年5月~2012年9月的月K线图。从图中看，该股在这8年期间出现过两轮牛市上涨行情。第一轮牛市上涨行情力度较大，该股从6.41元涨至61.97元，股价涨幅超过8倍；第二轮牛市上涨行情力度较小，该股从10.77元涨至31.16元，股价涨幅接近2倍。这两轮牛市行情后来都演变成过山车行情。也就是说，最后该股从哪里涨上来又跌回到哪里去。可见，操作这种股票，在股价大涨后出现见顶信号时，若不能成功出逃，那前面所作的一切努力都白做了。

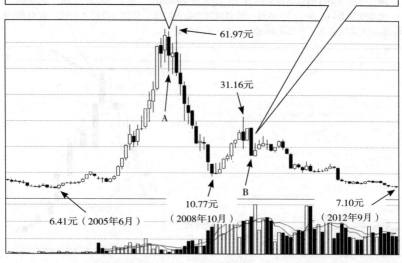

注意：对图中箭头A、箭头B所指的两根大阴线识别并不难。因为在这之前，股价一路上升的途中都没有出现过这样长的大阴线。大阴线出现，意味着股价已经见顶，应该马上出逃。其实，真的要逃，机会是有的。因为这两根大阴线出现后，当时股价都出现了反弹，逢高卖出非常容易，关键就看操作者的执行力如何了

61.97元

31.16元

A

10.77元
（2008年10月）

B

7.10元
（2012年9月）

6.41元（2005年6月）

浦发银行（600000）2004年5月~2012年9月的月K线图　图224

那么，如何识别该股这两轮牛市行情的头部信号呢？秘密就在图224中箭头A、箭头B所指的两根大阴线上。这两根大阴线^{［注］}就是该股最大的见顶信号。自它们出现以后，该股就由牛转熊了。所以，投资者操作时，只要牢记高手说的"长阴落下赶快溜"，就能逃过后面的大跌，该股就是一个非常典型的例子。

投资者在判断股价是否见顶时，除了要关注月K线图中的大阴线之外，也要关注周K线图中的大阴线，因为有时它对股价是

【注】 投资者在观察月K线图时要注意一个现象，如果某股实施送股（包括转增股），送股除权后，图面上也会出现一根"长阴线"，但这不是真正的阴线。真正的阴线是指股价实际跌幅，应排除送股除权的因素。所以，大家在确定某根阴线是不是真的大阴线时，要查看当月有没有实施过送股除权。查阅的方法是：点击K线走势图上的"信息地雷"，或查阅"F10"中"分红"栏目。

否真正见顶也会起到重要的提示作用。下面我们来看一个实例。

实例七：彩虹精化（002256）。该股是深圳中小板的一个股票，它在 2011 年 3 月 2 日摸高 26.37 元后见顶，尔后就出现一路狂泻的走势。若当时在其见顶时不及时出逃，之后股价出现连续跌停，想逃都没有机会了。因此，能不能在其头部形成时马上作出决断，就成了决定投资者成败的一个关键问题。但在当时，有人看了该股的日 K 线图后，不知道股价冲高回落是主力在洗盘，还是股价真正见顶了（见图 225 中小图画小圈处），心中颇有疑惑。但如果看了该股同期的周 K 线图（见图 225）后，心里就有底了——一根大阴线从高空落下，与前面一根阳线构成乌云盖顶的 K 线组合。乌云盖顶是一个十分凶险的见顶信号。在如此明确的见顶信号面前，一些原来看日 K 线图而不知所措的投资者就不会犹豫了，从而能当机立断，作出坚决卖出的决断。

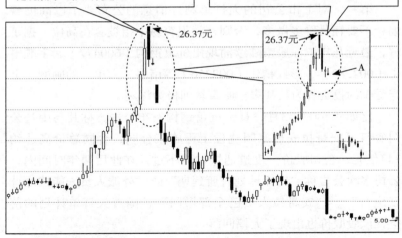

这是该股的周K线图。稍有K线常识的人看到高位出现这么大的一根周阴线，一般都会选择马上出逃，从而能逃过后面连续跌停的风险。这就是观察周K线图的优越之处

说明：此方框内是该股的日K线图形。看着日K线图也许在箭头A所指处不会出逃，因为当时还看不出问题的严重性。但这天若不卖出，后面股价连续跌停时就没有出逃的机会了

26.37元

26.37元

A

5.00

彩虹精化（002256）2010年7月9日~2012年9月28日的周K线走势图　图225

【相关资料链接】2011年3月2日，彩虹精化董事会发布公告，称其公司对外签订了总计约20.75亿元的巨额订单，数额相当于公司全年总营业收入的5倍，且订单在一年内完成。此消息一出，引来市场高度关注。一些媒体与股评家借此极力推荐该股，认为该股今年业绩大增已是铁板钉钉之事，其未来的股价必然会大幅增长，现在正是买进做多的最佳时机。在此氛围下，很多不明真相的投资者纷纷跟进。但与此同时，主力却趁利好消息对外公布，市场人气高涨之际，主动抛货出局。

由于主力大量出逃，该股在摸高26.37元后出现了冲高回落的走势。当时很多投资者被利好消息蒙住双眼，以为该股冲高回落，正是逢低吸纳的机会，盲目地冲进去，结果中了主力的圈套。2011年3月7日后，该股出现较长时间的停牌，等其复牌时传出消息，所谓的巨额订单最终变成了泡影，双方以解约结束，巨额订单被证实为忽悠投资者的一场闹剧。于是，我们看到该股复牌后出现了连续跌停的现象。前面因闻讯利好消息冲进去的投资者都被结结实实地套在高位，动弹不得。

这个案例给了我们两点重要启示：

第一，对上市公司的大订单利好消息的公布要予以高度警惕，不要轻易看多做多，否则，就很容易中招被套在高位。据了解，最近几年沪深股市陆续涌现出杭萧钢构（600477）、宇顺电子（002289）、彩虹精化（002256）等诸多"大单"的闹剧，上当受骗的投资者为数甚多，此事教训极为深刻。

比如，2007年3月13日，杭萧钢构发布公告，称其与中基公司签订了安哥拉安居家园建设工程施工合同，合同总价高达约344亿元，公司股价一度遭遇爆炒。不过，在此后两年时间内，公司多次公告称"比原计划有所延期"、"外派人员未能按原计划出行"、"安哥拉人员已全部撤回"，随着大订单计划的落空，该股股价也出现了大幅回落。

又如，2012年2月，宇顺电子发布公告，称其中标中兴康讯

2012年电容式触摸屏项目，价值为23.05亿元，但截至2012年9月，公司实际接收中兴康讯订单仅为4.98亿元，实际销售金额为2.73亿元，订单数额仅为其公告中标金额的两成。

从这些上市公司公告其业务大增，签订了巨额订单的个股走势看，其股价表现有一个共同特点：大订单消息公布之前或之初，股价一路飚涨，但后来就会因为大订单的落空或完成的情况不甚理想，股价随之会跌入深渊。从目前的事实看：无论是后来被证实为虚无的泡影，还是实际情况完成不理想，对盲目相信上市公司公告，相信大订单会大幅增厚公司业绩而对其看多做多的投资者来说，都存在着一个高位深套的巨大风险。

第二，用技术走势来锁定风险。大家一定要明白一个道理：不管上市公司增加多少巨额订单，业务出现多大幅度的增长，若股价走势并不理会这些利好消息，反而出现向下破位的现象，此时，就不能对它看多做多，而要当机立断，抛股离场。

比如，图225中的彩虹精化。据知情人透露，主力早在半年多前就得知该股有巨额订单的利好消息，所以他们才敢在大盘走势总体不佳的情况下对该股进行炒作。从2010年10月起，主力将该股股价从8.00元炒起，至2011年3月股价摸高至26.37元见顶，在不到半年的时间里，该股股价涨幅就超过了200%，主力获利十分丰厚。

出乎广大投资者意料的是，彩虹精化董事会将其获得巨额订单的利好消息向外公告时，正是主力考虑获利兑现时。从图形上我们可以看到，当时该股构筑头部的迹象十分明显。此时，作为聪明的投资者就不能相信什么媒体与股评家的推荐，也不能相信什么大订单会给上市公司带来业绩大幅增长的愿景，而唯一可以相信的就是看它的股价实际走势。其中分析该股走势的关键一招，就是看它当时周K线技术形态如何（请注意：此时看日K线走势还看不大清楚）。细心的投资者会发现，该股在大订单消息公布的当日，股价是高开低走的，然后在这一周内，周K线图形上出现了一根大阴线。这根大阴线突然降临，说明"利好出尽是利空"，该股股价已经见顶，主力出逃了。此时，投资者只要记住高手说的"长阴落下赶快溜"，马上看空做空，这样就能逃过后面的大跌，就不会出现被主力忽悠，盲目看多而套在高位的悲剧。

有人问：如果上市公司获得大订单确实能大幅度提高公司业绩，那么能不能对它看多做多呢？答案是：即便如此，对它看多做多也要符合以下几个条件：① 利好消息公布前，未经泄露，机构投资者与个人投资者都是在同一时间获得此利好消息的；② 消息公布前，股价在低位运行，未有大幅拉升的迹象；③ 消息公布后，股价重心在不断向上。其中，第三个条件最重要。这也就是说，不论当时这个消息有多么利好，也不论是什么名人、专家在宣传这个利好消息，只要在消息公布后，股价重心不是在向上走而是在向下走，就不能对它看多做多，这要作为纪律严格遵守。唯有如此，才不会上当受骗，才能立于不败之地。

（四）

金老师在台上讲得有声有色，同学们在台下听得津津有味。突然，金老师听到一位姓应的学员，发出了嘘嘘声。金老师是一位很有经验的教师，他知道肯定有什么事触动了这位学员，于是他因势利导，问应先生，你有什么想法吗？

应先生站起来回答说："金老师，不好意思，你讲的内容对我启发很大，我平时做股票不太习惯看周K线、月K线。比如，我操作的宏达新材（002211）这个股票，本来是赚的，但遗憾的是，当该股见顶时，在日K线图上我没有看出来，因为该股还有送股的利好消息在支撑着它。等该股送股后股价出现贴权，形成大跌走势后，我才恍然大悟忍痛止损离场，但此时已经损失很大。我现在听你金老师讲到识顶逃顶要看周K线、月K线的道理后，在电脑里把该股当时的周K线图、月K线图打开，这时候我才发现该股月K线图、周K线图上早就发出了见顶信号。我想，如果当时我能仔细地看一下该股的月K线图、周K线图，或许就不会犯这样愚蠢的错误了。"

[相关资料链接]

说明：下面3张图（见图226、图227、图228）是应先生操作的个股——宏达新材的月K线图、周K线图、日K线图。从这3张图比较看，该股的见顶信号在月K线图里表现最为明确，其次是周K线图见顶信号也比较明确，但日K线图中的见顶信号就比较差，因为当时该股有送股利好的消息，除权之前，主力对股价有一波拉高动作，头部信号比较模糊。所以，若当时不看月K线图、周K线图，只看日K线图操作，很容易对该股行情的趋势作出错误的判断，应先生的错误就因为这样的原因造成的。

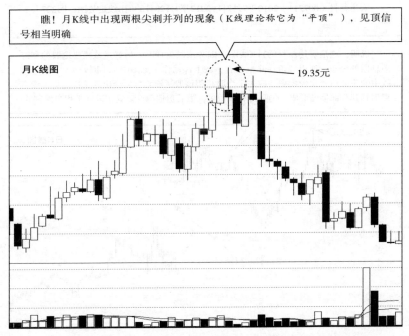

瞧！月K线中出现两根尖刺并列的现象（K线理论称它为"平顶"），见顶信号相当明确

月K线图

19.35元

宏达新材（002211）2008年9月~2012年9月的月K线走势图　图226

这是宏达新材的周K线图。图中画圈处，一根大阴线一下子吞吃掉前面6根K线，形成一个典型的顶部穿头破脚的图形。顶部穿头破脚是一个很厉害的见顶信号，股价大跌，势在难免

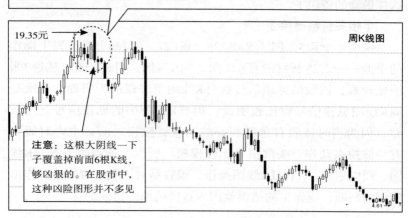

19.35元

周K线图

注意：这根大阴线一下子覆盖掉前面6根K线，够凶狠的。在股市中，这种凶险图形并不多见

4.61→

宏达新材（002211）2010年7月2日~2012年9月28日的周K线走势图　图227

说明：这是宏达新材的日K线图。因为该股见顶时，恰好逢该股要送股的利好消息向外公布，所以股价在除权前有一波上冲动作（见图中画小圈处），故而日K线中的头部信号比较模糊。应先生当时指望该股送股除权后会出现填权走势，没有意识到其头部早已形成，仍坚持看多做多，最后遭遇深套。这个教训是相当深刻的

19.35元

日K线图

送股除权缺口

8.70→

宏达新材（002211）2010年10月19日~2011年8月9日的日K线走势图　图228

应先生把他的投资情况与感悟向大家介绍后，金老师说：应先生的情况很有代表性，我们都应该进行自我反省，请大家回去检查一下，在自己的操作中是否出现过类似应先生的情况。据了解，在投资中出现一些深度套牢的重大失误，多半与少看或不看周K线、月K线图而盲目操作有关，这个问题要引起高度重视。

金老师接着说：股市是一个高风险的市场，要预防市场风险，少犯错误，看盘的思路一定要正确。从一些高手成功的操作经验看，看日K线图时，不要忘了看周K线图、月K线图。大家一定要记住：月K线图是老大，周K线图是老二，日K线图是老三。老大管着老二、老三；老二管着老三。尤其是在看日K线图犯晕找不准方向时，更要多看看周K线图、月K线图。总之，这个大管小的原则不能忘记，忘记就要犯错误。

为了让大家对这个问题有更深刻的认识，我这里再和大家说一个真实的故事。在1999年、2000年这段时期，深圳有一个叫亿安科技的股票（该股现改名为"ST宝利来"）被市场狂炒，出

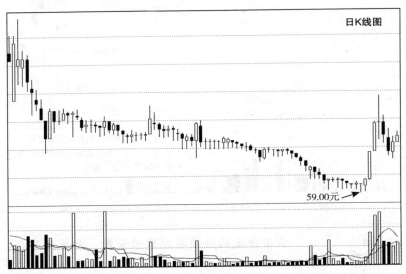

ST宝利来（000008）2000年2月23日~2000年6月29日的日K线走势图　图229

现大幅飙升，股价最高涨到126元，后来该股经过腰斩，股价一直跌到59元，然后出现一轮见底回升的走势（见图229）。面对这种情况，当时有人认为，该股中长线潜力巨大，经过这一轮调整后，股价已经调整到位，现在出现见底回升的现象，说明主力正在启动该股新一轮上涨行情，此时正是逢低积极加入的时候。当时上海某营业部有几个看好该股后市的投资者问一位股市高手能不能跟进，这位高手说不能跟进，还叫他们去仔细看一看该股的月K线图（见图230）。但这些投资者并没有听从这位高手的建议，以为高手在忽悠他们，仍然坚持冲了进去，结果全军覆没。这个教训非常深刻。针对这个案例，我现在出一道题考考大家，你们知道为什么对图229中的个股不能跟进做多，理由是什么（提示：理由从下面的月K线图中寻找）？

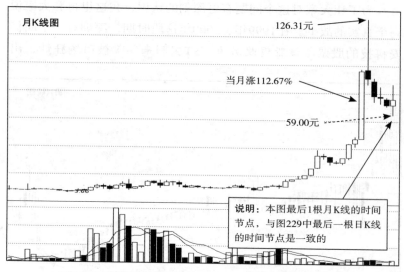

月K线图

126.31元

当月涨112.67%

59.00元

说明：本图最后1根月K线的时间节点，与图229中最后一根日K线的时间节点是一致的

ST宝利来（000008）1995年5月~2000年6月的月K线走势图　图230

金老师出的这道考题很有深意，我一定要好好地想一想。

金老师说：大家想好了，现在我就开始分析。图230是一张月K线图。从图中看，该股涨幅超过100%的这根月阳线是一根超级巨阳线。K线理论告诉我们，股价大涨之后再出现超级巨阳线，说明行情被透支的情况非常严重。超级巨阳线在技术上是重要的见顶信号。另外，我们从图中还可看到，紧挨着巨阳线后面的K线是一根射击之星，射击之星是最常见的见顶信号，而且这根射击之星的上影线特别长，说明它当时遇到非常大的抛压。

根据技术规则，以巨阳线见顶的，尔后股价回调时一定会跌到巨阳线开盘价的下方，把它以前对行情的透支部分统统吐出来。而现在该股的反弹位置离开该股巨阳线开盘价还远着呢，所以这是一次逃命机会，而不是股价调整到位后的新行情启动的投资机会。对这个问题投资者一定要想明白一个道理：**对月K线图已经明确判定中长期见顶的个股，就不能有什么幻想，逢高必撤是硬道理。日K线图走势再好都是假象，只能看成是一次短命的反弹。**故而，大家在操作时，如果对图229中出现的上涨行情性质作出错误的判断，看不明白这是主力利用反弹在拉高出货，盲目跟进做多，一定会为此付出惨重的代价。

果然不出所料，该股后来又出现了大跌（见下页图231）。从图中看，该股最低跌至8.52元（编者按：后来该股反弹后又继续下跌，直跌至3.18元才止跌）。大家可以想一想，前图229中的最后一根K线的收盘价是70.44元。如果当时盲目跟进做多，往后的损失会有多大呢？只要深入地想一想，就会让人有一种不寒而栗的感觉。

有人问：出现超级巨阳线后见顶的，股价都会跌得很惨吗？答案是肯定的。因为我们至今还没有发现有什么例外的情况出现。**所以，大家在月K线图中看到因超级巨阳线见顶的个股，要把它当作瘟神一样远远地避开它，千万不要被它粘住，因为一旦被它粘住，那麻烦就大了。**

金老师是学哲学出身的，他历来主张看问题要学会辩证地去

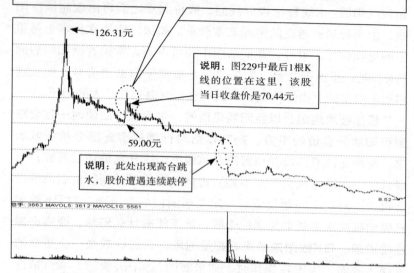

瞧！当时如果不看月K线图，不知道月K线图已经判定该股中长期见顶了，仍然对该股心存幻想，看到日K线走势向好就在此抄底买进，那后面就输惨了

126.31元

说明：图229中最后1根K线的位置在这里，该股当日收盘价是70.44元

59.00元

说明：此处出现高台跳水，股价遭遇连续跌停

总手：3663 MAVOL5: 3612 MAVOL10: 5561

8.52

ST宝利来（000008）1999年10月20日~2002年6月10日的日K线压缩图　图231

请记住：在决定是否要重仓跟进或持有一个股票时，一定不要忘记看月K线图。月K线图看懂了，方向就找对了，就不会出大错。这可是高手留给我们的炒股经验！

看。前面金老师从大局观出发，向大家阐述了看月K线图、周K线图对把握股价大趋势的重要性。现在金老师话锋一转，他又向大家说起另一番道理来。金老师说：在股市里任何方法都有它的优点与缺点。虽然我们强调投资者在看图识图时，看日K线图时不要忘了看周K线、月K线图，不要忘了大管小的原则，尤其是在看日

K线图犯晕看不清楚方向时，要通过看周K线图、月K线图来确定股价运行的方向。但是，这并不是说观察日K线图变成可有可无的事，恰恰相反，日K线图在研判行情中也有它的独特作用，日K线图中所表现出来的某些优点，是周K线图、月K图中没有的。这也就是说，日K线图的优点，正是周K线图、月K线图中的缺点，而周K线图、月K线图中的优点，也正是日K线图中的缺点。说得明白一点，月K线图、周K线图、日K线图都很重要，缺一不可。所以我们在研判行情时，既不要忘了观察月K线图、周K线图，也不要忘了观察日K线图。

那么，观察日K线图能发挥出什么作用呢？

第一，观察日K线图，可以争取在第一时间出逃，因为当周K线图、月K线图发出卖出信号时，股价往往已经下跌了一大截。有鉴于此，投资者在出逃时机的选择上，看日K线图操作比看周K线图，特别是看月K线图操作存在着明显的优势。有人这样比喻，看日K线图发出的信号出逃，逃得好的，可以拿冠军；看周K线图发出的信号出逃，逃得好的能拿亚军；看月K线图发出的信号出逃，逃得好的只能拿季军。

第二，对一些依靠题材、概念而走强，或在股价大涨之后，基本面突然出现恶化而导致股价突然出现跳水的股票，看着日K线图操作往往就能逃在高位，而看着周K线图、月K线图操作说不定就会深套其中。这方面的例子很多，如以前的银广夏（000557）、ST金泰（600385）、康达尔（000048）、中天城投（000540）、正虹科技（000702）、啤酒花（600090）、数码测绘（600700）等都出现过这种情况，而近两年的重庆啤酒（600132），更让人感到触目惊心。

有人问：日K线图中发出什么样的信号，必须当机立断，马上出逃呢？这里我罗列几条，供大家参考：

① 日K线图中的兜底线被击穿，必须马上卖出；

② 日K线图中的重要平台被击破，必须马上卖出；

③ 颈线被跌破，必须马上卖出；

④ 高位突然出现一个向下跳空缺口，必须马上卖出；

⑤ 出现断头铡刀[注]的大阴线，必须马上卖出；

⑥ 高位突然放出巨量，K线收出大阴线或中阴线时，必须马上卖出；

⑦ 高位放出巨量，股价出现滞涨，应及时进行减仓或马上卖出；

⑧ 股价大涨后出现高位大阳线，尤其是形成大阳线扎堆的现象时，必须进行减仓或马上卖出。

（五）

金老师说：下课时有一位学员向我提出一个问题，他说虽然高手顺口溜中说的几个识顶逃顶的技巧很好，也很实用，但它有一个明显的缺点，即不能够区分这个顶究竟是短期头部还是中长期头部。倘若投资者在操作中把短期头部当作中长期头部来看待，就很容易在骑上中长线黑马后，被主力中途洗盘出局，哪该怎么办呢？

金老师解答说：首先，大家必须认识到，股市中任何技巧、经验、方法都有它的缺点，完全没有缺点、绝对正确的技巧、经验、方法是不存在的。正如这位学员所说，高手顺口溜中讲的几个技巧、方法，确实存在无法区分短期头部与中长期头部的缺陷，这是不可否认的。

其次，股市中各种技巧、经验、方法的优缺点存在着一种互补关系。比如，甲方法的缺点，可以用乙方法的优点来弥补，乙方法的缺点，也可以用甲方法的优点来弥补。所以，针对高手顺口溜中介绍的识顶逃顶方法所存在的缺陷，投资者可以通过使用

【注】 关于什么是断头铡刀的大阴线，其技术特征与相关实例，详见《股市操练大全》第二册第97页~第99页。

其他方法来加以弥补，弥补的办法是：

①投资者可以通过了解主力震荡出货的一些基本知识来提高对短期头部与中长期头部的鉴别能力。（编者按：《股市操练大全》第七册第456页~第494页，详细解释了震荡洗盘与震荡出货的几大区别，有兴趣者可仔细参阅）。

②一个股票的头部究竟是短期头部还是中长期头部，它往往与大盘走势息息相关。当整个大盘都见顶时，个股形成的头部基本上就是一个中长期头部，当大盘走势还处于强势的状态时，个股形成的头部则很有可能是短期头部。因此，正确判断大盘的趋势对鉴别个股头部的性质有很大帮助（编者按：判断大盘指数见顶的技巧、方法，详见《股市操练大全》第七册第393页~第455页，《股市操练大全》第八册第459页~第482页）。

③一个股票走势强弱，往往与其行业景气度，板块指数的兴旺有密切关系。通常，当某一行业的景气度由盛转衰时，这个行业中的个股一旦股价见顶，就可能形成中长期头部。同样的道理，当某一板块指数中长期见顶，其所属个股见顶也多半为中长期头部。比如，2010年12月，中小板指数、创业板指数都出现了大的头部信号，于是，一些中小板、创业板个股也纷纷由牛转熊，构筑中长期头部。可见，观察行业景气度与板块指数的强弱变化，对分析、判断个股头部性质有很大的帮助。

④用兜底线锁定风险。一般来说，一个股票从高处回落，当股价跌到兜底线附近，出现止跌企稳的现象，说明前面的见顶，很可能是一个短期头部，投资者仍应积极看多做多，持股待涨；反之，当股价下跌，出现跌穿兜底线的现象，那么就需要高度警惕了。

此事说得再明白一些，投资者只要记住，一旦发现盘面上出现股价有效跌穿兜底线的信号，就要认识到前面的顶部，基本上就是一个中长期头部，此时必须马上卖出；反之，如果股价跌到兜底线附近止跌企稳，那么就要意识到，前面的顶部很可能就是一个短期头部，此时投资者仍然应该持股观望。

⑤ 重要的上升趋势线被击破，那么，前面的顶部就基本上能确定为中长期头部。通常，股价在上涨时都会沿着一根重要的上升趋势线往前沿伸，主力在洗盘时一般不会让股价跌穿这根上升趋势线。一旦出现股价跌穿重要上升趋势线的现象，说明主力已从做多转向做空，那么，前面所形成的顶就基本上能确定为中长期头部。此时，投资者必须马上卖出。反之，股价回落时并没有跌穿这根重要的上升趋势线，说明主力仍在做多，那么前面所形成的顶部就可能是一个短期头部。此时，投资者仍可看多做多。

⑥ 充分利用历史经验来鉴别个股的顶部性质。

A：当个股见顶，且电脑上方出现"88"、"99"吉利数字时，这个头部很可能是中长期头部。因为个股在上升途中出现的短期头部，在电脑显示屏的上方，一般不会出现"88"、"99"等吉利数字。

B：一轮大行情的最高点，与历史上前一轮大行情的最高点相差的距离很小，在"只差一点点"的地方回落，这样的顶部很可能就是这轮行情的中长期头部（即中长期历史大顶）。

C：股谚云："天量天价。"若股价见顶时放出天量，这样的顶部基本上就可以确定为中长期大顶。

金老师说：上面讲的几种判断头部（顶部）性质的方法，都是很实用、很有效的方法。大家在操作时，只要做有心人，把高手顺口溜中说的几种识顶逃顶的技巧、方法与上面几种技巧、方法结合起来（不一定要全部结合，可以选择其中的一种或两种），就能对当前出现顶部的性质作出正确的判断，弄清楚它究竟是中长期头部，还是短期头部，并采取相应的对策，这样，在操作上就不会出现方向性的错误。

下　篇

捕捉黑马疑难问题解答
专题练习

主讲人：杨老师（女）

导　语

　　短线黑马与中长线黑马是两种不同性质的黑马，在操作中不能混为一谈，如果张冠李戴，就会出现严重的后果。请问，你若碰到这样的情况，有什么应对良策呢？为什么新股中一般只能产生出短线黑马，而不能产生出中长线黑马，长期持有新股会输多赢少？为什么将5日、10日、20日、30日、60日均线都称为生命线是错误的，生命线到底是什么？为什么不能光看财务报表来选择黑马，财务报表猫腻多，有什么好的办法可以识别出财务报表中的虚假信息，不让自己上当受骗？"问君能有几多愁，恰似满仓中石油"，中石油上市之初，很多人视它为一匹大黑马，结果栽了大跟头，这个案例给了我们哪些深刻的经验教训……

　　在捕捉黑马的过程中，诸如此类的疑难问题很多。本篇将通过对这些疑难问题的深入解析，使你在操作时始终保持一个清醒的头脑，不被假象所迷惑，从而在捕捉黑马时能少走或不走弯路，由此把自己锤炼成一个能善于明辨是非的股市赢家。

　　某年盛夏，在一位高人指点下，张先生在中小板中选择一个新上市的农业股。幸运的是，张先生在图232中箭头A所指处买进后，仅过了20几个交易日，股价就上涨150%以上。显然，张先生骑上了一匹大黑马。据分析，这匹大黑马的诞生与快速成长，一是得益于当时的大盘正处于强势，二是因为该股基本面很好，有很高的成长性，且盘子小，股性又十分活跃，它受到大资金的青睐。时至今日，该股在高位出现冲高回落（见图232中箭头B所指处）。

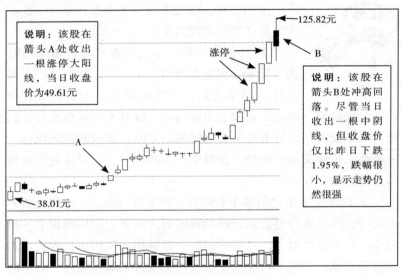

某股日K线走势图　图232

　　甲对张先生说：该股走势十分强劲，股市的规律就是强者恒强。因此，该股这次冲高回落仅是一次中途洗盘。洗盘之后该股仍然会继续其升势。这样的好品种值得长期持有，该股很可能就是一匹中长线大黑马。乙对张先生说：该股就是一个短线品种，股价炒到这样的份上也差不多了，今天冲高回落就是见顶信号，主力正在借机出逃。所谓该股基本面好，有很高的成长性，受到大资金的青睐都是"浮云",是一种忽悠。所以现在对该股绝对不能有长期持有的念头,见好就收才是明智之举。甲、乙两人说得似乎都很有道理,这使张先生左右为难,不知该听谁的。更使张先生感到苦恼的是,原来指点张先生的高人最近出国了,张先生已无法与他联系。故而,张先生为此事一直忧心忡忡,对下一步操作一直举棋不定。

请问:甲、乙两人,谁的观点正确?为什么?你能为张先生提供一些好的建议,帮助他甩掉这个思想包袱吗?

甲错乙对,张先生应马上卖出,见好就收。作出这样判断的理由是:

① 任何优秀的上市公司都要经过市场与时间的检验,但这需要有一个过程。作为新股,至少在一两年之后,才能确定它是否真正具有中长期投资价值。因此,新股上市的初期,没有人会盲目地对它们进行长期投资,大资金更不会这样做。此时,新股的投资机会,一般都是短线交易的机会。新股中产生的黑马,也只能是短线黑马。

② 即使在上市之前某个新股被证明很有可能是一家优秀的上市公司,但它发行时价格就会抬得很高,或者上市后股价会一步到位,甚至被炒过头。这样价值就会被高估,从而也就失去了它的投资价值,就更不可能为中长线投资者带来赢利机会。股市的规律是:众人都知道的好公司很难成为中长线的投资佳品。它要么是股价太高,价值已被高估,要么是名不副实,纯粹是忽悠。真正的一些中长线黑马都是在大家不知晓的背景下诞生的。

③ 沪深股市20多年来的历史经验告诉我们,不管市场给新股头上加上多少光环,在它身上制造出多少题材、概念,市场炒新股就是炒它的投机价值,而不是它的投资价值。新股头上的光环,身上的题材、概念再漂亮,再耀眼夺目都是"浮云",一旦

新股炒作后被市场冷落（编者按：如日后有更新、更吸引市场眼球的新股出现，原来的新股就会被市场丢在一边，或因为股价暴涨主力在高位出逃后，它就会变成无人"关照"的弃儿，此时，股价即会一落千丈，彻底被市场冷落），所有的光环、题材、概念都会消失得无影无踪。所以炒新股博的就是短线差价，捕捉的就是短线黑马。若有谁在新股上市初期就对它进行中长线投资，把一些新股中的黑马当作中长线黑马"养"着，那输钱的概率就非常大。有人发现，在新股上市之初，即使股价马上一路飚升，为持有者带来丰厚的赢利，但如果不及时兑现，最后也会竹篮打水一场空，甚至还会因为它后面的暴跌，让持有者出现倒亏的现象。有鉴于此，有高手建议，新股持有的时间要短（一般不要超过3个月），时间越长风险就越大。

④ 从图232中分析可以得知，该股在两个月不到的时间里，股价涨幅超过了200%（从38.01元，一直涨到125.82元），走势十分凶悍。主力操作该股时采取高举高打，连续逼空方式，不给短线卖出者回补的机会，迫使他们高位追涨。特别是到后面股价出现连续涨停，加速上扬的现象，这些都反映了主力速战速决的迫切心情。而速战速决正是短线行情的最重要特点。短线行情中只能诞生出短线黑马，一旦主力获利兑现后，短线黑马就会从高空坠落，出现一路下泻的走势。投资者若出逃不及时，继续持股做多，原先的账面赢利就会被揩掉，甚至会出现倒赔，那就得不偿失了。

⑤ 该股的技术走势已提示股价可能见顶。如最后几天的K线组合为"加速度线[注]"，这是一个赶顶信号。图232中最后一根K线收的是一根放量中阴线，表明高位已经出现大量抛盘，做空力量远胜于做多力量，它已对前面的"加速度线"的见顶信号作

【注】 关于K线组合"加速度线"的特征、技术意义，详见《股市操练大全》第一册第20页。

了初步确认。另外，按照大阳线的理论，图232中倒数第二根、第三根、第四根K线都是涨停大阳线，在股价大涨之后出现的大阳线性质属于高位大阳线，这是主力高位出货的一个重要信号，且这样的高位大阳线一口气就出现3根，说明在高位诱多出货的情况已非常严重，行情随时可能见顶回落。

有人问：上面说了这么多"甲错乙对"的理由，那么，张先生下一步该如何操作呢？很简单，马上止损离场。当然，为了消除张先生的疑虑，这里可以给张先生提出如下建议：第一，在图中加上一根5日均线，一旦发现5日均线向下弯头，或股价有效跌破5日均线就马上清仓离场；第二，在最后两根高位大阳线被后面的阴线所覆盖，特别是倒数第二根大阳线的开盘价被跌破后，应即刻斩仓出局。

为何要这样操作呢？因为当两种情况都出现时，可基本上证明股价确实见顶了，此时卖出的胜算就非常大。如果张先生还不

操作建议示意图

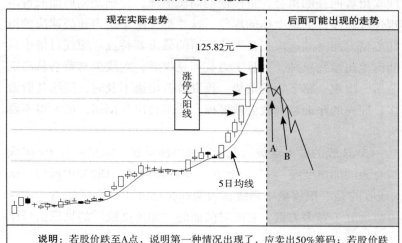

说明：若股价跌至A点，说明第一种情况出现了，应卖出50%筹码；若股价跌至B点，说明第一、第二两种情况都出现了，应全部卖出。

图233

放心，可这样操作：如果日后出现了上述两种情况当中的一种，就先卖出手中一半的筹码，如果日后两种情况都出现了，那说明日后下跌就是铁板钉钉的事情了，应该无条件地把股票全部卖出（该股操作示意图见上页图233）。

该股后来的走势证明，自股价在125.82元见顶后，就呈现一路下滑的趋势。可见，当时在图233中箭头A、箭头B所指处卖出是完全正确的。若拖着不卖损失就很大（见下面图234）。

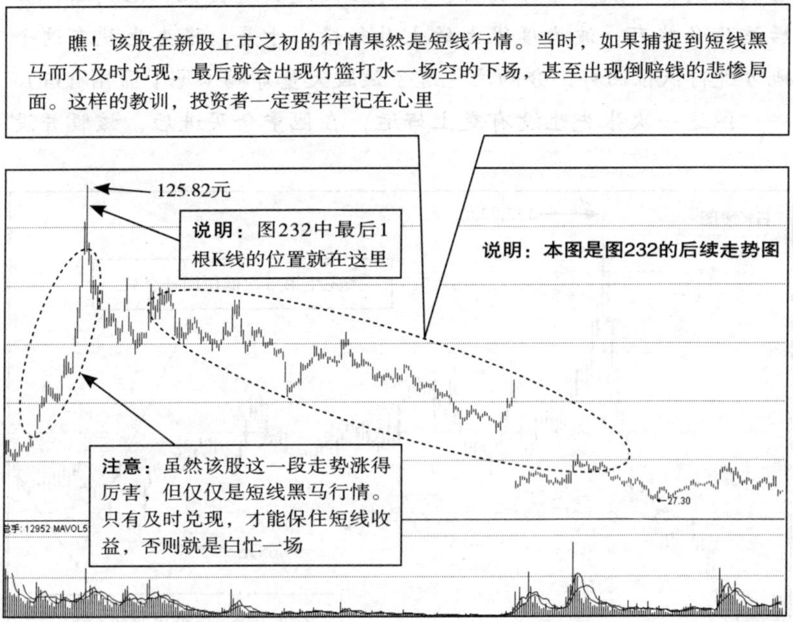

瞧！该股在新股上市之初的行情果然是短线行情。当时，如果捕捉到短线黑马而不及时兑现，最后就会出现竹篮打水一场空的下场，甚至出现倒赔钱的悲惨局面。这样的教训，投资者一定要牢牢记在心里

125.82元

说明：图232中最后1根K线的位置就在这里

说明：本图是图232的后续走势图

注意：虽然该股这一段走势涨得厉害，但仅仅是短线黑马行情。只有及时兑现，才能保住短线收益，否则就是白忙一场

成交手：12952 MAVOL5

壹桥苗业（002447）2010年7月13日～2011年12月30日的日K线走势图　图234

虽然张先生最后采纳了乙的意见，在
高位及时止损离场，从而保住了自己在该
股短线上的赢利。但张先生对该股仍旧依
依不舍。经过半年调整，该股跌至59.65

元（跌幅达到52.59%）后，在低位形成V形反转走势，MACD红
柱状放大，并出现了黄金交叉的现象。张先生思忖再三，认为该股
基本面相当不错，且题材独特，大资金会再度关注它，现在该股
已调整到位，底部信号明显，此时应该是买进良机。他判断，日
后该股必然有一波力度很大的上升行情。于是，张先生就在这个
地方进行低位回补，分两次吃进了该股大量筹码（见下面图235）。

但这一次张先生没有交上好运，在他重仓买进后，该股并没

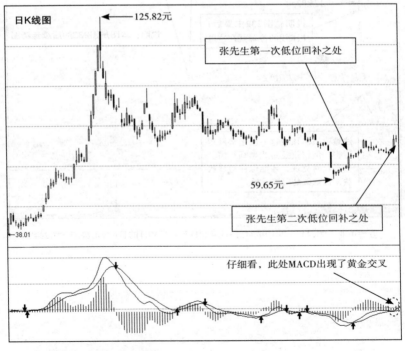

壹桥苗业（002447）2010年7月13日~2011年3月9日的日K线走势图　图235

有出现一波力度较大
的上升行情，而是越
走越弱。张先生一直
持股观望，到2011年
底，张先生在账面上
出现了较大的亏损。
但张先生一直不明白
他的操作究竟错在哪
里。后来曾指点张先
生的高人回国了，张
先生谦虚地向他请
教，高人仔细地看了
该股的月K线图（见
右图236），如此这

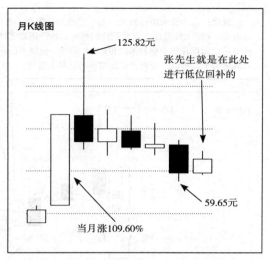

壹桥苗业（002447）2010年7月～2011年2月的
月K线走势图　图236

般地向张先生说了一番道理，这时张先生才恍然大悟。

　　请问：你能从该股当时的月K线图里看出什么名堂吗？张先
生的操作究竟错在什么地方？

　　　　　　上图236是月K线图，图中有一根涨幅超过
100%的阳线，这在技术上称为巨阳线。按照巨
阳线的操作理论，巨阳线是行情透支的产物。当
股价回调时，一旦巨阳线的收盘价被击破，就表
明行情开始中长线走弱，此时必须减仓；若股价
回调时，吃掉巨阳线的1/3，则表明行情进入到
一个完全的空头市场，此时必须及时卖出，抛空离场。
　　现在我们来看图236，就会发现该图中倒数第二根K线是一根
阴线，这根月阴线的收盘价已跌到巨阳线的1/2下方处（见下页图
237中"注意"），这说明该股走势已经完全变坏。在这之后，
该股第二个月虽然收了一根阳线（见图236中最后一根K线），但

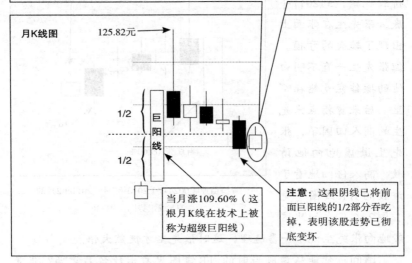

说明： 图中箭头所指处是一根反弹逃命的阳线。若不及时出逃，将深度套牢。理由是：按照K线理论，只要股价回落时，将巨阳线实体的1/3覆盖，后市走熊就几成定局，而现在图中倒数第二根K线（阴线）已跌至巨阳线实体的1/2以下处，那危险就更大了。所以，投资者见此情形必须马上卖出

月K线图

125.82元

1/2

巨阳线

1/2

当月涨109.60%（这根月K线在技术上被称为超级巨阳线）

注意： 这根阴线已将前面巨阳线的1/2部分吞吃掉，表明该股走势已彻底变坏

壹桥苗业（002447）2010年7月～2011年2月的月K线走势图　图237

这根月K线的出现，并非是行情见底的标志，而是给持股的投资者一次逃命的机会。但张先生却把行情做反了，他认为当月的日K线走势很强，是一个很好的投资机会。于是，在此处进行低位回补（编者按：在高位处把股票卖出，然后等到股价下跌到低位处，再把前面卖出的筹码重新买回来，这种操作方法俗称为"低位回补"），结果被套在半山腰，从而吃了大亏。

需要注意的是，该股当时的下跌趋势，从月K线图上可以看得非常明白，但从日K线图上观察就不一定能看清楚。当时张先生犯了一个致命的错误，只看日K线图进行操作，却不看月K线图，该看空做空的地方，他却把它当成买进信号，盲目地进行低位回补，积极看多做多，结果遭到惨败（见下页图238）。

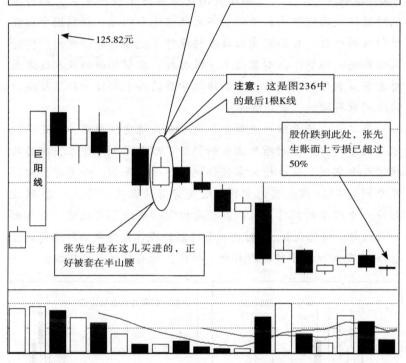

　　短线黑马行情见顶后，这个见顶究竟是阶段性见顶，还是中长期见顶；股价下跌到什么地方才可以进行低位回补等所有这些问题，从这张月K线图中都能找到明确的答案。但遗憾的是：张先生不看月K线图，只看日K线图进行操作，盲目低位回补，最后输了大钱，这样的教训实在是太深刻了

125.82元

注意：这是图236中的最后1根K线

股价跌到此处，张先生账面上亏损已超过50%

巨阳线

张先生是在这儿买进的，正好被套在半山腰

壹桥苗业（002447）2010年7月～2012年1月的月K线走势图　图238

　　【编后说明】据了解，很多投资者对巨阳线比较陌生，有些人甚至根本不知道什么是巨阳线，即使有的人知道巨阳线，对其来龙去脉也是一知半解，至于如何按照巨阳线发出的信号进行操作更是一头雾水。事实证明，投资者若不抓紧补上这方面的知识，日后肯定是要吃大亏的。有关巨阳线的知识，《股市操练大全》第八册第二章"巨阳线图形识别技巧深度练习"中有详细介绍，未阅读者可仔细阅读，以弥补这方面知识的不足。

捕捉黑马
特别训练
26

下课后，一些学员围着杨老师说："张先生的情况在他们身上也发生过，这些练习对他们启发很大。"另外，一些学员向杨老师提出一个要求，因为他们对巨阳线比较陌生，平时也不太注意这个问题，碰到图中出现巨阳线的个股，日后究竟应该怎样操作（比如何时该卖出，何时可以补仓、抄底），心里还不是很有数，希望杨老师能在这方面对学员多加强一些训练。杨老师把学员的要求向校方作了反映，校方同意再增加一堂训练课。

第二天，杨老师一进教室就说：今天这堂训练课，就是学校根据大家的要求临时增加出来的。为了让大家加深印象，我另外找了几个实例。现在请大家仔细观察下面6张图，并思考、回答几个问题：① 这些实例中的个股走势有什么共同特征？② 假设对每一个股票的操作，只能在"卖出"、"买进"、"观望"中作出一种选择。请你说说，你对这6个股票的操作究竟是如何选择的？③ 如果要对这些个股进行补仓、抄底，你有什么好的建议？

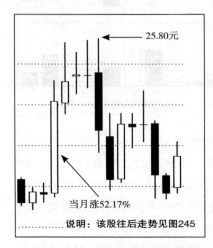

众和股份（002070）某阶段月K线图
图239

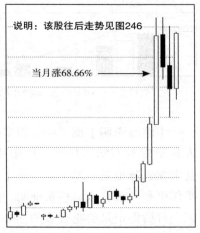

宜科科技（002036）某阶段月K线图
图240

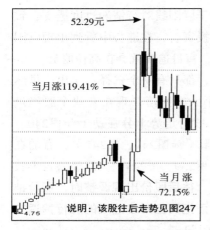

52.29元

当月涨119.41%

4.75

说明：该股往后走势见图247

当月涨
72.15%

成飞集成（002190）某阶段月K线图
图241

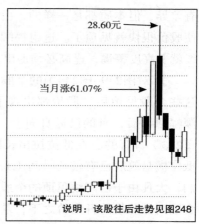

28.60元

当月涨61.07%

说明：该股往后走势见图248

永新股份（002014）某阶段月K线图
图242

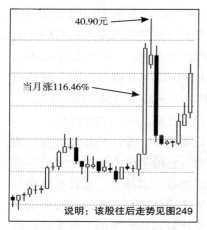

40.90元

当月涨116.46%

说明：该股往后走势见图249

水井坊（600779）某阶段月K线图　图243

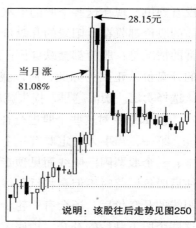

28.15元

当月涨
81.08%

说明：该股往后走势见图250

ST明科（600091）某阶段月K线图　图244

解答

① 上面这些实例中个股的共同特征是：它们在前期上涨过程中都出现过巨阳线（当月涨幅都超过50%）。有的个股在巨阳线出现的第二个月，股价见顶了；有的个股在巨阳线出现的当月，股价就见顶了。虽然它们在见顶的时间上稍

有差异，但本质都是一样的，由于巨阳线对行情的过度透支，致使股价很快就见顶了。这也提醒投资者，在涨势中看到出现巨阳线就要高度警惕，逢高必须退出，盲目追高就会在高位吃套。

② 对图239~图244中的个股，都只有一个选择：卖出。虽然这些个股见顶后，股价都出现了大幅回落，现在有些个股经过深幅回调后，有的已返身向上，股价走势十分强劲（如图240、图243），有的已在低位拉出长阳（如图241、图242），有的在低位横盘筑底已有较长时间（如图239、图244）。但经验告诉我们，**大凡由于巨阳线见顶的个股，往后股价出现调整时，股价都会跌到巨阳线的开盘价之下，从而把因巨阳线造成的对行情透支部分彻底抹去，实现合理的价值回归。**

如果依据这条经验，图239~图244中的个股，股价调整都远没有到位。现在这些个股的上涨与筑底，都是假的，因为它们目前的股价都收在巨阳线的开盘价之上。这种情况是不正常的。正常的情况是：股价都会跌穿巨阳线的开盘价，并且远低于巨阳线的开盘价。正因为如此，所以我们对图239~图244中的个股都应该选择卖出。卖出越早，损失就越小（见后面图245~图250）。

③ 如果要对这些个股进行补仓、抄底，我们的建议是：

第一，当事人一定要有一个长期观望、等待的心里准备。通常，一个股票因巨阳线而见顶走熊，它的杀伤力是非常大的。其往后股价回落时不但会将巨阳线的涨幅全部抹去，而且在跌破巨阳线的开盘价后，还会有一轮十分惨烈的下跌。所以，投资者对这些个股下跌后的补仓、抄底，要比对其他类型的个股下跌后的补仓、抄底更加谨慎。一般情况下不要轻易出手，否则，很容易被套在半山腰中。

第二，对因巨阳线而见顶走熊的个股，若真正要动手对它们在低位进行补仓、抄底时，必须要满足两个条件。条件一：股价在低位构筑底部时，成交量有明显放大的迹象（如成交量柱状线的长度，比前面要大上一倍以上），并呈现价升量增的态势；条件二：股价下跌后重新站在5月均线之上。一般来说，只有满足这两个条件，才可以试着进行低位补仓、抄底。

第三，在操作时要贯彻分批买进的原则，并设好止损点。一般来说，若股价站上5月均线可先试着用少量资金买进，待股价站稳5月均线，股价上涨趋势确立后再进行加仓；若股价站上5月均线后又重新跌破5月均线，必须马上停损离场。

下面我们仍然以前面所举的6个股票为例，看看按照上面的建议如何进行操作。比如，我们可以将巨阳线（即以巨阳线开盘价为起点至上方）这一区域划为"绝对看空区域"。在这一区域，即使股价走势看上去很好，也必须坚决卖出。再比如，股价击穿巨阳线开盘价，之后又经过一段时间的下跌，寻找到低点后，并且股价能重新站上5月均线（成交量必须放大）处作为低位补仓的买点，但要注意，往后股价再次跌破5月均线必须卖出。投资者只要严格按照上面几点建议操作，在低位补仓、抄底时就不会犯方向性错误，赢的概率是很大的（见下面图 245 ～ 图 250）。

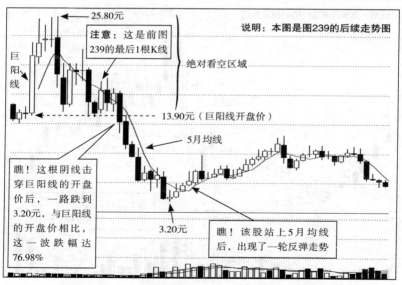

众和股份（002070）2006年10月~2011年9月的月K线走势图　图245

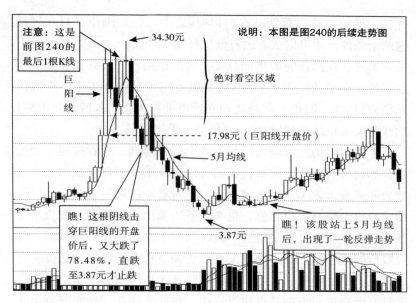

注意：这是前图240的最后1根K线

巨阳线

34.30元

说明：本图是图240的后续走势图

绝对看空区域

17.98元（巨阳线开盘价）

5月均线

瞧！这根阴线击穿巨阳线的开盘价后，又大跌了78.48%，直跌至3.87元才止跌

3.87元

瞧！该股站上5月均线后，出现了一轮反弹走势

宜科科技（002036）2005年11月~2012年1月的月K线走势图　图246

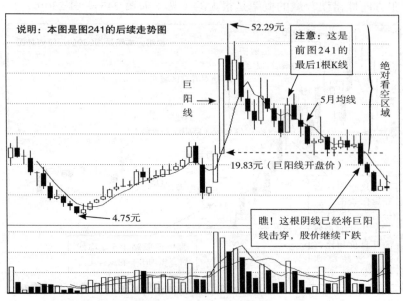

说明：本图是图241的后续走势图

52.29元

注意：这是前图241的最后1根K线

巨阳线

5月均线

绝对看空区域

19.83元（巨阳线开盘价）

4.75元

瞧！这根阴线已经将巨阳线击穿，股价继续下跌

成飞集成（002190）2007年12月~2012年9月的月K线走势图　图247

384

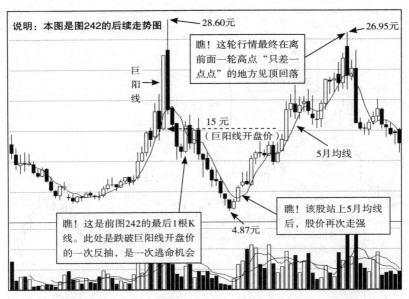

说明：本图是图242的后续走势图

28.60元

26.95元

巨阳线

瞧！这轮行情最终在离前面一轮高点"只差一点点"的地方见顶回落

15元（巨阳线开盘价）

5月均线

瞧！这是前图242的最后1根K线。此处是跌破巨阳线开盘价的一次反抽，是一次逃命机会

4.87元

瞧！该股站上5月均线后，股价再次走强

永新股份（002014）2004年7月~2012年1月的月K线走势图　图248

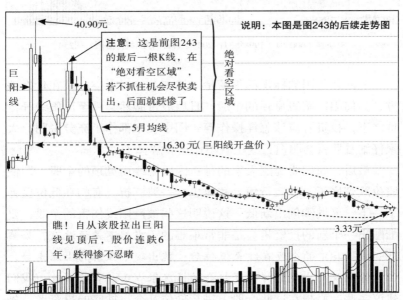

40.90元

说明：本图是图243的后续走势图

注意：这是前图243的最后一根K线，在"绝对看空区域"，若不抓住机会尽快卖出，后面就跌惨了

绝对看空区域

巨阳线

5月均线

16.30元（巨阳线开盘价）

瞧！自从该股拉出巨阳线见顶后，股价连跌6年，跌得惨不忍睹

3.33元

水井坊（600779）1999年1月~2006年2月的月K线走势图　图249

385

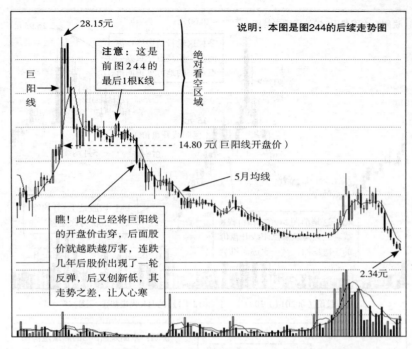

说明：本图是图244的后续走势图

28.15元

巨
阳
线

注意：这是
前图244的
最后1根K线

绝
对
看
空
区
域

14.80元(巨阳线开盘价)

5月均线

瞧！此处已经将巨阳线
的开盘价击穿，后面股
价就越跌越厉害，连跌
几年后股价出现了一轮
反弹，后又创新低，其
走势之差，让人心寒

2.34元

ST明科（600091）1998年3月~2008年11月的月K线走势图　图250

上面几张图的标识都很清楚。比如，绝对看空区域在什么地方，为何因巨阳线见顶的个股，日后股价必然会跌至巨阳线开盘价之下，投资者应该怎样操作等，图中文字都作了充分说明，大家仔细看后就会明白，这里就不作更多解释了。

最后，我们要提醒大家的是：因巨阳线而见顶的个股，即使股价跌到底了，日后行情上涨时也会一波三折，有的在低位反弹了一下，又继续创出新低。这说明这些被巨阳线伤害的个股，要酝酿出一个新的投资机会是非常艰难的（当然不是说没有，如第385页图248中的个股在跌至低位后，就出现了强劲的上涨走势，但总的来说，出现这样投资机会的情况很少）。有鉴于此，我们建议一些一心想在这些个股上进行低位补仓、抄底的投资者，是不是也可以转换一下思路，放弃对这些个股的低位补仓、抄底，把眼光转移到更具有潜力的个股上，或许将来的投资机会更大。有心者，不妨一试。

噢，我明白了。分析盘面走势要学会抓住主要矛盾，本题中几只股票，主要矛盾集中在巨阳线上。若不分析巨阳线对股价走势的影响，而只是依据一般的K线走势与成交量的变化来判断后市，就很容易出错。这是一条重要经验，我一定会牢牢记在心里。

捕捉黑马一定要关注均线。一位新股民说，他曾从高手那里听到，均线中的生命线最重要，如果股价站上生命线就能看好，此时可以买进股票或持股待涨，但股价跌破生命线，后市就应该看坏，此时应马上卖出股票，或持币观望。但令他感到困惑的是，股市中的生命线很多。比如，有人把5日均线说成是生命线，也有人把10日均线，或把20日均线、或把30日均线、或把55日均线、或把60日均线说成是生命线。更有甚者，有人干脆把5日均线、10日均线、20日均线、30日均线、55日均线、60日均线都"一网打尽"，统统作为生命线看待。如此一来，这位投资者就犯晕了，股市里有那么多均线都是生命线，那该怎么认定啊？又该怎么操作呢？

请问：股市里的生命线是怎么回事？究竟什么样的均线才能称为生命线？你能解开这位新股民的困惑，并为他的操作提出什么好的建议吗？（请举例说明）

在均线理论中，原本并没有生命线的说法，只是沪深股市开张，从国外引进均线理论后，有人在实际操作中感到某条均线的得失，对股价运行的趋势影响很大。为了突出这条均线的重要性，故而有人把它称为生命线。生命线的说法就是这么来的，从目前调查的情况看，一般都只把60日均线称为生命线。当然也有人把其他均线，如5日均线、10日均线等称为生命线，但这种情况较少见，至于有人把5日、10日、20日、30日、60日均线统统称为生命线的情况，在市场中则更是少见。

其实，哪根均线能称之为生命线，并不是由哪个专家、权威说了算的，它最终还是由市场实践所决定的。据了解，在一般情况下，股价运行能否站在一个季度均线之上或之下，并由此判断股价运行趋势的强弱，准确率较高。久而久之，人们就特别看重季度均线，自然而然地就把它认定为生命线了。

从理论上说，把季度均线列为生命线是站得住脚的。因为无论是大盘还是个股，一个季度运行下来，若股价走强了，那么向上的趋势就基本明朗了；反之，一个季度运行下来，股价在不断走弱，那么向下的趋势也就基本上确定了。股市实战经验告诉我们，衡量股价走强还是走弱，主要标志就是看股价究竟是站在季度均线之上运行，还是站在季度均线之下运行。而季度均线就是60日均线（因为每个月实际交易时间为20日）。所以60日均线才被大家公认为均线中的生命线。

下面我们可以看看几个实例。这几个实例中的一根曲线都是60日均线。下面图251显示，该股60日均线下行时，股价只能一路向下，每次反弹到60日均线处，反弹就见顶了，只能再次下行；但自从该股站上60日均线后，它就在60日均线支持下，股价一路震荡向上，每次股价冲高回落时，跌至60日均线处就跌不下去了，股价再次返身向上。下页图252显示，该股在跌至2.07元见底后，股价就一直沿着60日均线震荡上行。下页图253显示，该

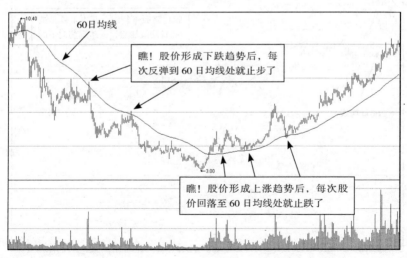

宁波热电（600982）2008年2月21日～2009年7月28日的日K线走势图　图251

389

股跌破60日均线后，就沿着60日均线一路震荡下行。可见，60日均线对股价运行趋势有非常明确的指向性作用，把它作为生命线是名副其实的，对投资者的操作确实有很重要的参考意义。

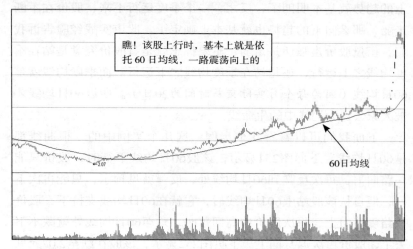

恒逸石化（000703）2008年7月8日～2010年3月10日的日K线走势图　图252

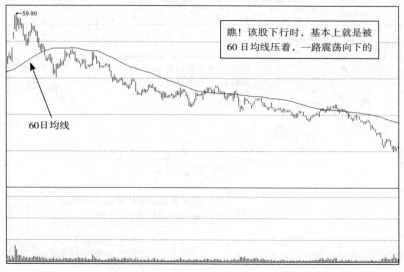

海兰信（300065）2010年12月7日～2012年1月20日的日K线走势图　图253

有人问：既然60日均线已经被大家公认为均线中的生命线，那么，为什么还会有人要把5日均线、10日均线等其他均线认定为生命线呢？大家可能不知道，股市里的技术理论不像其他领域的理论，对一般人有什么"约束性"。股市中的技术理论呈现"百花齐放、百家争鸣"的状态。你可以这样说，他也可以那样说，反正谁也甭想做"老大"，谁也管不了谁。比如，K线理论是股市中最成熟的理论，即使国际上大家公认的一种K线信号的名称，到了我们沪深股市，有人也会对它另起一个名字，什么"老鸭头"、"多方炮"、"孕中线"等等。总之，这些人觉得说得越另类，越是标新立异，就越能争得市场的眼球。同样的道理，有人认为，别人能说60日均线是生命线，为何我不能说5日均线、10日均线等其他均线是生命线，更有人感到不过瘾，需要进行全方位"创新"，干脆把5日、10日、20日、30日、60日均线"一网打尽"，统统都把它定性为生命线。所以市场中才会出现生命线泛滥成灾，乱象丛生的现象。

　　我认为，这位新股民，只要坚定地认准60日均线就是生命线，并严格地按照高手对生命线的建议进行操作，结果必然是赢多输少，但是，如果认错了生命线，把一般的普通均线认定为生命线进行操作，其结果往往是输多赢少。

　　又及：本题是根据一些读者的要求设计的，在本书完稿后，向读者征求时，有一些读者对这个问题仍有不少疑问。比如，有人问：是谁提出60日均线为生命线的？除了60日均线外，将其他均线如5日均线、10日均线也认定为生命线有什么不好呢？况且，提出这个观点的人，是活跃在证券市场中很有名气的行家，他也著书立说，并为其观点作了大量的实例证明。这个情况表明，将5日、10日、20日、30日、60日均线都认定为生命线，在现实中是可行的，对投资者的操作或多或少都会有点帮助，为什么要否定它呢？

收到读者的信息反馈后，我们作了认真研究，现答复如下：

首先，我们要向大家说明的是，我们分析问题历来是对事不对人。我们认为，不管是谁，即使再有名气的人，只要他的观点是错误的，我们就不应该盲从。当然，我们的意见也不一定正确，欢迎大家批评指正。为了对读者负责，我们把自己的观点亮出来，供大家参考。

① 据了解，在股市中，将某条线称为生命线的有两种情况，第一种情况是将技术图形中的颈线称之为生命线，如头肩底或头肩顶中的颈线、双底或双顶中的颈线，等等；第二种情况是将均线中的60日均线称之为生命线。人们之所以将颈线、60日均线称为生命线，原因是它们对判断股价未来的趋势都有着非常重要的指向性作用。至于是谁先将颈线、60日均线称为生命线的，现已无从查考。但这个问题并不重要。我们只要知道，均线中被公认为生命线的就是60日均线，并严格按照生命线的规则进行操作就足够了。

② 有人认为除60日均线称为生命线外，其他的均线，如5日、10日、20日均线等，称为生命线也没有什么不好。这些投资者可能没有想到，如果一般的均线都能称为生命线，那么所谓的生命线就没有意义了。这就像我们看书时，某一页有一个重点问题，我们为此画了一条红线，这对往后的复读会起到重要的提示作用，但是，如果我们把这页的每句话都作为重点看待，整页都画上红线。试想，这样的红线画得还有意义吗？所以我们做任何事情都不要想当然。在股市里，那种随意把不应该作为生命线的普通均线列为生命线的做法，最终只能给投资者造成思想上的混乱，这对投资者的操作并不会带来什么好处。

③ 把不该属于生命线的均线，硬指认为生命线，会给投资者的操作带来严重误导。

其实，以日K线单根均线而言，5日、10日、20日、30日、60日均线，每根均线的作用是不一样的。它们"肩上的责任"也是有大有小。有的均线因单位时间太短，它只能反映短时间的股价运行趋势，根本不能反映中长期股价运行的趋势。此时，若硬要给它一个生命线的荣誉，其结果就会严重误导投资者的操作。

比如，一般情况下，5日均线只能用作很短时期内股价走势强弱的一个参考指标，它无论如何担当不起生命线的重任。如果有谁硬要它充当起生命线的角色，并以5日均线的得失作为操作依据，很可能就会把行情做反——该买进的时候却卖出了，该卖出的时候却买进了。下面我们来看几个实例。

实例一：金种子酒（600199）。这是一匹中长线黑马。2008年10月，股价最低跌至2.68元，然后见底回升一路震荡向上。截至2012年6月30日，股价涨幅超过17倍（按复权价计算）。但该股上涨时并不轻松，途中一路震荡，几次跌破5日均线（见下面图254中箭头A、B、C、D所指处）。如果投资者把5日均线视为生命线，在跌破5日均线后卖出，早就把这匹黑马放跑了。可见，视5日均线为生命线是错误的，但是，若以60日均线为生命

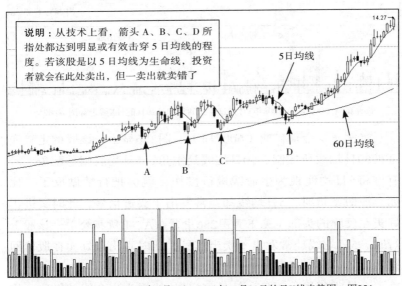

说明：从技术上看，箭头A、B、C、D所指处都达到明显或有效击穿5日均线的程度。若该股是以5日均线为生命线，投资者就会在此处卖出，但一卖出就卖错了

5日均线

60日均线

金种子酒（600199）2009年6月1日～2009年11月23日的日K线走势图　图254

线进行操作，就能牢牢地把这匹黑马抓在手中。

实例二：长春高新（000661）。下面图255显示，该股在跌破60日均线后，股价就呈现一路震荡走低的走势。每当股价反弹"站稳"5日均线时，股价就见顶了。其原因是股价"站稳"5日均线的地方，正是触及60日均线之处（见下面图255中箭头A、B、C所指处）。在60日均线压制下，股价只能掉头向下。可见，将5日均线视为生命线进行操作，就会屡屡出错。也就是说，5日均线是无法承担起生命线重任的。

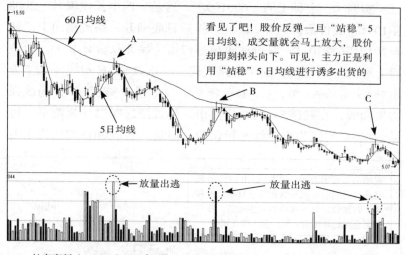

看见了吧！股价反弹一旦"站稳"5日均线，成交量就会马上放大，股价却即刻掉头向下。可见，主力正是利用"站稳"5日均线进行诱多出货的

长春高新（000661）2008年3月12日～2008年10月29日的日K线走势图　图255

实例三：金瑞矿业（600714）。图256显示，该股的走势完全被60日均线所控制。60日均线是主角，5日均线则是配角。若有谁将5日均线视为生命线进行操作，就会把行情做反了。比如，该股下行时，5日均线却经常发出了买进信号，此时买进正好买在反弹的头部（见下页图256中箭头A、B所指处）；该股上行时，5日均线经常发出了卖出信号，此时卖出正好卖在股价回调的底部（见下页图256中箭头C、D所指处）。这左右耳光打下来，会输得很惨。可见，轻易将5日均线视为生命线的做法，将

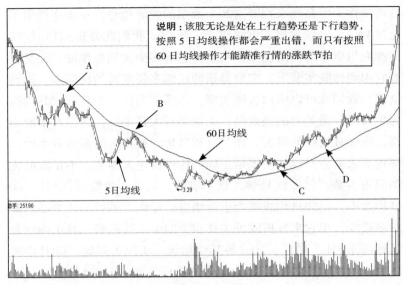

说明：该股无论是处在上行趋势还是下行趋势，按照5日均线操作都会严重出错，而只有按照60日均线操作才能踏准行情的涨跌节拍

A

B

60日均线

5日均线

▲3.29

C

D

总手：25196

金瑞矿业（600714）2008年2月28日～2009年7月29日的日K线走势图　图256

给投资带来巨大的伤害，这个教训实在是太深刻了。

④ 把普通均线封为生命线，然后找几个实例进行证明，这样的做法并不科学。它对投资者的操作不会带来什么帮助。有人认为，确定某条均线是生命线，只要找一些实例，证明就可以了。其实，在股市里找几个实例进行"证明"是很容易的，它只能忽悠不知情的投资者。比如，在5日～60日均线中，共有56条均线，不管你取哪一条均线，我们都可以找出一些实例来"证明"这条均线判断股价趋势的"正确性"。但这仅仅是小的游戏而已，而这种小游戏稍一点拨谁都会做。请问：用这样的小游戏作证明还能说它是一种科学的方法吗？

有人不信，为何找了很多的实例进行证明仍然说它不科学呢？这里面的道理很简单，因为从总体上来说，这些实例代表的是小概率事件，它所占的比例很低。现在我们仍然以把5日均线作为生命线为例，若随意抽取20个股票，大家就可以发现，用5

日均线作为生命线来判断这20个股票的强弱趋势，正确率最多不超过30%，错误率则在70%以上。所以，我们在分析5日均线能不能充当生命线的角色时，不是看它有多少实例在作证，而是要看它用到炒股实践上，究竟是错的比例多还是对的比例多。说到这里，我们就可以明白告诫大家，市场上为什么会公认60日均线为生命线，最关键的因素是，无论是对大盘来说，还是对个股而言，将60日均线的得失，作为分析股价（股指）的强弱分水岭，使用下来就会发现，结果是正确的比例占绝大多数，不正确的比例只占少数。炒股就是炒大概率事件。所以，投资者在5日～60日均线中，把60日均线视为生命线进行操作，最后的结果必然是对多错少，用它来分析股价（股指）的中长线趋势，其正确性要远远高于5日、10日、20日等其他均线。正因为如此，60日均线才可以当之无愧地担当起生命线的重任，而一般的5日、10日、20日等其他均线就没有资格肩负起生命线的责任。

【编后说明】当然，在分析股价运行趋势时，5日、10日、20日均线都会起到很重要的参考作用，我们在捕捉黑马，规避下跌风险时，会经常用到5日、10日、20日均线。但这件事与它们不能用作生命线是两码事，两者不可混为一谈。

另外，要注意的是，运用60日均线也有出错的时候。比如，有的主力长期运作一个股票时，把他们打压股价进行洗盘的心里底线，定在远离60日均线的上方或下方。在这种情况下，投资者若看着60日均线操作就会出现错误。为了避免这样的错误，投资者在参与捕捉中长线黑马行情过程中，必须摸清主力的心里价格底线在何处，并依此设置一根能反映当时股价实际走势的"兜底线"，这样才能取得最后的胜利。有关如何设置兜底线，具体怎么操作，本书前面已作了详细的交代，这里就不重复介绍了。

捕捉黑马
特别训练
28

杨老师说：进入股市里的人都是聪明人，敢于在股市中发掘黑马者更是聪明人中的聪明人。照理，以他们的高智商，即使在捕捉黑马时看走了眼，操作错了也可以及时止损出局，不至于出现深套，更不会几年黑马捉下来，亏损累累，弄得不可收拾。但现实是残酷的，在沪深股市中确实出现了"智者捉黑马，血本都赔光"的现象。那么，这究竟是为什么呢？有人经过深入调查后发现，这一切竟然是因为"张冠李戴"造成的。

请问：张冠李戴究竟是怎么一回事？投资者在实际操作时，如何避免出现张冠李戴的错误？

解答

诚然，炒股的人都很聪明，参与捕捉黑马者更是如此。但聪明人在股市里，往往会犯的一个致命错误就是张冠李戴。

张冠李戴，究竟是怎么一回事，我们先来看两个实例。

实例一：

有一位龚先生，在2011年4月14日，看到停牌已久的山东钢铁（该股原名为"济南钢铁"，股票代码是600022）复牌后接连拉了两个涨停板。事后他了解到，该股之所以有如此强劲的走势，原因是该股近期将有重大的资产重组，未来前景十分可观。于是，他在该股复牌第三天涨停板打开之后追了进去（见下页图257中箭头A所指处）。

当时，龚先生分析山东钢铁的利好是实质性的利好，这个股票很可能是中长线黑马，因此，他希望自己骑上这匹黑马后，经过中长线持有获得一份超额收益。他反复提醒自己，不要为了短线的蝇头小利，失去中长线超额收益的机会，他决定按照中长线持股的操作原则，将该股止损位设定在60日均线处。这也就是说，只要该股不跌破60日均线，他就会一直持有。但后来的事态发展让龚先生感到十分后悔，原因是该股并不是他期望的中长线黑马，而是一匹十足的短线黑马。2011年6月20日该股在走了一个过山车行情后，最终还是跌破了60日均线。等他在该股跌破60日均线，之后反抽60日均线又遭失败，内心感到非常失望止损出局时（龚先生卖出的地方见下面图257中箭头B所指处），他已从赢钱变成了输钱。

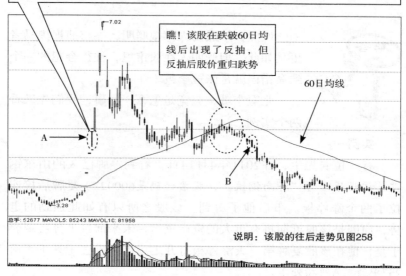

龚先生是在箭头A所指处买进，箭头B所指处卖出。龚先生这样操作，是因为他把该股当成了中长线黑马，故将止损点设在跌破60日均线处。等龚先生卖出时他已从赚钱变成了亏钱。但幸好龚先生还知道跌破60日均线止损出局，否则，后面就会输得更惨（见下图257）

瞧！该股在跌破60日均线后出现了反抽，但反抽后股价重归跌势

60日均线

A

B

说明：该股的往后走势见图258

山东钢铁（600022）2010年12月28日~2011年10月21日的日K线走势图　图257

值得庆幸的是，龚先生止损还算及时，所以总的亏损额不大。不过，龚先生在止损时犯了一个小错，他心有不甘，止损时留了一小部分筹码，他要看看该股会不会出现什么峰回路转的奇迹，这部分筹码留存至今，而股价早已跌得面目全非（见下面图

258）。虽然，龚先生先前止损时留下的筹码不多，总的亏损额不是很大，但龚先生止损拖有尾巴的做法并不可取。这也反映了他操作时患得患失的一种心态。这种心态若不改正，日后难免会犯更大的错误。

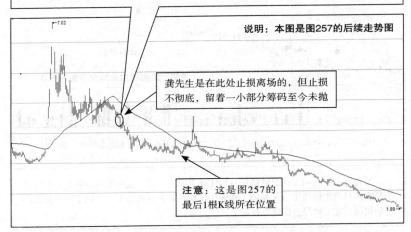

瞧！当初龚先生是在图中画圈处止损离场的，若当时不止损出局，该股后面跌幅巨大，损失就更加惨重。另外，龚先生止损拖有尾巴，留下一小部分筹码，至今股价已跌得惨不忍睹。该案例告诉人们一个道理：短线黑马行情结束，不仅股价会跌回原地，甚至会连创新低。所以，投资者一旦发现短线黑马行情结束，必须全线抛空离场

说明：本图是图257的后续走势图

龚先生是在此处止损离场的，但止损不彻底，留着一小部分筹码至今未抛

注意：这是图257的最后1根K线所在位置

山东钢铁（600022）2010年12月28日~2012年8月31日的日K线走势图　图258

实例二：

该实例的主人公是齐先生。2005年11月初，他在低位买入中信证券（600030）后，只是把该股当作短线黑马来看待。因此，当齐先生发现该股跌破10日均线时，按照短线操作的原则，马上止损出局（见下页图259）。

从齐先生的操作来看，如果该股在当时确实是短线黑马，他在图259中箭头B处卖出应该是正确的。但是，后来的事态发展证明，该股在当时环境下，并不是一匹短线黑马，而是一匹中长线黑马。该股在齐先生卖出后（据了解，齐先生当时的卖出价不

齐先生在图中箭头A所指处买进，但他当时只把该股当作一匹短线黑马看待。当该股跌破10日均线时，齐先生在箭头B所指处止损离场。从表面上看，齐先生做对了，但事实上他犯了一个大错。当时的中信证券是一匹中长线黑马，在图中箭头B处卖出，白白地将一匹大黑马放跑了，这是非常可惜的

中信证券（600030）2005年10月27日~2006年3月8日的日K线走势图 图259

看看齐先生当初在该股跌破10日均线处卖出的位置，就知道当时齐先生把这匹中长线黑马当作短线黑马来处理（跌破10日均线就止损离场），是犯了一个多么严重的错误，这个错误会让他终身难忘

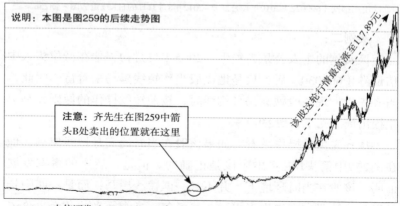

中信证券（600030）2004年7月~2007年11月的日K线压缩图 图260

足7元），经过短暂调整，又重拾升势，连涨1年多，最后摸高到117.89元才见顶（见上页图260）。显然，齐先生在当时把中信证券这匹中长线大黑马错当成短线黑马看待，是严重的操作失误。结果是，齐先生当时卖出的中信证券赚的只是蝇头小利，而把该股后面很大一段利润拱手让给他人，这是十分可惜的。

从上述两个实例中我们可以看到，龚先生、齐先生在捕捉黑马过程中，或是把短线黑马错当成中长线黑马，或是把中长线黑马错当成短线黑马。这样，两个人都犯了张冠李戴的错误，从而导致他们的投资失败。

张冠李戴的错误，在股市里到处可见。比如，明明图形上显示的是卖出信号，有人却错把它当成买进信号；反之，明明图形上显示的是买进信号，有人却错把它当成卖出信号。又如，通常只能在牛市中使用的操作方法，有人却错误地在熊市中使用；而一般只能在熊市中使用的操作方法，有人却错误地在牛市中使用……张冠李戴导致的直接后果，就是把方向看歪了，事情做反了，它给投资者造成的损失是不可估量的。因此，投资者要保证自己的投资获得成功，就必须对炒股知识、炒股技术有个全面、正确的认识与了解，绝对不能浅尝辄止，让自己处于似懂非懂的状态。

我们认为，若要对炒股知识、炒股技术有全面的认识与了解，在读书时，就一定要做到"四到"，即眼到、手到（记笔记、划重点）、心到（多问几个为什么）、口到（关键之处要读出声来，强化大脑记忆）；在学习中，每研究一个问题，每学习一个关键技术，都要把它前后关系搞清楚，知其然知其所以然。俗话说："功夫在诗外。"只要你平时能苦学苦练，实战时就会少犯或不犯张冠李戴的错误，这样，就能保证投资获得成功。

杨老师说：上一堂课结束后，有人向我提出，一匹黑马究竟是属于短线黑马，还是中长线黑马，事前是看不出的，只有事后才能知道，因此，即使举出山东钢铁、中信证券这两个实例，也是事后分析而已，并不能作为张冠李戴错误的证据。对这个问题我想有必要向大家澄清一下。于是杨老师如此这般地讲了她的一番道理，最终同学们才心服口服地认识到，上一堂课将山东钢铁、中信证券作为张冠李戴的证据是恰当的，并加深了如何克服张冠李戴的错误，提高捕捉黑马成功率的认识。

请问：你知道杨老师究竟是怎么解释的？她是怎样让大家心服口服的？

确定一匹黑马的性质是属于短线黑马，还是中长线黑马，如果只能事后认定，事前是不可知的，那这种认定就失去了实际意义。

我们从很多高手捕捉黑马获得成功的案例中得到证实，无论从理论上还是从实践上来说，一个具有大智慧头脑的投资者在黑马初起时，就可以大致确定黑马的性质。那么，高手在实际操作中是**如何很早就能正确判定黑马性质的呢**？他们的方法是：

一看黑马的起因。它究竟是因为获得了关键的核心技术，致使其发展前景被市场非常看好，还是因为有突发性的利好降临，致使有一个好听故事，让市场为之瞩目；或者是因为其主营业绩得到持续的快速增长，显示出它的投资价值，从而被中长线买家青睐，还是因为有了一个时髦概念，亮丽题材，超跌等，显示出其投机价值，从而受到市场游资的追捧。如果经过认真分析后，确定它属于前者，那么这匹黑马就是中长线黑马；如果经过认真分析后，确定它属于后者，那么这匹黑马就是短线黑马。

二看大势。通常，中长线黑马大多数诞生于股市"熊转牛"的初期；而短线黑马则大多数诞生于熊市反弹行情，或股市波幅震荡行情之中。

三看上涨形式。中长线黑马上涨时一般走势比较平稳，很少出现连续涨停、连拉大阳线的情况；而短线黑马起步就很凶悍，经常会出现连拉涨停或以连续拉大阳线的形式往上拉升，出现逼空式上涨的情况。

根据上述3种方法，我们对所捉的黑马，就能明确判断它究竟属于什么性质的黑马，这样，就能制定出有针对性的对策，也就不会出现张冠李戴的错误了。

比如，上题中提到的山东钢铁、中信证券。若依当时的情景分析，前者可判定为短线黑马，后者则可判定为中长线黑马。

现在先来分析山东钢铁。为什么在当时可以判断它是一匹短线黑马呢？主要有3条理由：

首先，当时山东钢铁受到市场追捧，主要原因是该股有一个资产重组利好的预期，而这个资产重组只是在本行业内进行，至于重组后市场前景到底怎么样，大家心里并不清楚，再加上当时钢铁股整体表现很弱，其行业景气度持续下降的趋势并没有改变。因此，当时该股大涨只能确定它是一匹短线黑马。

其次，当时在山东钢铁启动时，大盘走势已处于一轮反弹行情的后期。真正的中长线资金不会选择在这个时候去挖掘中长线黑马，而只有过江龙的资金，才会趁大盘反弹尚未完全结束之机，恶狠狠地做一把，以求在该股上获得短期的超额收益。

第三，当时山东钢铁启动时，主力操作手法十分凶悍，连拉涨停，逼空态势十分明显。

因此，综合起来看，当时山东钢铁这匹黑马必然是一匹短线黑马。投资者若要参与，对它只能采取快进快出，打得赢就打，打不赢就走的策略。从技术上来说，只要看到短线黑马沿着5日均线上升，就持股待涨，一旦跌破5日均线就立即卖出（见图

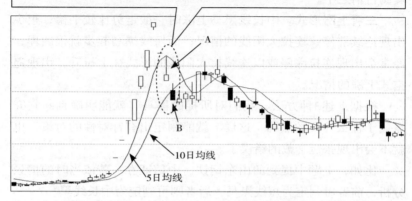

根据均线操作规则，原来沿着5日均线快速上涨的股票，在冲高回落时跌破5日均线为第一卖点（见图中箭头A所指处），跌破10日均线为第二卖点（见图中箭头B所指处）。投资者只要按照均线规则操作，就可避免在高位吃套了

A

B

10日均线

5日均线

山东钢铁（600022）2011年1月20日~2011年6月22日的日K线走势图　图261

261）；另外有短线操作经验的投资者，可依据其 K 线的变化，抢在见顶的第一时间出逃，这样可获得更多的短期收益（见图 262）。

若从 K 线走势上判断，该股见顶时就出现了很多卖出信号。如：①箭头 A、B、C、D 所指的 4 根 K 线组合为"连续跳空三阳线"，是一个典型的卖出信号；②箭头 E 所指处是跌停一字线，也是一个典型的卖出信号；③图中箭头 D 所指的 K 线下方两边各有一个缺口，构成了一个顶部岛形反转的图形，顶部岛形反转又是一个重要的头部信号。投资者若看到这些见顶信号马上卖出，就能抢在该股高位见顶时顺利出逃

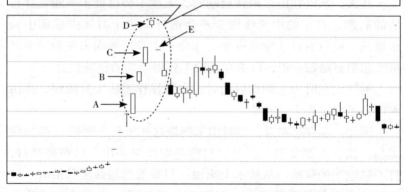

D

E

C

B

A

山东钢铁（600022）2011年1月20日~2011年6月22日的日K线走势图　图262

接下来，我们再来分析中信证券。为什么在当时可以判断它是一匹中长线黑马呢？主要理由也有3条。

首先，当时在中信证券启动时，大盘正处于一轮大熊市结束后牛市上涨的初期（编者按：关于如何分析大势，判断股市由熊转牛，《股市操练大全》第四册、第五册、第七册、第八册都有介绍，这里就不展开了），这正是中长线投资者进场挖掘中长线黑马的最佳时期。

其次，如果牛市行情如期而至，那么随着证券市场活跃程度的不断提高，证券行业就会收益大增，况且中信证券在证券板块中一直处于龙头老大的地位，在牛市中它的中长线潜力很大。因此，关注它的投资者会越来越多。

第三，该股上涨时，走势稳定，属于慢牛状态，这也是中长线黑马初期的一个重要特征。

所以，综合起来看，当时中信证券这匹黑马就是一匹中长线黑马。从操作策略上说，投资者若要参与投资中长线黑马，就不能像捕捉短线黑马那样快进快出，而要学会耐心地捂筹。除非上涨途中出现波段性大调整，可选择暂时退出，但一旦企稳后必须马上把卖出去的筹码补回来，若没有把握，连波段调整也可以不去理睬它，干脆一捂到底，直至该股中长线见顶情况出现后再卖出。经验证明，**在牛市中，捂着潜力股不放，到高位卖出就是股市最大赢家**。就拿中信证券为例，当初该股的这轮中长线黑马行情，从4元多涨到150多元（编者按：150多元是指它当时的复权价格），其间最大涨幅达到3632%（见下页图263）。若当时有谁在低位买进该股后，一直捂着，到该股中长线见顶阶段卖出，其收益将十分惊人。

那么，如何才能保证捕捉中长线黑马获得成功呢？**从技术上来说，只要中长线黑马能站在"兜底线"之上运行**（编者按：关于什么是兜底线，本书前面已作过详细介绍，这里就不重复了），**就持股待涨**，短线波动可以不去管它，当然中长线见顶信

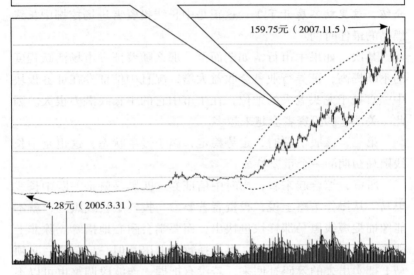

这是该股的复权图，它将该股送股、现金分红的因素都考虑进去了，反映的是该股这轮行情的实际涨幅。从图中看，该股在3年不到的时间里，股价从最低4.28元一直涨到159.75元才见顶回落，这轮行情足足涨了36倍。而齐先生当初把它当作短线黑马，卖出时的股价不足7元（实际收益不到一倍），那实在是太吃亏了。可见，把中长线黑马当作短线黑马操作就要犯历史性的大错误，这个经验教训太深刻了

159.75元（2007.11.5）

4.28元（2005.3.31）

中信证券（600030）2005年3月8日~2007年12月12日的日K线走势图　图263

号出现后必须卖出（编者按：通常，一个潜力股从低位启动，到中长线见顶，时间少则半年，多则一二年，甚至更长。一般而言，兜底线被跌破，即标志中长线黑马的上升行情已经结束，接下来，就是熊途漫漫的大跌。此时，投资者应该及时止损离场，离场越早，损失越小。另外，潜力股中长线见顶，在K线、均量线、MACD等指标上都可以作出分析判断。有关这方面技巧，《股市操练大全》第七册上篇中有详细介绍，请关注）。

杨老师说，最后我要提醒大家的是，短线黑马与中长线黑马的操作方法是完全不同的。如果你把捕捉短线黑马的方法用在捕捉中长线黑马上，或者把捕捉中长线黑马的方法用在捕捉短

线黑马上，都会犯下大错。比如，操作短线黑马时，不能等到股价跌破60日均线后再考虑卖出，一般在股价跌破5日均线，至多是跌破10日均线时就应该卖出；而操作中长线黑马时，股价跌破5日、10日均线是很平常的事，若股价跌破5日、10日均线就卖出，则很容易被主力洗盘出局，踏空后面的上涨行情。总之，对不同的对象、不同的黑马就要采取不同的对策。龚先生、齐先生的操作失误就是因为他们把方法弄颠倒了，所以投资遭受了失败。

又及：本书完稿后，向读者征求意见时，有人问：捕捉一匹中长线黑马，以最低价买进，最高价卖出，赚足36倍利润的人有吗？如果没有，介绍中信证券这轮行情最大涨幅达到3632%，此事有意义吗？

收到读者的信息反馈后，我们作了认真研究，现解答如下：确实，捕捉一匹中长线黑马，以最低价买进，最高价卖出的人很难找到（或许根本就找不到）。既然这样的奇人在现实生活中基本上是不存在的，那么为什么我们又要介绍中信证券在这轮行情中最大涨幅达到3632%呢？本书这样做的目的，是为了给中长线黑马树立一个标杆。这跟科学家在科普中介绍人的合理寿命是120岁～130岁的道理是一样的。科学家说，根据人的细胞分裂、生命发育等因素推断，在正常情况下人的寿命可以达到120岁～130岁，但事实上，世界上至今还没有发现有谁活到了130岁。既然没有人能活到130岁，那么为什么科学家又要强调人的合理寿命是120岁～130岁呢？因为宣传一件事总归要树立一个标杆。有了这样的标杆，人们就知道应该怎么去努力，如何向标杆的目标靠拢了。

以实战而论，虽然以最低价买进，最高价卖出，只是一种理想主义者的幻想，在实际操作中是行不通的。但是我们在调查中发现，在捕捉中长线黑马的过程中，以次低价买进，次高价卖出，获益不菲的投资者大有人在，这些投资者被世人称为股市高手。其实，股市高手捕捉中长线黑马的投资理念、投资策略，以及具体的操作手法，虽然与常人不同，但并无什么神秘之处。大家只要做有心人，静下心来进行仔细地琢磨，都能向他们学上几招。

据了解，在这些股市高手中做得好的，捕捉一匹中长线黑马绝对收益可达到最大涨幅的九成左右，做得差一点的，绝对收益也可以达到最大涨幅的七成左右。现在股市中很多大户、超级大户就是依靠成功捕捉中长线黑马而发迹的。

股市高手操作中长线黑马的经验，本书已通过第二章训练题向大家作了详细介绍。现在我们作一假设，假如我们当中有谁学习这些高手的经验，在日后捕捉中长线黑马时，其成绩能达到高手的七成，那收益就非常了不起了，这样核算下来少说也可以达到最大涨幅的5成左右。此事若以中信证券为例，当年它扮演中长线黑马时最大涨幅为36倍，那么，5成收益就可以将36倍的一半即18倍的利润收入囊中，如此大的利润，一定能让当事人赚得笑不开眼。可见，操作中长线黑马的利润有多么厚实。对这样的投资机会，大家一定要倍加珍惜，千万不要轻易放过它。

捕捉黑马
特别训练
30

上课了，在这一节课中杨老师又提出一个新问题。杨老师说：在捕捉黑马过程中，即使解决了张冠李戴的错误，有些人仍然会在操作过程中犯下致命的错误。这个问题必须引起大家高度重视，并采取有力措施尽快地改正这个错误。只有这样，才能扫清炒股道路上的最后一道障碍，使自己成为一个赢家。

请问：你知道杨老师说的这个错误是什么吗？（请用四个字概括）？投资者如何才能克服、改正这个错误？

解答

杨老师说的这个错误，可以用四个字概括——"性格出错"（或者叫"性格犯错"，总之是性格上出了问题）。为了让大家了解"性格出错"会带来什么严重后果，下面我给大家讲两个故事。

故事一：2005年6月，在上证指数跌到1000点附近时，北方报刊曾经登载一篇新闻，描述一位老伯轻易听信传言，认定股市将跌到700点，性格草率和血气方刚的他，在1000点割掉了手中所有的深套股票。然而刚刚斩仓割肉，亲眼看着股指跌到998点后强劲反弹，老伯一下子蹲到地上怎么也拉不起来了，经过抢救最终回天乏力而一命呜呼。

故事二：有着研究生学历、数学教师身份的股民胡某，通过复杂的数学计算，判断上证指数从998点上来的行情，必定是一波牛市大行情，他在低位看中的鹏博士（600804）这个股票，将来一定会有很大的上升空间。他把自己的研究结果，告诉了他周围的朋友。因为他是一个数学博士，教学上也很有成就，大家都很相信他。于是乎，包括周围的朋友，很多人都听了他的建议，在2005年末买了不少鹏博士这个股票，并坚持将它一直捂在手里，直到2007年10月大盘见顶后才逐渐将该股卖出。当初胡某的

这些朋友买进该股时，股价不到3元钱，而当他们卖出该股时，股价已涨了二三十倍（编者按：该股在2006年7月，2007年9月都送了股，按其复权价计算，2005年6月以后的这轮大牛市行情，该股从2.94元一直涨到191.61元见顶，绝对涨幅达到6417%，其涨幅是非常惊人的）。但令人意想不到的是，当这些朋友赚得钵满盆满，去面谢他们的领路人胡某时，却发现胡某早已在低位将此股卖掉了，之后在2006年、2007年的大牛中都没有赚到什么钱。听到这个情况后，大家都感到十分诧异。胡某自我解释说，都是自己不好，鹏博士在低位震荡时，自己经过计算，认为在短线上高抛低吸可以做些短线差价，这样持股成本会更低，一开始操作还算顺利，高抛后逢低都能把它买回来，但后来有一次卖出后，股价不跌反涨，并越涨越凶，看到这个情况，自己也傻了，心里想再等一等，不料越等股价涨得越高，此时已经不敢再买了，只好与该股"拜拜"了。后来，这位数学博士在整个大牛市中，也没有找到什么好股票，只是做做短线，所以，在沪深股市这轮空前未有的大牛市中，胡某成了"只赚指数不赚钱"的股民，对此胡某本人也感到十分沮丧。

上面两个故事证实了一条真理——性格决定命运。第一个故事给我们的启发是：既然已经被长期深套就该作好长线持有的心理准备，如果当初这位遭到严重打击突然猝死的老伯，性格稍微谨慎及平和一点的话，也不至于在资本市场上输了钱就此站不起来了。君不见，两年后上证指数就大涨了5倍。可见，这位老年投资者的悲剧就是由于"性格出错"造成的。

第二个故事给我们的启发是：即使当事人有高学历、高智商，对大势能作出正确判断，对所持个股的潜力能作出正确的预见，避开了常见的"张冠李戴"的错误，但如果没有一个好的性格，开阔的胸襟，炒股斤斤计较，就会贪小失大，把一匹好端端的中长线黑马放跑，给自己投资造成难以弥补的损失。

常言道："性格是命运之父。"许多时候，特别是在关键时刻的转折点，性格无疑决定了人们的取舍方向。有位美国记者采访晚年的投资银行一代宗师JP摩根，问他："决定你成功的条件是什么？"JP摩根毫不掩饰地说："性格。"记者又问："资本和资金何者更为重要？"JP摩根语重心长地答道："资本比资金重要，但最重要的是性格。"

投资者的性格是如此重要，这自然要引起我们高度重视。但是，发现性格中的缺点，能否改正呢？答案是肯定的。

现代科学告诉我们，人的性格是可以改变的。虽然改变性格是一件很难的事，但只要认真对待，找准弱点，采取措施，坚决改正，性格中缺陷部分还是能够得到有效修补的。比如，第二个故事的主人公胡某，在正确判断大势，低位捕捉到中长线黑马后，如果知道自己性格里有贪小失大的缺点，就应该主动放弃短线操作（比如，强迫自己在一段时间里"忘掉"股市，关掉财经节目，不看股市行情），把注意力移向本职工作，或者读书、旅游……耐心地等上一段时间，把这匹中长线黑马养起来，等股价涨到自己的心理价位后再卖出。这样就可以避免在大牛市中骑上中长线黑马后，在它刚起跑时就从马上摔下来的重大投资失误。

又及：本书完稿后，在向读者征求意见时，一些读者对本题"性格决定命运"很有同感。有的说，很多时候，他们炒股亏损也是亏在性格上。有的则向我们提出建议，改正性格中的缺点，还可以采取以下一些办法：

比如，在低位抓住一匹中长线黑马后，若想骑住它，不妨把自己性格中的弱点用纸写下来，贴在家里醒目的地方，天天看，天天读上几遍，不断提醒自己，如"坚决不干捡了芝麻丢了西瓜的蠢事"、"不要因小失大，自觉抵制短线诱惑"等。又如，可请家人来监督，或将这方面的典型案例收集后放置电脑中，经常阅读，"以史为镜"，等等。总之，办法很多，投资者若做有心人，就能想办法把性格中的缺点克服掉。

杨老师说：尽管很多事实证明，中小投资者靠内幕消息炒股输多赢少，但很多人仍然坚持认为，通过内幕消息捕捉黑马是最省事也是最可靠的一条途径。因此，他们对内幕消息趋之若鹜。其理由是：万一传来的内部消息是真的，我拒绝了，岂不是把千载难逢的投资机会拒之门外吗？万一我拒绝，别人却买进，然后股价出现大涨，大黑马让别人骑上了，我这样做不是太傻了吗？万一……

总之，还有很多"万一"，这是很多人的真实想法。现在请大家以"万一"为题，并联系身边的事情说说我们究竟应该怎么来正确看待内幕消息与"万一"这个问题。

我认为正确的做法是：万一这些内幕消息都是真的，我也要主动放弃。因为只有这样，才能保证我们在股市中长期的生存与发展，保证我们能有效地规避掉巨大的投资风险，保证我们捕捉黑马获得成功。

诚然，万一的情况是有的，我们看到，在股市中确实有一些投资者通过内幕消息赚了大钱，其事确实让人眼馋。但问题是，这样的"万一"，几乎是不可能复制的，步其后尘者，最后十有八九都会以失败告终。

比如，有一家媒体曾报道当初有一个"股神"对ST金泰（600385）的完美操作。他在该股重组前的第一时间买进，在该股大涨后，暴跌前的第一时间撤退，节拍踏得非常准，几乎做到分分秒秒不差，因此获利数千万。又如，前一阵子某报披露一条消息，在2011年11月中旬，沪深股市出现一轮暴跌，但置信电气（600517）这个股票却牛气逼人，连续涨停，在市场上十分耀眼。据知情人透露，在置信电气发布的《向特定对象发行股份购买资产暨关联交易预案》显示，置信电气在2011年8月31日停牌，当中就有相关人员提前买入该公司股票。

　　显然，这两个事例说明确实有人通过内幕消息赚了大钱[注]，但这样的内幕消息局外人能得到吗？退一步说，即使有局外人从什么地方得到内部利好消息，骑上黑马赚了大钱，那也仅仅是个别现象，别人是无法模仿的。这同有人通过某种路径买彩票中了大奖，其他人是很难再用这种方法中大奖的道理是一样的。因此，局外人通过内幕消息在股市里逮上黑马赚了大钱，只能说他运气好。但运气是最不靠谱的事情。沪深股市诞生初期，上海本地曾出现了一批靠投机、靠内幕消息发财的大户，这些大户身价都在百万、千万以上（在20年前有如此身价是很了不得的），但成也萧何，败也萧何，这些靠内幕消息发家的大户，最后都被内幕消息坑害了，绝大多数人又从终点回到了起点。有人统计，到1994年年末，沪深股市第一批大户，90%都遭遇破产被赶出股市，最典型的是当时一个姓杨的大户，3000多万资金入市，在炒期货时被内幕消息忽悠，不到一个月时间就赔个精光，结局十分凄惨。

　　所以，在股市里没有万一，依照万一去炒股的投资者，最后必定是输家。这个道理很好解释，就算这次有谁幸运地碰上万一，靠内幕消息在股市中赚了钱，但这仅仅是小概率的事件，如果他再继续按照这样的思路去炒股，寻找黑马，那他就会发现，内幕消息多半是陷阱，炒到后面，原来赚的钱赔进去都不够。可见，想通过内幕消息，寄希望于万一而梦想炒股赢钱，实际上是在饮鸩止渴，此路是走不通的。

　　如果要联系身边的事，分析为何股市里有"万一"想法者，最后希望都会落空，那么最好看看中国足球，看看那些抱着"万一"想法的球迷，为什么希望一次又一次落空的原因，就

　　【注】　通过内幕消息操作股票，是一种违规违法的行为，但由于沪深股市尚未建立严格的监管制度，这种现象经常发生，目前还没有得到有效遏制。

会明白其中的道理了。其实，中国股市与中国足球有很多相似之处，生存环境都十分险恶，球迷中有"万一"想法的人也非常多。

2011年，四年一轮回的世界杯亚洲地区选拔赛开赛，中国队客战伊拉克队，对国足来说已没有任何退路，唯有赢球，形势显然是严峻的。已经一次次习惯了失败、崩盘的中国球迷，没有多少人相信奇迹会发生。但依然还有那么一些痴心不改者，对国足抱有希望。他们说：要是万一赢了呢？但结果是，两负伊拉克。一个饱经战火折磨的伊拉克队竟屡次把中国足球骑在身下，悲哉。在未来长达3年的岁月里，中国球迷只能再一次做一个旁观者，看别人唱戏！

残酷的事实一次又一次地证明，中国足球只有"一万"、没有"万一"——"一万"个不可能，而"万一"只是脆弱的肥皂泡。看看这支国家队，看看如今的中国足球，能相信谁？能依靠谁？

为什么会出现这样的结局，是国脚不尽力，不，从现场看，中国足球队的队员们已经拼尽全力了；是教练指挥能力太差，不，用重金请来的是在世界足坛上屡创奇迹的大牌足球教练。

那么，中国足球队屡战屡败的原因是什么呢？说到底是因为中国足球太功利了，功利的中国足球没法侥幸。据了解，一个近14亿人口的大国，注册的青少年球员只有5000人，而日本有50万青少年在踢球，在德国，这个数字是650万。先别说什么技术含量、整体风格，在目前的中国连基本的足球人口都没有，"冲出亚洲，走向世界"，只能是一句空洞的口号，在现实中是无法实现的。

中国历届的足球"掌门人"，不可能不知道中国足球根基将断，但是因为修补根基的工作太复杂，太漫长，在对上不对下的责任机制下，没有人愿意承担风险。急于在相对短暂的任期内挤压出一些成果，他们只能寄希望于投机取巧垒出一个"空中楼阁"，因此，近乎病态地热衷于换帅，从洋帅到土帅再到洋帅，一次次找人来试验，一次次将人试验成"罪人"，直至罪孽深重，积重难返。

再回过头来看中国股市，功利的中国股市与功利的中国足球一样，同样没法侥幸。一个拥有1亿多投资者的股市，参与交易的公募基金、私募基金、券商、个人大户、中小投资者都热衷于投机炒作。在这样投机盛行的股市里，很多人在做"万一"的美梦。比如，万一主力发善心将内幕消息告诉我，万一股评家推荐的个股是真黑马，万一我这样做了会赚大钱……

但是，现实是残酷的，在如此功利的股市里，谁会顾及最弱势的群体——中小投资者。中小投资者若想"万一"，盼"万一"，这都是一厢情愿，最后的结果必然是竹篮打水一场空。事实很清楚，股市里没有救世主，没有人会同情最弱势的群体。中小投资者若想要在股市里生存、发展，一切只能靠自己，只有丢掉"万一"的幻想，不去听信那些不着边际，真假难辨的内幕消息，不跟着媒体、股评家人云亦云，学会独立思考，独立分析，掌握过硬的炒股技术，这才是中小投资者炒股的正道。唯有如此，普通投资者才能在风险莫测的市场中，躲过暗礁，赢得胜机。

【编后说明】本文为某学员所写的一份学习体会，我们感到该文观点鲜明，说理透彻，读之很有启发。故将该文中与本题有关的内容作了摘登，以飨读者。

杨老师说：2011年12月8日~2011年12月20日，重庆啤酒（600132）出现连续9个跌停板，一下子震惊了整个市场。很多人都不知道，一个多年来的强势股为何会以这种断崖式的下跌方式收场。据了解，该股在连续跌停前曾发布一个新药研制结果即将揭晓的公告。公告当日拉出一根涨停大阳线，很多博消息者盲目地冲了进去。第二天该股以涨停价开盘，高开低走，但最终还是以涨7.28%的价格收盘，一些昨日没买进的博消息者又忙不迭地追了进去，随后该股因重要事项公告停牌一周。但谁也没有想到，该股复牌后就出现了连续跌停，每天有几千万股封在跌停板上等着出货，而接盘者寥寥无几，致使博消息者想逃都逃不掉，小洪就是其中一位。小洪在该股公告当日涨停时全仓杀进，买进了5000股，短短10天，股价就跌掉近60%，损失十分惨重（见下面图264）。

请问：小洪的操作错在哪里？我们从这件事中可以吸取什么教训？

重庆啤酒（600132）2011年8月22日~2012年1月19日的日K线走势图　图264

416

**解答**

　　错误与教训之一：题材兑现之日是不宜跟进的，看多做多犯了兵家大忌。重庆啤酒是个典型的题材股，最近三年，它从8.05元起步，最高见到83.12元，股价上涨9倍有余。从沪深股市20多年题材股的炒作规律来看，题材处于朦胧状态时可以看多做多，而一旦题材明朗化，一般就不可以看多做多了。比如，1997年初，沪深股市里有很多人在炒作香港回归祖国这个题材时，一些广东、海南板块中的个股，因公司所在地与香港临近，沾了"回归题材"概念的光，出现大涨，但到1997年7月1日香港正式回归祖国时，题材兑现了，这些个股却出现了大跌；又如，2008年沪深股市炒奥运题材，在奥运会召开之前，一些与奥运会有联系的个股都有过不俗的表现，但到奥运会召开时，这些个股都出现了高台跳水的现象。所以，有经验的投资者都知道题材股炒作有一个基本规律[注]：一旦题材兑现了，主力一定会借题材兑现的利好进行诱多，拉高出货。而小洪买进重庆啤酒时，正好是该股发出公告题材兑现之时，此时买进正中了主力的圈套（编者按：据知情人透露，重庆啤酒在停牌前两天股价上涨时，大单卖出的都是机构席位，而追高买进的基本上都是个人席位。可见，这两天机构出货是非常厉害的）。

　　错误与教训之二：博消息风险很大，越到股价上涨后期博消息输的概率就越大。股市里最多的东西就是消息。中小投资者是股市中最弱势的群体，他们听到的消息有用的很少，多半是假消息，听消息吃套的事情在沪深股市里屡见不鲜，因此中小散户博消息的风险很大。当然，消息也并不是绝对不可以听，但听消息要把握好时机，并要学会对消息的真伪进行鉴别。从时机上说，股价上涨到了后期，不管听到的消息是真是假，一般都是出货

　　【注】　关于题材的运行规律，《股市操练大全》第三册对它作了详尽分析，读者若要了解内中的详情，请参阅该书第116页~第129页。

信号，而不是买进信号[注]。小洪是在重庆啤酒上涨后期博消息的，此时发出的消息，绝对是卖出信号，而小洪却把它当成是看多买进的信号，操作做反了，自然就被套在高位了。

错误与教训之三：**全仓杀入，不留后路十分危险。**股谚云："卖出要果断，买进要谨慎。"买进要谨慎是赢家操作的一个重要原则，它有两层意思：第一，买股票前要作好充分准备，把问题研究透了，看准后再买；第二，分批买入，实行金字塔方式建仓，这样，即使前面买错了，后面还有资金可以补救。而小洪这次买进重庆啤酒股票时一下子全仓杀进，这就违背了"买进要谨慎"的操作原则。

错误与教训之四：**错把高位出现的诱多大阳线误认为向上突破的大阳线，从而对大阳线性质作出严重的错判。**K线理论告诉我们，在高位出现的大阳线并不是向上突破的信号，而是卖出信号，拉大阳线诱多出货是主力惯用的手法。在沪深股市里，这方面的例子可谓数不胜数（相关实例可参见《股市操练大全》第七册第279页～第288页，第八册第544页～第548页），现在该股这次在高位又拉出了一根涨停大阳线，只不过是主力的故技重演罢了。而小洪不识其中的奥秘，看到大阳线就忙不迭地冲了进去，这下子正好中了主力的圈套，被套在高位。

错误与教训之五：**首次创历史新高是卖出信号，小洪却错误地把它当作买进信号看待，从而丧失了最后一次逃命的机会。**重庆啤酒在2011年11月24日拉出一根涨停大阳线后的第二天，股价跳空高开创了历史新高。从历史经验上说，股价创历史新高，继续向上的概率不足三成，而掉头向下的概率在七成以上。因此投资者见到股价第一次创历史新高，除了有绝对把握之外，一般情

【注】有关这方面的知识，尤其是针对重庆啤酒这种个股的消息如何分析，《股市操练大全》第九册早在该股2011年12月连续跌停的半年多前就作了专题分析。读者若要了解详情，请参阅该书第399页~第410页

况下都要主动选择卖出[注]。但小洪认为股价创出历史新高，上升空间就被打开了。此时，他正在积极看多做多，根本想不到要逢高出局，因而错过了一次极佳的高位离场的机会。这次逃命机会小洪没有抓住，直接导致了他严重亏损，因为该股在这之后就停牌了，过了一周才复牌开始交易，但复牌后就出现了连续9个跌停板，想逃都无门。

又及：本书完稿后，向读者征求意见时，有读者向我们反映，本题的错误与教训之三"讲得太简单，不能以理服人"。

收到读者的信息反馈后，我们进行了认真研究，感到读者的批评是对的。现在为了弥补本文的不足，我们特邀请医生出身的资深投资人范老师对这个问题再进行一些深入分析，作亡羊补牢之举。

杨老师说：本文将"全仓杀入，不留后路十分危险"列为小洪操作重庆啤酒的第三个错误与教训，这样处理总体上是正确的，但分析时没有到位，还不能以理服人。现在我再来作一些补充分析。

首先我们要弄明白，小洪的"全仓杀入"错在什么地方，我认为它错在严重违背了"买进要谨慎"这个股市操作的基本原则。那么，小洪究竟是怎么违背"买进要谨慎"这个股市操作原则的？我们可以从两方面去分析：

第一，他对重庆啤酒搞的新项目到底是什么东西，它有多大的实用价值都没有认真想过，更不用说"把问题研究透了，看准后再买"。据小洪自己说，他过去只知道重庆啤酒在搞乙肝疫苗的研制，但乙肝疫苗研制到底有多难？研制乙肝疫苗的实用价

【注】　"创新高诱多出货"，也是主力的惯用手法之一。特别是首次创历史新高，主力常常把它们作为忽悠投资者的陷阱，所以要对它高度警惕。相关知识与实例，详见《股市操练大全》第七册第303页～第313页。

值与经济效益在什么地方？他一概不知。小洪是在诸多不知道的情况下，自以为是，见重庆啤酒发公告，股价大涨，于是他就不加思索地追了进去。现在他才知道，乙肝疫苗的研制是世界性难题，国外医药专家研究了几十年尚无进展，而重庆啤酒主业是搞啤酒，搞生物医学是外行，外行搞乙肝疫苗，要胜过内行其难度可想而知。他们能行吗？这是值得怀疑的。

根据国家有关部门规定，中国的新药在上市前须通过动物试验与三期临床试验。而重庆啤酒目前只进入二期临床试验，10多年研究下来，试验的结果却很不理想，基本上是失败了。现在它只能从头再来，至于乙肝疫苗何时才能通过二期临床试验，无人能知晓。退一步说，即使通过了二期临床试验，重庆啤酒又有什么招数能保证难度更大的三期临床试验在短期内获得成功呢？如果这个研制工作再拖上十几年、几十年，重庆啤酒继续烧钱能烧得起吗？再退一步说，就是重庆啤酒烧得起钱，但作为一个上市公司只会烧钱，而研制的项目始终不能投产，不能产生出实际收益，投资人一直看不到希望，他们还会有耐心等待下去吗？其实，这些问题只要深入想一想，小洪当时就不会盲目作出重仓杀入的决定了。

我从有关方面了解到，虽然美国是世界上科技最发达的国家，但它的新药研制的失败率，在二期临床试验阶段高达90%以上。再加上乙肝疫苗是与艾滋病疫苗并列的世界医学上的难题，要在短期内攻克它谈何容易。这些事实说明，重庆啤酒的乙肝疫苗距离成功存在极高的不确定性，或许它要再花上十几年，甚至几十年的时间进行深入研制后才能真正获得成功，也许"老天"不帮忙，最后几十年努力下来仍然看不到什么结果，这一切都是有可能的，因为在世界新药研究的历史上，这样的失败例子比比皆是，已经多得不可胜数。可见，重庆啤酒研制乙肝疫苗的风险非常大，并非是人们想象的那样前途一片光明。

总之，小洪在对重庆啤酒的乙肝疫苗研制并不知情的情况下，作出大量买进的决定，这与"买进要谨慎"的原则相差十万八千里，是一种十分幼稚的投资行为，他的失败就在所难免了。

第二，小洪在买进时是全仓杀入，也就是说，他把所有的资金一下子都用上了，是满仓操作。这种操作方法赌性太大，不符合谨慎操作的原则。谨慎操作就是分批买入，用金字塔方式建仓。为什么要分批买入呢？因为股市里不确定因素太多，即使认为非常有把握的投资机会，也要预防有意外的情况发生，此时就必须留一手。若要留一手，在实际操作时就要做到分批买入，万一前面买错了，后面还有大量资金可以使用，这样操作起来就不会丧失主动权。而全仓杀入的结果是：万一看错了，资金都陷进去了，后路被封住，情况就十分危险。小洪这次购买重庆啤酒一下子全仓杀入，等发现该股连续跌停，想出来都出不来，手里所有的资金都陷在里面动弹不得，只能眼睁睁地看着该股从高位一路狂泻，几十万资金莫名其妙地被蒸发了，这个教训实在是太残酷、太深刻了。

几年前，赵本山在中央电视台春节文艺晚会上演了一个"忽悠"小品，因为演得活龙活现，大家印象很深，至此全国人民都知道了什么叫忽悠。其实，在股市里大大小小的忽悠多得数不胜数，投资者如果没有一点识别忽悠的本领，那危险性就大了，说不定什么时候就会掉入主力设置的陷阱中。当然忽悠也不是这么容易识别的，它在真相未被揭露前，一切都显得很正常，只有到了真相暴露后，人们才恍然大悟，原来这是一场忽悠，但为时已晚，因为这时候自己已经受到严重伤害了。重庆啤酒研制乙肝疫苗被一些人拿出来炒作，就是一个很典型的忽悠例子，中招者不计其数。

现在请你以重庆啤酒研制乙肝疫苗一事为例，谈谈股市里一些大佬们是如何用它来忽悠投资者的？普通投资者究竟怎样才能抵制住这些忽悠，其中有什么好办法可以让忽悠者的阴谋不能得逞，使自己免受其害。

现在我先把重庆啤酒这件事的来龙去脉向大家交代一下。事情是这样的：1998年10月，重庆啤酒（600132）斥资1435万元收购由其大股东重庆啤酒（集团）有限责任公司控股的佳辰生物52%的股权。2000年佳辰生物公司与第三军医大学合作，开展了乙肝疫苗的研制。这就是重庆啤酒投资乙肝疫苗的项目由来。

上市公司搞新药研制本来是一个很正常的投资项目，但原本很正常的投资，经过股市里一些能说会道的大佬们的策划、包装，却变成为一件非常神奇的事情了。重庆啤酒这个普通的酒业股，借助乙肝疫苗的研制身价陡增，股价飞涨，截至2011年11月底，其市值已在医药股中排名第一，它的市盈率要比其他啤酒股高出好几倍，一度成为沪深股市中一颗耀眼的明星。

那么，这些能说会道的大佬们是怎样包装重庆啤酒，忽悠广大投资者的呢？他们忽悠人的方法是：

一、把点说成面，进行无限夸大。比如，2011年10月31日，有一位叫王某的分析师，曾在一天之内连发13份研究报告，力挺重庆啤酒，称其股价至少可以涨到150多元。另一位网络上的红人马某某吹牛功夫更是了得，他认为现在重庆啤酒的疫苗正从神话走向现实。当时马某某就放言："2011年是确认重庆啤酒乙肝疫苗疗效的关键时间，预计重庆啤酒一年内的股价将超越150元，在新药上市后将超过500元，不排除未来几年的股价会涨到1000元。"

据了解，王某、马某某等人对重庆啤酒股价的所有预判，都是建立在对该公司开展乙肝疫苗项目试验所作的假设上。当时这个试验还仅仅处于萌芽状态，他们就把它从"一"说成"十"，进而说成"百"、说成"千"了，反正是牛皮越吹越大，连1000元的股价都吹出来了。

二、想当然，任意拔高。比如网络红人马某某，他曾在2011年11月25日重庆啤酒停牌前，股价处于高位的关键时刻，在网络上广为发送一篇长达4万多字的专题研究报告:《重庆啤酒——从神话到现实的跟踪与思考》。马某某在文中表示，"鉴于重庆啤酒乙肝疫苗在二期临床试验过程中在多家医院多次得出的优异数据，证明其远超目前所有乙肝治疗药物的疗效。"他还用极为夸张的语言称重庆啤酒是"空前绝后的投资品种"。其实，马某某这个判断完全是建立在想当然，任意拔高的基础上的。

具有讽刺意义的是，仅在马某某发表这份研究报告的第二大，重庆啤酒公司对外公布了一组非常"沮丧"的乙肝疫苗临床数据，它犹如晴天霹雳，让市场上所有的人都大吃一惊。2011年12月7日，重庆啤酒公布的RPS公司提交《项目统计分析工作进展说明》显示："目前已进行研究第76周时HbeAg转阴的应答率（即乙肝"大三阳"转为"小三阳"）的统计分析工作，结果初步为：

安慰剂组应答率 28.2%；乙肝疫苗 600μg 组应答率 30.0%；乙肝疫苗 900μg 组应答率 29.1%。"这组真实数据，提示重庆啤酒乙肝疫苗研制至今，成绩很不理想，研制出来的疫苗的疗效与在使用的没有治疗作用的安慰剂疗效相近（编者按：安慰剂属于非治病的药物，无治疗作用，在临床上仅作为对患者的心里安慰使用）。这等于说，乙肝疫苗研制到现在仍然没有什么治疗作用。它根本不是忽悠大佬们吹嘘的那样——它有什么"优异数据，证明其远超目前所有乙肝治疗药物的疗效"，以前对它的所有吹捧，都是一些别有用心的人在编瞎话，在有意欺骗广大投资者。

三、捕风捉影，见风就说成雨。 比如，前面提到的一位忽悠分析师王某，他从2009年发出第一份关于重庆啤酒乙肝疫苗研究报告开始，此后的两年多时间，连续发表了几十份研究报告，对重庆啤酒作了"强烈推荐"。据王某称，他一直在追踪公司在乙肝疫苗研究上的进展，而他最后的一篇报告发表的时间是在2011年11月24日。王某说，这是他对重庆啤酒乙肝疫苗Ⅱ期临床即将揭盲的点评。王某在这份报告中称"我们对治疗性乙肝疫苗的前景乐观"，同时，继续维持对重庆啤酒的"强烈推荐"评级。而此时，重庆啤酒的股价已经冲高至75.56元，市盈率超过150倍。

令人震惊的是，王某对重庆啤酒的所有强烈推荐的论据都是经不起推敲的，是在捕风捉影。比如，明明重庆啤酒乙肝新药研制尚在初期实验阶段，后面还有很长的路要走，且成功与否尚是未知数，他却以"橘子快红了"为题，胡乱判定该药研制即将成功，极力鼓动大家买进重庆啤酒，并为此画出一幅极其亮丽的"钱影"。但让王某想不到的是，在他对重庆啤酒"强烈推荐"的一周后，重庆啤酒出现连续9个跌停，股价从83.12元一下子狂跌到31.39元，才稍作停息。

大家别小看这些忽悠大佬，他们的能量是很大的。① 他们编造了一个神话故事："中国是一个乙肝大国，全球有10%的人携带乙肝病毒，现在重庆啤酒研制的乙肝新药即将成功，全世界有几亿人正在等待这个新药进行治疗，这个市场有多么大，重庆啤酒的新药利润就有多么丰厚。因此，现在说重庆啤酒股价值150元、500元都是低估了，将来它的股价会涨到1000元，甚至更高。"这个神话故事编出来后，很快就传遍整个市场，并引来一大批"粉丝"。② 这个神话故事不仅忽悠了中小散户，就连一些基金、券商都被忽悠进去了。一些基金、券商重仓持有重庆啤酒的大量股票，在重庆啤酒高台跳水后，损失惨重。最令人可笑的是，王某因为编了这个神话故事，在重庆啤酒连续跌停前不久的一次新财富分析师评比会上，竟摘得了新财富的医药行业最佳分析师的桂冠。可见，这位忽悠大佬把市场上众生都忽悠得团团转了。

类似于借助重庆啤酒研制乙肝疫苗制造出的大忽悠事件，在以前的股市里也曾经发生过，只不过这一次表现得更突出罢了。面对这样的忽悠，我们有什么破解良策吗？根据一些高手的操作经验，这里有两个办法可以进行有效应对，把忽悠的骗局揭穿。

第一，向内行请教，拆穿其忽悠。俗话说："外行看热闹，内行看门道。"虽然王某等忽悠大佬把重庆啤酒研制乙肝疫苗的事情吹得天花乱坠，但内行的人很快就会看出其中的破绽。比如，笔者有一个内科医生的朋友，在重庆啤酒跳水前大涨的时候，我问他对重庆啤酒研制乙肝疫苗一事怎么看？他回答得很干脆，这纯粹是一场闹剧。现在股价炒得这么高，很多人还在追进去，将来一定会付出代价的。他说治疗性乙肝疫苗是世界医学的难题，国外发达国家搞了几十年都未见有什么名堂搞出来，怎么可能被一个在国内医学上并不占优势的啤酒公司一下子就搞成功呢？这个只能骗骗不懂医学的外行人。懂得一些医学常识的人是不会理睬它的。

另据报道，与王某对重庆啤酒的乙肝疫苗进展高调看好相对应的是，其他券商的医药行业分析师对于这只3年时间涨幅超过9倍的"牛股"似乎并未给予太多关注，甚至纷纷选择回避。这期间已有一些券商分析师甚至明确表示，他们不可能根据一项科学实验的假设作为研究报告的逻辑推理的依据，甚至对公司未来盈利预期做出判定。

很显然，投资者如果做一个有心人，对一些被吹嘘得神乎其神的事情，只要虚心地向内行的人请教一下，就知道他的真伪，就不会被忽悠进去了。这个经验值得大家日后操作时予以高度重视。

第二，多问几个为什么，一层一层地追问下去就能弄清事实真相。《股市操练大全》第三册中介绍的"追问法"（见该书第15页~第21页）在这里可以派上大用场。所谓追问法，说白了就是刨根究底地追问下去，把它的来龙去脉、前因后果弄清楚。追问一般有两种方法：一种是问别人，由别人来解答你的提问；另一种是问自己，由自己深入思考，寻找相关材料来解答自己提出的问题。如果有条件问别人（如问老师和名人），由他们解答你心中的疑问，那自然是最好不过了。但这不是人人都可以做到的。在一般情况下，只能采取自我提问、自我解答的方法。这里只要问题提得合理，并能由浅入深地展开下去，自问自答的效果也是很不错的。

现在我把话题拉回来，看看碰到重庆啤酒研制乙肝疫苗的事情应该怎样进行追问。我这里先为大家作一个自问自答的示范（在开始运用自问自答的方式追问前，请把相关的材料准备好）。

问：这两年重庆啤酒股价大涨，市盈率远高于同行业其他啤酒个股市盈率的水平，这是为什么？

答：因为重庆啤酒除了生产啤酒，还搞了一个生物工程项目——乙肝疫苗的新药研制。

问：乙肝疫苗是怎么一回事？

答：乙肝是危害人民群众的严重疾病，世界上携带乙肝病毒的人非常多，约占总人口的1/10，我国是个乙肝大国，攻克乙肝是全世界医学界的共同愿望。因此乙肝疫苗研制非常重要，一旦研制成功将震惊世界，所以这个项目可以非常看好。

问：乙肝疫苗国外有人研究过吗？

答：欧洲、美国、日本等一些发达国家都开展过乙肝疫苗的研制，有的已经搞了二三十年，但至今未见成功。

问：为什么没有成功？

答：因为新药研制都很难。据了解，美国每年新药研制的成功率不足10%，特别是能从根本上治愈一个疾病的疫苗研制难度更大，所以搞了几十年未见成功就不足为怪了。目前，乙肝疫苗研制的难度已与艾滋病研制的难度一样，被列为世界医学的一个难题。

问：发达国家研制乙肝疫苗新药，一般需要投入多少资金？

答：一般需要几亿美元，有的国家投入的资金更多。

问：重庆啤酒研制乙肝疫苗这个新药，到底投入了多少资金？

答：详细情况不太清楚。但据公开的信息报道，重庆啤酒收购一家搞乙肝疫苗的生物公司花了不到1500万元人民币，后面也未见它有什么大的资金投入（从其财务报表上可以看出）。

问：国外发达国家科技力量比我们强，投入的资金比我们多，研制乙肝疫苗的时间比我们长，最后都没有成功，凭什么说重庆啤酒研制乙肝疫苗就一定能获得成功？

答：是否能成功的确是一个很大的未知数。从有关资料获悉，重庆啤酒的科研能力与资金实力，远不及国外。它想要搞成功乙肝疫苗困难是非常大的。另外，从常识上看，重庆啤酒搞这个乙肝疫苗面临相当大的风险，因为新药研制具有其复杂性和不确定性，对乙肝疫苗在临床研究中的疗效及安全性，需在专业研究机构完成所有各项指标的统计分析，并形成统计分析报告和临床研究总结报告后方可作出综合判断。所以稍有闪失，重庆啤酒的乙肝疫苗项目就可能步国外同行后尘，遭到失败。

问：如果老天帮忙，重庆啤酒把乙肝疫苗研制成功了呢？

答：这种可能性很小。退一步说，即使重庆啤酒研制乙肝疫苗能获得成功，那也是几十年以后的事情，现在谈论它的成功，时间还很遥远。因为现在重庆啤酒尚在第二期临床试验的第二阶段，后面还有第二期临床试验第三阶段，以及第三期临床试验的几个阶段，这一段路还很长，后面的风险很大。

问：有哪些风险呢？

答：风险可能来自以下几个方面：① 如果后面临床试验的效果不理想就会产生很大的风险。因为临床试验时，只要有一个环节出现问题，就必须推倒重来，甚至导致这个项目的彻底失败。②在其研制过程中，如果国外或国内其他公司研制乙肝疫苗的项目后来居上，市场上就会接受别人的研制成果，而将重庆啤酒抛在一边。③一个具有影响力的新药，从研制到成功，往往都要十几年，甚至几十年的时间，像乙肝疫苗这个世界性的医学难题，研制的过程更加复杂，时间可能要更长。另外新药研制的过程是烧钱的过程，它是不产生利润的，长期的研制，长时间的烧钱，重庆啤酒这个公司能否承受得了是一个未知数。再则股价炒得这么高，如果长时间看不到乙肝疫苗研制产生的实际收益，持股人会失去耐心的，一旦有实力机构想大量抛售获利兑现，股价就会出现雪崩式的下跌。

当自问自答进展到这个阶段，情况就很清楚了。原来重庆啤酒研制乙肝疫苗这件事困难重重，它并非像有些人吹嘘的那样前途一片光明，这里面存在着很多不确定因素，途中风险是很大的。说白了该股并不存在什么长期的投资价值，它只不过被市场上的一些主力当作一个可用的题材，借题发挥，把它的股价炒到如此高位。因此，对最近几年重庆啤酒股价的上涨，一定要有清醒认识，这不是什么价值投资，而纯粹是题材股的投机炒作，参与时一定要记住逢高退出，见好就收，否则，就会存在着很大的风险。

行文至此，有人问：我们为何要花这么大的篇幅来评论重庆啤酒这个股票？我们可以负责任地告诉大家，这是因为这几年的重庆啤酒是一个很典型的题材股，它大起大落的走势让人触目惊心。一些忽悠大佬们对它的渲染、忽悠，让很多人上当受骗，亏损严重。虽然重庆啤酒的事件现在已经过去，但今后股市里还会出现第二个、第三个重庆啤酒事件。只要股市开着，类似重庆啤酒的事件就会不断出现。所以，我们现在很有必要将重庆啤酒研制乙肝疫苗而引发的一系列事件都研究透了，并找到破解忽悠的良策。如此一来，就能举一反三，今后大家再碰到类似重庆啤酒的事情，就不会害怕，并能从容应对，立于不败之地了。

捕捉黑马
特别训练
34

这两年（指2010年、2011年）张先生投资的上证50股票出现了大跌，心理一直很郁闷。有一天他向某高手请教。

张先生说：2006年，机构普遍看好上证50的低估值、低市盈率，不断买进、增仓，而近两年，特别是2011年，上证50中很多股票的估值市盈率比2006年时还要低，但机构却不看好它们，资金不断从上证50股票中撤离。张先生问高手：为什么标榜价值投资的机构投资者会做出这种反常的举动？

高手回答他，上证50中的个股，绝大部分属于强周期品种，这两年股市震荡下行，强周期品种遭到机构减持很正常，没有什么不对。因为，此时强周期股票的低估值、低市盈率已不代表投资是安全的。在经济处于下降周期中，有些板块是不能碰的，谁碰谁倒霉。

高手的这一番解说，并没有消除张先生的疑虑。什么"强周期品种遭到机构减持是正常的"，什么"此时强周期股票的低估值、低市盈率已不代表投资是安全的"话，反而让张先生越听越糊涂。张先生认为高手并没有真心回答他的问题，是在故弄玄虚，忽悠人。

请问：高手是在忽悠人吗？你对高手的观点是怎么评价的？

这个问题经大家讨论后，由杨老师作全面解释。杨老师说，高手回答张先生的疑问是真诚的。也许因为高手解答问题时的讲话过于原则，致使高手正确的观点没有让张先生理解，所以张先生才会觉得高手没有真心解答他的问题，是在故弄玄虚，忽悠人。

其实，仔细分析高手的讲话，意思还是很清楚的。比如，高手说的强周期品种，就是指上证50中的很多股票是周期性股票，而且有的股票周期性特征十分明显，所以高手把它称之为强周期品种。

杨老师分析说，强周期品种的股票，在这两年股市震荡下行的过程中，风险骤然放大。虽然当时这些股票的市盈率已经很低，估值便宜，但这已经不是机构关心的重点，因为随着经济形势的恶化与向下调整，强周期品种的上市公司，它们的业绩也会跟着下降。从今天看，它们可能是低估值、低市盈率，但从明天看，它们或许就变成了高估值、高市盈率。正因为如此，高手认为这两年机构不断对强周期品种的股票进行减持是很正常的一种行为，并没有什么不对。我们知道上证50中大多数股票是强周期的品种，自然它们就成了本轮下跌的重灾区，因此张先生这两年投资上证50的股票也遭到了很大损失。

杨老师说：另外，我要在此补充说明的是强周期品种的股票，在经济处于上升周期时，其业绩也会随之不断向上提升。所以在2006年，机构对低估值、低市盈率的上证50股票厚爱有加，采取不断买入、不断增仓的策略。从趋利避险的角度说，机构这样做也是很正常的一种投资行为。

杨老师继续分析道：明白上面的道理后，就会知道张先生的操作错在哪里了？张先生的错误，主要是他对强周期股票的特点不了解，只是一味地从估值、市盈率来判断股票的投资价值，而没有注意到强周期股票的自身特点。比如，考量强周期股票的投资价值，首先要看当时整个国家经济是处于上升周期还是处于下降周期；其次再看它们的估值、市盈率。因为只有经济处于上升周期，强周期股票的低估值、低市盈率才可持续下去，即使后面股价有了较大幅度上涨（股价被过度炒作除外），但由于其业绩也有了较大幅度的提升，总体上说其估值、市盈率仍会比较低，或者会处于一个相对合理的范围之内，这样机构才敢于对它们积极看多做多。反之，在经济处于下降周期时，强周期股票的低估值、低市盈率是不可持续的，即使股价有了较大调整，但由于它们将来的业绩会下滑得更快，这样就会出现股价跌了，市盈率反而提高了，低估值变成了高估值的现象。所以，这两年在国家经济处于调整，股市处于震荡下行时，上证50中的强周期股票不断遭到机构的减持。

经过杨老师这一番深入浅出的分析，张先生的心结终于被打开，同学们听后也感到大有启发。

【编后说明】有关股票的市盈率与估值问题，本书附录二（见本书第541～第571页）有详细解答，请关注。

杨老师说：上一节课因为时间关系，关于强周期股票中的一些问题还没有展开深入讨论。比如，股市中怎么会冒出一个周期性股票，它的起因是什么？目前在沪深股市中，哪些行业、板块的股票属于周期性股票？投资周期性股票最佳策略是什么？

我感到这些问题很重要。因为周期性股票在股市里占大头，炒股时总要面对它；另外，周期性股票波动最大，当经济处于上升周期时，就会从周期性股票中催生出一些中长线黑马，但当经济处于下行周期时，周期性股票又会成为重灾区。可见，把这些问题弄清楚，对如何捕捉中长线黑马很有帮助。因此，有必要对这些问题再继续进行讨论。下面就请大家分组讨论，然后派代表到台上来发言。

讨论结束后，班长上台作了总结性发言。班长的发言很精彩，得到了杨老师肯定与同学们的赞赏。现在请你猜猜看，班长的总结性发言究竟说了些什么？

班长在总结性发言中说：经济学理论告诉我们，经济发展是有周期的，它包括繁荣、衰退、萧条、复苏这四个阶段。近几十年来，虽然人类的经济发展很快，社会面貌出现了翻天覆地的变化，但现代经济仍然摆脱不了周期性规律的影响，呈现一种波浪式向前发展的态势。

在股市中，伴随经济周期盛衰而涨跌的股票有很多。人们把这些股票俗称为周期性股票，周期性股票多为投机性股票。当整体经济上升时，周期性股票的价格也迅速上升；当整体经济走下坡路时，周期性股票的价格也会跟着下跌。

在我们国家，典型的周期性行业包括钢铁、有色金属、工程机械、机床、重型卡车、装备制造、化工等基础大宗原材料行业、水泥等建筑材料行业，等等。此外，金融服务业（保险业除外）由于与工商业和居民消费密切相关，也有显著的周期性特征。周期性股票与经济发展周期呈正相关关系。通常，当经济高速增长时，市场对这些行业的产品需求也高涨，这些行业所在公司的业绩改善就会非常明显，其股票就会受到投资者的追捧；而当行业景气低迷时，固定资产投资下降，对其产品的需求减弱，业绩和股价就会迅速回落。高手说在经济处于下降周期时，有些板块的股票是不能碰的，指的就是周期性股票。

在沪深股市里，因为周期性股票在股市里占绝大多数，是市场的主体，其业绩和股价因经济周期的变化而起落，因此，这也就不难理解为什么经济周期常常会成为主导股市变牛或变熊的道理了。

投资周期性行业股票的关键就是对于时机的准确把握。如果投资者能在周期性股票触底反转前介入，就会获得最为丰厚的投资回报。比如，2006年、2007年我国经济周期处于加速发展状态中，此时股市也牛气十足，在周期性股票中涌现出一批涨幅惊人的中长线黑马。比如，武钢股份（600005）从最低2.42元一直涨到23.68元才见顶回落，股价涨了近9倍；又如，浦发银行（600000）从最低6.41元一直涨至61.97元，股价实际涨幅超过11倍（含股改时流通股东每10股获赠3股）。

但是，对周期性股票来说，如果在经济周期到达顶端或转入下降趋势时买入，那就会犯致命的错误。2007年我国经济周期到达顶端，沪深股市也随之见顶。2008年我国经济出现快速下滑趋势，沪深股市也出现了大暴跌。2009年，党和政府推出一系列挽救经济下滑的措施，沪深股市也随经济一起出现见底回升。2010年、2011年我国经济发展向下调整态势十分明显，沪深股市也出现了震荡回落的走势。据了解，在我国经济出现调整时，沪深股市里周期性股票跌幅最大。有的跌到十分低廉的价格仍在往下寻底。比如，武钢股份从23.68元的高位一路下跌，截至2012年9

月，股价已跌掉九成，仍在不断创新低。更令人吃惊的是，上证指数在跌到1664点时，当时武钢股份的股价是4元多，而2012年9月末，上证指数在2100点时，武钢股份的股价反而再次遭腰斩，股价只有2元多。浦发银行也是如此，2010年、2011年，浦发银行业绩出现大幅增长，但其股价却屡创新低，当股价跌破8元，市盈率跌至5倍时（该市盈率已比1664点、998点当时的市盈还要低），仍很少有人问津。可见，在经济周期处于下降趋势时，周期性股票受到打击是最厉害的。因此，投资者在错误的时点和位置买入周期性股票，损失会很大。即使这些股票看上去业绩很好、市盈率很低，仍然避免不了下跌的命运。通常，在经济周期处于下降时，周期性股票会跌跌不休，其下跌的幅度十分惊人，持股做多者损失会非常大。

从操作策略上说，对周期性股票，最佳买入时机，应该是经济处于回升的初期，如果经济处于下降周期，应该选择主动回避，而不要被它们表面的低估值、低市盈率所迷惑，否则，盲目逢低吸纳，对它们看多做多，很容易把自己套在半山腰。

又及，本书完稿后，向读者征求意见时，很多读者对本题反响激烈，他们说，该题指导性很强，对他们启发很大，很多以前不明白的问题，现在终于明白了。下面我们在这儿说两个真实的故事，以飨读者。

故事一：一位张先生说，2010年3月，他看到武钢股份从12元多跌到6元多，在这里构筑一个平台（见下页图265），股价似乎跌不下去了。他核算了一下，同期的大盘指数只跌了10%多一点，而武钢股份却从12元多跌到6元多，股价跌掉50%，显然是属于严重超跌。再则，当时该股基本面已开始逐渐趋向好转。他认为，无论从基本面还是从技术面，该股跌到6元多是跌到位了，在此买进安全系数很大。但出乎他意料的是，在他买进武钢股份半个月后，6元多平台向下破位。这样，他原来预计的该股超跌

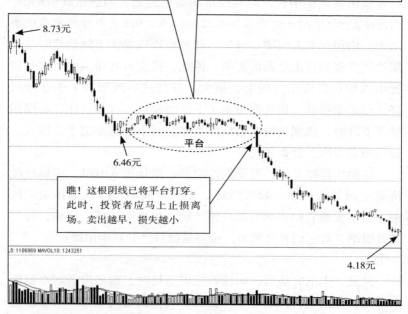

这个平台构筑了很长时间，让很多人误以为它跌不下去了。于是，一些人按奈不住在此抄底，结果都上当了，张先生就是其中的一位。该案例给我们一条重要启示：即看到股价从高位跌下来在低位构筑一个平台时，不能盲目地认为它跌不下去了，只有等到股价真的向上突破时，才能对它抄底，否则，就会出现类似张先生那样的严重错误

8.73元

平台

6.46元

瞧！这根阴线已将平台打穿。此时，投资者应马上止损离场。卖出越早，损失越小

L5: 1106969 MAVOL10: 1243251

4.18元

武钢股份（600005）2009年12月10日~2010年7月2日的日K线走势图　图265

后的一轮反弹行情并没有出现，反而股价不断向下创出新低。

更使张先生感到沮丧的是，当该股跌到4元多时，股价在此又构筑了一个平台（编者按：2008年上证指数跌到1664点时，该股的股价是4.14元，显然当时这4元多的股价已与该股在1664点时的股价持平，而此时的上证指数在2800点附近，比1664点要高出一大截）。当时他想来想去，武钢股份的股价跌到4元多应该是跌到底了，该股不应该也没有理由再跌下去，于是，他在4元多处对该股进行大量补仓。但后来的事实让他大跌眼镜，该股不仅

跌破4元多的平台，而且还跌破了该股前期3.70元的配股价，最后连该股的3.56元净资产价格都没有守住，2012年9月，该股最低跌至2.35元（见下面图266）。可以说，该股是这几年走势最熊的股票之一。面对该股如此糟糕的表现，他一直想不通，这两年该股的基本面比2008年最差的时候要好，为何股价比2008年1664点时的最低股价还要低很多呢？张先生对此百思不得其解。

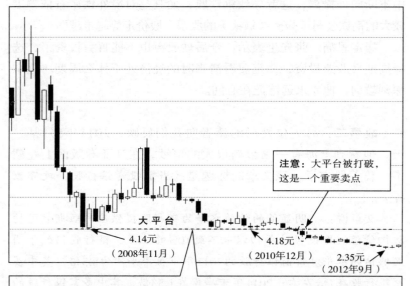

本图是武钢股份几年来的月K线图。从图中可以看出，当初该股在2008年上证指数跌至1664点时，其股价最低跌至4.14元，2010年6月~2011年5月，股价跌至4元附近，由此构筑了一个大平台（见图中画虚线处），股价似乎跌到底了。但最后这个大平台也被击破，股价一路下跌，不仅跌破了配股价（3.70元），又跌破了其净资产价（3.56元），直至2012年9月最低跌至2.35元。可见该股熊到了什么程度。张先生因其股价低，一直看多做多该股，最终吃了大亏

武钢股份（600005）2007年11月~2012年11月的月K线走势图　图266

这次张先生看了本题后有所醒悟，知道了其中的一点奥秘。我们对他说，周期性的股票，在经济处于上升周期时，它往往会涨过头；在经济处于下降周期时，它往往会跌过头。武钢股份属

于钢铁板块，而2008年～2012年这轮经济调整，钢铁行业首当其冲。一方面它的原料铁矿石，很大部分来自境外，而境外的铁矿石在不断提价，致使钢铁业中的大部分公司成本在上升；另一方面，国内钢的产量位居世界第一，而经济处于下降周期，致使下游企业对钢的需求逞递减状态，供过于求的情况非常突出。所以这两年市场对强周期的钢铁板块预期越来越差，大量资金从钢铁板块中不断向外撤离，这就导致钢铁股，尤其是对境外铁矿石依赖度较大的钢铁公司（如武汉钢铁）的股票，股价走势越走越弱。

痛定思痛。张先生表示，今后炒股再也不能盲目投资了，选择周期性股票投资，一定要看清当时的经济处于什么周期。这个深刻教训，他要永远铭记在心间。

故事二：另一位姓冯的读者向我们反映，2011年5月某一天，他看到上海有一家影响很大的报纸，在其证券版面上登载了一篇荐股文章。该文章的标题是《当前投资银行股，攻守兼备》。

文章说："明显低的估值水平为银行股提供应对短期衰退的防御价值。即使经过年初以来不到10%的上涨，银行股仍处于明显低估的水平。目前银行股的2011年市盈率平均为8.5倍，其中多家银行股在7倍左右；2011年市净率在1.53倍，其中多家银行股的2012年市净率将达到1.1倍左右。我们认为，年内银行股至少应有20%的估值修复空间。2010年12月，我们曾根据利率完全市场化假设来寻找银行股价格的下限，结论是多数银行股都处于明显低估状态。2011年我们更新了股价和各种情况下的合理价格，结论是银行股明显低估仍然没有改变。这种明显低估的状态，为银行股提供了显著的防御价值。

我们的结论是，银行股应该作为机构投资者的重点配置品种，首选低估值＋战略成本有空间的银行股，包括招行（买入）、浦发（买入）、华夏（增持），同时关注农行（未评级）。"

因为写这篇文章是一家权威机构，再则文章内容说得也很有道理，于是，冯先生在第二天买了很多银行股。但没有想到这些银行股一点也不争气，连续阴跌，半年投资下来，大部分银行股的股价又跌掉20%～30%。对此冯先生百思不得其解，为何情况会变得这样？银行股市盈率如此低，当时机构为什么一直不看好它？现在他终于明白了，在经济处于明显下行状态时，机构首先不会考虑银行股的低估值、低市盈率，而首先会考虑宏观经济若超预期下滑将挑战银行的盈利增长，从而把防范银行股的潜在风险放在第一位。既然机构都不看好银行股，银行股票不跌就很难了。

据了解，2011年末，有一位基金经理说，2011年下半年他一直在减持银行股。其理由是："银行业目前整体资产质量可控，但如果出现宏观经济超预期下滑则会对资产质量乃至盈利增长带来挑战；需重点关注地方融资平台贷款的监管政策和质量变化，房价大幅下跌后开发贷和按揭贷的违约情况，以及民间借贷泡沫破裂损失向银行体系传导的可能性。另外，央行及银监会收缩货币投放，信贷放松程度不达预期，也可能削减银行规模扩张能力。"

可见，当时一方面机构投资者在暗中大量减持银行股，另一方面机构投资者又在媒体上不断宣传银行股的低估值、低市盈率，说投资银行股，可"攻守兼备"。这些机构投资者为何要这样做呢？其目的就是为了拉高出货，骗中小散户进来接盘。

这位读者表示，在经济处于下行周期时，以后我不会再轻易去碰周期性很强的银行股了。只要是经济下行，什么低估值、低市盈率都不可靠。最后，冯先生深有感悟地说：今后像我这样的中小散户做股票一定要学得聪明点，买股票前首先要学会分析宏观形势，弄清楚经济周期处于什么格局，知道在什么形势下，什么样的股票是可以做的，什么样的股票是不可以做的，这样才不会上当受骗。

杨老师说：在经济处于下降周期时，对周期性股票要尽量少碰，想必大家已明白这个道理。现在我再问大家一个问题，在这个时候有什么板块的股票可以投资，甚至可以把它们作为中长线黑马的候选对象呢（请举例说明）？

经验告诉我们，在经济处于下降周期时，周期性的股票风险很大，一般是不能碰的。此时，投资者可以转换目标，投资一些非周期性股票（当然，投资时要选择好适当时机，在技术上出现买进信号后再加入）。

那么，什么是非周期性股票？非周期性股票究竟指的是哪些股票？是不是非周期性股票都能给我们带来一个好的投资机会呢？这些问题我们必须把它弄清楚，这样操作起来才能做到有的放矢，不会投错方向。

据了解，在沪深股市里，虽然有很多股票是周期性股票，但仍然有不少与之对应的非周期性股票。所谓非周期性股票是指那些生产人们日常生活必需品，以及为了人们日常生活需要而提供直接服务的公司。不论经济走势如何，人们对这些产品与服务的需求都不会有太大的变动，因此，人们把它们称之为非周期性公司。例如，生产食品与饮料的公司、商业与旅游类公司、生产药品的公司、提供公用事业服务的公司，等等。

在非周期性公司中，价格波动最小的是提供公共事业服务的公司，如水、电类公司。因为它们的服务关系到大众的基本生活需要，政府为了维持社会稳定，对其价格会作出强烈干预，使水、电的价格基本上保持一种平稳状态（比如，在有关部门的干涉下，一些电力部门为了向老百姓提供他们能够接受的电价，有时只能进行"亏本销售"）。这种类型的非周期性公司，股价波动范围就很小，一般不会从中产生出什么黑马来。因此，有经验的投资者在投资股票或物色中长线黑马时，对这类公司的股票一般不会考虑，因为股价大幅上涨的机会实在是太小了。

不过，当经济处于下降周期时，在非周期性公司中，如食品饮料、药品类的股票却常常会给投资者提供一个很好的投资机会。因此，在这一个时期，它们一般可以作为投资者挖掘中长线黑马时最优先考虑的对象。比如，2010年、2011年，我国经济处于调整时期，沪深股市熊气迷漫，绝大部分股票都出现了下跌，有的跌得非常厉害，但酒业公司却走出一波牛市行情。例如，山西汾酒从36元一直涨到89元，张裕A从67元涨到125元。尽管随着沪深股市大跌，该类板块也一度出现了调整，但股价回调并不深，大多数酒类公司的股价维持在高位运行。有人发现尽管2012年上证指数在2000点上下折腾，大盘跌得很惨，周期性股票跌得更惨，但很多酒类公司的股价反而比2007年沪深股市大牛市顶峰时的股价还要高。这个事实，再一次使大家认识到，在经济周期处于下降时，非周期性公司存在着很大的投资机会。投资者只要认真观察，仔细筛选，就可以挖掘出一些极具潜力的中长线黑马。

另外，大家在分析股票时要注意，周期性股票与非周期性股票，两者之间没有绝对界限，它们有时会出现互相交叉的现象。比如，在非周期性公司中，一些生产高档消费品与提供高档消费服务的企业，如高档服装、高档酒店、奢侈品、航空等，因为它们不属于人们必需的消费品，也不属于人们必需的消费服务。通常在经济处于下降、人们收入增长处于放缓的情况下，市场将会直接减少对这类非必需商品的消费需求。从这个意义上说，非周期性公司中有一些产品，也同样会出现鲜明的周期性特征。所以，大家在投资中，在挖掘中长线黑马时，对此也要特别注意，不要把投资的目标选歪了。

【又及】本书定稿后向读者征求意见过程中，市场上发生了一件让大多数投资者大跌眼镜的事情。2012年末，强周期性股票与非周期性股票的走势出现戏剧性变化。在强周期性股票中，原来走势极为疲弱的银行股，突然出现一波力度很大的逼空式上涨行情，但与此同时，在非周期性股票中，原来股价高高在上，被众人仰慕的白酒股，却出现了一波高空坠落、深幅回调的下跌行情。比如，在这一时期，银行股中的领头羊民生银行（600016），股价从最低5.39元一路涨到了11.91元，最大涨幅达到了120.96%；而同期白酒股中的行业老大贵州茅台（600519），股价却从254.96元跌到172元，最大跌幅达到32.54%。

此事发生后，一些读者询问为什么会出现这种情况？这件事应该作如何解释？普通投资者碰到这种情况应该怎样去面对？

现经研究后，答复如下：

一、俗话说："三十年河东，三十年河西。"风水轮流转是股市里的一个重要规律。综观沪深股市20多年的历史，经常会看到这样一些现象：在某个时期，原来的牛股突然变成了熊股，原先的强势股瞬间变成了弱势股；或者原来的熊股突然变成了牛股，原先的弱势股瞬间变成了强势股。这样的例子非常多。因此，2012年末出现的原先弱势股银行股的大涨与原先强势股白酒股的大跌现象也就不奇怪了。我们相信，只要股市开着，这种"令人意外，合乎情理"的戏剧性变化将会不断出现在投资者面前。

二、股市里风水轮流转的现象只能在一定的条件下实现。第一个条件是基本面要有变化。若基本面出现变化，投资者的心理会跟着出现变化，主力也会"顺势而为"，制造一些事端，随之，股市中戏剧性变化的故事就会应运而生。

下面我们先来分析当时银行股的基本面与投资者心理预期的一些变化：在2013年之前的很长一段时间里，因为市场大众对经济运行的趋势看淡，银行股屡遭打压，即使净资产被跌破，市盈率跌至5倍之下都很少有人问津。在这一时期，很多人对银行股的后市不看好，他们认为随着经济走势不断下行，银行的盈利前景将越来越差，而坏账的包袱会越背越重。

但到2012年最后几个月，采购经理人指数PMI出现了探底回升的现象，其他各项经济数据也出现向好的变化。基本面出现的这些微妙变化，让积弱已久的银行股有了转机，如当时有媒体评论说："到2012年末，整体经济回暖趋势已稳定下来，这样企业的资金流就会好转，发生风险的比例就会降低，这对银行来说，资产质量至少不会再恶化。""只要市场对银行业的发展不再担心了，股市里那些严重超跌，市盈率比998点、1664点还要低很多的银行股马上就会受到大资金的青睐。"

当时，在经济回暖的的舆论引导下，很多人对银行股的心理预期有了改变，他们不再恐惧银行股，开始看好它的未来。主力则趁机对银行股作了一次偷袭。这次偷袭很成功，跟风者蜂拥而至，很多银行股短时期内出现暴涨行情。在这轮银行股大涨行情中，一些踏准市场节拍加入早的投资者获得了不菲的收益。

接下来我们再来分析当时白酒股的基本面与投资者心理预期的一些变化：2012年冬，白酒股就屡遭寒潮，先是塑化剂风波，白酒中被查出塑化剂，致使一些白酒成了严重影响人们健康的"毒酒"，这在市场中产生了极为恶劣的影响。后是党中央严格规定在公务消费中严禁饮用高档白酒，一下子使高档白酒失去了一大块消费群体。这两项利空，改变了市场大众对白酒股的心里预期，白酒行业不再是前途一片光明，而是充满了荆棘。这样，高高在上的白酒股因投资者的信心丧失，缺乏继续向上的驱动力，就出现了多翻空的现象，引发股价向下寻底。贵州茅台作为白酒股中的老大，股价又特别高，在这负面消息的漩涡中，自然首当其冲，其股价出现了大幅下跌。当时一些看好白酒股、看好贵州茅台而看多做多，持股不抛的投资者都遭到了很大的损失。

第二个条件是资金流向出现变化。众所周知，股价涨跌与资金流向关系密切。当某类股票资金流入多了，股价就会上涨；

反之，资金不断流出，股价就会下跌。说白了，关注资金流向实际上就是关注大资金的进进出出（重点是大资金的调仓换股）。股谚云："天下熙熙，皆为利来，天下攘攘，皆为利往。"大资金在股市中，每一次进出，每一次调仓换股都是为追求利益最大化而作出的举动。通常，当某一类股票的股价被大幅炒高，后面跟风盘不济时，大资金首先想到的就是获利兑现，保护好胜利果实。这是一个非常简单的道理，大家了解这个道理后，就会知道当时高高在上的白酒股向下调整的情况早晚都会发生，即使没有塑化剂与公务消费禁用高档白酒的事件出现，白酒股作为弱市中长期保持一枝独秀，没有受到熊市伤害的强势股，其后市也大为不妙。因为白酒股的股价与股市中其他股票的股价拉开的差距越来越大，但当差距大到一定程度时，就会形成物极必反，由升转跌，出现补跌现象。这样，高价股与低价股之间，那种过大的、不合理的差距就会得到适当的修正。这其实就是股市中的一种规律，规律是不以人的主观意志为转移的。所以大资金、市场主力也会依据规律顺势而为，在市场心理预期发生变化时进行主动的调仓换股。2012年末，大资金、市场主力主动减持股价高高在上的白酒股，而将腾挪出来的资金加仓具有估值优势、超跌的银行股，这样也就直接或间接地导致了银行股在低位出现逼空式上涨行情，以及白酒股在高位出现连续下跌的走势。风水轮流转的现象就是在这种背景下发生的。

那么，当股市出现这样戏剧性变化时，普通投资者应该怎么办呢？

首先，我们一定要充分了解股市存在风水轮流转的规律。作为规律，投资者必须适应它而不能改变它。历史经验证明，依据规律炒股的投资者才是赢家。

其次，投资者在操作时要注意以下几点：

第一，要学会审时度势，把握好市场的心理预期。知道在什么情况下，应该避开股价高高在上的强势股；在什么情况下应该关注严重超跌的弱势股；在什么情况下，应该青睐非周期性股票；在什么情况下，应该看好强周期性股票，从而使自己的投资行为真正做到顺势而为。尤其要注意的是，在主力积极调仓换股时，自己就应该跟着调仓换股，切勿麻木不仁，更不可逆流而动。

第二，要仔细观察市场变化，认真分析盘面的异动现象。**力争在风水轮流转的第一时间节点加入，加入的时间越早，投资就越安全，赢利面就越大。**

第三，经验告诉我们：凡是积弱已久的股票（尤其是超级大盘股），它们初次上涨，一般只能视为超跌后的短线反弹行情。投资者若不是及时逢高卖出，一旦反弹结束后重归跌势，在低位买入的股票，原本可获得的"不菲收益"就会化为乌有，最后很可能是白忙乎一场。

有人担心，银行股这次来势迅猛的上涨会不会是反转行情呢？现在我们先不下结论，只是提醒大家注意反弹与反转的区别，并要求当事人坚决按照有关规则操作，这样就不会犯大错误。其要点是：抓住关键，严格区分反弹还是反转。所谓关键就是看实际走势[注1]，看它能否突破前面反弹的高点，进而形成持续上涨的走势。**若股价在前面反弹高点"只差一点点"地方掉头向下，那基本上就能判断为反弹，必须马上卖出；若股价能有效突破前面的反弹高点，继续保持价升量增的态势，则有可能演变为反转，此时投资者可以积极看多做多，持股待涨[注2]。**这样做可以规避很多风险，显著提高操作的成功率。

【注1】 其实，银行股是反弹还是反转最终是由基本面决定的，因此理论上首先应该从基本面作出判断。但基本面情况很复杂，不确定因素很多（比如，2012年末经济数据向好是暂时的，还是有持续性就是个未知数），普通投资者很难把握。故为了抓住战机，大家只能先从技术面作出判断，以减少风险，争取主动。

【注2】这里需要提醒大家的是：按照炒股必须控制风险的原则，如果出现下面这种情况应马上停损离场，即股价升后不久就掉头向下，并再次跌至前期反弹高点之下，这说明反转是假的，一定要及时卖出。

有人说，在沪深股市中，上市公司的财务报表是世界上最难读懂的财务报表，除了五花八门的主营业务以外的投资收益、资产出售、资产重组促使业绩快速飚升外，还有两个秘密武器，你是想不到的，用这两个秘密武器"调节利润"，再聪明的人也会上当受骗。

请问：此话能当真吗？这是两个什么秘密武器，致使再聪明的人也会上当受骗？如果你遇到这种情况，有何应对良策？

此话基本上可以当真。当然，说"再聪明的人也会上当受骗"是说过了头。但大多数投资者会因为遇到这种情况，掉进读财务报表陷阱，从而导致投资失败。比如，我们在调查中发现，有些财务出身的股民，根据公司基本面、财务数据投资股票时，结果栽了大跟头。当下连内行人都会出错，足见沪深股市中上市公司的财务报表确实很难读懂。

说到这里，回归本题。本题中指的两个秘密武器究竟是什么呢？

第一个秘密武器是"统计口径"。无数事实表明，上市公司在做财务报表时，如果统计口径不同，做出来的财务数据就会大相径庭。2011年11月29日，《工人日报》载文揭露上市公司玩弄统计口径，欺骗广大投资者的文章。

文章说：2011年11月2日，国家发改委公布两石化巨头前9个月净亏损11.7亿元，与此前中石化、中石油公布的炼油亏损645亿元差额巨大。对此，多位行业专家表示，这是统计口径不一导致的结果。

近年来，公众在对自己生活及一些社会现象有所不解时，已不止一次地被相关部门及专家学者以"统计口径不一"为由搪塞。

"统计口径"真有那么深奥吗？其实不然。就拿两大油企的炼油业务亏损来说，所谓的"统计口径不一"无非是如何划分炼油、售油环节，采用什么样的模式核算成本的问题。专家称，中石油、中石化等石油企业说的"645亿元亏损"是炼油部门亏损，而统计局、发改委说的炼油行业，不仅仅包括炼油业务，还包括销售业务，但我国的成品油销售是盈利的。显然，如果把两油企巨头的全部业务都按照生产环节精细划分的话，肯定存在部分环节利润较大甚至巨大，部分环节利润较小甚至严重亏损的情况，这在任何行业都不稀奇。关键的问题是，我们在核算企业盈亏的时候能否如此机械地分阶段进行。

　　我们不妨举例说明。比如之前曾被公认暴利的房地产行业，假如把开发商的整个房地产经营活动按照不同的生产经营环节来详细划分，分别进行经济核算的话，拿地阶段和建房阶段一定是巨亏的，因为这两个阶段需要巨大的资金投入，却没有经济收益，而销售环节一定是无本万利的。可事实上谁都知道对房地产企业的盈利不能如此核算，而必须把各个环节作为一个整体统一核算。现在的情况是，如此做法，竟然每每被人拿出来"叫苦"、"哭穷"，甚至成为某种伎俩和道具。看来，我们很有必要拨开笼罩在"统计口径不一"上面的迷雾。

　　该文观点很鲜明，为何上市公司公布的财务报表的数据，前几天是一个样子，后几天又是另一个样子，变化之大、变化之快令人猝不及防，原来猫腻藏于"统计口径"之中。上面只是举了一些个别例子。其实在沪深股市历史上，上市公司玩弄"统计口径"欺骗投资者事例很多，上述例子只不过是冰山一角罢了。试想，假如谁相信这种不靠谱的财务数据，以此为根据进行投资，途中翻船也就在预料之中了。

　　接下来，我们再分析第二个秘密武器。**第二个秘密武器是指上市公司频获"神奇"的政府补贴，致使财务报表公布的业绩真假难辨。**

2011年《中国经济周刊》第46期载文报道："据统计，2010年共有1454家上市公司获补贴3187.09亿元。这意味着，有许多上市公司的业绩其实与经营业务无直接关系，其业绩未能真实、公允地反映公司正常的盈利能力。"

这里举两个实例。

实例一：ST嘉陵（600877）。据该公司2011年半年报披露，2011年上半年公司盈利249万元，但营业利润为-5984万元，公司主要靠8642万元的非经常性损益实现业绩为正。非经常性损益贡献的"大头"则为一笔来自于重庆璧山政府的5699万元的政府补助。

实例二：京东方A（000725）。这是一家很神奇的公司，上市10年募集资金总额超过278.85亿元，10年间还获得政府补贴11.59亿元，但总共亏损75.32亿元。每一次亏损都靠政府补贴渡过了难关。比如，2009年，京东方靠着7亿元政府补贴才在账面上勉强出现5000万盈利，从而躲过一劫；2011年，这家公司预计全年亏损30亿元，但2011年在10月26日，其公告称，将地方政府赠送的煤矿资源卖出36个亿，竟一举扭亏。而到2011年11月21日，又一则公告称，其控股子公司有可能申请到24亿的退税。事情很清楚，这是一家典型的靠政府哺养的"不死鸟"。

据了解，近几年来政府对上市公司进行补贴前十名排行榜中，国有企业，尤其是央企占了多数。

比如，2009年获补贴最高的10家公司全部为国有企业，除了京东方和海南航空，其他8家均为央企，其中，中国石油、中国国航、中国中冶连续三年位居补贴榜前十名。2011年前三季度，获政府补贴前十名的上市公司中共有6家为国有控股企业，分别是中国石油、中国国航、东方航空、南方航空、中国中冶、丰原生化。

值得注意的是，近年来上市公司获政府补贴出现了加码的态势。从以往历年政府对上市公司的补贴情况来看，国企的补贴收入很少超过6亿元。但在2011年，以中国石油为例，前三季度获得的政府补助是5.3亿元，而年报中显示的数据表明，当年中国石油获得政府补贴收入已经增加到15.99亿元。

据知情人透露，历数多年来的政府补贴，其名目之繁多，令人眼花缭乱。最主要的补贴方式分为三种：税收返还、财政拨款和补偿性收入。政策性退税是财政部和国家税务总局出于产业引导的目的对特定的行业和特定技术予以退税。2007年以后，根据WTO的要求，政府给予上市公司的税收返还大幅度减少，取而代之的是各种名义的财政拨款。

比如，三安光电（600703），2011年前三季度得到5.98亿元政府补贴，其中最大一笔财政补贴的名目为"科技三项"资金共5.79亿元，其名目包括科技进步奖、市级知识产权示范企业经费、自主创新奖金、项目补贴等。

政府补贴对"提升"上市公司业绩可谓贡献突出。三安光电2011年前三季度的营业外收支净额占到利润总额的63.98%。

值得注意的是，在二级市场中，虽然有很多投资者要求把政府补贴列入报表中，但现实情况是上市公司获得的大量补贴收入并未在报表中明示。局外人很难通过财务报表了解到里面的真实情况。

通过上面的情况介绍，大家就明白了，为什么连财务出身的股民都不能读懂上市公司的财务报表，为什么有人会把沪深股市的财务报表定性为世界上最难读懂的财务报表。可见，这一切并非是危言耸听，而是当前沪深股市中的一个真实写照。从投资思路上说，投资者对这样充满猫腻的财务报表，确实要提高警惕，避免上当受骗。但问题是，中小投资者是市场中的弱势群体，他们既无法阻止上市公司在刊登财务报表时以似是而非的猫腻忽悠大家，也不能因为上市公司财务报表有猫腻成分在里面，而不去阅读财务报表（编者按：不阅读财务报表，闭着眼睛瞎炒，风险就更加大）。那么面对这样的复杂局面，投资者究竟有没有应对良策呢？我们认为办法还是有的，具体的方法有以下几条：

一、寻找诚信报表。虽然在沪深股市中很多上市公司的财务报表有猫腻成分在里面。但据了解，沪深股市里，仍然有一小部分上市公司的财务报表是没有或很少有猫腻成分在里面，我们将这种报表称为诚信报表。

诚信报表有如下几个特点：① 财务报表中所有数据都查有出处，公开透明，让人看得明白；② 上市公司的业绩，主要来源于主营业务，而并非是杂七杂八的营业外收入；③ 历年的财务报表都经有资质的会计事务所审核通过，并没有出现财务数据不清之类的保留意见；④ 上市以来，未发现上级管理部门、证监会，以及投资者对其报表提出过什么质疑。

俗话说："诚信为本。"在股市里，聪明人就要从诚信报表中寻找投资机会，规避投资风险。当然，寻找诚信报表是一项艰巨工作（因为要反复比较后，才能确定谁家的报表是诚信报表），但这个工作做好了，它对提高投资的成功率有很大帮助。

二、不熟不做，所选的股票要少而精。我们在调查中发现，一些高手长年只盯住几个自己熟悉的股票进行运作，效果非常好。他们认为，投资的品种要少而精，这样一方面自己可以抽出大量的时间与精力对它们进行深入研究，看多了、研究深了，对这些股票的走势特征与"脾气"就会摸得一清二楚；另一方面也有利于自己能及时了解上市公司的经营情况。因此，当这些股票的财务报表有什么猫腻，导致股价走势出现异常，马上就能发现，不至于让自己落入财务报表的陷阱中而不能自拔。

三、对财务报表要认真分析、仔细核实，只有在逻辑上找到合理解释才能相信财务报表的数据是真的。比如，看上市公司的业绩，不能只看财务报表中的每股收益，而要仔细分析每股收益是怎么来的；了解了上市公司业绩由哪几方面构成的信息后，也要仔细核实它的真实可靠性。这里我们做一个假设。假设你某天看到一家上市公司今年业绩突然大幅提升，但与之处于相同背景、行业的上市公司今年业绩却在大幅下滑的信息。此时你就要质疑该上市公司报表是不是存在猫腻，而不要盲目相信报表里的数据是真的。因为在正常情况下，社会背景、行业相同的企业，在业绩上一般不会出现如此大的差距，这在逻辑推理上是说不通的。总之，有疑问就必须怀疑，找不到合理解释，就宁可放弃这些由"优良"财务数据提供的投资机会，千万不能让不太靠谱的财务数据忽悠了。

四、当股价走势与财务数据出现背离状态，尤其是出现严重背离状态时，应记住股谚中的一句话："该涨不涨，理应看跌；该跌不跌，理应看涨。"在股市实战中，如果你发现一家上市公司财务报表披露的业绩很优秀，但其股价走势却出现放量回落的走势；或者一家上市公司财务报表披露的业绩非常差，但其股价走势却不跌反涨。这时你就要留一个心眼，当心其公布的财务数据存在着猫腻。因为我们是中小散户，是市场弱者，我们看到的财务数据信息不一定是真的，而市场主力是市场强者，他们能从别的渠道获得一些真实的财务信息，他们会利用公开而带有猫腻的财务数据作掩护，进行反向操作。正因为如此，所以我们对于那些明明应该涨的，股价却跌了；明明应该跌的，股价却涨了的情况要高度警惕。投资者在操作时要时刻注意一个问题：主力既然在反向操作，此时我们如果相信财务数据是真的，进行正向操作，那就上当了，这个时候最好办法就是跟着盘面走。比如，在财务数据利好出来后，见到盘面放量回落时就坚决卖出；在财务数据利空出来后，见到盘面不跌反涨就试着跟进（编者按：请注意是试着跟进，不是重仓跟进。在股市实战中，大家一定要记住"卖出要果断，买进要谨慎"这句话。因此，投资者在操作时见到放量下跌应马上抛空离场，而见到股价放量上涨，先只能作试探性买入，等上涨趋势明朗后再加仓，这样做进可攻，退可守，可以始终把操作的主动权掌握在自己手中）。

杨老师说：上节课我们讲了为什么沪深股市中上市公司的财务报表是世界上最难懂的财务报表。其实，还有另外一个主要原因，这是比政府补贴更为棘手的问题，这个问题很厉害，如投资者稍有不慎，就会上当受骗，吃足苦头。

请问：你知道这个棘手的问题是什么吗？如果你碰到这样的问题应该怎么对付？

这个更为棘手的问题就是财务造假。在沪深股市中财务造假的现象并不少见。比如，10多年前，有一家蓝田股份（现已退市），财务报表反映其业绩非常优秀，很多人见其财务报表十分亮丽，纷纷对它进行投资，但买进后股价就没有什么好的表现。后来才得知，这是一家亏损累累的破烂公司，它是被一些居心叵测者用杜撰的利润，把它包装成绩优股的。很多投资者不知内情，翻阅公司的财务报表，以为它是一匹中长线黑马，买进后就长时间悟着不抛，最后把本钱都输光了。

又比如银广夏（现名*ST广夏，000557），这家上市公司财务造假更令人瞠目结舌。数年前，它凭空捏造了一个生物萃取技术，把无说成有，并把这个所谓的萃取技术吹得天花乱坠，说它会带来多少丰厚利润，不仅如此，它连续几年在财务报表上虚构了很大一笔利润，致使它的业绩看上去非常优秀。当时很多媒体、专家学者与股评家，把它吹捧成中国第一绩优股，号召大家对它进行长期投资。这个骗局一直维持了好几年，最后被一个记者发现。在真相公布后，该股马上出现高台跳水，连续跌停，结果使当时看好它进行长线投资的股民，输得惨不忍睹。

尽管蓝田的神话破灭，银广夏的牛皮吹破，但很少有人感到，沪深A股市场生病了。直到后来当造假上市的绿大地（现名

*ST大地，002200）被揪出时，很多投资者才发现，沪深股市确实病了。财务造假现象前赴后继，致使沪深股市病得还真是不轻。

2011年12月，市场关注已久的绿大地造假案终于迎来判决结果。法院认定，绿大地的招股说明书中"编造重大虚假内容，发行股票，数额巨大"，"构成欺诈发行股票罪"。但绿大地因为欺诈发行股票罪获得的判罚仅为400万元（编者按：400万元处罚，与它骗取几亿元造假上市，这样的处罚实在是太轻了）。

事实上，绿大地的造假情节可谓十分严重。从时间上看，造假行为从公司上市前就已存在。2004年至2007年，公司便采用伪造合同、发票、工商登记资料等手段，虚构交易业务、虚增资产、虚增收入。其中，2004年至2007年6月累计收入为2.26亿元，虚增收入2.96亿元。2007年，其披露的首次发行招股说明书中也存在编造重大虚假内容的情况。

带着这样的虚假业绩，绿大地竟然顺利通过层层审核登陆资本市场，并最终以16.49元/股的发行价，近30倍的摊薄市盈率发行，共募集资金3.46亿元。

上市之后，绿大地的财务数据依然出现多处造假内容。该公司2008年财务会计报告披露资产总计9.67亿元，虚增资产为1.63亿元，披露营业收入3.42亿元，虚增收入为8564.7万元；2009年财务会计报告披露资产总额为9.83亿元，虚增土地使用权价值1.04亿元，披露营业收入4.39亿元，虚增收入6856.1万元。

2010年12月23日，绿大地控股股东何学葵的股份遭公安机关依法冻结；几天后，于12月30日，绿大地公告称公司因涉嫌违规披露、不披露重要信息正接受调查。随后，公司董事长何学葵、财务总监李鹏被依法批捕，这一造假案才显露出来。

与其造假情况的严重性相比，绿大地的处罚结果可谓"过轻"。上述判决结果也遭到新华社发文痛批，称"昆明官渡区法院的判决不仅没有'杀一儆百，以绝后患'，反而是'蜻蜓点水般匆匆掠过'，不声不响地给予当事人不痛不痒的处罚，这无异于在鼓励造假。"

正是由于违规之后受到的处罚过轻，沪深股市中的造假现象可谓"前赴后继"。据我们粗略统计发现，除去投资者熟知的蓝田造假案、银广夏造假案、绿大地造假案之外，紫鑫药业、安妮股份等公司都曾因造假被中国证监会稽查或者查处，但处罚力度都很轻（只罚几十万元，起不到什么警戒作用）。

如果把股市比作一个人的肌体，这些造假现象则是侵入肌体的病毒，而监管就好比这个肌体的免疫系统。只有让免疫系统正常发挥作用，才能有效清除病毒，保证肌体的健康。而一旦这个免疫系统失效，就好比健康防线失守，只能任病毒横行。股市也是一样，有效的监管才能令投资者安心。但回首沪深股市的监管现状，与国外成熟股市的监管案例相比，国内监管层对已经出现的造假、内幕交易等多种违规行为的处罚似乎显得微不足道。由于没有为市场构建一个正确的价值理念并进行引导，监管层的监管不力，往往也让参与者颇感失望。

面对这样的状况怎么办呢？当然，我们相信监管层会总结经验，对造假者处罚会严厉起来，就像海外成熟市场一样，重罚致其破产，当事人将被判重刑[注]，致使以后不敢再造假，从而能

【注】 与沪深股市通常过轻的处罚不同，在海外资本市场上，上市公司如果出现造假行为将受到非常重的处罚，而因为造假被查处最终导致公司破产的案例也非常多。其中影响最大的莫过于安然事件。

安然公司成立于1985年，在短短十几年的时间里，从一家普通天然气经销商发展成为全球最大的天然气采购商及世界领先的能源批发做市商。也正是在这短短十几年的时间里，其销售收入从59亿美元上升到1008亿美元，净利润从2.02亿美元上升到9.79亿美元。

然而，这样一家看似发展迅猛的公司却最终败于财务造假。2001年11月，安然向美国证监会递交文件，承认做了假账，从1997年到2001年间虚报利润5.86亿元美元，并且未将巨额债务入账。

2006年，经法院判决，安然公司前首席执行官杰弗瑞·斯基林被判处24年零4个月监禁。其他涉案人员也相继获罚。（未完，见下页）

减少并进而能杜绝造假现象的发生，但这个过程需要等上很长时间，或许要再等上几年、十几年，甚至几十年都有可能。这个时间我们这一代股民是等不起的。目前我们只能面对沪深股市的现实，正视这样的财务造假现象，并采取必要的自我保护措施，严加防范，免受上市公司造假的伤害。其方法是：

① **平时选股，尤其是重仓一个股票，都不能以上市公司的公告、财务报表提供的信息、数据作为考量其基本面的唯一依据，必须要找到能佐证这些信息、数据的相关证据。**比如，有一家家电上市公司在其公告、财务报表中说它今年家电销售如何如何地好，获得了多少利润，那你就到一些销售家电的地方实地考察一下这家公司的销售情况究竟怎样；又如，一家水泥上市公司说它今年主营业务大增，那你就不妨钻进他们的厂里，与工人、干部聊聊，看看生产情况到底行不行，或者到厂门外，仔细观察进出厂里的运输车辆是增加了还是减少了。此外，还可以发挥网络优势，从各种渠道查阅它们的生产情况、销售信息，等等。总之，只要做有心人，总有办法可以核查到上市公司的公告与财务数据的真实情况。

② **用股价的实际走势来检验上市公司的财务报表的真伪。**如果一家上市公司财务报表的数据确实非常好，那么，其股价走势一定会作出正面反映。假如其股价走势与财务报表的优秀数据背道而驰，就需要提高警惕。此时，投资者就应该根据股价的实际走势来操作，该卖出就卖出，该止损就止损，而千万不要被财务报表的优秀数据所迷惑。这里讲一个真实故事。几年前银广夏造

（接上页"注"）资料显示，在安然公司造假案之后，原美国第二大长途电话公司——世通公司也陷入少计成本、滥用准备金等造假漩涡。最终，世通公司前首席执行官伯纳德·埃贝斯所犯证券欺诈、共谋等9项指控全部成立，被判处25年监禁。

值得一提的是，安然事件也促使美国通过了《萨班斯-奥克斯利法案》。该法案通过提高公司信息披露的准确性和可靠性增强公司责任，对上市公司会计和审计的不当行为规定了更加严励的处罚，以便更好地保护投资者的利益。

假案未揭露前，笔者有一位朋友手里拿着一大堆银广夏股票。在一次朋友聚会时，有人提醒他，银广夏报表如此亮丽，但近期走势却十分疲弱，均线有向下弯头迹象，要他当心。这位朋友回去认真想了想，觉得大家的提醒有一定道理，于是马上卖出一半筹码，以防万一。就在他卖出后的第三天，银广夏造假案被揭露。媒体将此消息公布后，股价出现了连续10几个跌停，他剩下的一半筹码根本就没有出逃的机会（短短一个多月，该股就从30多元跌到5元多），其损失非常大。后来在朋友再次聚会时，他十分感慨地说，谢谢大家，幸亏你们提醒了我，在银广夏高台跳水前卖出一半筹码，否则，我真的要破产了。

可见，虽然我们在选股、捕捉黑马时，一定要看财务报表，了解上市公司的基本面，这个工作是必须做的。但是我们又不能不加分析地去相信、接受上市公司财务报表中的一些数据，而是要认真地加以研究，多问几个为什么，辨别其真伪。**当我们发现财务报表的数据有疑问时，宁可把问题想得严重些**（比如，可及时抛空离场），**而不要对疑问姑息迁就**（比如，不再继续持股观望），**否则最终吃苦头的是自己。这样的惨痛教训在股市里屡屡发生，我们一定要引以为戒。**

2011年4月，上证指数从3000点掉头下行时，一位高手将手中的股票基本上都卖了，而唯独留下了贵州茅台这个股票。到2011年末，上证指数从3067点最低跌到2134点，指数跌了21.68%，但很多股票下跌了30%、40%，高的超过了50%。持股者几乎都是输家，但这位高手持有的贵州茅台不仅没有输，还比年初多赚了50%（编者按：按复权价计算，该股在2011年实际涨幅为16.86%。因为高手对该股采取波段操作，所以，其实际收益要高于该股的全年涨幅）。

有人问这位高手，既然你在2011年4月就不看好后市，把其他股票都卖掉，但为什么要留下贵州茅台这个股票呢？当时难道你没有考虑到大盘下跌，出现系统性风险，该股也会跟着一起下跌吗？如果你认为该股能独善其身，走出与大盘不一样的独立行情，那么理由是什么？

高手听后笑着回答说，按理说当我发现大势不好时，是应该把所有的股票都卖掉。俗话说："倾巢之下，岂有完卵。"这个道理我心里很明白，再说2008年大盘暴跌时，贵州茅台也一起跟着大跌，此事我记忆犹新。一开始我也想把贵州茅台卖掉。但当时有一件事深深地打动了我，所以我才作出了继续保留贵州茅台的选择。现在回过头来看，事实证明我当时的选择是对的，对此我感到很欣慰。

请问：是什么样的一件事深深地打动了这位高手，从而让他作出在大盘出现连续下跌的情况下继续保留贵州茅台这个选择的？另外，从这件事上我们能得到什么有益的启示？

据了解，高手说的这件事就是当年贵州茅台对53度飞天茅台酒提价的事。2011年1月，贵州茅台将53度飞天茅台酒的出厂价由每瓶499元上

调到619元。这个消息公布后，高手意识到一个重大的投资机会出现了，以贵州茅台为代表的高端酒礼品市场进入了快速发展的阶段。

为了全面了解高手的选股思路，笔者专门采访了这位高手。下面的内容，是笔者根据高手的谈话记录整理的。

高手说：高端酒作为礼品，由来已久，但过去还没有形成一个有规模的市场。这两年随着我国国力迅速提升与富裕人群的快速增加，高端酒作为礼品销售已不是什么小打小闹的情况，而是形成一个庞大的"酒旺人旺"的高档酒礼品市场。

高手发现，现在市场中的茅台酒不仅仅是为了满足一些人口福的酒饮料了，它的作用已超出人们品尝的范围。现在社会上，以酒为礼已成为一种特有文化。社会上广为流传的俗语"茅台不开，贵宾不来"，也证实了好酒在如今社会上"办事"的重要性。高手还了解到一些早期的茅台酒已逐渐演变成收藏品，一瓶酒竟然拍出百万元的高价，这个价格让很多人瞠目结舌。

有人问：茅台酒这么贵谁能买得起啊？高手解释说，这个问题现在还不用担心。高手分析："造成高端白酒价格不断上涨的原因是第三方支付的问题，不管是公款消费还是人情消费，都可以归为第三方支付。说简单点，就是喝的不买、买的不喝，所以尽管涨价，也不会影响其销售。"现在市场上高档白酒已经变成了一种身份的象征，越贵越彰显其身份与地位。

市场统计结果表明，购买高端酒的人多数主要用于宴请、送礼等人情消费，价格越高越能象征身份，所以尽管白酒价格多次上涨，却并未打消消费者的购买热情。据悉，有一家生产高端酒的厂家曾在2010年年底的一次涨价中抛出"身份说"，称其涨价是"为了满足消费者身份需求"，这部分消费群体不关心价格，但对于"身份"却有刚性需求。

高手继续说：现在是2011年年末，离春节还有两个月，但已经有不少消费者在抢购高端白酒了。为什么要抢购呢？因为2011

年高档白酒涨得太快了，早一点买，他们感到踏实。高手说，他碰到一位经营着一家小企业的老板，由于每年春节都要给客户送礼，白酒是必不可少的，为了防止白酒再次提价，他不得不提前买了多箱酒备用。尽管一下子花了十几万元，但这位小老板仍觉得自己"很可能捡了个大便宜"。

高手告诉笔者，2011年年末，他趁股市低靡走访了几家售卖烟酒的连锁门店后发现，一瓶53度飞天茅台酒的价格没有低于1950元的，有的商家已卖到2000元以上。一位销售人员向他介绍，2011年白酒价格变动的次数自己都数不过来了。据了解，2011年这一年，白酒已经迎来第N波涨价潮，其中，涨价的白酒都属于"高端白酒"。无奈的消费者戏言道：不会涨价的白酒，不是好白酒。

高手讲了一件事。他说，一瓶500毫升的53度飞天茅台酒，从最初的二三百元涨到2011年初的1000元，花了9年时间，而从2011年初1000元涨到如今的2000元以上，仅花了10个月时间。可见，2011年高档白酒涨得多么厉害。茅台酒势如破竹，掷地有声的涨价潮发生在2011年年初，针对这种情况，高手觉得贵州茅台在2011年一定有戏，虽然大盘走势不好，但市场中一些实力机构对贵州茅台不会无动于衷，正像市场上有很多消费者在抢购高档茅台酒一样，股市中的贵州茅台股票，在2011年风行高档白酒为礼品的旺销势头下，也一定会受到市场主力、机构投资者的青睐。正因为如此，高手在2011年大盘连续下跌的情况下，仍然看多做多贵州茅台。这个股票最后也没有让高手失望，2011年大盘全年跌了20%多，但2011年贵州茅台的股价反而涨了近20%。

高手还告诉笔者：他操作时是比较谨慎的，这主要表现在以下3个方面：第一，他认为尽管自己在2011年初就判断当年贵州茅台股票一定有戏，但大盘走势实在太差，所以他持有的贵州茅台只占到他总资金的1/3。第二，虽然贵州茅台基本面表现很好，但因大势疲弱，其股价多少会受到大盘的影响，2011年该股的走势，很可能会出现整体涨幅有限，上有压力，下有支撑的震荡格局。因此，他对该股采取波段操作，逢高卖出，逢低买入。第三，商品的价格随着市场的需求在波动，因此要随时注意它们的变化。高手说，现在因为53度飞天茅台酒价格一路高涨，所以他才会对贵州茅台看多做多。如果什么时候发现市场中53度茅台酒的价格出现滞涨，那就另当别论了，尤其是它的价格出现下滑时，必须马上退出。为了及时掌握53度茅台酒的市场价格，他每周都要到市场中进行调研，这已经成为高手投资中必须做的一门功课。

通过上面的介绍，对高手为什么在弱市时持有贵州茅台，以及他的选股思路、操作方法，想必大家已有所了解。

那么，从这个实例中，我们能得到哪些有益的启示呢？

启示一：虽然在大盘趋势向下时，应该顺势看空做空，但并不是说对所有的股票都不能看多做多了（编者按：这仅仅是针对熊市初期、中期而言的。但要注意的是，熊市到了最后阶段，强势股会出现补跌，此时对所有股票都不能看多做多。除了这个时间段之外，熊市的其他时间段对有潜力、有大资金关注的个股，在其处于低位时，可对它们谨慎看多做多）。

启示二：在弱市中也存在着投资机会，但这个机会是留给艺高胆大的投资者的。弱市选股显示出真功夫。在弱市中选好股非常不容易。当事人如果没有好的眼力与对市场的深刻洞察能力，即使股市中有投资机会出现，他也看不见，更不用说如何来把握这个投资机会了。

启示三：弱市选股要选准选好。既要学会仔细观察（条件许可时，还要到现场进行实地考察），更要对所选的对象进行严密的逻辑推理分析。如果逻辑上解释不通，宁可放弃，只有在逻辑推理上得到验证，才能把它作为一个候选对象。

启示四：弱市选股不宜重仓。即使感到很有把握，至多也只能持有1/3仓位，日后万一情况出乎自己的预料，或者事态突然出现恶化，因仓位较轻，也可以从容应对。

启示五：弱市选好股后，还要从技术上选好买点与卖点。高手的经验告诉我们，弱市做股票，即使抓到一个好股票，期望值也不要太高。要学会波段操作，高出低进（可从技术上寻找到适当的卖点与买点），在一定范围内实行高抛低吸，只有这样，才能有效地降低持股成本，增加投资回报。

启示六：实地调研不能毕其功于一役，而要做到经常化、制度化，唯有如此，投资才能立于不败之地。我们发现，有的投资者也在搞市场调研，但成效不大。其中一个重要原因，就是实地调研没有做到经常化、制度化。这些投资者往往是到市场中调查一二次就认为万事大吉了。其实，商品的价格在市场中变化很大，今天你看到某商品是这个价格，但过几天再去看，可能发现该商品又会变成另外一个价格，所以要经常去实地调研，这样才能及时掌握商品价格变化的信息。比如，53度茅台酒的价格，在2011年因市场供不应求，出现一路向上的态势，而到了2012年下半年因塑化剂风波与公务消费严禁饮用高档白酒的规定出台，市场需求大幅萎缩，该酒的价格出现大幅下滑的态势。从投资原则上来说，当53度飞天茅台酒的价格出现一路上涨情况时，对贵州茅台看多做多的理由是充足的，而当53度飞天茅台酒的价格出现一路下滑情况时，就不能对贵州茅台看多做多，而应该暂时退出。据了解，高手的实地调研因为做到了经常化、制度化，他在2012年下半年第一时间获悉53度飞天茅台酒的价格出现下滑的信息，及时处理掉手中的贵州茅台，从而让他躲过了2012年末的酒类股大跌。高手实地调研经常化、制度化的经验值得大家借鉴。

启示七：在选股训练中，可通过模拟弱市选股来检验自己的选股能力。如若发现自己在这方面有什么不足，应做一些有针对性的练习。练则通，通则赢，练习做多了，自己的选股能力就会得到提升，在日后实战时就能派上大用场。

【编后说明】设计这道题的目的，并不是提倡大家在股市形成下跌趋势后去选股或持有股票，这样风险很大。我们的目的是要让大家看看高手是如何选股的。众知周知，在平时选好一个股票就不容易，更何况要在弱市中选好一个能远远跑赢大势的股票那就更不容易，但这位高手做到了。那么，我们就要思考一个问题，高手为什么能做到？他究竟是通过什么途径做到的？如果我们把高手在弱市中选股本领都弄懂弄明白了，今后对自己选股就会带来很大帮助，有道是"最难做的事都学会了，容易做的事就可以驾轻就熟了"。当然，也许有人会不服气——高手在弱市中能选好股，我为什么不能？我们认为，有这样的志气很好，我们支持你。但同时我们也要提醒你：一定要记住弱市中选股不是闹着玩的，要特别谨慎，不打无准备之仗。操作时，我们建议你，先用少量资金（比如用10%~20%的资金）进行试探性加入，待获得经验后再增加仓位。另外不要忘了，如你在这方面取得什么经验，请与我们联系。我们将把你的经验转告给其他读者，与你一起分享成功的喜悦。

捕捉黑马
特别训练
40

在一次捕捉黑马的研讨会上，一位近年来捕捉黑马屡获成功的高手谈了他的操作体会。他认为，捕捉黑马不光要研究成功的案例，更应该研究一些失败的案例，其中，最值得投资者进行研究、深思的是沪深股市中赫赫有名的中国石油（601857）。因为这个股票的案例非常典型，它留给大家有太多的经验与教训。投资者只有记住这些经验与教训，才能抵御捕捉黑马过程中的种种风险与陷阱。

中国石油这个股票大家都很熟悉，其股价走势实在让人寒心。2007年11月5日，中国石油A股[注]在沪市上市后，股价从48.62元一路下跌，到2012年年末，股价最低跌至8.44元，跌幅超过80%。

请问：中石油A股究竟给投资者留下了什么教训与经验？这些教训与经验对实战有什么指导意义？

嗨！做这个练习很有意思，这是对投资者分析能力的一次挑战。中石油A股坑害股民世人皆知，但真要说出其中的一些经验教训并非易事。这次我要好好地考考自己，看看能不能说出一个A、B、C来（说出的经验与教训越多越好，但不要先看下面的答案）。

解答

这位高手是杨老师的好朋友。杨老师在圈子里一直被同行视为破解难题的专家。现在她将高手的发言与同学们讨论的内容进行了综合与提炼，利用元旦长假写了一篇内容很丰富的总结。经传阅后，大家感到这篇总结观点鲜明、论据充

【注】 中国石油，早年已有一部分股票在香港上市，人们把它称为中石油H股，现在沪市主板市场上市的中国石油股票，人们把它称为中石油A股。

分、说理透彻，对大家启发很大。该文获得了全班学员与《股市操练大全》主编黎航老师的高度赞扬。现将杨老师的书面总结发言刊载如下，以飨读者。

中石油A股给投资者带来的深刻教训与若干经验探秘

股市上流传一首民谣："问君能有几多愁，恰以满仓中石油。"这首民谣是国内A股市场广大股民对中石油最伤心的回忆。

记得当年中石油A股以大绩优股和大蓝筹股成为沪深股市第一权重股，但并没有担负起定海神针的重任，反而成为沪深股市中砸盘的第一元凶，从亚洲最赚钱公司到最圈钱的公司，带给投资者的是"世纪之套"。

高手说，中石油A股这个案例非常典型，它留给我们太多的教训与经验，认真总结这些教训与经验，对日后做好股票，捕捉黑马都有十分重要的指导意义。

教训与经验之一：在股市中，凡被大众认可的黑马，日后非但不能成为黑马，而且很可能就是一个巨大的陷阱。 中石油A股登陆沪深股市前夕，已被市场公认为是一匹大黑马了。其理由是：它是"亚洲最赚钱的公司"。很多人就是冲着这条理由，期望它上市后能成为赚大钱的黑马，而不顾一切地冲进去的。当然，这样冲进去代价很大，后果非常严重。其实这些投资者在冲进去的一瞬间，已经犯下两个大错误。

第一个错误是：这些投资者忘了一个道理，被市场公认的黑马是不可能成为黑马的。所谓黑马，是指一开始不被大家注意，尔后突然异军突起，表现出色，远远跑赢大市的股票。换一句话说，黑马应该是在它有出色表现之前，隐藏在某一个角落，被市场冷落，被大多数人遗忘的股票。试想，中石油A股尚未上市，市场上已公认它为黑马了，这有可能吗？再则，如果当时中石油A股真是黑马，那么，手中握有中石油A股的人，他愿意把这匹能赚大钱的黑马，"舍己为人"，低价卖给别人吗？等他愿意卖

464

出时，股价是不是已经高不可攀，快要见顶了呢？说白了，一个股票之所以能成为黑马，是因为大多数人并不知道它是黑马，看淡其后市的人很多，所以当有人愿意买的时候，更有人愿意卖，股价每上升一个台阶，多空博杀都会十分激烈。当时只有操盘主力与极少数股市高手，以及知道其内情的人，才敢对它积极看多做多。也可以说，黑马就是在大多数人不知其内情，多空争斗异常激烈的情况下诞生的。假如一开始就有哪一个股票被市场公认为黑马，这场游戏就无法进行下去了。再说，凡是散户看好的股票，大资金是不会对它看多做多的。若没有大资金的积极参与，又有哪一个股票能成为黑马呢？

第二个错误是：这些投资者忽视了一条股市规律，即股市是少数人赚钱多数人亏钱的市场。其实，炒股是一场零和游戏，在股市里无人亏钱就不会有人赚钱，股市永远不可能成为所有参与者共赢的市场。股市里多空博杀的结果，就是"一赚二平七亏"。试想，当时中石油A股在上市时，如果人人都知道它是黑马，买进是能赚大钱的，那么，谁在这个股票上亏钱呢？这个答案是不言而喻的，只要仔细想一想，就能想明白其中的道理。

教训与经验之二：巴菲特有一句名言："别人贪婪时我要恐惧，别人恐惧时我要贪婪。"投资者若忘记巴菲特这句名言，最后一定会吃足苦头。2007年11月，中石油A股上市之前，市场上很多投资者对它的贪婪之心，已表现得非常明显。比如，当时有的投资者一听说中石油是亚洲最赚钱的公司，在中石油A股上市后，就把手中的股票卖了，都换成了中石油A股；有的投资者把结婚的钱、买房子的钱都拿来买进中石油A股；更有甚者，有的投资者用自有资金购买中石油A股还不满足，另外向银行、向亲朋好友借了一大笔钱，重仓买进中石油A股，寄希望发一笔大财。

正因为当时有太多的投资者，在中石油A股上市时对其后市非常看好，表现出一种人性的特别贪婪，所以，在大家疯抢这个股票的情况下，该股上市第一天集合竞价才会开出48.60元的高价

（这几乎是当天的最高价），尔后，该股当天就演绎了一轮高台跳水的走势。

要知道，股市是很现实，又很残酷的。在股市里，凡是贪婪都要付出代价，创造财富与毁灭财富往往就在转念之间。2007年11月5日，中石油A股上市交易。这一天，对众多新进的投资者而言，一场噩梦已经开始，紧靠开盘价的48.62元成为中石油A股，可能是未来10年、20年，甚至更长一段时间的历史最高价。

据了解，当天，中石油A股成交近700亿元，高价接盘者主要是广大散户。大智慧数据显示，上市当日，个人投资者持有中国石油流通A股的76.2%。以后的事实证明，这些所有接盘中石油A股的资金都被一网打尽，变成了一支庞大的套牢大军。

另据有关资料统计，2007年上市的中石油A股当年年报中合计股东总户数为188.4万户，但在2012年一季报中，股东户数已跌至107.95万户，4年时间股东户数减少超过80万户。也就是说，4年多的时间超过80万投资者从中石油割肉"出逃"。但迄今为止，仍然有上百万股民持有中石油A股的股票，他们内心又在经历着怎样的煎熬呢？

现在我们若以中石油A股上市头两日高达60%以上的换手率估算，目前有近50%的投资者套牢在40元上方。按中石油A股上市后这5年来的平均分红水平核算，在上市首日以天价48元买入中石油A股的投资者要想解套，需要等上160年左右。人生度过百年者已寥若晨星，如此长的时间，谁能等得起呢？怪不得有识之士把投资者在中石油A股上的吃套，称之为"世纪之套"。

教训与经验之三：媒体大肆报道与追捧的个股最不可信。有人很相信媒体的报道，认为媒体上报道的事情不会错。但是，从做股票的角度上来说，媒体报道与推荐的股票陷阱很多，往往是被报道、被追捧得越厉害的股票，里面的问题就可能越多，这种情况已为股市中无数事实所证实。那么，这是为什么呢？这倒不是说媒体在有意造假（当然，也有故意造假的，比如当年一些媒体对银广夏的虚假报道），而是因为报道的事迹，都是以前的成绩，属于"过去式"，而炒股，捕捉黑马要的恰恰不是过去式，要的是"现在式"、"将来式"。很多人在这个问题上没有想明白，所以上当了。

据了解，当时中石油A股计划发行40亿股，发行价为16.70元，发行市盈率为22.44倍，网下认购倍数高达47.87倍，募集资金668亿元，超募资金高达290.3亿元。2005年和2006年，中石油公司连续获得"亚洲最赚钱的公司"的美誉。另外，因为巴菲特在香港股市投资中石油H股，使人产生联想——既然连股神都看好中石油，那么，我们也应该看好这个股票。中石油A股上市前夕，各大证券、媒体、网站都在连篇累牍报道、赞美中石油的发展前景有多么美好，声称中石油的投资价值如何如何。正是在媒体、网站的煽情动员下，才有数百万投资者在中石油A股上市之初蜂拥而入。有人估计，若不是媒体、网站的"帮忙"，中石油A股上市当日，中小散户买进的人数至少要减掉一半以上。可见，媒体作用之大。

教训与经验之四：主力为了达到其不可告人的目的，往往会利用"项庄舞剑，意在沛公"、"对赌"的方法设局，投资者对此要有高度警惕性。 2007年下半年，为了迎接中石油A股这个超级大盘股"胜利"上市，主力作了精心策划。

首先，他们玩弄了"项庄舞剑，意在沛公"的权术，即让一些在中石油A股前面上市的大盘股在短时间内创造出财富神话，为日后中石油A股这个超级大盘股上市高开，套住大批跟风投资者作好铺垫。比如，2007年6月下旬，中国远洋上市首日大涨93%，此后再连续多日涨停；2007年10月上旬，中国神华上市，以68元开盘，随后就连续拉出三个涨停板。正是在这些大盘股上市后高开高走，快速致富的示范效应下，广大投资者对看起来更加光鲜耀眼的超级大盘股中石油A股翘首以待。殊不知，主力在中石油A股上市前已作了精心策划，准备把购买中石油A股的投资者当成羔羊进行任意宰杀。面对这个巨大的阴谋，很多投资者却麻木不仁，一无所知，致使主力的阴谋能够顺利得逞。在这场主力与中小投资者的角斗中，中小投资者彻底地沦为羔羊，而主力与一些炒家则成了大口吃肉的赢家。据了解，有些机构利用巨额资金通过网上申购、配售到中石油A股大量新股，然后，在中石油A股上市当日，股价高开之时一抛了之。这一来一去，这些机构就在这个新股上净赚了几亿，甚至十几亿的利润。而主力当时获得的这些巨额利润，就是在中石油A股上市后，由一些盲目跟进的中小投资者"贡献"的。

其次，主力为了抬高当时中石油A股新股的发行价与上市首日的开盘价，在市场上又玩弄了"对赌"的把戏，以此来蒙骗不明真相的投资者。当时中石油A股是由刚刚获得沪深股市A股牌照的瑞银证券与中金、中信联合承销的第一个大单。一开始瑞银旗下的资产管理公司在香港市场纷纷增持中石油H股，试图间接抬高中石油A股定价（编者按：据知情人反映，瑞银证券的保荐人丁某某和李某某，在接到中石油A股承销的项目后一直以"变脸王"著称。有同行评价他们："瑞银的胆子大，只要能赚钱，就敢做技术处理"）。更明显的是，当时瑞银证券分析师到处与人打赌，预测中石油A股上市将达到65元，否则，他们就穿着内裤绕香港内环跑一圈。至今，瑞银证券没有兑现这个诺言。其实，明眼人早就看出这是一个骗局，他们怎么会去兑现这个诺言呢？当然，瑞银证券当时抛出这样的对赌骗局，有一石两鸟之用。一来他们可以借此多拿到一些保荐承销费，二来是为了通过对赌来迎合一些市场主力机构的需要，蓄意将中石油A股上市的开盘价大幅提高，让主力手中的筹码可以卖上一个好价钱，这样今后就有更多的机构会找他们合作。

但市场却为此付出了巨大的代价。某知情人坦言，中石油A股上市后，股价从48.62元一路下跌到2012年末的8.44元。瑞银证券为了仅仅1个亿的保荐承销费，结果让1000多亿的资金因深套在中石油A股上被蒸发掉了。瑞银证券这样做，实在是太对不起被深套的广大投资者了。有人直言不讳地说，他们的心够狠的。

教训与经验之五：当主力用偷换概念的方式歪曲事实真相时，我们必须拿起逻辑分析的武器来揭穿他们的阴谋，这样才能免受其害。

所谓偷换概念，是指用欺骗的手法，暗中改变事物的内容或事情的性质，硬把不同的事物混淆成为同一事物。比如，鹿与马虽然都是有四只脚的动物，但它们却是不同性质的动物，而偷换概念者就会把鹿说成是马。我国秦朝时就出现过"指鹿为马"的故事，这可以说是能查到的最早偷换概念的案例。在沪深股市，指鹿为马的事情可谓司空见惯，普通投资者一不小心就会落入主力的圈套。

现在我们仍然以当时的中石油A股为例，看看一些别有用心的造事者是如何玩弄偷换概念的骗术的。中石油A股上市前夕，造事者极力吹捧中石油，抬高其发行价与上市开盘价的理由有两条。第一条理由是，中石油是亚洲最赚钱的公司；第二条理由是，巴菲特也投资了中石油股票。其实，经过仔细推敲后就会发现，这两条理由都是在偷换概念，是站不住脚的，一推敲马上就会露出破绽。

我们先来分析造事者的第一条理由：因为"中石油是亚洲最赚钱的公司"，所以我们看好中石油A股的前景。如果这条理由成立，那么，接下来就会出现很多问题。如：

①"中石油是亚洲最赚钱的公司"，是指它的过去，还是说它现在与将来呢？如果不能保证中石油将来也是最赚钱的公司，那么，投资者为什么要出高价去购买中石油A股呢？

②"中石油是亚洲最赚钱的公司"，是指它总的利润，还是指它每股收益。股市里最看重的是每股收益。若以每股收益排名，中石油在股市里并不突出，至少要排在二三十名之后，怎么能说它就是亚洲最赚钱的公司呢？

③ 即使中石油是亚洲最赚钱的公司。若大股东是"铁公鸡"，只知道向股东索取，从来不知道要向股东回报，那么上市公司钱赚得再多，与投资者又有何关系呢？在沪深股市里，一些利润很高，但对股东十分吝啬的上市公司为数不少。中石油将来是否也会步它们的后尘呢？

④ 投资者进股市，看中某个股票，主要不是看中它的现金分红，而是看重它的成长性。而具有高度成长性的股票，大多是中小盘股。因为中小盘股一旦高成长，利润丰厚，家底厚实，就会实施大比例送股分红，且送股分红后，每股收益不减，继续高成长。因此这些股票送股后会不断填权，迭创新高，给持股者带来超额回报，这才是投资者最希望看到的。但是，像中石油A股这样一个超级大盘股，它还能送股吗？若不能送股，光凭它的一点点现金分红，它的价值几何？合理的股价应该是多少？若它的现金分红比例比同期的银行利率还要低，那么投资者为什么要出大价钱购买中石油A股呢？

⑤ 当时中石油A股的投资价值已被大大高估，同时，因其盘子太大，股性呆滞，投机价值也几乎荡然无存。大资金是不会青睐一个投资价值被高估，同时又无投机价值的超级大盘股的，更不会花重金，在高位炒作中石油A股。如果大资金在中石油A股上市后，不对它积极看多做多，那么，中石油A股上市后的股价只能向下走。此时，中石油A股顶着"亚洲最赚钱的公司"的桂冠，除了蒙人，诱骗投资者进来吃套，它还有其他什么作用吗？

通过上面的仔细推敲，连续设问，当时以"亚洲最赚钱的公司"来力挺中石油A股的这条理由就不存在了。而一些别有用心者，企图把"亚洲最赚钱的公司"与"最值得投资的股票"两个不同的概念混为一谈，以偷换概念的方式来蒙骗、忽悠投资者的阴谋也就跟着彻底破产了。

接下来，我们再来看造事者的第二条理由：因为巴菲特（在香港）也在投资中石油H股，所以我们看好中石油A股。这条理由看上去冠冕堂皇，理由很充分，似乎无懈可击。但其实它是最不值得一驳的。因为造事者在用严重歪曲事实真相的拙劣手法进行偷换概念，欺骗公众。我们只要把事实真相说出来，他们的阴谋马上就会破产。比如：

① 早几年，巴菲特确实在香港股市购买了大量中石油H股。但是，巴菲特在中石油A股上市前夕，已把中石油H股都卖掉了。这说明巴菲特当时已开始看空做空中石油股票了。面对这样一个基本事实，造事者却只字不提，反而睁着眼睛说瞎话。胡乱编一个故事，说什么"巴菲特也在投资中石油股票"，以此来忽悠国内A股市场的投资者，诱骗他们高价买进这个烫山芋，其用心是非常阴险毒辣的。

② 在中石油A股上市前夕，巴菲特因中石油H股的股价涨幅过大，认为其价值已被市场高估，所以这位股神坚决抛弃了它。在巴菲特看来，当时中石油H股的股价涨到14港元，就已经失去投资价值，投资者不应该再持有它。但令人奇怪的是，当时中石油A股的发行价却被定在16.70元，这个价格比巴菲特卖出中石油H股的价格要高出2元多（编者按：这里没有计算港币与人民币的汇率）。试问：权贵们把中石油A股发行价定得这么高，该股还有什么投资价值吗？它还值得大家持有吗？

③ 造事者在偷换概念时说，巴菲特长期投资中石油H股，最后获得了丰厚的投资回报。这话造事者说对了，但问题是，在巴菲特早年买进中石油H股时，当时它的股价只有1元多港币。巴菲特买进持股几年后，在股价涨至14元附近全部卖出，总的获利大约相当于300亿人民币。这样的投资回报自然非常丰厚，令人羡慕。不过，这种情况在国内A股市场是不可能出现的。因为当时（包括现在）国内A股市场没有1元多港币的中石油股票可以让投资者购买。若中小散户在中石油A股上市之初想买这个股票，并像巴菲特那样，对它进行长期投资，一般只能从二级市场去购买。但中石油A股上市后的开盘价是40多元，即使在中石油A股上

市一个月之后再购买它，股价也有30多元，显然这么高的价格已没有任何投资价值了。投资者若以40多元或30多元的价格买进中石油A股，对它进行长期投资，结果就是长期套牢，最终，这个套牢会让持股者输得分不清东西南北。

我在上面说的一些内容，没有作任何虚构，都是证据确凿的事实。这些事实，中石油的大股东、市场主力、摇旗呐喊的造事者都心知肚明，但他们当中没有一个敢把真相告诉公众。如果把真相告诉公众，它们的阴谋就完了。因为这些人的目的就是要玩弄一切手段，蓄意抬高中石油A股的发行价、上市价，然后再哄骗不明真相的投资者到高位来接盘，他们则可趁机溜之大吉。

可见，这些惯于玩弄偷换概念的主力、造事者居心叵测，除了坑害无辜、善良的国内A股市场的投资者，是不会干出什么好事的。普通投资者要想避开他们的忽悠，不让自己上当受骗，就要找到一种积极的应对办法。其中，最有效的方法之一，就是把他们在偷换概念时所列举的"理由"拿出来，"晒一晒"，看看里面究竟隐藏了多少假货、谎言。从哲学上说，假的总是假的，是经不起推敲的，一推敲就会看出他们相互之间矛盾百出，就会看出偷换概念的险恶用心，这样也就知道如何来躲开造事者设置的陷阱，使自己免受伤害。

教训与经验之六：把中石油A股这样的超级大盘股当作黑马来挖掘，是找错了方向。中石油A股上市之初，市场上很多投资者不惜用重金高价追进，目的就是想从中挖掘出一个金矿来，从而可以实现快速致富的梦想。

其实，当时这些对中石油A股抱着极大希望，在其上市之初用重金争购它的投资者，一开始就犯了一个方向性错误——寻找黑马，绝对不能选择超级大盘股。这是为什么呢？因为根据有关资料统计，沪深股市运行20多年来，无论是短线黑马，还是中长线黑马，绝大多数都是从中小盘股中产生的，其所占比例高达90%，另有10%黑马出自一些大盘股，而作为超级大盘股，至今没有出现过一匹黑马。

　　事情为什么会这样呢？这一切还要从黑马的本义说起。大家应该明白，一个股票要评上黑马，它是有严格标准的。其中一个最主要标准是：一个股票要成为一匹黑马，在一定时期内，其股价涨幅要远远跑赢大盘指数与其他个股。这个标准对超级大盘股来说，是很难实现的。现在我们来看中石油A股，它上市第一天的开盘价为48.60元。若按照黑马的标准，当时中石油A股的股价至少要在开盘价的基础上再涨上七成，才能勉强成为一匹黑马。按此计算，中石油A股若真的变成黑马，短时期内它的股价最少要炒到80元以上。不过，后来这个情况并没有发生，相反中石油A股上市后股价却出现一路向下的走势，这使很多人感到非常失望。

　　那么，为什么会出现这样的情况呢？其主要原因是，该股是沪深股市中的第一权重股。虽然它当时的流通盘仅为40亿股，但它的总股本却有1690多亿股。中石油A股上市时开盘价为48.60元，总市值一下子就膨胀到82134亿元（计算方法是，48.60元×1690亿股＝82134亿元），所以它的权重特别大。如果该股当时真的攀升到80元，该股总市值就会膨胀到135200亿元。这样一来，仅仅它一个股票，就要带动指数上涨1000多点，再加上在它的影响下，其他权重股，如中石化与一些大型银行股也会一起跟着上涨，那上证指数就要涨到一万点以上，整个大盘的平均市盈率就要超过100倍，股市泡沫就会放大到前所未有的程度。更可怕的是，CPI指数也会越走越高。如果出现这种情况，管理层会答应吗？很显然，答案应该是否定的。

　　据了解，2007年10月，当上证指数攀上5000点，整个股市平均市盈率达到50倍以上时，管理层就不断向市场发出警告，并采取停止新基金的审批与发行、"窗口指导"等措施，来抑制市场过度投机。可见，管理层绝对不会允许股市泡沫放大到无法控制的程度。因此，在中石油A股上市后，一些投资者期盼它成为一匹黑马，是一厢情愿，这样的事情是不可能发生的。主力了解管理层的政策意图，这也促使它们在中石油A股高价上市后，一直采取看空做空的策略，该股上市后出现一路下跌的走势就是其必然的选择了。

有人问我：中石油A股上市后，在开盘价基础上涨30%，然后再掉头向下，这种可能性有吗？如果真是这样，指数就不会涨得很高，管理层也不会出面干涉，中小投资者以开盘价买进，涨个30%再卖出，多少也能从这个"亚洲最赚钱的公司"中分得一杯羹。据说，当时有这样想法的人很多。我听了后回答说，这种可能性也是不存在的。说到底，这仅仅是一些投资者一厢情愿的想法，有这样想法的人是太不了解股票炒作的规律了。

综观沪深股市20多年的历史，你就会发现，股价炒作上升的动力主要来自主力。主力建仓完毕开始对股价拉升了，股价才可能涨上去，而散户只会跟风，他们是不可能也不需要去拉升股价的。但主力炒作一个股票是有前提的，他们只有估计到自己能从中赢利才愿意去做。对主力来说，炒作一个股票，从建仓算起，至少要有百分之六七十的上升空间，主力才能从高位顺利退出，并从中获利。若只有百分之三十的上升空间，主力即使能顺利退出，也无法从中获利[注]，所以对上升空间很小的股票，主力是没有兴趣的。否则，主力炒作这个股票就是为他人在做嫁衣裳。试问：这种让散户获利，而主力自己却套在里面的赔本买卖，又有哪一家大资金肯做呢？

从主力的立场想问题，你就会了解到，主力要炒作一个股票，把它培养成黑马是有条件的。其条件是所选的股票，基本要

【注】 主力炒作一个股票是需要成本的。据了解，当年某大资金炒作"亿安科技"，股价从5元多炒作至126元见顶回落，因其有操纵股价嫌疑，被管理部门查处。事后发现，虽然这个股票股价涨了20多倍，但这个大资金实际获利仅一倍多。这是怎么回事呢？原来主力炒作一个股票，从建仓洗盘到拉升都要消耗大量资金，成本是很高的。所以股价涨30%就出来，对个人来说能赢利，而对大资金来说就是一个亏本生意。

符合以下一些要求：**题材有亮点，概念有号召力，盘子要轻能拉得起，上升空间要足够大，在高位仍有跟风盘追进，主力可以顺利派发的股票。**按此条件筛选下来，绝大多数都是中小盘股。所以，在沪深股市中黑马多半出自中小盘股就不奇怪了。

超级大盘股，因为耗用资金量大，炒不动，上升空间有限，主力是不会把它们作为黑马的候选对象的。故而我们说，一些中小投资者把中石油A股当成黑马，在它上市之初抢着买进，梦想从这家"亚洲最赚钱的公司"盛宴中分上一杯羹，从一开始就犯了一个方向性错误。**此事再一次提醒我们，选黑马首先要从中小盘股票中去挖掘，大盘股，尤其是超级大盘股，是很难在它们中间找到什么黑马的。**在高位追进超级大盘股，付出的代价会非常沉重。这条历史经验一定要牢记不忘。

教训与经验之七：炒股要学会看大势，看大势要关注中石油A股这样的超级大盘股，倘若看不明白超级大盘股的走势，就会对股市趋势作出严重的误判。

为什么沪深股市自2007年10月见顶后，连续几年都一直深陷熊市泥潭呢？这个只要看看中石油A股上市后的走势就会明白其中的奥秘。中石油A股是沪深股市中的第一权重股。它的一举一动对其他权重股都会带来很大影响，打个不恰当的比方，它就是权重股中的"带头大哥"。有人发现，自从它上市后，权重股走势就一直很弱，几年来都没有什么好的表现。原因就是中石油A股这个"带头大哥"表现实在太差劲。它从48.60元开盘后，就一直呈现下跌趋势，几年跌下来，至今（截至2012年11月末）股价只跌得剩下一个零头，总的跌幅超过了80%。在它的影响下，这几年沪深股市中整个权重股板块也呈现一路下跌的趋势。大盘指数主要是由权重股板块决定的，权重股板块整体走势向上，大盘指数就跟着向上，权重股板块整体走势向下，大盘指数就跟着向下。这已经成为股市中的一个规律性现象。

所以，在一般情况下，投资者只要看到中石油A股还在继续下跌，就可以判断出大势不妙，此时就不宜做多，应坚持持币观望，主动规避熊市带来的巨大风险；反之，中石油A股哪一天走势反转向上，股价坚挺了，股市的春天就可能到了，此时你就可以对股市看多做多了。这是一个既简单又很实用的操作方法，效果很好。不妨你可以试试。

据说，有人把中石油A股列为沪深股市这几年连续走熊的头号凶手，这话对不对呢？这话虽然说得有些过份，但基本的事实是对的。因为自2007年11月中石油A股上市后，沪深股市就一直在看它的脸色行事。随着中石油A股上市后一路下跌，大盘指数也跟着跌跌不休。2008年10月，中石油A股跌至9.71元，出现了一轮反弹，沪深股市也随之出现了一轮恢复性上涨行情。但是，当中石油A股反弹至发行价附近掉头向下，重归跌势时，沪深股市从1664点上来的一轮恢复性上涨行情也跟着画上了句号。2009年8月，中石油A股再次走上漫漫的熊途，沪深股市这几年也跟着它一起走熊。

有人问：为什么中石油A股在国内A股市场上市后的几年里，总是充当做空中国股市的"带头大哥"的角色，而当年中石油H股在香港股市上市后的几年里，却一直担当做多香港股市的"带头大哥"的角色。同样一个股票在两个市场的表现，为什么有如此大的反差呢（见下页图267、图268）？这的确令人深思。

这其中的主要原因是：中石油大股东在发行股票时，对两个市场的投资者采取了完全不同的政策。2000年，中石油在香港股市发行股票时，面对的是全球投资者（编者按：因为香港股市是一个完全开放的市场，全球投资者都可以自由地买卖）。中石油的大股东充分发扬了"国际主义"精神，发行价压得很低，每股仅售1.27港元。而2007年，中石油在沪市A股市场发行股票时，中石油的大股东把国内A股市场的投资者当成冤大头进行宰杀，发行价抬得很高，每股为16.7元，比在香港股市发行的中石油股价暴涨了10多倍。另外，还有一个重要原因：香港股市监管

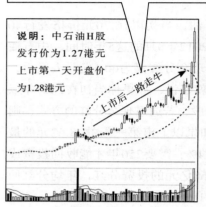

瞧！同样是中石油股票，在两地上市后的走势迥然不同。左图为中石油H股的月K线走势，它能走好是因为中石油H股在香港发行时，价格出奇的低，所以它上市后的几年里就一直在走上升通道。右图是中石油A股的月K线走势，它走得很坏，是因为中石油A股在内地发行时，价格出奇的高，再加上开盘时股价被一些别有用心者拉抬到令人吃惊的价格开盘，所以它上市后的几年里就一直在走下降通道

说明：中石油H股发行价为1.27港元上市第一天开盘价为1.28港元

上市后一路走牛

说明：中石油A股发行价为16.70元，上市第一天的开盘价为48.60元

上市后一路走熊

中国石油（HK0857）2000年10月~2007年10月的月K线走势图 图267

中国石油（601857）2007年11月~2012年7月的月K线走势图 图268

严厉，不容许在股票发行、上市时进行造势，所以，在香港股市上市的股票不存在人为的故意拉抬托市的现象。比如，中石油H股发行价为1.27港元，上市第一天的开盘价为1.28港元，仅比发行价高1分钱。而国内A股市场因监管不力，每到新股发行与上市时，都会有人出来造势。比如，中石油A股发行时有人通过媒体、网络编造一些中石油能为投资者带来巨大赢利的美好故事到处传播，并通过拉抬其他大盘股的股价为其托市，以此来蒙骗广大投资者，所以中石油A股上市的开盘价会开到48.60元的高价，这个价格比中石油H股的新股第一天开盘价高了37倍。

除此之外，中石油A股与中石油H股，不仅在发行价上出现如此大的差异，在上市公司给投资者的回报上两者之间也有着天壤之别。据了解，中石油当年在境外发行新股，共募集资金237

亿元人民币，但至2012年8月的12年间，境外持有中石油H股的投资者共获得568亿元人民币的现金分红。这也就是说，当初境外购买中石油H股的投资者，不算该股在二级市场上的差价，光中石油公司对他们的现金分红，也早就把认购中石油H股的投资成本收了回去。

但反观国内A股市场的中石油，当初以16.70元价格发行40亿股，上市募集668亿元。截至2012年8月的这5年时间，中石油公司向持有中石油A股的投资者现金分红仅为60.6亿元人民币，年均分红回报率为1.18%。这也就是说，如果你当初在2007年以16.70元的发行价认购了中石油A股，若通过现金分红的方式，则需要84年才能收回投资成本；如果以上市第一天的48.62元的最高价计算，平均分红回报率为0.4%，需要250年才能收回投资成本。而海外投资者12年获得了568亿元的投资分红，年均分红回报率为20%，是国内A股投资者的16.9倍。

可见，同样是中石油公司，由于掌控公司大权的大股东对境外投资者格外慷慨，所以该股票受到了境外投资者的热烈赞誉；但大股东对国内A股投资者却非常苛刻，因而该股票被国内A股投资者视为"绞肉机"，这一褒一贬反响如此鲜明、强烈，就一点也不会让人感到有什么奇怪之处了。

教训与经验之八：当你看不清主力操盘意图，无法从基本面确定某一个股票的估值时，最后一道关，就是用技术来锁定风险。如果连这道关也放弃了，那最后的结局就是必输无疑。

中石油A股登陆上海股市时，头上有许多光环，再加上主力、媒体、造事者的煽情与欺骗，受骗上当的投资者很多。有人认为，现在我们回过头来看，对当时围绕中石油A股的许多故事的真相都能看得很清楚。但如果回到当时，若没有一点市场经济知识与分析能力，要识破主力的阴谋与媒体、造事者的忽悠，确实是一件不容易的事情。那么，碰到这种情况该怎么办呢？

办法是：用技术锁定风险，根据图形来判断未来股价的趋势。如果当时一些购买或持有中石油A股的投资者，按这个办法进行操作，就不会在中石油A股上栽大跟头，最多受一些小的损失，也可以早早止损离场了。

比如，中石油A股上市第一天高开低走，收了一根大阴线（见下面图269箭头A所指处）。从技术上说，大阴线是强烈的看空做空信号。中石油A股上市第一天就收出一根放巨量的大阴线，说明该股至少在后面会有一轮深幅下调的过程。见到这根大阴线的话，若第一天买进被套的投资者，第二天就应该卖出，止损离场（编者按：这样操作虽然会出现一点亏损，但此时止损卖出损失不是很大）；若持币的投资者第二天就不应该再盲目买进了，而应该坚决持币观望。

又比如，假如在中石油A股上市第一天买进被套，后来没有止损离场者，在图269中箭头B所指处，就应该下决心把它卖出。

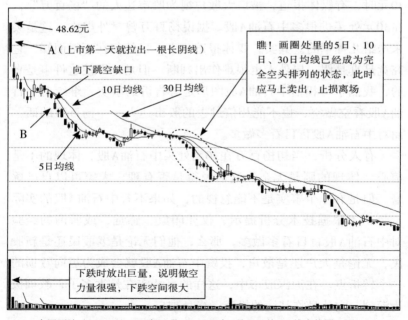

中国石油（601857）2007年11月5日~2008年4月21日的日K线走势图　图269

因为在这根K线的上方有一个向下跳空缺口。这个向下跳空缺口，在技术上称为向下突破缺口，它是一个重要的看跌信号。

再比如，假设高位吃套的投资者，在图269中箭头B所指处仍然没有卖出，那么在图269中画圈处，他就应该毫不犹豫地把这个股票卖掉。因为图269中画圈处的几条均线都是典型的空头排列。从技术上说，5日、10日、30日均线空头排列的出现，表示股价下跌的势头会继续延续下去。此时，若再对该股继续看多做多，不愿卖出，那真有点不识时务了。等到后来套得不可收拾时再想卖出，那么损失已经十分惨重，这一切只能责怪自己太麻痹大意了。

这里需要提醒大家的是，在用技术锁定风险时，就不能听信别人的忽悠，哪怕他曾经是你心目中的股市达人，你也不能被他违反技术规则的话所迷惑。比如，中石油A股当时从48元跌至30元时，有媒体报道，被广大散户视为股市达人的"杨百万"，在30元处买进很多中石油A股。据说杨百万曾对外声称，这是买来送给儿孙辈的。其实，媒体报道此事，目的何在不得而知，它究竟是真是假，局外人也很难作出判断。但是，即使这件事是真的，我们宁可相信中石油A股图形走势告诉的事实，继续对中石油A股看空做空，也不能相信过去的股市达人——杨百万的话，而对中石油A股盲目看多做多。

有人分析，当初杨百万在30元处买中石油A股，体现的不是信心，体现的则是无奈。这话说得是否有理，大家可以自己琢磨。但是有一个事实是不能忽视的，如果不看中石油A股的实际走势，不根据技术分析提示，仅凭印象、感觉，或所谓的经验对中石油A股盲目看多做多，那么，他们无论是老股民还是新股民，无论是大户还是散户，投资中石油A股就会成为迈向亏损的一个转折点。在沪深股市中，这样的事情实在是太多了，教训极为深刻，它让身临其境的投资者终身难忘。

【编后说明】在大家进入第三个阶段"捕捉黑马难题解析的专题练习"时，我们重点解剖了重庆啤酒与中石油A股这两个案例。众所周知，在股市里捕捉黑马，或者说如何选股，主要就是两类对象：一是所谓有亮丽概念的题材股；二是所谓有价值优势的大盘蓝筹股。在这两类对象中，都存在着投资机会，也同时存在着诸多陷阱与风险。关于投资机会，本书的上篇、中篇已对大家作了详细讲解，下篇的主要任务是重点揭露其中的陷阱与隐藏在背后的风险。为此，我们特地挑选了两个曾经轰动一时的明星股票作全方位的解剖。中石油A股是中国股市近几年来大盘蓝筹股中的一个典型，重庆啤酒则是沪深股市近10多年来最有代表性的题材股。因为股市中的道理都是相通的，大家只要把这两个典型案例分析透了，看清楚主力是如何欺骗、忽悠中小散户的，并从中总结出一些教训与经验来，尔后再把这些教训与经验铭刻在自己的脑海中，这样，就能做到举一反三，触类旁通了，日后在捕捉黑马或选股时，就会少走很多弯路，规避掉一些致命的风险，如此就会使我们的投资更加安全。

当然，中石油A股对中国股民的伤害是非常严重的，它对投资者带来的教训与经验极为深刻，这远不是本文能完全说清楚的。本文为此总结出来的教训与经验是否恰当，敬请广大读者批评指正。

在一次学术研讨会上，一位经济学家与一位股评家就如何才能炒好股票聊了起来。因为他们聊的内容都是投资者关心的问题，所以引起大家浓厚的兴趣。现将他们的对话摘录如下，以飨读者。

经济学家与股评家的精彩对话

经济学家：老弟，请你概括一下股市赚钱的方法？

股评家：牛市持股，熊市持币。

经济学家：既然股市赚钱的方法如此简单，那么为什么很多经验丰富的老股民，以及一些高学历、高智商的投资者都在股市中亏钱呢？

股评家：因为他们在熊市中不是持币，而是持股。

经济学家：熊市持币有哪么难吗？如果是一个聪明人，明知熊市来了股价肯定要下跌的，这个时候就应该把股票卖掉，卖掉了不就是持币了吗？为什么做不到呢？

股评家：因为熊市来了很多人还蒙在鼓里，不知道当时所处的环境已变成了熊市。

经济学家：股市是经济的晴雨表。用宏观经济，即从基本面进行分析就能辨别出股市是走牛还是走熊。投资者只要具备一些经济学知识判断股市是否进入熊市并不难啊！

股评家：用股市是经济晴雨表来判断股市走牛还是走熊，有时好像很灵，有时就让人犯糊涂。比如，我接触到一位金融专业毕业的投资者，在2008年世界经济危机爆发后，他判断股市走熊了，于是，在2008年初就把股票卖掉。后来股市果然走熊了，上证指数从6124点跌至1664点，股市跌得很惨。因为他卖得早，从而躲过了一劫。但这位投资者在2010年~2012年却身陷熊市泥潭，输得很厉害。这是怎么回事呢？原因是：他认为2008年世界经济危机爆发后，我国政府采取了一系列措施，中国经济在世界上率先复苏，一枝独秀，因而他推断2010年~2012年，沪深股市也应该有一番好的表现，股市理应走牛而不是走熊。而当时股市表现很差，他认为这是假象，是主力在故意打压，骗取中小投资者手中的筹码，所以他一直持股看多，结果在股市里栽了大跟头。

经济学家：噢！用股市是经济晴雨表研判股市也有失灵的时候，那么是不是可以换成技术分析来判断股市是否进入牛市还是熊市呢？

股评家：根据我国股市现状，虽然用技术分析判断股市究竟是在走牛还是在走熊，得出的结论比用基本面分析得出的结论要相对可靠一些。但真正使用技术分析来研判股市是否进入了熊市仍然有一定难度。因为技术分析流派很多，同样一个图形，仁者见仁，智者见智；另外，技术分析存在一定的滞后性，等技术分析真正明确股市走熊时，股市可能早已跌得面目全非了。

经济学家：那么有没有一种方法，犹如马路上的红灯亮起来，一眼就能看出股市进入熊市了呢？

股评家：大家都在寻找，但目前还没有找到这样一眼就能看出股市是否进入熊市的方法。

经济学家：你们这些专职搞股市分析的，是在什么时候才发现这两年股市一直在走熊，并由此向公众发出股市进入熊市警告的？

股评家：实事求是地说，作为职业股评分析师，无论是搞基本面分析的，还是搞技术分析的，这两年股市进入熊市时，一开始都看走了眼。比如，上证指数在2009年8月冲上3478点见顶回落后，当时大家都认为上证指数最多就调整到2600点、2500点，调整时间也就是一年半载，至多不会超过二年。但是，谁也没有想到，沪深股市会连续几年熊冠全球。我们真正发现股市走熊是在2011年10月，当上证指数跌穿前面反弹行情启动之初的最低点，即2010年7月的2319点这个低点时，我们发现情况不对，感觉股市确实不行了，才向公众发出股市进入熊市警告的。

经济学家：投资者对你们的警告有何反应？

股评家：投资者对我们的警告反应很冷淡。因为上证指数从3478点下跌到2300点，指数跌掉1000多点，投资者已经套得很深。此时，尽管我们向公众发出股市进入熊市的警告是对的，事实上后来股市又跌了一年，大盘指数继续跌掉二成。但投资者并没有感谢我们，反而认为我们前期的看多言论是在误导大家，让他们陷入深套。其实，我们这些做股评的人，整日辛劳不说，还经常被一些投资者误解，甚至被指责为黑嘴，自己心里感到挺冤枉的。股市熊成这样，大家都没有想到。为什么我们不能早一点看出股市走熊呢？我们也在责问自己，或许是"不识庐山真面目，只缘身在此山中"吧！

经济学家：噢！我明白了，不是大家（也包括你们这些股评家）不知道熊市要持币，而是不知道股市什么时候进入熊市了，等后来发现股市跌得一塌糊涂时，才醒悟过来，原来股市早已进入熊市，但为时已晚，因为大家都陷入了深套。看来做股票的最大风险就是身在熊市不知熊。

亲爱的读者，看了上面经济学家与股评家的对话后，你有何感想？你认为做股票最大的风险是什么？有什么办法能一眼就看出股市进入熊市了呢？

杨老师说：我很欣赏这篇对话。说老实话，这样精彩的对话很少见到。说它精彩，是因为这篇对话中的很多问题都说到投资者的心坎里了；说它精彩，是因为对话中概括的一些观点，言简意赅，掷地有声，读之深有启发。

杨老师告诉大家，关于这篇对话她已经读了好几遍，几乎每读一遍都有新的感受。

接着杨老师给大家分析了这篇对话。杨老师说：参与股市的人都是为赚钱而来，那么，股市中赚钱的方法是什么呢？这话就问到点子上了。一般人在回答股市赚钱有什么方法时，会说出一大堆道理，但在这篇对话中把股市中赚钱的方法概括成8个字**"牛市持股，熊市持币"**。真可谓言简意赅，一语中的。大家别小看这8个字，很多人（包括我）都概括不出来，说出这话是要有一番功力的，只有十分熟悉市场与了解炒股真谛者才能把它提炼出来，形成一个鲜明的观点，以至能用最简短的话表达出最深奥的道理来。

杨老师继续分析说，大家知道，近10多年来，在沪深股市中赚钱的人很少，绝大部分都是亏钱的。为什么会亏钱呢？这里有两方面的原因。第一，从股市本身来说，10多年过去了，指数涨幅为零，期间还经历了几轮熊市。以上证指数为例，2001年6月的2245点~2005年6月的998点、2007年10月的6124点~2008年10月的1664点、2009年8月的3478点~2012年12月的1949点，都是实实在在的熊赶牛、空杀多的行情。几轮熊市下来，投资者早已被坑害得体无完肤了。第二，绝大多数投资者在投资理念、投资策略上都出现了严重错误。尽管各人错误的表现形式有所不同，每位在熊市中受到伤害的投资者，都可以说出一大堆犯错的理由或原因，但归根结底，所有在熊市中出现亏损的股民都犯了一个相同的错误，这个错误就是这篇对话中概括的4个字——"熊市持股"。这也就是说，千错万错归结到一点，即投资者忘了熊市来了，只能持币而不能持股的这个朴素的道理。

其实，明白这个道理并能付诸行动的投资者都不会在股市中亏钱。比如，就拿最近二三年，即在2010年~2012年那些身陷熊市泥潭，亏损累累的投资者来说，若他们在这二三年间，早一点与股票"拜拜"，把股票换成人民币，然后拿着人民币做其他方面的投资，如买理财产品、买黄金、买债券，或者干脆存银行，都不会出现因一路持股造成的严重亏损，更不会出现血本无归的那种凄惨的结局。

接下来，杨老师又分析说：这篇对话最大的亮点就是总结出了很多人不敢承认、也不愿意承认的一个颇有新意的观点——**"做股票的最大风险是身在熊市不知熊"**。这个观点非常经典，含义极为深刻，每个人都可以仔细地琢磨这个观点，了解其深意。我认为，投资者只要避开"身在熊市不知熊"这个股市里最大风险，就基本上能踏准股市的涨跌节拍，就不会犯"熊市持股"的低级错误了。这样，最终就能在股市中胜出，成为一个股市赢家。

当然，这篇对话也有缺点，它最后给大家留下了一个悲观的预期，即对话在回答用什么方法来破解"身在熊市不知熊"的风险时，文中透露出很悲观的情绪。按这篇对话所述，大家都在寻找这种方法，但至今还没有找到。这也暗喻着"身在熊市不知熊"的难题是无法破解的。一篇精彩的对话，以这种消极的言论结束全文，难免会使人阅读后心情感到十分压抑。这不能不说此处是一个败笔，它多少让人觉得有点遗憾。

杨老师说：坦率地说，长期来我也一直为这件事犯困，找了很多办法试着破解"身在熊市不知熊"这个谜局，但效果都不甚理想，最后只能放弃。但是，我相信在这世界上有矛必有盾，只要坚持不懈地去寻找，总能找到破解谜局的办法。现在，我很高兴地向大家宣布，这个办法已经被我找到。这个办法是我从金老师请来的高手讲课中得到启发而总结出来的。我发现这位高手用某一技术手段研判大势，特别是在判断股市是否进入熊市时，拿捏得非常准确。后来我经过深入了解，沪深股市几次牛转熊，这位高手都能比其他人更早地认识到股市何时进入熊市，因此，他每次在熊市中都能从容应对，操作得也非常成功。

值得注意的是，在股市牛转熊初期，观察均线、趋势线、成交量等都不能看出问题，但看高手关注的某个信号，就能十有八九捏准股市走熊了。这一发现让我喜出望外，真可谓破解"身处熊市不知熊"的方法——几年来踏破铁鞋无觅处，而如今得来全不费功夫。我深知该方法的实用价值，投资者若能使用这种方法，早一天发现股市走熊，就能早一天采取对策，这样，投资就能少走很多弯路。因此，高手这条经验作用非常大，它能拯救很多投资者免于熊市的伤害，其重要意义难以言谕。

杨老师说：我一定要把高手这条宝贵经验，毫无保留地传递给《股市操练大全》的读者，以报答大家对《股市操练大全》的厚爱。但是，为了让大家真正记住这条经验，不再犯"身在熊市不知熊"的错误，需要对大家做一些有针对性的训练。现在我先出一些题目，等大家做完练习后，我再将谜底向大家揭晓。

下面请看题。图270~图275都是月K线走势图。请问：① 这几张图是什么图形？② 这几张图有什么共同特征？这个特征反映了什么问题？③这几张图的往后走势会如何发展？投资者应采取什么对策？

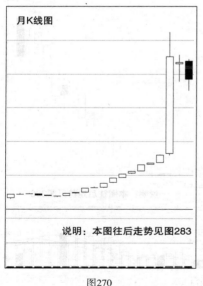

图270

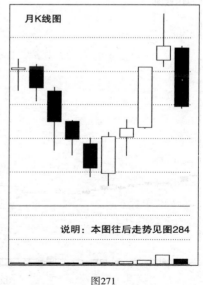

图271

月K线图

说明：本图往后走势见图285

图272

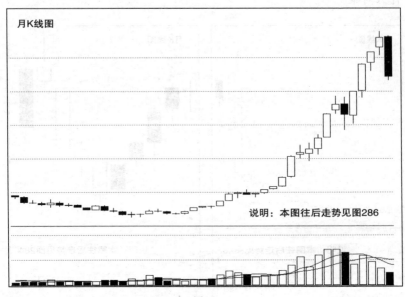

月K线图

说明：本图往后走势见图286

图273

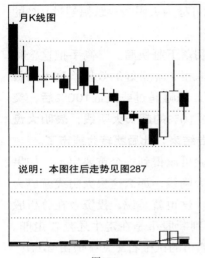

月K线图

说明：本图往后走势见图287

图274

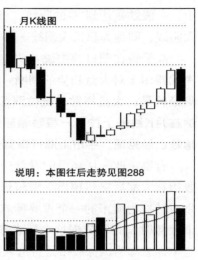

月K线图

说明：本图往后走势见图288

图275

杨老师说：上面几张图，大家都看过了，也认真思考过了。下面，我就将谜底向大家一一揭晓。

① 上面几张图都是上证指数月K线图中牛市转为熊市的头部图形。上海股市自上证交易所成立20多年来，最重要的6次大的牛转熊的头部图形（见每张图的最后几根K线）都在里面了。其中，4张图是大牛市转换成大熊市的头部图形（见图270、图271、图272、图273）。另外2张图是大熊市结束，出现恢复性上涨行情后，再次由牛转熊形成小熊市状态的头部图形（见图274、图275）。这些头部图形非常重要，研究它们、熟悉它们，对我们中小散户来说有百利而无一害。

（编者按：有关大熊市与小熊市的区别，本文在后面将向大家作详细介绍。）

② 这几张图的共同特征是什么呢？大家仔细观察后就会发现，这几张图最后一根K线都是阴线。熟悉这些图形的投资者知道，这些阴线实体很长，当月指数跌幅都超过了10%。在技术

489

上，一般跌幅达到7%的阴线，就可称为大阴线；跌幅超过10%的大阴线，则称为超长大阴线。

高手曾在顺口溜中说："长阴落下赶快溜。"高手把这个秘密武器用于对大盘趋势的判断，取得了非常好的效果。**高手的看盘经验是：大盘指数从低位涨起，涨幅超过或接近100%后，突然在月K线图上拉出一根跌幅超过10%的超长大阴线，表明大盘指数已经见顶，牛市上涨行情宣告结束，此后就转为熊市了。**

有鉴于此，从高手的看盘经验可以得到一个重要启示：如果股指在大涨后突然拉出一根超长大阴线，那么这根大阴线就成为牛市转换为熊市的一个重要标志。这也就是说，投资者在分析股市大势时，必须依据这个标志来判断股市是在走牛还是在走熊。这个标志即为试探股市是否进入熊市的试金石（见下面图276）。

用超长大阴线研判大势示意图（月K线图）

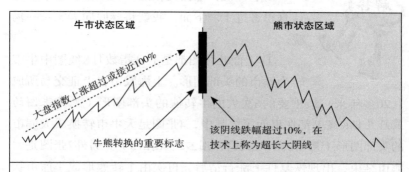

说明：① 以图中超长大阴线为标志，在这个标志的左边部分可以认为股市是处于牛市状态，右边部分则要认为股市已经进入熊市状态。

②在牛市状态区域，稳健型投资者可采取积极看多做多，一路持股待涨的策略；激进型投资者可采取长多短空的策略（所谓长多短空是指整体上以持股为主，短空是指股市涨幅过快，在技术上形成超买时，可进行高抛低吸，以博取一些短线差价）。在熊市状态区域，稳健型投资者应及时停损离场，卖出股票后长期持币观望；激进型投资者可采取长空短多的策略（所谓长空是指整体上以持币为主，短多是指股市急跌后，在技术上出现超卖时，可做一些反弹，以博取一些短线差价）。

③ 超长大阴线的实体越长（即跌幅越大），表明后市的形势越严峻。

图276

③ 这几张图的往后走势会如何发展呢？依据高手的看盘经验，从总体上说，当大盘指数的涨幅超过或接近100%时，突然在月K线图上拉出一根超长大阴线，说明股市已经进入了熊市状态，日后的走势自然以下跌为主。但就短期形势来说，在盘中拉出超长大阴线后，大盘走势会出现两种不同的情况。第一种情况是：在超长大阴线出现后的第二个月、第三个月……大盘指数再次拉出阴线，呈现继续下跌的走势（见图277、图278）。

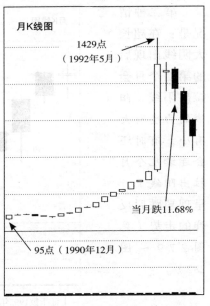

月K线图

1429点
（1992年5月）

当月跌11.68%

95点（1990年12月）

上证指数1990年12月～1992年9月的月K线
走势图　图277

月K线图

2245点
（2001年6月）

当月跌13.42%

512点（1996年1月）

上证指数1995年12月～2001年10月的月K线走势图　图278

第二种情况是：在超长大阴线出现后的第二个月会拉出阳线（阳线的力度有大有小，有时还会连续几个月拉出阳线），呈现超跌后反弹的走势（见图279～图282）。

上证指数1992年6月～1993年4月的月K线走势图　图279

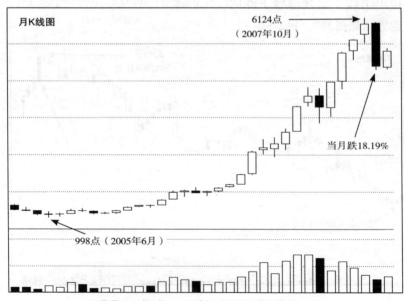

上证指数2005年3月～2007年12月的月K线走势图　图280

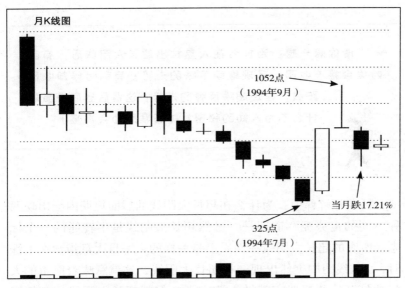

月K线图

1052点
（1994年9月）

325点
（1994年7月）

当月跌17.21%

上证指数1993年5月～1994年11月的月K线走势图　图281

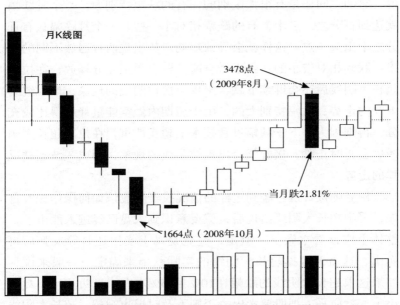

月K线图

3478点
（2009年8月）

当月跌21.81%

1664点（2008年10月）

上证指数2008年3月～2009年12月的月K线走势图　图282

请你想一想：为什么在大盘拉出超长大阴线后，有的时候会接连收阴，呈现继续下跌的走势？有的时候却收出阳线，呈现超跌反弹的走势？这背后到底隐藏着什么不为人知的秘密？（答案后面会揭晓）

　　杨老师解释说：为什么在超长大阴线的后面短期内会出现两种不同的走势呢？道理是：虽然超长大阴线是牛转熊的一个标志，所有的超长大阴线在性质上是一样的，一旦大盘指数在上涨时，月K线图中突然出现一根超长大阴线，这就意味着熊市的大门被打开，往后股市就转入熊市了。但就超长大阴线的跌幅来说，它们之间还是有很大区别的，有的跌幅特别大，一个月跌幅就达到百分之二三十，有的跌幅相对小一些，一个月跌幅只有百分之十出头一点。这样就会导致短期走势出现两种迥然不同的结果：跌幅相对较小的，由于做空能量没有得到充分释放，在拉出超长大阴线后还会继续下跌，出现再次拉阴线的现象，形成继续下跌的走势；跌幅特别大的，由于短期内做空能量释放得比较充分，再则因为一下子跌幅过猛技术上超卖严重，在拉出超长大阴线后会暂时止跌，接着就会出现拉阳线的现象，形成一波超跌反弹的走势。

　　杨老师接着说：碰到这样的情况投资者应该如何操作呢？首先，看到超长大阴线出现后，就要意识到大盘已经进入熊市了，整体上应该看空做空。但是，究竟是马上卖出还是等反弹后再卖出，这就要根据超长大阴线的实际跌幅来确定。一般来说，如果这根超长大阴线的跌幅在10%～15%之内（说明跌幅相对较小），就应马上把股票卖出，否则不及时退出观望，超长大阴线后再继续收阴，持股损失就更大；如果这根超长大阴线的跌幅在15%以上（说明跌幅相对较大），特别是跌幅超过了20%时，就暂时先把股票拿着，等拉出阳线出现反弹后再卖出，这样损失就会相对小一些。但大家要记住，反弹仅仅是一次逃命的机会，中长期必须看空做空。

杨老师提醒大家：大盘指数在高位拉出超长大阴线后，表明股市已由牛转熊，正式进入熊市了。既然股市已经进入熊市，大家就一定要记住，"熊市持币"这四个字，紧捂口袋，冷眼观望。因为每次熊市来了，股市都会大跌一场，长期持股必输无疑（见下面图283～图288）。

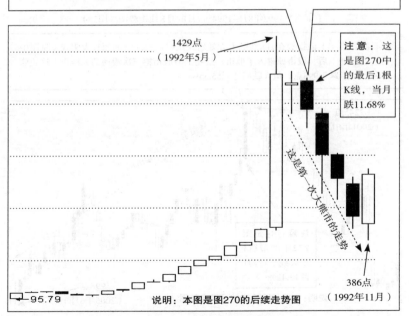

瞧！当年上证指数在出现跌幅达11.68%的超长大阴线（见图中箭头所指处）后，股市就进入了熊市。这是上海股市第一次遭遇的大熊市，这轮熊市从1429点跌到386点，最大跌幅达到72.99%

1429点
（1992年5月）

注意：这是图270中的最后1根K线，当月跌11.68%

这是第一次大熊市的走势

386点
（1992年11月）

95.79

说明：本图是图270的后续走势图

上证指数1990年12月~1992年11月的月K线走势图　图283

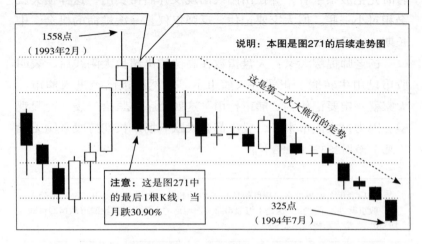

瞧！当年上证指数在月K线的上方处出现跌幅达30.90%的超长大阴线（见图中箭头所指处）后，股市就进入了熊市。这是上海股市第二次遭遇的大熊市。这轮熊市从1558点跌至325点，最大跌幅达到79.14%

1558点
（1993年2月）

说明：本图是图271的后续走势图

这是第二次大熊市的走势

注意：这是图271中的最后1根K线，当月跌30.90%

325点
（1994年7月）

上证指数1992年8月~1994年7月的月K线走势图　图284

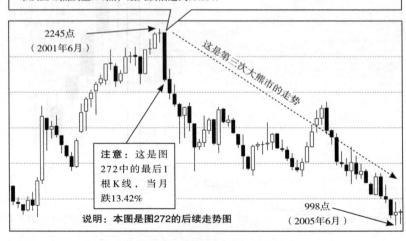

瞧！当年上证指数在月K线的上方处出现跌幅达13.42%的超长大阴线（见图中箭头所指处）后，股市就进入了熊市。这是上海股市第三次遭遇的大熊市。这轮熊市从2245点跌至998点，最大跌幅达到55.55%

2245点
（2001年6月）

这是第三次大熊市的走势

注意：这是图272中的最后1根K线，当月跌13.42%

说明：本图是图272的后续走势图

998点
（2005年6月）

上证指数1998年12月~2005年7月的月K线走势图　图285

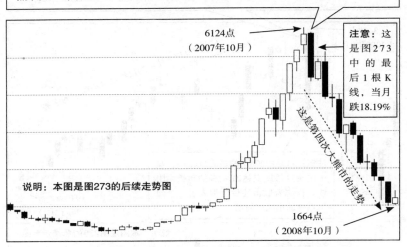

瞧！当年上证指数在月K线图的上方处出现跌幅达18.19%的超长大阴线（见图中箭头所指处）后，股市就进入了熊市。这是上海股市第四次遭遇的大熊市。这轮熊市从6124点跌至1664点，最大跌幅达到72.83%

6124点
（2007年10月）

注意：这是图273中的最后1根K线，当月跌18.19%

这是第四次大熊市的走势

说明：本图是图273的后续走势图

1664点
（2008年10月）

上证指数2004年4月~2008年11月的月K线走势图　图286

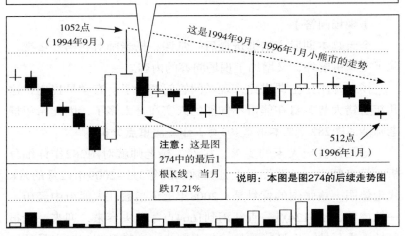

瞧！当年上证指数在月K线图的上方处出现跌幅达17.21%的超长大阴线（见图中箭头所指处）后，股市就进入了小熊市周期。这轮小熊市从1052点跌至512点，最大跌幅达到51.33%

1052点
（1994年9月）

这是1994年9月~1996年1月小熊市的走势

注意：这是图274中的最后1根K线，当月跌17.21%

512点
（1996年1月）

说明：本图是图274的后续走势图

上证指数1994年2月~1996年1月的月K线走势图　图287

497

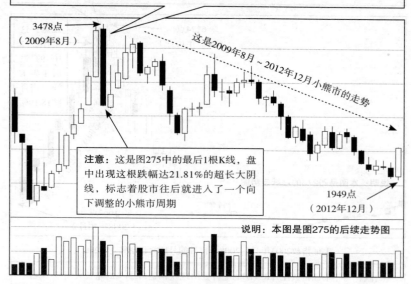

瞧！当年上证指数在月K线图的上方出现跌幅达21.81%的超长大阴线（见图中箭头所指处）后，股市就进入了小熊市周期。这轮小熊市从3478点跌至1949点（注：统计时间截至2012年12月），最大跌幅达到43.96%

3478点
（2009年8月）

这是2009年8月～2012年12月小熊市的走势

注意：这是图275中的最后1根K线，盘中出现这根跌幅达21.81%的超长大阴线，标志着股市往后就进入了一个向下调整的小熊市周期

1949点
（2012年12月）

说明：本图是图275的后续走势图

上证指数2008年8月～2012年12月的月K线走势图　图288

【现场问答】

今天是本期股市培训班最后一堂课，杨老师对它格外重视，除了主课讲解外，又增加了现场问答的内容。

杨老师刚把主课讲完，现场问答就开始了。有学员提出，这几年看错大势，身在熊市不知熊的人实在是太多了，因此希望杨老师能对图282（见本书第493页）作一次重点分析。

杨老师答应大家的要求。接着，杨老师就对图282作详细分析。杨老师说：这张图是上证指数2008年3月～2009年12月的月K线走势图。这张图的背景是：2008年上证指数在大熊市中经历了一轮惨跌，从6124点一直狂泻到1664点才冬去春来，迎来一轮报复性上涨行情。上证指数从1664点起步一直攀升到3478点见顶回

落，随后又接连拉出4根月阳线。

杨老师告诉大家，对这张图，当时很多人都看好它。其理由是：大盘在低位出现V型反转，经过一轮快速上涨后技术指标出现了超买现象，所以大盘指数出现快速回调。现在大盘指数经过深幅回调后，技术指标超买的现象得到了修正，回调后股指连续拉出4根月阳线，说明多方再次掌握了市场的主动权，这预示着大盘后市将继续向上。

杨老师说：这个理由看上去很有道理，其实是错的。这张图不应该看好，而应当看坏。因为当时很多人没有看懂这张图，所以在股市里一直看多做多，结果犯了大错。杨老师认为，2009年下半年至2012年，大凡在股市中亏大钱，出现深套的投资者都与当时没有看懂这张图有很大的关系。

杨老师强调说：若要看懂这张图，关键就是要看懂图中那根超长大阴线。从这根超长大阴线上我们可以了解到以下一些信息：

第一，从月K线图上看，这根超长大阴线的当月跌幅达到21.81%。据了解，上海股市自1990年12月成立以来，在股市大涨后突然出现跌幅超过20%的月阴线，总共只出现过3次，这是第3次。这也是近16年来，上海股市在高位突然出现跌幅最大的一根月阴线。股市里出现这个现象，说明盘中做空的力量异常强大。

第二，上证指数在这根超长大阴线后，接连在月K线图上拉出4根小阳线。从表面上看，其走势很强，多方似乎重新掌控了局势，但实际情况恰恰相反，多方败局已定。因为前面这根超长大阴线跌幅太大，在技术上形成了一波超跌反弹的走势，这是留给多方的一次逃命机会。这轮超跌反弹与股市上的很多超跌反弹行情一样，极有可能在离前面高点"只差一点点"的地方，就会掉头向下。一些继续持股的投资者，若此时再不抓紧出逃，等到后面出现大跌再卖出就晚了。

第三，图282的走势与10多年前的上证指数，即与1993年

12 月至 1994 年 11 月的上证指数月 K 线走势十分相似。两者都是在前一轮超级大熊市（编者按：所谓超级大熊市，是指股市进入熊市后，大盘指数下跌幅度超过 70% 的那种大熊市）跌至谷底后，出现一轮恢复性上涨行情，然后都出现了深度回调的现象，期间又都拉出了一根月跌幅很大的超长大阴线（见下图 289、图 290）。

> 只要仔细比较下面2张图的走势，你就会发现它们有很多相似之处。如：A. 前面出现了连续下跌的现象；B. 连续下跌后出现了一轮恢复性上涨行情；C. 拉出了超长大阴线；D. 超长大阴线后没有继续下跌，拉出小阳线

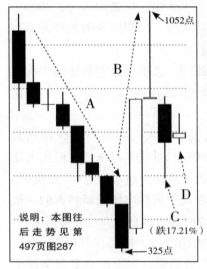

上证指数1993年12月~1994年11月
的月K线走势图　图289

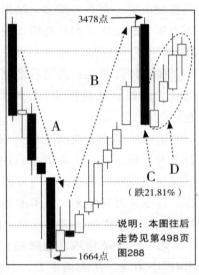

上证指数2008年6月~2009年12月
的月K线走势图　图290

杨老师分析说：既然图289与图290的走势很相似，我们就可以在此作一个比较。经了解，图289在拉出超长大阴线之后，股指经历了长时间的调整，从其恢复性上涨的最高点1052点，一直跌至512点（见下页图291中画圈处），当时上证指数在这一轮调整中最大跌幅达到51.33%。可想而知，连大盘指数都跌幅过半，

那么，个股下跌的幅度就更加厉害了。从下面图291中看，虽然这次向下调整，依据长期走势而论只是新一轮上升行情中的暂时性回落，但这个暂时性回落，让投资者蒙受了巨大损失（因为在这个暂时性回落的过程中，跌幅达百分之六七十的个股，可谓比比皆是）。因此，从操作层面上说，股指出现恢复性上涨后的向下调整，就是进入了一轮小熊市。这个小熊市跌幅虽然不及前面大熊市的跌幅大，但在小熊市中看多做多，持股不抛的投资者也会输得很惨。

图中画圈处是当年上证指数在出现恢复性上涨行情之后的向下调整区域。别小看这个调整的杀伤力，股指跌幅过半，个股跌幅为百分之六七十的比比皆是，俨然就是一个熊市状态。持股做多者，当时都输得很厉害

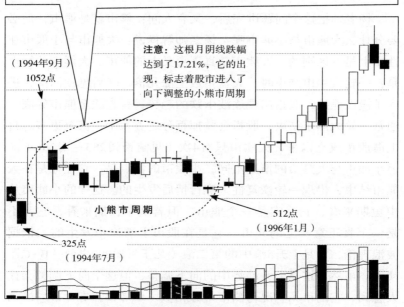

注意：这根月阴线跌幅达到了17.21%，它的出现，标志着股市进入了向下调整的小熊市周期

（1994年9月）
1052点

小熊市周期

512点
（1996年1月）

325点
（1994年7月）

上证指数1994年6月~1997年6月的月K线走势图　图291

那么，如何鉴定在恢复性上涨行情后股市是否进入小熊市呢？其主要标志就是看月K线图中是否拉出一根超长大阴线（见

图291箭头所指处）。若盘中出现超长大阴线，就基本上可以判断出股市进入小熊市了。

　　股市的历史往往有惊人的相似之处。当我们看到图289（见第500页）中出现超长大阴线后，表明股市就进入了一轮向下调整的小熊市周期（编者按：因为这个熊市是在恢复性上涨行情后出现的，它与前面因牛市见顶变成熊市的情况不同，故业内人士习惯地把它称为小熊市）。由此我们可以推断出，在图290（见第500页）中拉出一根超长大阴线后，股指也会因此进入一个向下调整的小熊市周期。面对这种市场状况，投资者必须顺势看空做空，才能避开后面大跌的风险（编者按：果然，后来股市出现了长时间的向下调整走势，具体情况可参见第498页图288）。

　　杨老师把这个问题讲完后，又有人问：熊市就是熊市，何必要分什么大熊市与小熊市呢？杨老师解释说：大熊市与小熊市在性质上是有区别的。大熊市是真正意义上的熊市。大熊市的特点是：一轮大牛市结束时，大盘指数上涨几倍，然后见顶回落，进入了漫漫熊途，股指出现逐波下跌的趋势，一直跌至熊市谷底。通常一轮大熊市结束，股指会跌掉百分之五六十，甚至更多。自上海股市成立以来，大熊市只有4次（见前面图283～图286）。但小熊市与大熊市的情况不同，小熊市的特点是：它往往是在大熊市结束，出现一轮恢复性上涨行情后发生的。这样的小熊市从中短期来看，它确实是一个熊市，但若从中长期来看，它又不是一个真正意义上的熊市，它是在股市上涨途中发生的。依据波浪理论，它是上升5浪中的第二浪（见下页图292中的"B-C"处）。虽然，这是上升趋势中的向下调整，但这个向下调整会让人感到，它的市场状况与熊市十分相似（编者按：有时第四浪调整也会出现这种现象），股指跌跌不休，个股的股价普遍遭到腰斩。类似这样糟糕的情况，沪深股市里出现过多次。新股民对它可能不太了解，但老股民应该是很熟悉的。

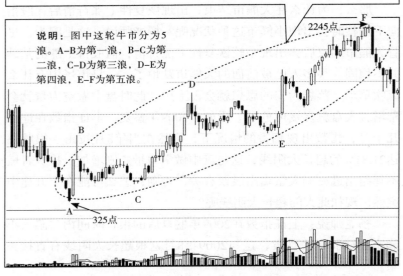

瞧！上证指数在经历了从 1558 点跌至 325 点这轮大熊市后股指进入了新一轮牛市上升周期。这轮牛市呈现上升 5 浪的态势，从 325 点涨至 2245 点，但其中的第二浪与第四浪都是调整浪。当时这 2 个调整浪的景况犹如熊市一般（请注意：本图 B-C 处，就是第 501 页图 291 中画圈处的走势），股价大幅下挫，投资者亏损累累。所以有人把这种形式的调整称之为小熊市，看来这样说法是很有道理的

说明：图中这轮牛市分为5浪。A-B为第一浪，B-C为第二浪，C-D为第三浪，D-E为第四浪，E-F为第五浪。

2245点 ➝ F

D

B

E

C

A

325点

上证指数1993年2月~2002年2月的月K线走势图　图292

　　杨老师说：沪深股市自2009年下半年来一直到今天（截至2012年11月）都呈现熊市状态（见第498页图288），这和上面图292中第二浪的走势相似，都是在前面见到大熊市谷底，并出现恢复性上涨行情之后发生的。这样的小熊市，尽管股价跌得很惨烈，但它与前面的大熊市相比，在性质上还是有一定区别的（编者按：当然，如果日后上证指数向下寻底时，股指跌破前面1664点大熊市的谷底，那就另当别论了）。因为第二浪调整结束（即小熊市调整结束），后面股市就有可能进入牛市的第三浪。第三浪是一个主升浪，届时股市会迎来一片艳阳天（编者按：小熊市调整结束后，未来的牛市行情究竟怎么展开，虽然现在事先不能预知，但图292中展示的牛市5浪走势多少能给大家一些有益的启

示）。

另外，小熊市中大盘指数的下跌幅度，一般都会小于大熊市中大盘指数的下跌幅度，这也是为什么有人要把上升途中出现这样形式的调整，称之为小熊市的一个重要原因。

那么，为什么在大熊市结束，出现恢复性上涨行情后，股指向下调整时会出现小熊市这种状况呢？杨老师说：这是因为，尽管大熊市结束后会出现一轮恢复性上涨行情，但股价上涨的基础并不稳固。很多人已被前面的大熊市跌怕了，一旦市场中有什么风吹草动，落袋为安的思想就会占上风，此时盘中做空力量就会暴增，大盘就岌岌可危了。比如，2009年盛夏，上证指数在连涨几个月，指数出现翻番的情况下，突然在当年8月拉出一根跌幅达21.81%的超长大阴线，这与盘中做空力量急剧增加，投资者慌不择路出逃——大量卖出股票有关，否则，怎么可能在上升途中突然出现如此大的超长大阴线呢？

杨老师说：上证指数在2009年盛夏后的很长时间内，陷入小熊市周期而无法自拔，这与2009年8月这根超长大阴线有直接关系。

因为这根大阴线的跌幅达到21.81%。一个月股指跌掉两成多，这在西方成熟的股市中就是一个股灾。从实证上分析，这根超长大阴线把股市中做多的根基彻底摧毁了，使大盘在很长时间内失去了向上的动力。这样，大盘指数只能震荡向下，越走越低。故而这根超长大阴线就是股市进入小熊市的一个重要标志。说得再通俗一点，这根超长大阴线把熊市的大门撞开了，往后的股市就步入了漫漫熊途，以致持股做多者在熊市的泥潭中会越陷越深。

心理学有个词叫"暗示"，它的意思是：看似不可能发生或尚未有明确迹象会发生的情况，在暗示的作用下发生了。而在资产价格波动激烈的股市与期市市场，暗示又称为情绪传导，它也会将价格走势引向某个趋同的结果。显然，当时上证指数出现一个月就下跌21.81%的罕见大暴跌，这个情绪传导是极端负面的。市场大众都会在想：若宏观基本面不出现恶化状况，若货币政策、股市政策不再次收紧，若上市公司效益不出现大面积亏损……股市就不会出现如此剧烈的下跌，这个负面情绪一旦传导到整个市场，看空做空的趋向就会出现高度一致，这样股市就非走熊不可了。所以有经验的投资者，看到恢复性上涨行情中，在月K线图上突然拉出超长大阴线，心里就有数了，股市已进入了小熊市周期。作为聪明人就应该早点离开这个是非之地。

据了解，当时有这样认识的投资者很少，他们还是憧憬着股市的后市，期盼着美好的未来。即使股市出现了明显下跌的趋势，很多人仍然认为股市经过调整，短期内就可以恢复上升格局的，因此继续在股市里看多做多，直到股市疲弱不堪，跌破2000点后才有所醒悟，但此时为时已晚，钱已亏损大半。

杨老师分析说：试想，倘若2009年8月，上证指数在月K线图上拉出超长大阴线的初期，这些投资者就早早认识到这根超长大阴线的出现是股市再次走熊的标志，有了这一个基本认识，就不会犯方向性的错误，从而就能躲开后面的大跌。可见，一旦投资思路错了，一切都错了。这个经验教训十分深刻，大家一定要牢牢记住。

最后，又有一些学员向杨老师提了一个问题。他们认为，今天这堂课讨论的内容太重要了，对实战帮助很大。他们希望杨老师能像以前一样，归纳出几条道道来，这样便于大家学习与借鉴。杨老师听了学员意见后说：我在准备今天讲课时，已经归纳出几条。不过，因为时间关系，有很多经验还来不及仔细推敲。本来想推敲后再与大家一起分享，但既然大家有这个要求，我就在此抛砖引玉了。如果我在讲这个问题时有什么地方说错了，请大家批评指正。接着，杨老师就本堂课的内容总结出以下9条经验。这些经验是：

① 判断大盘指数的重要头部要查看月K线，月K线图中的超长大阴线是鉴别股市中长期顶部准确率最高、最有实用价值的武器（**说明**：大盘指数见顶有阶段性见顶与中长期见顶的区别。如果是阶段性见顶，大盘指数经过回调，在蓄势后仍会继续走强创出新高；如果是中长期见顶，大盘指数回调时就会越调越低，出现逐波下跌的走势。那么，如何判断大盘指数见顶的性质，鉴别它究竟是阶段性见顶还是中长期见顶呢？比较下来，在各种可以用于判断大盘见顶的方法中，准确率最高的当数月K线图中的超长大阴线。只要高位出现超长大阴线，大盘指数必定是中长期见顶了）。

② 大盘指数从低位涨起，涨幅超过100%后，突然在月K线图上出现一根跌幅超过10%的超长大阴线（超长大阴线的跌幅越大，准确率越高），表明大盘指数已经见顶，牛市上升行情已告结束，接下来股市就进入了漫长的熊市。此时，投资者就应该由原来的牛市思维转为熊市思维，这样才能踏准股市的运行节拍，立于不败之地。

③ 在这根大阴线后的第二个月、第三个月都有可能拉出一些阳线，但出现这些阳线并不是看多做多的机会，而是一次逢高出逃的机会。

④ 在这根大阴线出现后及时卖出，虽然会有一点损失，但在此处卖出，仍然算是一个次高位。及时卖出者，事后都会被证明，是在一个次高点上卖出股票的成功逃顶者。

⑤ 在这根大阴线之后，大盘指数会出现若干次反弹，但每一次反弹都是逃命机会，而且高点会呈现逐步下移的态势，投资者应按照"只差一点点"的操作原则，把握好卖出的机会。

⑥ 若以这根大阴线的收盘指数计算，大盘指数在此由牛转熊后，下面至少还有30%以上，甚至50%、60%的下跌空间，所以日后大盘指数下跌空间很大，盲目抄底很容易被套在半山腰。

⑦ 无论判断股市是进入大熊市周期还是小熊市周期，投资者

见到超长大阴线后都要赶快卖出，接下来最重要的任务是捂紧口袋，不受市场诱惑，不去盲目抄底，保存住实力。因为超长大阴线之后，大盘将进入漫长的熊市寻底之旅。经验证明，只有把资金带到熊市末期再进入股市的投资者才是真正的赢家。

⑧ 在恢复性上涨行情高位拉出超长大阴线，表明股市进入了继续向下寻底的小熊市周期。虽然小熊市的跌幅不及大熊市大，且小熊市最终找到的谷底要高于前面大熊市的谷底，但对个股而言，进入小熊市后跌幅也会相当惨烈，有很多个股的下跌幅度甚至会比大熊市中的跌幅还要厉害。所以，投资者一旦发现股市进入小熊市周期，就应该及时逢高了结。具体可以这样操作：

对市场敏感的投资者可采取长空短多的策略（编者按：所谓长空短多策略，是指因长期看空后市，总体上以持币为主，只是到股市出现大跌，技术上有超跌反弹的要求时，才出手做一把，但持股时间很短，逢高就应获利了结的一种投资策略）；对市场不敏感的投资者在见到超长大阴线卖出后就应远离市场，在相当长的一段时间里不要再进入股市，以便保护好自己的资金实力。

⑨ 成功学中有一句名言——思路决定出路。据了解，大凡在股市中赢钱的都是思路正确的人，输钱的都是思路错误的人。

比如，从2009年下半年开始~2012年这3年半的时间里，沪深股市中有两类投资者：

一类投资者思路很清晰，他们在月K线图上看到2009年8月拉出这根超长大阴线后，认识到股市做多的根基已被摧垮，机构投资者、大资金都失去了向上做多的积极性，股市中长期走弱已不可避免，股市将会步入一个熊市状态。面对这种市场状况，他们采取的策略是：整体上对后市看空做空，遇反弹逢高必须出局。有此思路者，不但踏准了股市涨跌节拍，没有被这个小熊市拖垮，有的在小熊市中还赚到了不少钱。

另一类投资者思路就有很大的错误，他们在月K线图上看到2009年8月拉出这根超长大阴线后，却认为这是因为股市前期涨幅太高了而出现的一次技术性回调，市场做多的力量依旧，股市中长期走势仍然可以看好。面对这种市场状况，他们的投资策略是把大盘指数每一次下跌都看成是逢低加入的投资机会，整体上保持对后市看多做多的姿态。有此思路者，这几年盲目做多、盲目抄底，瞎折腾的事情不断发生，最后的结果是，几年折腾下来，手中拿着一大堆被深套的股票，钱输没了，整个人的身心都被这个小熊市拖垮了。

由此可见，炒股炒得好不好，能否获得成功，思路最重要。一旦思路错了，炒股必输无疑，这是我们向高手学习看盘经验，破解"身在熊市不知熊"的谜局而获得的最重要的经验教训。对这个经验教训，大家一定要认真汲取，永世不忘。

【编后说明】

（一）

有人奇怪，本书是专门讲捕捉黑马练习的，怎么突然冒出一个研判大势的练习，这好像与本书的主题不相符合。对这个情况，需要在此向大家作一些解释。

那么，为什么我们要在本书中设计这道题目呢？主要有三条理由。

第一，因为捕捉黑马一定要看大势。本题中阐述的研判大势的技巧是一个十分关键的技巧，以前我们还未对它作过详细分析。为了对读者负责，同时也是为了提高大家在股市中捕捉黑马的成功率，很有必要再补上这一课。

第二，正如本题中经济学家所言："做股票最大的风险就是身在熊市不知熊。"从2009年下半年开始，沪深股市连续几年疲弱不堪，但很多投资者仍对股市寄于幻想，在里面看多做多，结果输得很惨。为何会出现这样的现象呢？说到底，就是因为这些投资者不知道当时的股市已经进入了小熊市周期，以致盲目操作而造成的。假如换一种情况，倘若这些投资者知道了当时的股市已经陷入熊市的泥潭，他们就不会这样盲目操作了。试想，知道熊市来了，股市会跌得非常惨，谁还愿意持股做多呢？可见，正确地了解当时的市场环境，避免出现身在熊市不知熊的错误，对投资者来说是多么重要。故而需要设计一些与之有关的练习，来强化投资者认清市场环境，主动规避股市风险的意识。

第三，用月K线中的超长大阴线来鉴别股市是否进入熊市周期，是目前已知各种测市信号中最具有明确方向性的信号。实践证明，用该信号检测市场是否进入熊市周期，不仅简单明了，而且准确性非常高[注]。如此有效实用的方法，我们应该理所当然地介绍给《股市操练大全》的读者，让他们能及时分享到高手躲避熊市伤害的宝贵经验，这是我们写书人应该担负的一种责任。

从某种意义上说，高手这条看盘经验，能出现"众人皆醉我独醒"的奇效。沪深股市20多年来已经有过很多次熊市，但每一次熊市出现之初，能认识市场形势发生逆转的投资者少之又少，几乎是99%的人都处于"皆醉"状态，能在第一时间发现股市走熊的投资者可谓"独醒"之人，其人数至多在1%。高手就是凭这条看盘经验，成为"众人皆醉我独醒"的佼佼者的。

事实证明，能在第一时间发现股市走熊的意义十分重大，它直接关系到投资决策的成败。此事就好比在大地震发生前的第一时间从危险的房屋里逃到空旷的马路或操场上那样重要。牛熊转换是股市的基本规律，下一个20年，我们的股市还会出现很多次熊市。如果在后面的熊市中，你每次都凭借高手这条看盘经验，

【注】从我们核实的情况看，在大盘指数呈现涨势的情况下，途中出现跌幅达10%以上的超长大阴线，尔后继续保持升势的现象只出现过一次（据查，在上证指数月K线图中，1996年12月曾经出现过一根跌幅达11.22%的月阴线，但后面大盘指数并没有继续下跌，反而是不断创新高）。其余的超长大阴线出现后，大盘指数都是大幅下跌的。可见，高手将在高位出现跌幅达10%以上的超长大阴线，作为牛熊转换的标志，这个观点是正确的，准确率高达80%。

在第一时间察觉股市走熊，那你也就能像高手那样，成为"众人皆醉我独醒"的胜利者，那该有多好啊！一想到这儿，我们就觉得无论如何都要把高手的这条千金难买的秘密武器，传递给一贯支持、爱护我们的广大读者。这是我们精心设计本题的一个最重要的理由。

（二）

有读者问：虽然用超长大阴线判断股市是否走熊有很大的参考价值，但也有失误的时候。如果将来碰到类似1996年12月拉出超长大阴线后股市却连创新高的现象，那该怎么办呢？

关于这个问题，我们是这样认识的：本书向大家重点推荐用超长大阴线测市的方法，是因为该方法使用简单，准确率高，有很大的实用价值。但实用价值再大、准确率再高，也不可能做到100%的成功。股市里不存在尽善尽美的的方法，失误在所难免。

其实，炒股的核心就是看概率。股市高手炒股追求的是大概率事件。一般来说，操作时只要有七成把握就值得去做，若有八成以上的把握就应该争着去做，这样做股票最后的结果必定是赢多输少。据了解，股市中很多大赢家就是靠这个办法把自己做强做大的。

当然，每一种股市操作方法使用下来都会有意外的情况发生，也即判断出现"失误"。对这种"失误"，大家要学会泰然处之，既不要大惊小怪，更不用后悔，而应该采取积极的办法对这种"失误"进行补救，重新夺回操作的主动权。比如，当我们看到高位出现超长大阴线，把股票卖掉后股市又涨上去的时候，投资者应冷静地审视市场，在确认股市创新高的有效性后，可重新把股票再买回来。投资者应该明白一个道理：看到高位出现超长大阴线把股票卖出是对的，因为这样操作可规避股市下跌的风险，确保资金的安全。现在意外的情况发生了，股市在超长大阴线后没有继续下跌，反而涨上去了。这个时候就应顺势而为，追高买进，做好下一个波段操作。虽然追高会使持股成本有所提高，但投资安全可得到保证，心里更加踏实，这样做也是值得的。不过即便如此，投资者在操作时，仍然要保持高度警惕，始终把风险放在第一位。若日后一旦发现拉出超长大阴线后股市创新高是假的，大盘指数再次跌到超长大阴线的开盘价之下（这意味着进入了熊市），就应该马上止损离场。这要作为铁的纪律严格执行。

我们相信，投资者如能坚持按照正确的思路进行操作，在股市里挣钱，甚至挣大钱就不再是可望而不可即的事情了，一切梦想或许都能如愿以偿。

（三）

我们在学习高手看盘经验，讨论如何破解"身在熊市不知熊"这个难题时，触动了股市中的一个敏感问题——熊市结束期如何划分。比如，2008年10月的1664点是不是大熊市结束的标志？如果答案是肯定的，那么，如何解释2009年下半年股市又走熊了呢？对这个问题也需要向大家作一些说明。

关于如何划分熊市的结束期，市场上有两种不同的观点。一种是以大盘指数下跌的最低点进行划分的，持有该观点的人认为，一轮下跌行情的最低点就是熊市结束的标志，这个最低点被称为熊市谷底。另一种是以市场环境是偏向多方还是偏向空方进行划分的，持有该观点的人认为，熊市是否结束，不能只看点位，而要看市场是被空方还是被多方所掌控，如果空方的力量在市场上占优势，大盘仍然处于跌跌不休的状态就不能说熊市已经结束。

这两种观点都有一定的道理，且都得到一大批粉丝的支持。

本书关于熊市结束期的划分，采用的是第一种观点的做法。为什么呢？因为我们考虑到采用第二种观点，虽然能满足很多人的心理感受，比如，2009年下半年~2012年，股市完全被空方所主宰，绝大多数人都是亏钱的，投资者损失惨重，此时我们把它说成是熊市肯定会得到很多人的赞同。但如果我们把2009年下半年至2012年的股市走势，说成是2008年大熊市的延续，那日后股指下跌如在1664点上方止步，就会在逻辑上留下一个明显漏洞，因为它无法解释熊市的谷底在何处。假如我们把熊市的谷底定在1664点上方，这就违背了常识。众所周知，只有股市下跌的最低点才能称之为熊市谷底，怎么能把下跌途中的次低点称为熊市谷底呢？

我们认为大熊市的最低点就是大熊市的谷底，所以我们把上海股市第四次大熊市的谷底定在1664点[注]。至于在大熊市谷底找到后，股指出现了一轮报复性上涨，尔后再度陷入熊市状态，这只能从另外一个角度进行解释。而不能简单地把2009年下半年至2012年股市疲弱状况说成是2008年大熊市的延续。

我们赞同杨老师关于大熊市与小熊市的论述，认为这个观点既客观地反映了股市实际状况，又不会犯下把熊市的谷底定在一轮大熊市下跌的次低位那样违背常识的错误。

当然，我们这样认识是否正确，这个可以让日后的事实来验证。不过，我们要告诉大家的是，股市不同于其他地方，因为股市里没有专家，只有输家与赢家之分，它不存在绝对的权威理论，百花齐放、百家争鸣是常态。评判谁是谁非的标准，关键看谁说得有道理、逻辑上不存在漏洞。事实证明，只有符合事态发展，逻辑上站得住脚的理论，才能赢得大家的信任。

【注】 当然，如果日后出现了下面一种情况，那就另当别论了，即上证指数继续向下寻底，跌破了1664点。这说明2007年10月上证指数在6124点见顶后的大熊市谷底还没有找到，2008年10月的1664点并不是这轮大熊市的谷底。届时我们将以上证指数跌破1664点后寻找到的最低点，作为上海股市第四次大熊市的谷底。

选股与捕捉黑马经验荟萃

编者按：《股市操练大全》捕捉黑马培训班结业时，召开了一次别开生面的结业典礼，会上不再是领导、老师唱主角，而是让学员畅谈选股与捕捉黑马的心得体会。在结业典礼上，培训班的老师与工作人员成了听众，学员成了主讲人。会议开得很成功，真正达到了"各抒己见、交流经验"的目的。为了让大家一起分享这次结业典礼的成果，现挑选一些学员的发言摘录于下，以飨读者。

（1）选股要重点瞄准行业处于第一发展阶段的上市公司。

不论什么行业，从经济发展的规律来看，都会有一个发生、发展，由盛到衰的过程。通常，一个行业处于第一发展阶段时是投资的好时期，因为这时候行业处在高速增长阶段，蛋糕快速扩大，行业中的企业也大多活得很滋润。随着竞争加剧和行业接近饱和，行业发展进入第二阶段，即行业中的各企业进入残酷的竞争洗牌阶段，这时候行业中的各个企业的经营压力增大，股价的表现往往不会好，竞争失败者的股价还可能出现崩溃。经过长期不断的整合后，行业发展进入第三阶段。这时候留下的企业已寥寥无几，竞争格局平稳，行业的利润率上升，一些市场占有率较稳定的公司，仍具有不错的投资价值。

（2）选股要选超级成长股。所谓超级成长股，是指公司具有核心竞争力，业绩连年增长，股价保持长期上升趋势的个股。寻找超级成长股，可以从公司分析和财务分析两方面入手。公司分析的要点包括：第一、核心竞争力；第二、市盈率及未来的变化趋势；第三、持续增长能力；第四、市场占有率；第五、管理能力；第六、主要风险点。财务分析的要点包括：①主营业务增速；②主营业务利润增速；③毛利率变化趋势；④现金流状况；⑤存货状况；⑥财务费用压力；⑦应收账款。若分析下来，得到的答案基本上是肯定的，这样的股票就可作为重点关注对象。

（3）选股要关注传统消费领域中具有创新活力的上市公司。说起消费，人们首先想到的是新兴消费。大家很快会联想起迅速发展的电子商务，日新月异的电子触屏产品等等。这些与互联网、软件和电子技术密切联系的新兴消费模式与消费品迅速改变着我们的生活，涉及其中的企业也获得了迅速发展的机遇。但我们同样注意到，在传统消费领域进行创新的企业，往往也能爆发出巨大的活力。

比如，云南白药（000538）是一家传统的中药上市公司，但它的创新很具有典型意义。众所周知，白药是个百年历史的品牌，一直以止血消炎的疗效著称，白药的外用散剂曾经销售过上亿瓶。但上世纪90年代初在市场经济条件下，白药在与外资企业的竞争中处于不利地位。1999年开始，时任总经理的王明辉先生带领企业走向再造之路。白药首先将现代材料科学引入传统止血制药技术，制造出白药创可贴，经过几年努力，击败强生的邦迪创可贴，成为创可贴市场的第一名。随后，公司品牌进行延伸，将白药止血的优势结合治疗牙龈出血的诉求，开发出白药牙膏，迅速掀起"牙膏风暴"，白药牙膏2011年的销售额达到了11亿。如今，白药进一步将品牌延伸至日化领域，开发出养元青系列洗发水。

数据显示，2000年至2010年，云南白药每年净利润都是正增长（能达到这个标准的，整个A股只有4家公司），在这10年中平均净资产收益率（ROE）达到23%。10年之间，云南白药以1999年的3.77亿元净资产，在没有任何资金注入的情况下，主营业务收入从2.32亿元上升至56亿元，增长23.14倍；净利润从0.34亿元增加到4.6亿元，增长12.53倍。

凭借创新这个法宝，云南白药不停地做着加法，这使得云南白药保持了连续多年的高速增长。这么多年来，投资云南白药的股民，在这匹大黑马上绝大多数都获得了不菲的收益。

（4）**投资要有眼光，要善于挖掘隐藏在背后的投资机会。**股神巴菲特的投资眼光，世上无人能与之相比。2009年，巴菲特斥资265亿美元举债收购了BNSF——全美第二大铁路运营商北伯林顿。但是，当时大家都不看好巴菲特这笔投资，因为那时的铁路运输主要是运煤，大家觉得如果一切只是建立在传统运煤业务上，巴菲特通过举债吞下BNSF风险很大。因为这几年煤炭运输量在大幅下滑，铁路运输生意前景暗淡，但是谁也没有想到，这笔投资又让巴菲特大赚了。截至2012年9月底，BNSF贡献收入53.43亿美元，同比上升8%，占伯克希尔总收入的13%。

为何煤炭运输量直线下降，BNSF收入却大幅上升呢？时至今日，人们才恍然大悟，当年巴菲特举债收购BNSF，看中的不是BNSF的煤炭运输，而是传统铁路运输背后的页岩油盛景。如今，随着美国页岩油产业兴旺发展，BNSF因煤炭运输量大幅下降带来的冲击不但得到弥补，而且利润出现了大幅增加。

据专业数据分析的机构报告，BNSF之所以能够在铁路石油运输领域占据主导地位，同伯克希尔公司在北达科他州以及蒙大拿州拥有多个页岩油开发项目有着密切的关系。有分析人士预计，页岩油的开发成功，将帮助美国在2020年前成为全球最大的石油生产国。对BNSF的前景，其首席执行官罗斯非常有信心，他认为，"从长远来看，通过火车运输汽油将比管道更灵活，因为公司有着强大的运输网络。未来将建立新的装载设备来连接公司5.2万公里的火车运输线，进一步将原油输至加州、俄勒冈和华盛顿的炼油厂。"

有人评论，巴菲特斥巨资"提前3年布局铁路，当下坐享页岩油盛宴"，再次证明他眼光独特、超前。巴菲特能看到别人看不到的投资机会，这是他几十年来投资屡获成功的一个最重要因素。这点我们应该好好地向他学习。

（5）**擒贼先擒王，炒热点要抓领头羊。**在股市里，每当一个热点板块崛起时，都有一个跑在最前面的股票。同一个板块里，都是上涨的股票，到底应当选择哪只股票呢？这里面是有一定学问的。有经验的投资者知道，若要抓住这千载难逢的机会，就得捉"领头羊"。因为他们懂得"擒贼先擒王"的道理，作为领头羊的股票，其涨幅可能要更大一些。

（6）**选股要有新思路**。2012年末，有人向一位股市高手请教，未来的股市如何选股？高手回答说：首先，有关新能源的开发、配套和一系列下游企业是值得高度关注的。如果大家仔细研究一下我国现在的能源结构就会发现，对环境非常污染的煤炭占比百分之七十，而更清洁的天然气和太阳能却只占百分之五。所以，随着未来几年我国对页岩气的大力开发，以及对太阳能的优惠政策不断出台，预计相关的中下游企业将大大受惠。

其次，随着我国人口日趋老龄化及政府对医保投入不断加大，医疗设备和制药企业还将有不错的发展。同时，经营人寿和医疗保险类的公司也会受益于这一趋势。提起保险，最近在一份研究报告中发现，中国的人寿保险的渗透率只是国际平均水平的一半，而财险和健康险更少，只是四分之一不到。值得注意的是，随着国内外的投资渠道和品种不断开放，我国保险公司的内部投资回报将更有可能取得稳定增长。

第三，被誉为"行业常青树"的服务性和消费类企业也值得投资者继续研究和挖掘。就拿经济高度繁荣的美国来看，具有几十年历史的企业如麦当劳、IBM、宝洁仍然能够保持每年两位数的增长。当然在研究这一类的企业时，必须注意观察这些公司在品牌维护和内部管理上的能力和优势，并将它与其他竞争对手作比较。

（7）**逆向投资的选股标准**。所谓逆向投资就是在熊市最黑暗，市场感到极度恐慌时，反其道而行之，积极做多的一种投资行为。据了解，无论是海外股市还是沪深股市，有不少高手利用逆向投资在股市中赚过大钱。

逆向投资的理念最早是由投资大师David Dreman在行为心理学研究的基础上提出的。David Dreman认为投资者情绪的大幅波动会导致股价大幅偏离其价值，那些能够克服人性弱点的投资者往往能利用其他投资者的错误定价从而为自己赚取丰厚的回报。但对大多数人来说，这是知易行难的体验。David Dreman认为对投资者而言很重要的一点是耐心等待，要把眼光放在长期收益上，他本人总结出其所偏爱的那些公司的特征，概括说来具有"三低"：低市盈率（PE）、低市净率（PB）、低市现率（PCF）（市现

率 = 股价 ÷ 每股现金流量）。David Dreman 所在的公司曾对美国 1500 家大型公司过去 30 年股票表现进行过认真研究，结果显示，在所有的股票中，只占总数 20% 的低市盈率的股票，它们的 30 年平均年化收益率为 15.2%，显著高于市场总体水平。

John Neff是另一位公认的逆向投资大师，理论基础和实战经历兼备，在其长达31年基金管理过程中，曾经22次跑赢市场。其投资策略可以总结成四条：第一，与David Dreman一样，偏爱低市盈率的股票。第二，总回报率最好能够达到市盈率的两倍以上。第三，选择基本面至少接近平均标准的公司。第四，也是很重要的一点，坚定的卖出策略。在基本面变坏或者股价达到目标价格时必须要有卖出的决心。所以逆向投资不是盲目的持有或者坚持，不仅要在情绪上逆于市场，还要在持股策略上独具慧眼，缺一不可。

（8）"迈开双腿，实地调研，睁大眼睛，找准机会。"这是股市高手选股与捕捉黑马的重要经验。现在这条经验被一些投资者活学活用到看电影上，显现出神奇效果。据了解，2012年有的投资者就是因为利用热映的电影《泰囧》，获得不菲的投资收益。在电影中，徐铮、王宝强和黄渤的三人组合不仅把无数笑料带给了全国观众，《泰囧》更是一举创下了12亿元的票房纪录，这也让当时的光线传媒抢过了华谊兄弟的风头，成为2012年最炙手可热的影视股。2012年12月3日，光线传媒的股价收于19.7元，到2013年1月4日，其股价最高涨至37.30元，最大涨幅近90%。

有人说，上面这些信息都是在事后才知道的。现在知道了也没有用了，因为光线传媒的股价早已涨上去了。关键是在此事发生之初，又怎么知道这些信息，想着去买光线传媒的股票呢？

其实，这个问题也不难解决。因为过去几年，早就有一些富有经验的老股民会选择在年末买华谊兄弟的股票——原因很简单，他们看到了冯小刚年末的贺岁片大热大卖，对于出品方华谊兄弟而言就意味着业绩大增。如果遵循这个思路，在《泰囧》上市首日，当你看到该电影十分火爆时，就自然会想到去购买光线传媒的股票（此时光线传媒的股价尚未启动）。这样，你就会在2012年末找到并骑上光线传媒这匹黑马。

另外，你也不用担心这方面信息的缺失，因为一部电影从开拍到上映，由于有狗仔队跟踪报道，几乎可算是眼下上市公司中最透明的产业了，这可以让你提前做好功课，对电影有一个预判。上映之后，你只需要花费并不算太多的购买电影票的钱就能看到首映场，而且如果你看的电影足够多，并且对中国电影观众有足够了解，一部电影是否会大卖大致也能猜个八九不离十。

我们在此可以作一个假设：

如果你是一个有心人，你就会用心去查找，从而可以了解到以下一些信息：2012年中国生产故事影片745部，全国电影总票房收入为170.73亿元，其中国产影片票房收入为82.73亿元（平均每部国产影片票房收入仅为1000万多一点），票房超过亿元的国产影片仅有6部，横空出世的《泰囧》以12亿元的票房收入，不仅占据了2012年国产影片票房收入冠军的宝座，而且刷新了历年来国产影片销售的新纪录。但是，同期的大部分国产影片都处于入不敷出，亏本经营的状态。因此，《泰囧》的成功就显得相当了不起，令人刮目相看。

如果你是一个有心人，并能做到再深一步实地调研，你还可以知道一些更详细的信息：比如，影片《泰囧》制作和营销总成本近6000万元，其中制作成本为3600万元（编者按：一般国产大片制作成本都在几个亿，3600万元属于低成本制作），影片花费的营销成本大约2400万元。如果按票房和版权等收入12亿元计算，光线传媒票房分成4.56亿元，扣除6000万元的成本，将给公司贡献近4亿元的利润。这样你就可以预先计算出光线传媒2012年的每股收益大致是多少，从而可以坚定你看多做多光线传媒的信心。如此一来，这匹黑马就让你骑上了。

可见，只要你真正"迈开双腿，实地调研，睁大眼睛"，早晚会抓到类似《泰囧》这样的投资机会。长期坚持这种投资策略，你在股市中就很容易成为一个赢家。

（9）中长线投资一定要考察企业的创新能力。一只股票是否值得长期持有，最主要的就是看它有无创新能力。对缺乏创新能力的上市公司，要尽早与它"拜拜"，否则，就会与它一起走向不归路。比如，昔日的IT巨无霸惠普，如今"徘徊在IT革命门口酿成惨案，总市值日均蒸发近6亿元（人民币）"，致使坚定看多做多该股的投资者都输得惨不忍睹。

有人在2012年12月，将有关数据汇总后发现，截至2012年12月10日，惠普总市值已跌至278.41亿美元，与2000年4月7日时的1561.23亿美元市值相比，下跌幅度超过80%。尤其是2011年、2012年，惠普股价下跌速度极快，总市值从1000亿美元跌至200多亿美元，每天要跌掉6亿人民币。如今惠普的股价只能用"一落千丈"来形容。

惠普的命运再次提醒我们，再大再强的公司，如缺乏持续创新能力，最后就会被市场淘汰。所以，若想中长线投资一家股票，必须要看它有无创新能力，此事马虎不得。

（10）中长线选股的关键词——"转型"。投资者在选股时，对那些能够及时转型的上市公司应作为优先考虑的对象，对那些没有转型能力的上市公司应坚决抛弃。有关这方面的例子很多，但最典型的要数 IT 行业。因为过去 20 年，没有哪一个行业如 IT 行业一样 "英雄辈出"，但同时又是如此风云变幻——许多伟大的公司因转型成功在短时间内崛起，也有一些曾经的巨人因不能及时转型在瞬间倒塌。

2012年，也正是IT行业城头变幻大王旗的一年。一场全新的IT革命大潮席卷而来，洪峰漫过之处，IT行业生态发生革命性重构：有绝地重生、勇立潮头引领风向者，也有昔日超级巨头在变革的大门口徘徊无计，被潮流淹没者。

转型，成为2012年IT行业关键词之一。然而在此波转型中，不少曾经的 "大佬" 已豪气难续，如惠普，至今仍在转型的路上摸着石头游荡；又如曾经是国产手机业的老大波导，则在转型中深陷 "缺主业" 的怪局；而不久之前还在手机领域不可一世的诺基亚，现在却在变卖总部瘦身，在自救的路上继续迷茫着……这些曾经是IT业帝国的骄子，如今已显现帝国夕阳之残势，让人唏嘘不已。

站在2013年的门前，回首及剖析这些"巨头"们的路径，犹如打开一部IT行业转型的教科书。以此为鉴，或许有助于我们看清IT行业转型的未来，寻找到因转型成功引发股价突飞猛进的大黑马。

（11）选股就要选行业中的龙头股。因为龙头股会给投资者带来超额收益。现在我们以工程机械制造行业为例，在上一轮大牛市中（指上证指数自998点涨至6124点这轮牛市），工程机械制造的股票大多有不错的表现，但龙头股三一重工的表现尤为突出。有人曾统计过（包括分红送股），从2005年8月~2007年10月，三一重工上涨了1600%，而同期的其他工程机械类的股票，如：徐工科技上涨了1375%，厦工股份上涨了871%，而常林股份仅上涨555%。可见，选择行业中的龙头股往往能给投资者带来最大的回报。

（12）中长期选股首选有"特许经营权"的股票。很多人在谈论巴菲特价值投资时，常常会疏忽巴菲特价值投资的"特许经营权"这一核心内容。

那么，什么是"特许经营权"呢？它是指现存公司拥有的新来者无法与之竞争的能力。其实，巴菲特对价值投资理论的最大贡献在于意识到了"特许经营权"的价值。巴菲特的导师格雷厄姆的价值投资主要关心的是股票的资产价值，以及以此为基础能抵御损失的安全边际，而巴菲特对"特许经营权"的价值的挖掘，极大地拓展了价值投资的内涵。

按巴菲特表达的意思，通俗地说"特许经营权"具有以下几个特征：①市场上没有能替代它的产品，其产品有独一无二的竞争力；②公司具有定价的灵活性，在适当提高它们的产品或服务的价格以后并不会失去市场份额，它使得投资可以得到超乎寻常的回报；③在经济不景气时比较容易生存下来并保持活力；④拥有大量的粉丝，其品牌在市场上有较强的号召力，能更有效的抵御通货膨胀的负面影响。

在世界上一些有特许经营权的企业，如可口可乐、肯德基、高露洁、沃尔玛等，其股价的长期走势都有很好的表现。这个情况在沪深股市中也是如此，如有特许经营权的贵州茅台、张裕A、云南白药、片仔癀、东阿阿胶、同仁堂等，从中长期看，它们的股价也都有不俗的表现。

从我们了解的情况来看，巴菲特把所有的企业划分成两个类型：一是有特许经营权的企业，这部分企业数量极少；二是无特许经营权的企业，这部分企业数量众多。而巴菲特主张的价值投资，首选的目标就是要瞄准具有特许经营权的企业，因为它们能为投资者带来稳定与超额的收益。

（13）在重组股中选黑马的要诀。第一，要选盘子小股价低、债务负担较轻的，因为这类公司重组所需的成本不大，重组的资产可以更多地用于经营上的改善。第二，要选重组后能使公司主营业务蒸蒸日上、业绩持续增长的公司。第三，对于依靠借壳或资产置换重组的，需要留意重组方的实力，判断是刻意的炒作还是真的有优质资产的注入，这些需要我们在重组过程中不断追踪。若对方只是想借一个壳而实现另一家公司的上市融资，对重组企业未有实质性的重组动作，那股价最终只会是昙花一现。上面3点应综合起来考虑，这样，就很有可能选出为你日后带来巨大财富效应的黑马。

（14）**在股权发生变化中寻找黑马。**如果一家公司由于经营不善或面临倒闭，而将公司的股权转让给同行业实力强大或其他有强大资产实力的公司，从而发生股权上的变动，此时往往会蕴酿一个很好的投资机会。

经验证明，新的有实力的大股东进驻，经常是市场主力炒作个股的一个理由，所以很容易成为黑马。因此，这样的股票我们要重点进行关注。另外，股东人数也值得注意，这里面时常会有不错的投资机会可以挖掘。一般来说，股东人数与筹码的集中度之间呈反比例关系，股东人数越少，筹码集中度就越高，对这只个股后期的走势越有利。股东人数大幅减少，往往是行情启动的先兆。

（15）**选股就要选品牌最优的股票。**这是巴菲特留给我们最宝贵的选股经验。有人问：巴菲特为什么几十年来都一直重仓可口可乐股票？其秘密就是，巴菲特认为，最优品牌会给投资者带来最优回报。现在世界上最优秀的品牌公司，就是可口可乐公司。在世界各地不同国家和不同时间里展开的消费者调查报告显示，大半的品牌认知、品牌认同和素质认同的排名，都是可口可乐公司高居榜首。这种占尽市场优势的情形，同麦当劳这家以汉堡包为主的快餐厅，在众多快餐公司围攻之下，脱颖而出，占据全球整个快餐业大半市场的优势，如出一辙。

其实，可口可乐的优势并不在于它饮料的味道，也不在于它的价廉物美。有人作了多次实验证明，可口可乐的味道与其他饮料的味道相比，并没有什么特别不同。如果喝饮料时蒙上眼睛，没有多少人能够分辨得出百事可乐、可口可乐和一些其他类似味道的汽水，但消费者还是习惯于喝品牌可乐。即使世界最大的百货公司在它的几千家分店外面摆设自己品牌的汽水，虽然消费者分不出味道，并有摆设地点和半价出售的优势，还是攻不进由可口可乐占绝对优势的饮料市场。这就是可口可乐品牌的力量。可口可乐的品牌已深入人心，无人能替代。今日的可口可乐已经是世界饮料市场的领导者，在很多国家（包括美国国内市场），占据超过一半的饮料市场份额。

可口可乐是一种非常"大众"的饮料。要成为大众的饮料其实不难，难的是成为上、中、下各阶层的消费大众都喜欢的品牌饮料。比如，一个亿万富翁、一个百万富翁和一个工薪阶层喝葡萄酒时，都有自己心目中喜爱的葡萄酒品牌，贵的葡萄酒与便宜的葡萄酒价格相差几十倍、几百倍。但亿万富翁、百万富翁和工薪阶层喝可口可乐饮料时却完全没有贵贱与阶层之分，三种人都喜欢也都有能力像巴菲特那样，一天喝上好几罐的可口可乐。这种现象是商品世界的奇迹，因为没有一种商品能将有不同消费能力的人都吸引在一起。喝可口可乐不是炫耀身份，而是人的本能需求。你喝，我喝，大家都在喝，可口可乐成了全世界千千万万消费者的首选饮料，这就是可口可乐创下的神话。

一直到1988年，当巴菲特终于看到可口可乐全球增长潜能和品牌的威力时，才恍然大悟，开始大笔买入可口可乐股票。针对此事，巴菲特评论说，从他小时候接触可口可乐，一直到后来，经过了长达几十年时间的思考他才明白，可口可乐最赚钱的是它的品牌的力量，是消费者对它广泛的认知度。正因为巴菲特认识了可口可乐品牌的力量，自1988年大量买进可口可乐后才敢于一直坚持对它进行长期投资，现在这个重仓股已为巴菲特带来了天文数字般的投资回报。巴菲特甚至说，当他死的时候，可口可乐公司将会额外卖出很多罐的汽水，因为他要大量的可口可乐和他一起陪葬！

（16）一个股票突然有多家机构新进入，或许该股未来就是一匹黑马。在年报、中报、季报公布时，会披露前十大流通股股东的数据，但这些数据常常会发生一些变化，比如出现新进、减持、不变等字样。只有当一家公司经营状况良好、未来发展前景广阔时，这家公司才会被多家机构重仓持有。机构选择一只个股建仓，一般都会对这只个股进行周密的分析和实地调研。经验证明，在炒作有基本面变化的个股之前，前十大流通股中的机构都呈新进态势，说明这家公司很可能具有业绩增长或其他利好的优势。

上市公司每个季度都会公布前十大流通股股东的持股情况，我们可将公布的数据前后对比，判断新进的多还是减持的多。如果发现，突然有很多机构新进入，特别是新进者中有社保基金、保险基金、OF11基金，如果他们大量买入，预示着该股后面会有很好的表现，此时投资者就应密切关注。如果此时技术上也出现了买入信号，就可积极跟进，不要错过这个投资机会。

（17）挖掘黑马要瞄准有竞争优势的公司。 一个企业的未来前景如何，关键看有无竞争优势，有竞争优势，则企业的"钱途"就十分光明。那么，普通投资者如何发现有竞争优势的股票呢？这里有一个诀窍，就是不停地向它追问"为什么"。比如，可以问：为什么竞争者不能夺走它的消费者？为什么竞争者不能对类似的产品或服务给出一个更低的价格？为什么消费者能接受它每年的价格上涨？

如果可能，从消费者角度追问一下：企业的产品和服务给消费者带来了什么价值？它是用什么方式让其产品与服务持续吸引消费者眼球的？为什么消费者会用一个企业的产品和服务去代替竞争对手的产品或服务？如果你能回答这些问题，你就有机会发现这家公司竞争优势的来源。

一般而言，一家独立的公司要建立足够的竞争优势主要有五条途径：

①通过出众的技术或特色创造真实的产品差别化；

②通过一个信任的品牌或声誉创造可感知的产品差别化；

③降低成本并以更低的价格提供相似的产品和服务；

④通过创造高的转换成本锁定消费者；

⑤通过建立高进入壁垒把竞争者阻挡在外面。

当你考察下来，发现哪家上市公司在这些方面有所建树时，你就要重点关注这家公司，寻找机会，逢低吸纳，日后必有厚报。

（18）学习巴菲特——一本巴菲特读了两遍的投资书。 巴菲特很少推荐投资书籍，2011年他却大力推荐霍华德的书《投资最重要的事》，而且说他读了两遍。霍华德，1995年创建美国橡树资本管理公司，现在该公司管理的资产规模达800亿美元，相当于巴菲特管理的伯克希尔公司资产规模的五分之一。他的个人财富150亿美元，相当于巴菲特的三分之一。霍华德的这本书《投资最重要的事》，其实就是他本人过去20年投资备忘录的精华集锦。巴菲特怎么会如此推荐霍华德的这本书呢？

霍华德的这本书讲的核心是超越市场的价值投资的秘诀。

霍华德的这本书的中心思想非常明确：如何取得超越市场平均水平的投资业绩？他引用了格雷厄姆给出的答案："要想在证券市场上取得投资成功，第一要正确思考；第二要独立思考。"

霍华德的这本书的中心思想归纳为一句话，逆向思考并逆向投资。而这正是巴菲特一再重复的他一生中最基本的投资原则：在别人恐惧时贪婪，在别人贪婪时恐惧。年近70的霍华德总结提炼出18件投资者必须重视的事情，其中最主要的一些秘诀是：

① 投资决策不是以价格为本而是以价值为本；

② 股市中巨大风险不是人人觉得恐惧的时候，而是人人都觉得风险很小的时候；

③ 投资不是追求高风险高收益而是追求低风险高收益；

④ 在股市里，趋势虽然很重要，但更重要的是周期；

⑤ 投资不是主动寻找机会而是耐心等待机会出现；

⑥ 最重要的不是进攻而是防守；

⑦ 善于投资的人不是追求伟大成功而是避免重大错误；

⑧ 真正的赢家不是牛市跑赢市场而是熊市跑赢市场。

（19）炒短线、捕捉短线黑马要看时机。有人看到沪深股市天天都有涨停的股票，以为无论市场环境怎样，都能炒短线、捕捉短线黑马，其实这种想法是非常错误的。

股市高手一再强调，炒短线、捕捉短线黑马一定要看大势。因为只有大势好，个股炒作才有基础；大势不好，盲目炒作，风险很大。高手的这个观点，再一次被以下事实所证实：据媒体报道，2012年11月末，历时3个月的新浪大师模拟炒股赛落下大幕，55名参赛选手中稍有赢利的只有4人，不到10%，平局的5人，同样不到10%，超过80%的"股市大师"、"股市达人"都是赔钱的，赔得最多的亏损达45.49%。知名度比较高的叶某某排名第46位，亏损25.95%；吴某某排名38位，亏损19.22%；凯某某排名第17

位，赔了4.12%。这次比赛结果再一次证明了在大势疲弱，指数连续收阴的情况下，即使是"股市大师"、"股市达人"炒短线、捕捉短线黑马也会出现失误频频，亏多赢少的现象。可见，捕捉短线黑马一定要选择好时机，大势不好就应该停止操作。这要作为一条铁的纪律严格执行。

编者按：下面几个小题是一些学员谈他们看盘的操作体会，因为发言的内容有些观点是相同的，我们把它们归在一起，并标上学员A说、学员B说、学员C说等，以示区别，特此说明。

（20）**"只差一点点"技巧有相当大的实用价值**。学员A说：2012年末的一轮上升行情被我抓住了。但什么时候该卖出，过去对这个问题一直把握不好，逃顶没有一次是逃成功的。这次行情上来，我心里很坦然，因为"只差一点点"的技巧让我明白，无论2012年末的这轮行情走势有多强，即使是反转行情，大盘也不可能一路涨上去，主力做行情是一波一波做的。那么，第一波行情的高点，必定会离上一轮高点只差一点点的地方止步。我查了一下上证指数，离这轮行情最近的高点是2453点（见右图293左边画圈处）。于是，我在2400点上方就开始逢高减仓了，春节前就卖掉了手中的一半筹码。蛇年春节后交易的第一天（2013年2月18日），当我在分时图上看到上证指数冲上2440点后引来大量抛盘，就赶

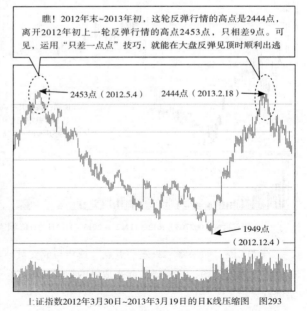

瞧！2012年末~2013年初，这轮反弹行情的高点是2444点，离开2012年初上一轮反弹行情的高点2453点，只相差9点。可见，运用"只差一点点"技巧，就能在大盘反弹见顶时顺利出逃

2453点（2012.5.4）　　2444点（2013.2.18）

1949点
（2012.12.4）

上证指数2012年3月30日~2013年3月19日的日K线压缩图　图293

紧把剩下的一半筹码卖了。想不到2012年末这轮上升行情的第一个见顶高点，就锁定在春节交易后的第一天2444点处（见上页图293右边画圈处），而我这次几乎在这轮行情的最高点卖出了最后一批筹码，因此心里非常高兴。如果没有"只差一点点"的技巧指导，我就不可能这样果断卖出，仍然会像以前一样傻呼呼地等着，过去我几次逃顶都没有逃掉就是犯了这样的错误。

学员B说：2012年上市的浙江世宝，因为其股价大起大落，主力行踪诡异，因而被世人称为妖股。虽然妖股走势很妖，但用"只差一点点"技巧就能把它几个反弹高点一网打尽（见下面图294画圈处）。可见，"只差一点点"技巧，确实是我们中小投资者对付主力的一个很有效的武器，好好使用它，高位就不会吃套，这样主力诱多的阴谋就无法得逞。

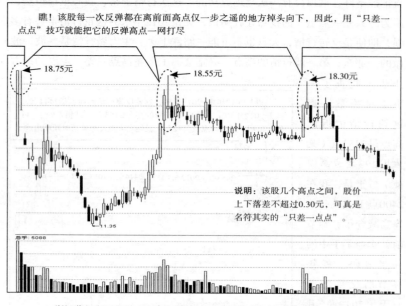

浙江世宝（002703）2012年11月2日~2013年4月3日的日K线走势图　图294

学员C说：如果将"只差一点点"技巧与成交量结合起来分析，就更能看清主力的意图，这样操作起来取胜的把握就更大。下面请大家看一个实例。

526

实例：艾迪西（002468）。下面图295显示，从2012年初至2013年初的一年中，该股主力知道大势不妙，股价无法炒上去，于是，就对该股划定一个区域，采用上下折腾的方式来获利。而这一招让该股主力频频得手，获利颇丰。中小散户若不了解主力的意图，就会被主力折腾得够呛——吃套在高位，割肉在低位。但是，如果我们掌握了"只差一点点"与成交量分析的技巧，那么操作这个股票就会游刃有余，不愁斗不过主力。

下面我就该股主力的行为作一番分析。

从图295中看，该股第一个高点是12.28元，创下这个高点的当天换手率为27.67%。如此大的换手率，主力肯定从中抛出了很多获利筹码，主力出逃后，股价重心开始下移。后来该股除权，紧接着股价在低位出现震荡，主力开始在低位吸筹，吸完筹后进行拉升，这一轮反弹行情股价最高涨至11.65元，与前面的高点12.28元相比，差0.63元。该股之后连续2天的换手率都超过了24%，说明主力又一次利用了大量换手的机会，抛出了很多获利筹码。该股反弹至11.65元见顶后，就一路向下，并创出了新低。当

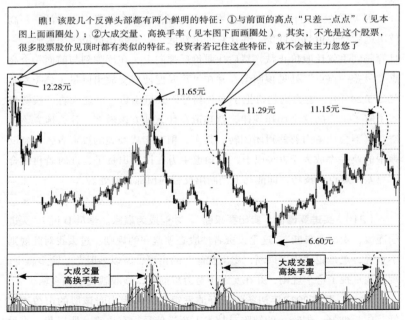

瞧！该股几个反弹头部都有两个鲜明的特征：①与前面的高点"只差一点点"（见本图上面画圈处）；②大成交量、高换手率（见本图下面画圈处）。其实，不光是这个股票，很多股票股价见顶时都有类似的特征。投资者若记住这些特征，就不会被主力忽悠了

12.28元　　11.65元　　11.29元　　11.15元　　6.60元

大成交量
高换手率　　大成交量
高换手率

艾迪西（002468）2012年3月16日~2013年4月9日的日K线走势图　图295

中小散户感到绝望割肉出局时，主力在低位抢到一些滴血的筹码后，借该股朦胧利好消息，接连拉出3个涨停板（见上页图295中间出现的3根"一"字线），第四天涨停板打开，股价冲高回落，当天图形上拉出一根螺旋桨K线。螺旋桨K线是见顶信号，这一天该股最高攀升至11.29元，与前面最近一个高点11.65元相比，差了0.36元。当天该股的换手率达到了28%，说明该股涨停板打开时，很多中小散户盲目地冲了进去，结果被主力一网打尽，套在高位。该股这轮反弹在摸高11.29元见顶后，就再次一路向下，股价下跌过程中又创出了新低。当中小散户再次感到绝望停损离场时，该股在6.60元处止跌，并逐渐震荡向上。不过，该股第三次反弹的高点仍然和以前一样，在离前面最近一个高点"只差一点点"的地方见顶回落。该股第三次反弹的高点是11.15元，它同前面的最近一个高点11.29元相比，仅仅相差0.14元，当天的换手率达到了26.95%。这说明主力又一次借该股高位筹码大量换手的机会，演绎了一场胜利大逃亡。主力这样几轮反弹做下来已赚得钵满盆满，输钱的则是不明主力意图，被主力忽悠得团团转的中小散户。

从对该股主力行为的分析来看，主力操作该股是非常有规律的——高位出逃后将股价打至低位，并让它创出新低，以求吓出低位割肉筹码，一旦筹码到手就让股价止跌，然后让股价反弹向上，在反弹到与前面一个高点"只差一点点"处见顶回落，并在见顶时促使成交放出巨量（换手率都超过了20%），主力则趁机把手中获利筹码大量出售，溜之大吉。投资者若了解了主力的这个操作规律，就知道在什么地方该做多，什么地方该做空，就不会让主力忽悠得团团转。其实，稍有实战经验的投资者，看到反弹中的换手率放大至20%以上，就知道主力在拉高出货了，此时若再结合"只差一点点"技巧，即能马上判断出反弹的顶部在何处。

（21）**"买进要谨慎，卖出要果断"，才能成为赢家**。学员 D 说："买进须谨慎，卖出要果断"，这是投资者炒股必须遵守的规则。过去我对此规则不重视，老是犯"买进果断，卖出犹豫"的错误，所以炒股总是输多赢少。现在我重视了这个规则，并在实践中努力贯彻它，炒股就变成赢多输少了。

比如，我在2012年初冬就看好浦发银行，因为当时该股的市盈率很低，成长性好，但唯一的缺陷是技术上买进信号没有出来，所以我一直没有动手。一直等到2012年12月6日，该股买进信号出来后，我才第一次买进（见下面图296箭头A所指处）。2012年12月12日，在该股上升趋势确立后，我作了第二次买进（见图296中箭头B所指处），然后我就一直持股待涨。2013年2月7日，当该股这天收出一根中阴线（见图296中箭头C所指处），卖出信号出现后，我马上把它都卖了。这次操作很成功，是我近年来做得最好的一次。今天我有此佳绩，一切都要归功于"买进须谨慎，卖出要果断"这10字炒股方针。今后，我要把这10字方针，即炒股规则永远铭记在心里，在股市里尽快地把自己做强做大，实现炒股致富的梦想。

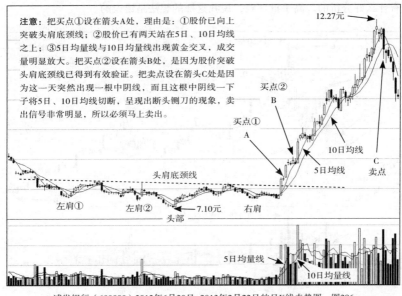

浦发银行（600000）2012年6月20日~2013年2月22日的日K线走势图　图296

（22）正确的决策来源于正确的分析，做股票要过好"盘面分析关"。学员E说：我发现很多中小散户在股市里屡屡受挫，其中一个重要原因是，对盘面走势缺乏正确的分析能力。一个投资者若没有正确的盘面分析能力，做股票自然就无主见，这样很容易人云亦云，被人忽悠，最后就会落入主力设置的陷阱中，失败也就不可避免了。

股市高手与普通投资者的一个重要区别是，他们对盘面走势特别敏感，能对错综复杂的股价走势作出正确的、有条不紊的分析与判断。盘面走势梳理清楚了，操作就有了明确的方向。高手之所以在股市中屡获成功，就是因为他们盘面感觉非常好，会分析，有独立判断能力，不会被错误的言论、错误的信号所忽悠，赢钱的概率自然就会比普通投资者要高很多。

有一次，一位高手来培训班讲课，课间休息时，我向他请教如何分析盘面走势。高手见我虚心好学，向我传授了进行盘面分析的一些要领，并对我说，要过好盘面分析关，贵在常练，练则通，通则赢，股市达人都是练出来的。说着他从包里拿出一张走势图（见下面图297），问我怎么看这张图。我仔细地看了这张图，觉得该股涨与跌的走势已经明朗了，好像没有什么好分析的。高手批评我，说我这样的想法是错误的。

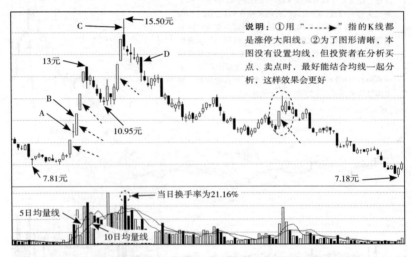

开开实业（600272）2012年6月20日～2012年12月5日的日K线走势图　图297

高手说，盘面分析有两种形式：第一种形式是对经典图形的分析。虽然这些图形已成为历史，但总结历史经验，从中吸取教训是很必要的。这就好比打仗，在一场重要战役结束后，写一份总结报告，深入分析战争中的得失，找出成功与失败的原因，这个工作是必须做的。这个工作做好了，后面的战斗就能少走弯路。第二种形式是对盘面走势做即时分析。但即时分析要求很高，当事人必须要有相当功力才能对图形走势作出正确的分析与判断，若稍有差错，就会给投资决策带来严重后果。因此，学习盘面分析，首先要学会对以往经典图形的分析，因为这是即时分析的基础。

前人经验告诉我们，只有在对经典图形的分析熟能生巧后，把基础打扎实了，即时分析才会走上正道，由此得出来的结论，对实战才有指导意义。

高手对我说，进行图形分析时，如果要取得好的效果，就既要动口又要动手。他要求我回去后把对图297分析的意见写下来给他看。回来后，我反复琢磨着图297，查阅了许多资料，并结合我过去学到的股票知识，写了一份分析报告。高手看后表扬了我，并提出了一些修改意见。高手说，这是我迈向成功的第一步，他希望我多做一些这方面的练习，真正做到熟能生巧。现在我把对图297的分析向大家作一次汇报，让大家一起分享我初次分析获得成功的喜悦，当然也希望大家对我分析中的缺点提出批评。

（编者按：其实，读者在看到图297的走势后，自己也可以学着分析，看看能不能说出一个A、B、C来。一位伟人曾经说过："分析好，大有益。"如果你能闯过盘面分析这一关，日后炒股成绩一定会有明显的提高）

以下是学员E对图297走势分析的几点意见，现摘录如下，供大家参考。

学员E说：第一，分析历史上一些典型的图形，首先要弄清楚整个图形的概貌，即它究竟反映了哪种形态的走势。比如，要鉴别出图297勾画的是短线黑马的走势，还是中长线黑马的走势，就要对该图形作一次全方位的扫描。经过对该股从崛起——拉升——高潮——见顶回落——回归原地的全过程分析，我发现图297勾画的是一匹短线黑马的全景图，该股从7.81元涨至15.50元见顶，然后再一路跌至7.18元。也就是说，在图297中，该股从哪里涨上来最后又跌回到哪里，演绎的是短线黑马所特有的过山车行情。

通过对图297的分析，我们可以悟出一个道理：普通投资者参与短线黑马行情炒作，一定要遵循"敌（主力）进我进，敌退我退，打得赢就打，打不赢就走"的操作原则。比如，见到行情启动时，要争取第一时间加入；一旦发现行情见顶回落就应该马上卖出，千万不能拖着不卖，把短线做成中长线。在短线黑马行情中，若中长线持股，必然会成为输家。

第二，分析历史上一些典型图形，要弄清楚主力的操作意图，以及主力操盘的主要手法，并有的放矢地制定出能使自己处于主动地位的相应对策。经过对图297的分析，我发现主力在操作这个股票时，主要靠概念、题材来吸引市场眼球。当主力在低位建仓完毕，该股的概念、题材得到市场响应后，主力就对该股采用连续逼空，高举高打的方式来推动股价快速上涨。该股的上升行情呈现为3浪走势，从7.81元涨至13元为第一浪，从13元跌至10.95元为第二浪，从10.95元攀升至15.50元为第三浪。3浪上涨是短线黑马上涨的一种常见形式。该股在短短20多天时间内就走完了上升3浪，这个现象反映了主力速战速决的心态。由此可以推断出，一旦该股3浪走势完成后，主力资金就会迅速撤离该股，股价就会进入一个长期的下跌过程。因此，投资者只有在其3浪上涨过程中参与才有获利机会，一旦发现3浪上涨行情结束必须及时退出，否则就会一路吃套。

另外，从图297中看，主力在启动行情与推动股价上涨的过程中，以及上涨行情结束后，在途中反弹拉高出货时，用了很多大阳线。这说明主力操盘的一个主要特征是用大阳线来做盘的，显然该股主力是玩弄大阳线的一个老手。有鉴于此，投资者在分析盘面时就要重点关注这些大阳线。搞清楚哪些大阳线，主力是用它来做多的；哪些大阳线，主力是用它来忽悠投资者，想用它来套住中小散户，自己则趁机溜之大吉的。所以，我们一定要把这些大阳线的性质搞清楚。比如，看到低位大阳线、中位大阳线时就应积极跟进做多，看到高位大阳线、反弹大阳线则要看空做空（编者按：关于低位大阳线、中位大阳线、高位大阳线、反弹大阳线的各自特征、技术意见与相关实例，详见《股市操练大全》第八册第3页～第64页）。投资者在分析图形时，千万不能把大阳线的性质弄反了，否则，操作就会出现大错。

第三，分析历史上一些典型图形，必须弄清楚买点、卖点设置在何处，设置的理由是什么。这样以后碰到类似的图形，就会知道买点、卖点应该怎么设置了。

下面我们先来看图297中的买点应该设置在什么地方。经过分析，我认为第一买点可设置在图297箭头A所指处。其理由是：

① 在箭头A所指的这根K线的下方是一根涨停大阳线，在技术上它被称为低位大阳线。低位大阳线是看多做多的信号。现在股价已站在低位大阳线收盘价上方，说明低位大阳线看涨的有效性已被市场初步认可。

② 低位大阳线与其前面的一根大阴线相对而立，在它们下面出现了一些小阳小阴的K线，这个图形像一个大的"U"字，是一个"塔形底"图形（编者按：关于塔形底的特征、技术意义与相关实例，详见《股市操练大全》第一册第81、第82页，第九册第352页）。塔形底是重要的见底信号。

③ 箭头A所指的这根K线是一根长十字线，其下影线末端与下面大阳线之间有一个缺口，这在技术上称为向上突破缺口，也是一个重要的看涨信号。

④ 股价出现了价升量增的现象，价升量增说明有新的做多资金入场。

第二买点可设置在图297箭头B所指处。其理由是：

① 图297中箭头B所指的这根K线又是一根涨停大阳线。在低位连续出现涨停大阳线，表明盘中做多力量非常强大。

② 图297下方的5日均量线与10日均量线明显翘头向上，形成强劲的多头排列的态势。

接下来，我们再来看该股卖点应该设置在什么地方。第一卖点可设置在图297中箭头C所指处。其理由是：

① 下跌时放出巨量，当日换手率超过了20%。在股价大涨后，突然出现下跌及K线收阴的情况下，出现如此大的成交量，表明主力在大规模地抛货，放量出逃。既然主力逃了，中小投资者也应该跟着一起出逃。

② 该股从7.81元涨至15.50元，股价接近翻倍。从以往的经验看，很多短线黑马行情在股价出现翻倍时行情就结束了，这说明主力炒作短线黑马，出货的目标位往往会选择在股价翻倍处附近。因此，投资者在操作时要提防该股在股价出现翻倍后，上涨行情就此画上句号，见顶回落。

③ 该股上冲15.50元时拉出了一根很长的上影线。按照其当日收盘价14.04元计算，说明这根上影线，即在14.04元至15.50元之间卖压沉重，做空力量远胜于做多力量。

第二卖点可设在图297中箭头D所指处。其理由是：

① 因为箭头D所指的这根中阴线已将前面最后一根涨停大阳线的开盘价击穿。这根大阳线在技术上称为高位大阳线。高位大阳线的开盘价被击穿，表明股价此后将由升势转为跌势，这是一个重要的卖出信号。

② 这根中阴线已将前面的向上缺口完全封闭，向上缺口被封闭也是一个重要的卖出信号（编者按：关于向上缺口的特征、技术意义与相关实例，详见《股市操练大全》第一册第274页～第277页，第四册第194页）。

③ 中阴线出现时，下面的5日均量线与10日均量线出现了死亡交叉的现象，这说明该股向下趋势已经形成，后面股价将有很大的下跌空间。

另外，我们再来看图297右边一个画圈处，里面的一根涨停大阳线（见图297画圈内箭头所指处）属于反弹大阳线。反弹大阳线是主力将高位没来得及卖出的筹码，再次利用大阳线作掩护，疯狂拉高出货的信号，所以，投资者见到反弹大阳线应坚决看空做空。

最后，学员E说：由于本人水平有限，分析时挂一漏万，错误在所难免。但是，我相信自己只要按照高手所述，做一个有心人，"贵在常练"，经常进行图形分析练习，一定会闯过盘面分析这个难关。届时，我将会拿出最好的炒股成绩向大家汇报。

（23）吉利数字背后隐藏杀机，投资者必须高度警惕。学员 F 说：中小散户太善良了，看到股价上方悬挂着"88"、"99"吉利数字，一般都会朝好的方面去想。主力正是抓住普通投资者的这个心理，频频利用这些吉利数字造顶出货。还有的中小散户认为，过去主力是这样做的，今后可能不会这样做了，因为主力也要积德行善，以防上天惩罚他们。所以今后看到吉利数字，不必大惊小怪。但这仅仅只是一些中小散户一厢情愿的想法，主力才不管呢。我发现主力现在仍然在故伎重演，不断使出这种阴招。有鉴于此，大家在看到电脑屏幕上方悬挂着"88"、"99"的吉利数字，要特别当心。关于为什么"吉利数字背后暗藏杀机"，《股市操练大全》培训班老师已经把其中的道理讲得很透彻，这不需要我说了。我现在主要列举一些当下的实例，让大家明白，"江山易改，本性难移"，主力利用吉利数字造顶出货的劣根性是改不了的。故而投资者一定要睁大眼睛，看到"88"、"99"的吉利数字，该做空时要坚决做空，千万不要被主力忽悠了，以致套在高位，沦为高位站岗的冤大头。

下面请大家看一些图形实例。

实例一：华昌达（300278）

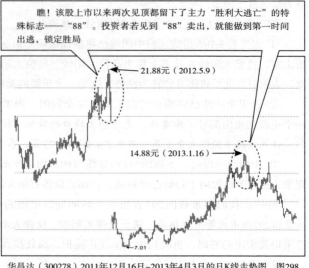

瞧！该股上市以来两次见顶都留下了主力"胜利大逃亡"的特殊标志——"88"。投资者若见到"88"卖出，就能做到第一时间出逃，锁定胜局

21.88元（2012.5.9）

14.88元（2013.1.16）

7.01

华昌达（300278）2011年12月16日~2013年4月3日的日K线走势图　图298

实例二：如意集团（000626）

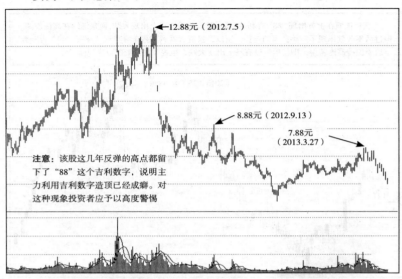

12.88元（2012.7.5）

8.88元（2012.9.13）

7.88元
（2013.3.27）

注意：该股这几年反弹的高点都留下了"88"这个吉利数字，说明主力利用吉利数字造顶已经成癖。对这种现象投资者应予以高度警惕

如意集团（000626）2011年12月22日~2013年4月15日的日K线走势图　图299

实例三：嘉应制药（002198）、丰东股份（002530）。

这两个股票走势特征很相似：①见顶的K线都是小T字线；②见顶的价格，尾数都带有"99"的吉利数字；③见顶时成交量急剧放大。有经验的投资者遇到这样的图形，看到"99"吉利数字会马上卖出。此事必须当机立断，卖晚了损失就很大

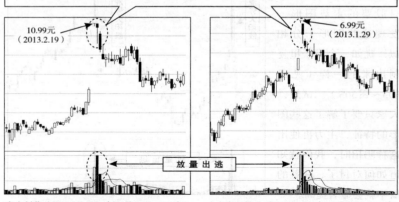

10.99元
（2013.2.19）

6.99元
（2013.1.29）

放量出逃

嘉应制药（002198）2012年11月30日~2013年
4月3日的日K线走势图　图300

丰东股份（002530）2012年11月30日~2013年
4月3日的日K线走势图　图301

实例四：老白干酒（600559）

瞧！该股在上方出现"88"吉利数字后，股价并没有马上出现大跌，而是继续在高位震荡。但过后不久就出现了一路狂泻的走势。所以，投资者看到屏幕上方出现"88"、"99"吉利数字后要保持高度警惕，即使股价没有马上出现大跌，也要预防后面的巨大风险

（2013.2.25）46.88元

老白干酒（600559）2012年10月29日~2013年4月3日的日K线走势图 图302

（24）记住一些典型图形，实战时派上大用场。学员G说：《股市操练大全》培训班老师反复对大家说，做股票要熟悉一些典型图形，这是很有道理的。最近，我花了一些时间，观察了几只股票的走势图形，发现这些图形十分相似，犹如一个模子里复制出来的一样（见图303~图305）。试想，大家只要了解了这些图形的特征，主力再使出这种阴招时，我们就知道如何对付了，获胜的概率就会显著提高。

现在我对这几张

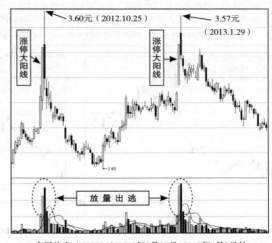

东风汽车（600006）2012年9月27日~2013年4月3日的日K线走势图 图303

图作一番分析。从其走势图看，可以发现这几只股票的主力操作手法都是一样的，通过拉大阳线进行诱多，把散户骗进来后，自己则趁机溜之大吉。这些图形的特征是：①总体上是一个"双顶"，第二个顶比第一个顶的高度"只差一点点"或持平；②每个顶都是在拉出一根涨停大阳线后，第二天冲高回落，构成一个顶部的；③构成顶部时，下面的成交量柱状线放得很大，说明主力在疯狂地出货。

面对这样的图形，投资者可以这样操作：①看到图中拉大阳线时先按兵不动，等第二天股价冲高时卖出；②在把握第二个顶部时，只要把卖出的价位设定在离第一个高点"只差一点点"的地方，一般就可以做到在第一时间出逃。

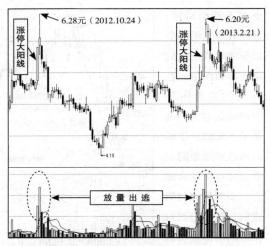

庞大集团（601258）2012年9月27日~2013年4月1日的
日K线走势图　图304

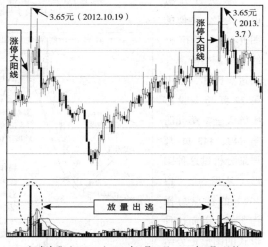

江泉实业（600212）2012年9月27日~2012年4月3日的
日K线走势图　图305

学员 G 发言结束后，学员 H 走上讲台。他说：我很赞成学友的观点。我最近操作的两只股票（见下页图306、图307），取得了比较好的成绩。之所以有好的成绩，是因为我熟记了以往股市中与之相似的图形。因为历

史在不断地重演，
现在股市上的图形
以至将来股市上的
绝大多数图形，在
以往的K线图形
中都能找到它们的
影子。所以，了解
以前这些图形的买
点、卖点在什么地
方，头部是如何形
成的，就知道面对
相似的图形该怎么
操作了。

　　学员H分析
说：其实，类似的
图形在《股市操
练大全》书里都介
绍过。比如，本书
第22页与《股市
操练大全》第九册
第442、443页都
详细分析过这种图
形（见图308、图
309）的特点与操
作要领。因而这种
形式的图形走势给
我留下了深刻的印
象。这次我就是
参照了图308、图
309的操作要领，

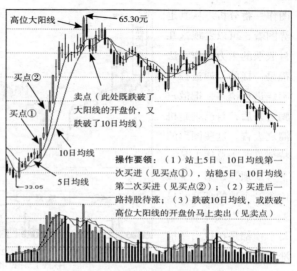

广晟有色（600259）2012年11月29日～2013年4月17日
的日K线走势图　图306

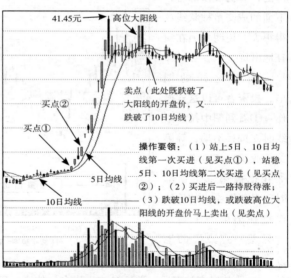

北斗星通（002151）2012年11月28日～2013年4月2日
的日K线走势图　图307

对图306、图307的走势作出了正确预判，选准了买点、卖点，获得了不菲的收益。可见,熟记一些典型图形,对投资者操作具有很重要的指导意义。

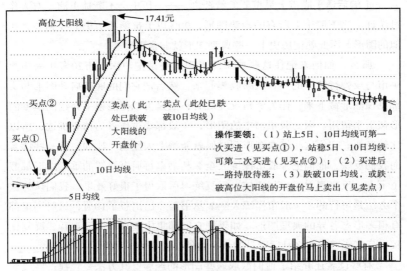

浙江东日（600113）2012年3月22日~2012年7月17日的日K线走势图　图308

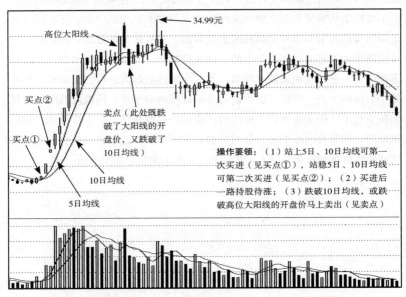

阳泉煤业（600348）2010年9月17日~2011年1月25日的日K线走势图　图309

【编后语】股市上最重要的特征之———历史会不断地重演。有人作过统计，当下股市上所有的走势图形，90%以上都能在历史上找到与之相似的图形。因此熟记历史上一些典型图形就非常重要。

那么，如何来记住这些典型图形呢？一是把沪深股市20多年来历次牛市与反弹行情中的热点股票收集起来，然后把它们的底部启动图形与头部见顶图形截下来，作为资料反复观看；二是可以把股票书介绍的典型图形截下来留用。因为股票书中的图形，一般都经过作者的精心挑选，所以比较经典。记住这些经典图形到时候就能派上大用场。比如，有一些读者向我们反映，他们把《股市操练大全》丛书里每册书介绍的重点图形都截了下来，反复观看、反复比较、反复练习后取得了很好效果。我们认为这个方法是可行的。《股市操练大全》丛书至今已出版了10册，每册书里都有很多形态各异的典型图形。如果把它们都集中起来，反复观看、反复比较、反复练习，那么日后看盘的水平自然会有很大的提升。

有些读者还介绍了他们截取这些图形的经验。其方法是：找一些废弃的扑克牌，牌的正面贴上习题中开头介绍的图形，标明要求回答的内容，但不要标明从哪里来的；牌的反面再贴上习题答案中的图形，并标明是从《股市操练大全》第几册第几页上截取的。这样做的好处是，如果忘记了这些图形的来龙去脉与答案中的一些关键技巧，可很快查到出处，此时再重新浏览一遍，就能温故而知新。若书上的图形较大，可在复印机上把它缩小后再贴上去。当然，也可以另外用硬纸做成卡片，将截取的图形直接贴在卡片上。图形截取后，使用时可像玩扑克牌那样先把卡片洗乱，然后抽着看。如果几次练下来，你对所抽看的图形都知道了它的正确答案，那就证明你的盘面感觉变好了。这样的练习并不复杂，大家不妨一试。

答读者问——关于市盈率等若干问题的解答

说　明

捕捉黑马，特别是捕捉中长线黑马，首先要进行基本面分析。股票的基本面分析，包括行业分析、公司治理结构分析、财务分析、估值分析等内容。而估值分析的一个核心内容就是市盈率分析。但综观市场，我们发现大多数投资者对市盈率分析处于一知半解状态，有的甚至根本不知道市盈率是怎么一回事。

不久前，我们采访了一个已有多年财务工作经验的投资者，双方就市盈率问题进行了一番对话。

笔者问：你了解市盈率吗？

该投资者答：好像市盈率高的股票风险较大。

笔者问：那么你具体说说市盈率高到什么程度，股票的风险就骤然上升了。

该投资者答：不清楚。

笔者问：有一个股票，目前的市盈率是36倍，36倍表示什么意思？

该投资者答：不知道。

笔者问：市盈率高的股票有风险。为什么市场中经常会出现高市盈率股票有人抢着要，股价在不断上涨，而低市盈率的股票却无人问津，股价在不断下跌的现象呢？

该投资者答：我也感到这种现象很奇怪，但不知道为何会出现这种现象。

笔者问：大盘的平均市盈率对研判股市的大顶与大底有重要的参考价值。你知道如何运用它来分析股市的顶与底吗？

该投资者答：这个事情我还没有想过。

从这篇对话中可以看出，这位投资者对市盈率问题的了解很模糊。试想，一位具有多年财务工作经验的投资者对市盈率的认识尚且如此，那么其他投资者对市盈率的认识想必也不会好到哪里。

本书完稿后向读者征求意见时，我们收到很多读者的信息反馈。其中有不少反馈的信息剑指市盈率。

从读者问的问题看，他们对市盈率的认识也处于一种朦朦胧胧的状态。据了解，有的读者因为曲解了市盈率，致使投资造成重大亏损。

可见，对投资者而言，研究市盈率不再是简单地对某一股票知识的认识，它已直接关系到投资的成败。有鉴于此，我们认为有必要对《股市操练大全》广大读者，就市盈率问题作一次全方位的梳理与解析，让大家对市盈率分析有一个全面、深刻的了解，这对日后股市操作、捕捉黑马都有很重要的意义。

下面关于市盈率等若干问题中的提问内容，基本上是根据读者来电、来信内容整理的，答案则由《股市操练大全》创作中心提供。

问：有人说，市盈率分析是炒股中的一个关键技巧，不懂得市盈率，在股市里就是一个睁眼瞎。这话对吗？

答：市盈率分析确实是投资者必须掌握的一个关键技巧。如果你不了解市盈率，你就不了解为什么有的股票股价高高在上，它仍然会被市场看好，有的股票股价只有高价股的一个零头，甚至是一个零头的零头，但市场仍然不看好它，股价还在不断往下走。这种奇怪的现象，最终只能用市盈率来作合理的解释。因此，如果炒股不懂市盈率，你就搞不清楚股市涨涨跌跌的基本道理，弄不明白股票与股票之间，为何股价会有如此大的差异，这样自然就变成一个睁眼瞎了。

无论是过去还是现在，无论是海外股市还是沪深股市，迄今为止，能对不同市场、不同行业、不同个股进行质的比较，分析谁的股价合理，或者说对股票进行合理估值，首选的指标就是市盈率。我们平时说某某股票贵了，某某股票便宜了，其实并不是指其股价高低，而是指其市盈率有多少倍。从理论上说，撇开个股的发展、成长因素，纯粹看一个股票的价值如何，就是看它的市盈率高低。市盈率越低就越有投资价值，市盈率越高就越没有投资价值。比方说，有A、B两个股票，A股的股价是150元，但市盈率只有10倍，B股的股价是5元，但市盈却有30倍。那么，这两个股票谁贵谁便宜呢？答案是A股比B股便宜。A股的投资价值比B股高2倍（因B股的市盈率比A股高2倍）。

现在市盈率已成为全球股市衡量股票的投资价值与风险程度的一个通用的指标。它的作用就像全球商品都要用美元计价一样，是其他指标所不能替代的。

在西方成熟的股市中，比如美国股市，一般认为股票的市盈率不能高于20倍，高于20倍则表明股价已经不便宜了。至于像我们股市中一些发展前景并不明朗，而市盈率动辄在50倍、60倍以上的股票，在成熟市场中一定会遭到投资者的唾弃，变成一个无人问津的垃圾股（编者按：目前在国内A股市场，这些垃圾股时不时会受到市场的追捧。原因是，我国股市是一个新兴市场，过度投机的现象十分严重，但随着股市发展，有朝一日国内A股与国际股市接轨，这些市盈率高企，缺乏投资价值的垃圾股，也一定会受到市场的冷遇）。

为什么市盈率越高股票风险越大呢？因为在一般情况下，当一个股票市盈率是5倍时，表明投资这个股票，5年就能收回投资成本，而当一个股票市盈率是50倍、60倍时，表明投资这个股票，要50年、60年才能收回投资成本。试想，一个人的生命有多长，要50年、60年才能收回投资成本的股票，风险有多大，你敢买吗？至于市盈率在100倍、200倍以上的股票（沪深股市里有很多垃圾股，市盈率就在100倍、200倍以上），那更是一个瘟神了，谁买谁倒霉。

可见，市盈率就是衡量股票价格高低的一杆秤。有了这杆秤，我们就能知晓什么时候股价便宜了，什么时候股价被高估了，从而就能为我们买卖股票提供一个重要的参考依据。

那么，什么是市盈率呢？简单地说，市盈率是股票市价与每股收益的比值。通过看一只个股市盈率的高低，能初步衡量出这家公司的赢利能力。市盈率的英文名字为Price to Earnings ratio，简称PE。大家看到一些股评家口中说的某股PE是多少，就是说该股的市盈率是多少倍。其市盈率的计算公式是：

$$市盈率（PE）= \frac{股价}{每股收益}$$

一般来说，股价是指现时的交易价格，每股收益是指该股上一年度每股收益。比方说，某股在某月某日，股价收在30元，而去年的每股收益为0.50元，那么该股这天的市盈率就是60倍。

从市盈率计算公式中我们可以得知，要降低股票的市盈率，只有两条途径：一是提高每股收益；二是降低股价。

研究市盈率就必须研究每股收益。每一年度结束，上市公司的年度财务报告中都会公布该股当年的每股收益是多少（上市公司年度财务报告披露的时间为第二年1~4月），因此，每股收益不用我们去计算。投资者若想查阅某股上一年度每股收益是多少，一般只要在证券软件上按"F10"，就能找到该股上一年度的每股收益数据。尽管查阅每股收益是一件很方便的事，但作为投资者还是应该了解每股收益究竟是怎么来的。因为每股收益会随着股本变化而变化。在总股本出现变化的情况下，投资者就要在股本变化后自己去计算新的每股收益是多少了。若每股收益数据变了，市盈率数据也会跟着变化。每股收益的计算公式是：

$$每股收益 = \frac{净利润总额}{总股本}$$

由于分母是总股本，所以如有配股、送股、增发等导致总股本出现变动，那么每股收益就会跟着发生变化。比如，某上市公司净利润总额为2亿元，而总股本为1亿股，其每股收益为2元，后来该上市公司推出每10股送10股的方案，等送股方案实施后，股本增加1倍，此时该股的每股收益就要以新的总股本进行摊薄，每股收益就变成了1元。

最后，我们要强调的一个问题是，每股收益数据一定要真实可靠，因为一旦每股收益数据失真，计算出来的市盈率数据也会失真，由此造成的后果就会非常严重。投资者依据失真的市盈率数据进行选股、捕捉黑马就会出现偏差，甚至造成重大投资失误。

那么，如何判断上市公司年度报告中提供的每股收益数据是真实可靠的呢？这里要注意以下两点：

第一，警惕上市公司财务造假。如果财务造假，那么财务报告中披露的每股收益数据就是假的。根据规定，上市公司在每季、每半年、每整年结束后都要向外公布财务报告，季报、半年报是无须审核的，但年报是要审核的。因此年报公布要求最严格，按理说，不会发生财务造假的事情，但事实上，沪深股市中已出现多起财务造假的事件。尽管上市公司财务造假是个别现象，但这个别现象挨到谁，谁就倒霉，所以我们要高度警惕。

那么，上市公司财务造假如何识别呢？一是看年度财务报告中的"审计报告"。比如，在"审计报告"中注册会计师有无保留意见。一般情况下，无意见总比有意见让人放心，因为有一个可以信赖的"老师"代投资者审阅年报，其结论是没有大问题，应无大碍；反之，若审计下来，会计师在审计中提出质疑，并保留自己的意见，这样的财务报告就值得怀疑了。二是通过常识进行鉴别。比如，对利润连年远超于行业平均利润的公司，要当心内中有诈。一般来说，相同行业的公司，在相同的市场环境下运行，利润不会差别很大。如果没有什么特别的核心竞争力，一家公司的收益远远超过同行，而且连续几年保持高增长。这样的事情是违背常理的。面对这种现象，我们就要怀疑是否有人在造假。沪深股市中一些财务造假的典型例子，如银广夏、蓝田股份、东方电子，就是因为它们连续几年不合常理的利润高增长，引起人们的怀疑，最终被暴露出财务造假真相的。

第二，注意每股收益是否掺杂水分。上市公司在一个会计年度实现的利润，主要由主营业务利润、投资收益、补贴收入、营业外收支净额这四大块构成。因此，投资者在了解上市公司每股收益的同时，必须弄清楚收益的构成情况。通常情况下，可以先看年报"会计数据的业务数据摘要"中，"每股收益"与"扣除非经营性损益的每股收益"之间是否有较大差异。若无或差异较小，则公司的收益比较"实"；若差异较大，就要对公司上年度的盈利能力能否在今年或将来持续下去，心存一份戒备了。

比如，有一家上市公司公布其年度每股收益是0.56元，但扣除非经营性损益后的每股收益仅为0.05元，此时只要稍加注意，就不难发现该公司在去年与控股的第一大股东之间进行了资产置换，在这宗大额关联交易中，公司已将获得的差价作为投资收益了。

又如，在选股过程中我们会发现，有些个股业绩高得离奇，却处在低价股的行业，市盈率也相当低，但这种股票不是我们的目标股。如有一家公司2008年每股收益为1.36元，股价7元多，市盈率不到6倍。通过对该公司财务状况的分析，我们了解到该公司业绩大幅增长的原因是出售资产所致。这种低市盈率并不能反映出公司具有良好的成长性。

实际上，除了由主营业务利润带给上市公司的收益是真实的、可持续性的，其他的，如通过出售资产、财政补贴而获得的收益，都是临时的、一次性的收益，它是不可持续的。因此，我们在看每股收益是否真实可靠时，要看它是不是通过主营业务利润获得的。如果每股收益除了主营业务利润外，很大一部分是通过其他途径得到的，那么这种每股收益就掺杂了很多水分。显然，用它来计算市盈率就会失真。投资者若用这种有水分的、失真的市盈率进行选股与捕捉黑马，弄不好就会栽大跟头。

问：为什么有的股票市盈率很高，市场仍然看好它，有的股票市盈率很低，市场却不看好它？这个问题应该怎么解释？

答：按理说，市盈率越低的股票越有投资价值，但事实未必如此。因为一个股票有无投资价值，除了看市盈率，还要看其成长性。这里我们举一个例子。

请看题：下面有A、B两个不同类型的股票。请问，你是选择A股，还是选择B股？

先看A股。它是一家公用事业类股票，市盈率只有10倍，但因为其经营服务的产品直接与老百姓生活挂钩，政策上不允许其产品随便涨价，而且服务的人群相对固定，不会有什么增加或减少，所以无论经济形势怎么变化，它每年获得的利润都是相对固定的，因此其市盈率长期停留在10倍左右。

再看B股。它是一家高科技股票，现在的市盈率是40倍，但因其产品在市场上有很大的竞争优势，在最近几年里，每年的利润总额增速在50%以上。

如果要求你在A、B两只股票中进行选择，那么你应该选择谁呢？毫无疑问，应该选择B股，而不是A股。选择的理由是：虽然B股现在市盈率很高，但按照现在利润增加的速度，如仍以当前的股价计算，4年后，B股的市盈率就与A股的市盈率基本持平，6年后B股的市盈率就会降至5

倍左右，只及 A 股市盈率的一半。显然，几年下来，投资 B 股得到的回报要远胜于 A 股。

从上面的例子中，我们可以悟出一个道理，股票的成长性比市盈率更重要。在股市中不同行业的平均市盈率相差甚远，这与行业的成长性关系很大。有些股票的市盈率高达40倍甚至更高，但看好它的人很多，这说明投资者对其未来的收益水平的增长充满信心；而有的股票市盈率很低，问津的人很少，这说明投资者对其未来的盈利增长前景缺乏信心。

所以，我们在选择股票时，首先要选择具有高成长性的股票，而不是选择那些市盈率低但没有成长性的股票。

当然，选择高成长性的股票，要注意两个问题：一是高成长必须是实打实的，而不是吹出来的。因为股市中，假冒高成长忽悠投资大众的事情实在是太多了。所以大家要睁大眼睛看清楚，不要让冒牌的高成长股票迷住了眼睛。二是高成长要有持续性。有的股票因遇到好运今年出现了高成长，而明年好运不再，在激烈的市场竞争中败下阵来，高成长马上变成了慢成长，甚至不成长。对这种缺乏持续性的高成长，选股时也要留一个心眼。

从理论上说，高成长的股票，大多是从事高科技、新兴产业的中小盘股。因此这类股票的市盈率要比其他传统产业股票的市盈率高出一大截，这也就能解释为什么具有新兴产业概念的中小盘股，经常会受到市场追捧，其中一个重要原因，就是市场主力对其高成长厚爱有加。

说到这里，我们可以对股票的市盈率、成长性作一个梳理，看看选股时应该选择什么样的股票进行投资。

① **最值得看好的股票是：低市盈率、高成长股票**（这类股票最难挖掘）。

② **值得看好的股票是：高市盈率**（但这个市盈率不能高得离谱，尚在合理范围之内）、**高成长股票**。

③ **不能看好的股票是：低市盈率、缺乏成长性的股票。**

④ **最不能看好的股票是：高市盈率，且企业业绩逐年下降，甚至不断出现亏损的股票。**

问：如果说个股之间的市盈率数据有很大差异，是因为个股的成长性不同而造成的。那么，行业板块之间的市盈率数据有高有低，这又是什么原因造成的呢？另外，某一行业板块的市盈率数据很高，它究竟合理不合理呢？对这个问题我们应该怎么解释？

答：我们知道，经济学上常常把行业分为朝阳行业与夕阳行业，新兴产业与传统产业。那么，为什么要这样划分呢？因为人们感到，有些行业发展速度快，前景看好，就像早晨八九点钟的太阳，因而大家就把这些行业称为朝阳行业；反之，有些行业市场已经饱和，再发展已无空间，所以大家就把这些行业等同于落日的太阳，称为夕阳行业。

炒股就是炒预期，大家看好朝阳行业，自然市场给它的市盈率倍数就很高，而夕阳行业，因大家不看好其前景，所以市场给予的市盈率倍数就很低。作为新兴产业，通常都会被看成是朝阳行业，而传统产业中有很多行业被大家视为夕阳行业。

朝阳行业、新兴产业的股票市盈率就应该高一些，夕阳行业、传统产业的股票市盈率就应该低一些，这已经成为市场的潜规则。这个情况在新股发行中表现得最为明显。比如某日发行两只新股，其总股本与发行的流通股数量都差不多，一个是从事生物科技开发的股票，经新股发行的询价后，其发行市盈率，被定在50倍，另一个是从事传统服装生产的股票，经新股发行的询价后，其发行市盈率被定在10倍。但市场认购的结果显示，50倍的新股人们抢着要，认购数额超出该股发行总股本的几十倍，而10倍的新股却很少有人问津。这种现象在沪深股市中比比皆是，已不足为奇。

人们对新兴产业的股票如此追捧，也并不是没有道理的，因为新兴产业的高成长，一旦变成事实，那持有这些股票的投资者就会大发了。最典型的例子莫过于当今闻名世界的软件业霸主——微软。如果在它1986年上市时买进，持有至今那股价已经上涨几千倍，长期持有该股的投资者肯定是股市超级大赢家了。所以新兴产业的股票，不论其新股发行时的市盈率倍数，还是上市后的市盈率倍数都要比其他股票高许多。

另外，有些行业虽不属于新兴产业，但市场需求旺盛，行业地位独特（如中药制造行业），人们对它发展前景看好，被划归为朝阳行业，市场给它的市盈率倍数也相当高。

据了解，一般公募基金内部对某行业股票的市盈率，都有一个衡量的尺度。比如，某个行业市盈率内定为30倍是一个中间值，市盈率高于30倍就是高估了，基金就会对它作减仓处理，市盈率低于30倍，基金就会对它作加仓处理。

除了行业板块之间的差异，股票的市盈率高低，还与流通股本的大小有一定关系。一般情况下，小盘股的市盈率会比大盘股、特别是超级大盘股的市盈率要高。原因是，在股市中赚钱，有很大一部分是通过股价上下波动，高抛低吸实现的，世人称这种现象为投机。小盘股适合投机，但大盘股，特别是超级大盘股，股性呆滞，不太适合投机。所以，小盘股与大盘股、超级大盘股相比，它有较高的投机价值。另一个原因是，小盘股的股本小，股本扩涨潜力大，投资者往往能通过送股来获得一些超额收益。而大盘股、特别是超级大盘股，在股本扩涨上已没有什么潜力。所以，在股市中追逐小盘股的投资者，比追逐大盘股的投资者要多得多，这样自然而然地就会出现一种现象，小盘股的市盈率，一般都要比大盘股、超级大盘股的市盈率高出很多。

上面我们就行业背景的差异，流通盘子大小的不同，向大家介绍了在股市中为什么各种股票的市盈率高低会有如此大的差异的原因。但大家要注意的是，这些原因有一定的合理性，也存在着非理性的一面。比如，很多人把新兴产业与高成长划成等号，这就犯了一个很大的错误。近年来，沪深股市中光伏产业的股票大起大落的命运就很能说明问题。一开始，大家对光伏产业的股票都十分看好，新股发行时，给了它们很高的市盈率，上市之后，股价大涨，市盈率更是一路高企。然而，光伏产业的核心技术掌握在韩、日企业手中，以致我们国家的大多数光伏产业沦为一个代加工企业，更为糟糕的是，各地都在一窝蜂地上光伏产业项目，很快就形成了产能过剩、产品积压、企业亏损的局面。沪深股市中的光伏产业股票的股价也因此一落千丈，持有光伏产业股票的投资者都遭受了重大亏损。

可见，企业是否具有成长性，跟它从事什么产业并没有必然的联系。新兴产业、传统产业中都会出现高成长的股票，也同样会出现低成长，甚至出现亏损，最后导致退市的股票。因此，投资新兴产业的股票未必都赚钱，说不定会出现巨大亏损的风险。比如，早几年的沪深股市中，戴着高科技、新兴产业头衔的"托普软件"、"创智软件"、"蓝田股份"等股票，一上市就市盈率高企，但很多投资者仍在追捧它们，看好它们的成长性，结果却是一场悲剧。几年下来，这些企业经营状况越来越差，成长性全无，最后因连年亏损被清退出股市，致使坚决看多做多这些股票的投资者输得血本无归。

这里有一份资料，可以充分证明，传统产业的成长性不比新兴产业的成长性差。

2013年3月5日，美国道琼斯工业指数冲高至14286.37点，创出历史新高，而作为代表美国新兴产业的纳斯达克指数，当日冲高至3227.31点，该指数距离本世纪初的最高点5132.52点仍有相当大的距离。

老牌的道琼斯工业平均指数成为引领美股创出历史新高的先头部队，其运营模式可谓是几十年未变，可口可乐一直在出售它的饮料，麦当劳始终卖着汉堡，美孚石油仍然在经营着汽油燃料，强生、宝洁依然卖着生活日用品。这些传统得不能再传统的企业，成长性不减当年，不断地为股民提供了投资机会。而代表新兴产业的纳斯达克指数，虽然出现过类似微软这样高成长性的企业，但同时也出现了更多缺乏成长性，最后被退市淘汰出局的企业。经过几十年较量，从总量上来说，道琼斯工业指数中传统产业的成长性胜过了纳斯达克指数中新兴产业的成长性，两者指数上升之间的巨大落差就说明了一切。

这一情况，在普通投资者看来也许可算是奇景，但是学术界大量研究证明，这是贯穿全球股市上百年历史的持久规律。比如：

沃顿商学院教授杰里米·西格尔在其2005年那本著名的《投资者的未来》中就已作出解释，他认为投资者往往在估值上存在极端的倾向，过高地估计了新兴产业的成长潜力，同时又过低地估计了传统行业的发展势头，这一高一低就导致充满新技术、新科技的新兴产业股票，长期回报要逊色于那些以传统行业为主的价值股。正因为如此，股神巴菲特就不喜欢投资科技股，因为他看不懂。看不懂就意味着难以把握相关公司的增长潜力，就容易产生误判，进而产生错误的投资决策。

其实，也不用看什么理论或者看着巴菲特怎么做，只要看看沪深股市中这些年来的大黑马、大牛股就可印证这一点。真正给投资者带来持久回报的，不是那些频频炒作拥有新概念的新兴产业股票，反而是云南白药、片仔癀、贵州茅台、三一重工这些同样不新潮的传统上市公司。

历史经验再一次证明：虽然与时俱进勇于接受新生事物是件好事，但是真正做股票时，不赶潮流恐怕更有"钱途"。

问：我们打开电脑看到各个市场的指数，其市盈率数据都是不一样的。为什么会出现这种现象？面对这种现象应该采取什么对策？

答： 从沪深股市情况来看，创业板指数的市盈率是最高的，接下来是中小板指数，最后才是主板市场指数。比如，根据同花顺证券软件提供的数据，截至2013年3月8日收盘，深圳创业板指数的市盈率是87.46倍，深圳中小板指数的市盈率是48.98倍，上证指数的市盈率是15.50倍。创业板指数的市盈率比上证指数的市盈率高出564%。

那么，为什么会出现这种现象呢？因为创业板中的大多数股票都是一些新兴产业的股票。人们普遍认为，新兴产业股票的技术含量高，研发能力强，成长性高，所以市场给它的市盈率就很高。这可以从创业板新股发行时的情况看出，大凡是创业板的股票，发行的市盈率就特别高。而上证指数中的大多数股票是一些与国民经济关联度较大的传统产业。大家认为，传统产业的股票科技含量低，研发能力差，成长性不佳，再加上盘子大，所以市场给它的市盈率就很低。

股票的定价是由人们的预期决定的。如果市场上看好它的人多，定价就高，市盈率倍数就会上升；反之，如果市场上看淡它的人多，定价就低，市盈率倍数就会下降。但是，人们的预期有非理性一面。因为事实往往与人们的预期不一致，存在较大的差距，有时甚至会出现完全相反的情况。

比如，创业板股票发行时市盈率很高，唯一的理由就是成长性好，但情况并非如此。下面我们来看一个事实。按照深交所规定，中小板和创业板上市公司应在每年2月底之前披露年度业绩快报。截至2013年2月28日，除了创业板的万福生科，其余1055家中小板和创业板上市公司均披露了2012年业绩快报或年报。根据同花顺iFinD金融数据统计，这1055家公司2012年共实现营业收入16929.18亿元，同比增长11.93%；实现归属于母公司股东的净利润1239.67亿元，同比下降7.85%，出现增收不增利的局面。其中，属于创业板的354家公司2012年合计实现净利润为2476466.45万元，而这些公司2011年实现净利润合计为2639794.95万元。因此，2012年创业板公司净利润与上一年度相比，同比下降了6.19%。这也就是说，2012年创业板上市公司非但没有显示出成长性，反而在业绩上出现了大滑坡。

当然，创业板公司业绩偶尔出现一年下降，并不能说明它没有成长性。但是，如果创业板公司业绩往后几年都无亮色，那就糟了。大家不要忘了，现在市场之所以给创业板高市盈率，是因为投资者祈盼它有高成长性，而当创业板高成长性缺失，那些仅凭题材、概念，被市场狂炒后，高高在上的股价就成了空中楼阁，一旦热点转移，市场对其冷落，股价就会出现重挫。这样创业板中的高市盈率股票只能向低市盈率回归，股价就会出现雪崩式下跌，其中的风险是相当大的。

其实，创业板股票的高风险，从一开始就被有经验的投资者发现了。记得 2009 年 10 月创业板开创之初，绝大多数创业板个股都遭到了暴炒，股价扶摇直上。比如，创业板中第一批上市的吉峰农机（300022），当时头上戴了几道光环，短短 21 个交易日，股价就从 28.50 元炒到 96.50 元，涨幅达到 239%。然而该股疯涨之后股价就一路下跌，至今四年过去了，股价已跌成高峰时的一个零头。那么，为何该股会跌得这样惨呢？原因就是，该股靠概念套在头上的光环只是一时的，在光环消失后，其真面目就显现了。该股的年报显示，自它上市后业绩就每况愈下，一年不如一年，如今已跌到了亏损的边缘。该股基本面情况如此糟糕，股价出现大跌就不奇怪了。据了解，创业板中类似吉峰农机，纯粹靠概念炒作，疯涨之后出现狂跌的股票并不在少数，所以投资者参与创业板行情时一定要谨慎，在股价疯涨后，特别要防止接最后一棒，避免自己沦落为"高位站岗"的深套者。

笔者曾经拜访过一位高手，问他当时是如何看出创业板风险的？高手说：2010 年冬，在创业板指数创新高时，其市盈率已超过 100 倍，100 倍意味着需要 100 年才能收回投资成本。当时市场唯一指望的是创业板出现高成长，这样才能化解其高市盈率的风险。但创业板的高成长性在什么地方，大家都没有看到。所谓的高成长，只是一些人根据概念凭空想象，以讹传讹，闭着眼睛吹出来的。试问，这种高成长性能相信吗？果然，2012 年末创业板在创出 1239 点新高后见顶，不久就出现了大跌，这轮下跌行情很厉害，最低跌至 584 点（最大跌幅达到了 52.77%），风险之大不言而喻。

据了解，全世界创业板办得最成功的是美国。但是，即便如此，在美国创业板——纳斯达克市场中，真正具有高成长的股票也仅是少数。其中，50% 是垃圾股，20% 是没有回报的，20% 是能够带来正常回报的，最后只有 10% 的股票长期持有可带来超额回报。换一句话说，在美国创业板中，70% 的股票不具有投资价值，其中有一半股票存在巨大的投资风险，真正有高成长性，值得中长线投资的股票仅为 10%。另外，香港也有一个创业板，但香港创业板股票的素质比美国创业板股票的素质要差很多，其过山车式的走势让人触目惊心。2007年7月，香港创业板指数最高涨至1823点，然后就出现狂泻，2008年10月，最低跌至334点，期间跌幅最高达81.68%，至今香港创业板指数仍在300多点低位徘徊（截至2013年4月16日，香港创业板指数收于386点）。那么，香港创业板股票为何跌得这样惨呢？根本原因是香港创业板中大部分股票都缺乏成长性。须知高成长是创业板的灵魂，一旦灵魂丢失，最后股价只能一落千丈。

笔者又问高手，既然创业板风险很大，那为什么股市中每次行情起来时，创业板股票往往表现得特别抢眼，其中还出现了一些涨势惊人的黑马，这又该如何解释呢？高手解答说：做股票获利有两种方式，一种是通过投资获利，另一种是通过投机获利。创业板股票市盈率高企，现时又缺乏高成长性，因此从投资层面看，一旦股价出现狂炒，价值被高估，持有它风险很大，特别是长期持有创业板股票必将输多赢少（编者按：这里不包括市盈率合理，成长性确定的创业板股票，这样的股票长期持有当然没有问题。但这样的优质股票很少，挖掘它很不容易）。但另一方面，因为创业板股票的盘子小，概念多，主力能从中编出很多故事。因此从投机层面看，创业板非常适合投机炒作，其投机价值在国内A股市场中首屈一指，所以它能吸引市场中很多投机资金参加。也就是说，虽然创业板中很多股票投资价值很差（对它进行中长期投资显然是行不通的），但其短线投机价值很高。此时，你就要惦量一下，如果觉得自己擅长短线投机，掌握了捕捉短线黑马的关键技巧，那么创业板股票对你来说就是适合的；如果惦量下来，觉得自己没有这种本领，那么就要谨慎待之，尤其是在股价疯涨后更要对它敬而远之，千万不要被一些云里雾里的故事所忽悠，如果丧失警惕，一旦落入主力设置的陷阱中，那后果就惨了。

说白了，创业板有无成长性是关键，若无成长性，一些纯粹靠华而不实的概念将股价炒高的股票就成了埋在股市中的定时炸弹。有鉴于此，投资者必须明白：靠投机靠概念炒作的个股，只有在股价严重超跌，或股价在低位启动，主力资金积极做多时才有参与价值，当股价炒至高位，发现主力出货时应及时撤退，晚了就存在很大的风险。

问：股票的成长性怎么分析？股票的成长性被人滥用了怎么办？有什么办法可以对股票的成长性进行量化，从而可以使普通投资者避免被主力忽悠，甚至被套在高位？

答： 虽然股票的成长性比市盈率更重要。但是在现实中，成长性确实被一些人滥用了，因此，大家感到成长性这个事情很不靠谱。比如，创业板开设时，首批上市的几只股票都被戴上高成长的桂冠。因此，尽管它们新股发行时市盈率已很高，大多数都在四五十倍以上，但上市后，仍有很多媒体、股评家在大力宣传首批上市的创业板股票具有很高的成长性，于是乎，这些股票一上市就被人狂炒，股价一飞冲天。但过了一二年后发现，这些股票的成长性实际很差，有的连原来的盈利状况都不能保持，业绩出现倒退，根本无成长性可言。其结果是：当初冲着它们高成长性买进这些股票的中小投资者，都在高位被套得结结实实，至今损失惨重。

此事给大家一个教训，媒体与股评家宣传某股有成长性，不一定就真的有成长性，这种宣传往往有一种不可告人的目的，很多是配合主力炒作，有意在忽悠中小投资者，谁相信谁就会上当。其实，投资者在分析某个股票有无成长性时，不能光听别人怎么说，而要看它自己怎么做，要确确实实找到一些相关证据。比如，市场对其主打产品的需求是否旺盛？产品的技术水平是否在不断地提升？其所处的行业利润是否在不断增长？等等。只有在经过深入调查，并了解到对这些问题的肯定答案后，才能作出该股具有成长性的判断。

当然，除此之外，还可以找出近3年的年报，看看每股收益有无递增，递增的幅度至少要30%以上。比如，查阅某股年报得知，该股在近3年中，第一年每股收益是0.30元，第二年每股收益是0.42元，第三年每股收益是0.59元。核算下来，该股每年收益递增幅度均在40%，那么基本上就可以判断它有较高的成长性。

另外，确定一个股票有无成长性还可以看其动态市盈率。比如，有一个股票现在的市盈率是30倍，而动态市盈率显示是20倍。这说明该股是有较高成长性的。

不过大家要注意的是，以上的分析都属于基本面分析范畴，而基本面分析得出来的结论要通过技术走势来验证。如果某股的基本面很好，分析下来有较高成长性，但技术走势却很糟糕，比如股价出现回调时，关键均线（如兜底线）被打穿、颈线被跌破，此时就必须抛股离场。因为该股基本面反映出来的成长性，技术走势不认可。投资者若遇到这种情况，先要以防范风险为主，此时就不宜再持股看多做多了。

问：上题解答中提到一个新的概念——动态市盈率。动态市盈率究竟是怎么回事？它是根据什么计算的？其可靠性如何？另外，既然有动态市盈率自然就应该有静态市盈率。那么，什么是静态市盈率呢？

答：本来市盈率的概念是很明确的，即用某股现在的股价除以上一年度的每股收益。这样算出来的数据，就是现在某股的市盈率。这个市盈率数据，大家长期使用后都没有觉得什么不妥。比如，沪深股市开张之初，也即上世纪90年代初期，说到个股的市盈率都是以上一年度每股收益为基准算出来的市盈率。虽然因为股价的变动，这种市盈率数据每天都在发生变化，但是这种变化，对市场大众来说，大家都是能把握的。如果要计算某股当天的市盈率是多少倍，只要将其当天的收盘价除以上一年度每股收益，任何人算出来的结果都是一样的。后来，随着时间推移，市场上出现了静态市盈率与动态市盈率的新说法。所谓静态市盈率就是指用传统方法计算出来的市盈率，而动态市盈率则是用一种新的计算方法计算出将来可能出现的一种市盈率结果。可以这样说，动态市盈率反映企业的业绩增减或发展的动态变化。如果当事人采样的信息全面、无偏差，在这基础上计算出来的动态市盈率，用它来评估上市公司的价值就比用静态市盈率评估上市公司的价值，准确性更高，更具有参考价值。

至于静态市盈率与动态市盈率的观点什么时候出现的，已无从查考。但现在很多证券操作软件显示屏上，都会显示市盈率数据。比如，市盈率（静），就是指静态市盈率；市盈率（动），就是指动态市盈率。

那么，本来市场上有一个很确定方法来计算市盈率，为何又会冒出静态市盈率与动态市盈率的概念呢？其原因是：有的投资者认为，现在市场上这种以上一年度每股收益计算出来的市盈率是有缺陷的，因为上一年度每股收益并不能真实反映当年上市公司的经营状况，如要真实反映当年上市公司的经营状况，就要以当年的每股收益为准，如此算出来的市盈率才能真正反映出股票的实际价值。由此就引出了动态市盈率概念。

其实，所谓动态市盈率，说白了就是还没有实现的，仅靠当事人对其未来收益进行预测而计算出来的一种市盈率。从动态市盈率分类来说，有指现在的、明年的、后年的动态市盈率，等等。比如，若以当前的股价除以当年预期每股收益计算出来的市盈率，则为当年的动态市盈率；若以当前的股价除以明年预期每股收益计算出来的市盈率，则为明年的动态市盈率。至于后年的，以及再后年的动态市盈率计算方法都可以按此类推。

下面我们向大家介绍动态市盈率是怎么计算出来的。

根据我们了解，目前市场上预测当年动态市盈率主要有以下几种方法。

预测当年的动态市盈率，是以上市公司季度与半年度的财务报告提供的每股收益为基准，乘以适当的系数作为全年的每股收益，然后再以当前股价除以当事人预测的全年每股收益，即可算出当年的动态市盈率是多少。

比如，第一季度财务报表公布后，当年动态市盈率的计算公式是：

$$当年的动态市盈率 = \frac{股价}{当年第一季度每股收益} \times 4$$

半年报公布后，当年的动态市盈率的计算公式是：

$$当年的动态市盈率 = \frac{股价}{当年半年度每股收益} \times 2$$

第三季度的财务报表公布后，当年的动态市盈率计算公式是：

$$当年的动态市盈率 = \frac{股价}{当年前3季度每股收益} \times \frac{4}{3}$$

显然，当年的动态市盈率计算，时间越是拖到后面，准确性就越高。比如，在第三季度财务报表（1～9月）公布后计算出来的动态市盈率，就要比第一季度财务报表公布后计算出来的动态市盈率更符合未来的事实。

计算动态市盈率，除了可以计算当年的动态市盈率，还可以计算未来几年的动态市盈率。计算未来几年动态市盈率的方法，相对来说比较复杂一些。但它也有一个固定公式。该公式是：

未来几年的动态市盈率 = 当年的静态市盈率 × 动态系数

当年的静态市盈率，是指现在的股价除以上一年的每股收益得出来的市盈率数据。动态系数，是指每股收益预计年度增长或减少的一个百分比率。下面我们通过一个实例来说明怎么计算股票未来几年的动态市盈率。

实例：计算某股5年后的动态市盈是多少倍。

计算时间：2012年5月30日。若要完成这项测算工作，先要查阅现在该股的股价是多少？比如查下来，该股这天收盘价是10元。然后再要查阅该股这两年的每股收益是多少？查下来发现该股2010年每股收益是0.28元，该股2011年每股收益是0.38元，2011年每股收益比2010年每股收益增长35%。之后再从有关资料查找到，该股这样的增长速度可保持5年。

待上面的数据都查到后，该股现在的静态市盈率与其5年后的动态市盈率就可以计算出来了。

第一步，先计算该股当年的静态市盈率。

$$当年的静态市盈率 = \frac{10}{0.38} = 26.32（倍）$$

第二步，再计算该股5年后的动态市盈率。计算动态市盈率时，先要把它的5年动态系数算出来。方法如下：

$$5年动态系数 = \frac{1}{(1+i)^n}$$

其中i是企业每股收益的增长性比率；n是企业的每股收益增长或减少保持的年份。

从上面介绍的情况得知：某股2010年每股收益为0.28元，2011年每股收益为0.38元，年度增长率为35%，即i=35%，该企业未来保持该增长速度的时间可持续5年，即n=5。则动态系数为 $1 \div (1+35\%)^5 = 22.3\%$。当该股5年的动态系数算出来后，就可以计算出该股5年后的动态市盈率是多少了。

某股5年后的动态市盈率 = 26.32 × 22.3% = 5.87（倍）

另外，市场上还有一种计算未来若干年后的动态市盈率方法。计算公式是：

$$动态市盈率 = \frac{静态市盈率}{(1+年复合增长率)^N}$$

其中，年复合增长率代表上市公司的综合成长水平，需要用各个指标混合评估。N是评估上市公司能维持此复合增长率的年限，一般机构预测都以3年为准。需要说明的是，年复合增长率到底是多少，机构投资者可以用各个指标进行混合评估，但个人投资者则很难做到。因此，这个动态市盈率计算公式对机构投资者可能是合适的，而对个人投资者来说不太实用。我们一般不提倡大家用这种方式来计算股票的动态市盈率。

运用动态市盈率的一个最大好处是，它能使投资者看清楚上市公司未来的前景，从而可以帮助投资者在操作时作出正确的决策。比如，我们通过对某股未来5年的动态市盈率的计算，可以发现该股现在的静态市盈率数据（26.32倍），与5年后的动态市盈率数据（5.87倍），两者之间有着非常大的差距。

对这个巨大差距，很多投资者首先感到吃惊，然后就会恍然大悟，知道中长线持有该股将会有很好的投资回报。动态市盈率理论告诉我们一个简单朴素而又深刻的道理，即投资股市首先要选择有持续成长性的公司。

不过话要说回来，虽然从理论上讲，动态市盈率的出现，可以对传统的市盈率（即静态市盈率）所反映出来的缺陷起到积极的弥补作用。由此投资者就能通过静态市盈率、动态市盈率的相互对照，更好地用市盈率指标来判断出股票的实际价值。但在实践中，事情并不是这么简单。因为很多时候用动态市盈率计算出来的数据，与日后的实际数据往往会出现较大的误差。这样，动态市盈率使用下来效果就很不理想，甚至会误导投资者对股票的实际价值作出严重误判。

有人问：这是为什么呢？其道理是：因为动态市盈率计算方法也存在一个很大的缺陷。这个缺陷是，当事人很难在事先就能准确地知道上市公司当年或未年几年的年度每股收益究竟是多少，预测出来的每股收益与以后财务报表披露的实际年度每股收益数据，经常会存在很大的差距。试想，市场经济的变数很多，商品销售也会千变万化。这样一个企业一年下来究竟能卖掉多少产品，获得多少利润，摊薄到每股上收益是多少，事先很难说准，特别是几年后的每股收益是多少就更难说准了。我们看到很多上市公司，这个季度与那个季度，上半年与下半年，业绩都大不一样。因此用动态市盈率测算当年的每股收益出现较大的误差就不奇怪了。如果投资者将当年的每股收益算错了，接下来，动态市盈率也就算错了，这样会一错再错，后面的操作就会存在着很大的风险。

总之，动态市盈率可以作参考，但不能完全信以为真。投资者在选股与操作时，分析股票的市盈率应把静态市盈率与动态市盈率结合起来一起分析。另外，对不同的股票要采取不同的办法。有的可以多参考一些动态市盈率，有的就要少参考或不参考其动态市盈率。如对主业清晰、经营状况稳健的上市公司来说，动态市盈率显示的数据失真情况较小，而对主业不明、经营状况大起大落的上市公司来说，动态市盈率显示的数据失真情况就会很大。所以，用动态市盈率作参考要因股而异，不能搞一刀切。

　　最后，要提醒大家的是，虽然静态市盈率显示的数据有一定缺陷，但数据的确定性远胜于动态市盈率。比如，某新股要发行了。其招股书上的财务数据显示，它上一年度每股收益是 0.40 元，发行价定为 20 元。那么，算下来该新股的发行市盈率就是 50 倍。这个数据是确定的，不可更改。而若改用动态市盈率，就无法确定该新股发行的市盈率究竟是多少倍，这样连新股都无法发行。可见，在正式场合下，无论是国内股市还是国外股市，衡量股票的估值，使用的都是静态市盈率（简称为市盈率）数据，而不是动态市盈率数据。

　　问：听说市盈率指标有一个明显的缺陷，为了弥补这个缺陷，就得用上PEG指标。现在请介绍一下，市盈率指标的明显缺陷是什么？PEG又是一个什么样的指标？它有何作用？使用PEG这个指标要注意什么问题？

　　答：虽然在一般情况下，市盈率高表示股票的价值被高估，投资它存在很大风险，市盈率低表示股票有投资价值，投资它会有好的回报。但市盈率指标也有明显的缺陷。这个缺陷主要表现在两个方面：第一，它不能确定市盈率高的股票就一定是价值被高估了。因为有一部分高市盈率股票的确有较高的成长性，随着业绩的不断增长，最后高市盈率被化解成低市盈率，投资这些股票的人都获得了很好的回报。第二，它也不能确定市盈率低的股票就一定是价值被低估了。因为有一部分低市盈率股票，是由于基本面不佳，或者是因业绩增长缓慢而导致的。投资这些股票的人不但没有得到好的回报反而会出现亏损，甚至是巨额亏损。

　　经验证明，要解决市盈率这个缺陷，光靠市盈率本身已无能为力，必须要引进一个新的指标，以至既可以通过市盈率考察公司目前的财务状况，又能通过盈利增长速度考察未来一段时期内公司的增长预期，由此来弥补市盈率估值方面的缺陷。而能担当起这个任务的指标就是PEG（其中，P表示价格，E表示收益，G表示增长），该指标中文名称叫"价值成长率"（也有人称它为"市盈率相对盈利增长比率"）。

　　PEG指标最早是由英国投资大师史莱特提出，后由美国投资大师彼得·林奇发扬光大。据说，彼得·林奇选股时最喜欢用这个指标。他认为用PEG对股票进行估值，准确率高，选股时不会犯什么错误。该指标的计算方式是用市盈率除以预期年盈利增长率（至少3年），再乘以百分之一。计算公式如下：

$$PEG = \frac{市盈率}{预期年盈利增长率} \times 1\%$$

　　比如有两个股票，A股现在的市盈率为20倍，预期这几年的年盈利增长率为10%，B股现在的市盈率为30倍，预期这几年的年盈利增长率为30%。按上面公式计算A股的PEG为2，B股的PEG为1。相比之下，B股的投资价值优于A股。

　　通过实证分析，我们可以发现，PEG指标较好地解决了静态市盈率与动态市盈率共同面临的一个问题，即对股票价值评估标准的选择。该指标不但考虑了当年企业的财务状况，同时也考虑了过去几年企业的盈利增长情况，揭示了未来几年企业的发展机遇，而这一点静态市盈率是无法做到的。另外，相对于动态市盈率的计算，PEG指标的计算显得更为科学合理。比如，PEG指标虽然同样带有一定的人为预测因素，但PEG指标在计算过程中，对盈利增长率的预测是建立在对企业本身近距离的观察与研究之上的，因此它比动态市盈率得出的结论更符合客观事实。

　　接下来我们必须搞清楚怎样正确理解、运用PEG指标，以及使用该指标时要注意哪些问题。

　　第一，一般来说，PEG值在1左右，说明股票的估值比较合理，如果PEG值小于1，则说明股票可能被低估（编者按：彼德·林奇认为，最理想的投资对象，其PEG值应该低于0.5），如果PEG值远远超过1，就说明股票在计算了其未来的增长率后仍然被高估。也就是说，在通常情况下，如果预期一个公司的增长率保持在30%左右，那么较为合理的市盈率就是30倍；而60倍市盈率需支撑的增长率是近60%。如果60倍市盈率所对应的增长率只有20%，那么这只股票毫无疑问仍然是高估的，即使其股价现在已经跌掉了一半，将来股价再跌掉一半也是正常的。

第二，由于PEG需要对未来至少3年以上的业绩增长情况作判断，而不能仅运用未来12个月的盈利进行预测，因而大大提高了使用该指标的难度。事实上，只有当投资者对未来3年以上业绩表现能作出比较准确的预判时，PEG的作用才能充分体现出来，否则就会作出误判，给投资带来不利影响。此外，投资者不能仅看股票自身的PEG来确认它是被高估了还是被低估了。比如，某股票的PEG值为1.2，而其同行业成长性较好的股票PEG值在1.5以上，则该股票的PEG虽然高于1，但其价值仍然可能是被低估的。

第三，PEG指标，是对简单市盈率指标的一大改进，对于解释为什么高成长的个股往往具有高市盈率的特征有着很大的帮助。但应当看到，这一指标同样存在着一定的局限性。若使用不当，也会出错。因为运用这一指标最大的问题，在于对未来的公司利润增长速度，没有人能够作出准确的判断。比如，我们观察一些处于高速成长的新兴企业时发现，其高利润增长速度在很大程度上仅仅是有限的一段时间内所具备的特征。从长时间看其利润增长速度，将会回归到一般行业的正常水平，而且这种企业在迅速扩张的过程中很容易遭遇到各种各样的经营问题，比如财务问题、管理问题，从而导致其利润增长速度出现大幅下降。因此，如果简单地运用其此前的高增长率作为PEG指标的参数进行估值，那么计算出来的数据与事实往往就会存在着较大的出入。这样就很可能误导投资者，使他们的决策出现重大失误。

由此可见，PEG指标虽然有其合理的一面，但如果不能确保对利润复合增长率这一关键性数值做出准确的判断，简单地运用这一指标进行估值同样存在着相当大的误判风险。因此，对于投资者而言，PEG只是为了弥补市盈率缺陷，帮助大家对股票进行合理估值的一个辅助指标，而不能作为直接的比较依据。这也是投资者在选股与判断新兴产业、朝阳行业的上市公司的价值时必须注意的一个问题。

第四，运用PEG时要注意其限制性的条件。条件①：对未来盈利增长的判断要合理。条件②：当前市盈率要限制在一个合理的区间。比如，某股现在的市盈率已高达100倍，即使未来预期有100%以上的盈利增长率，这种PEG的可信度也是值得怀疑的。这种情况的出现，很可能是当事人对盈利预期作出了不切实际的预判。值得注意的是，这种情况在沪深股市中屡见不鲜。所以，投资者对这种高成长股要格外警惕，不要盲目对它们进行投资，特别是不要在高位追涨，否则，很容易套在山顶，给投资带来重大损失。

问：股票的合理市盈率应该定在多少倍？同样是股票下跌，牛市与熊市的操作策略有什么不同？

答：股票的合理市盈率应该是多少倍，这并没有一个定论（事实上也不可能有定论）。但据我们观察，某个股票在不同的市场背景下，当它的市盈率被市场大众接受时，这个时候的市盈率，通常就是该股的合理市盈率。比如，某股在牛市中阶段性见顶后，从高位跌下来，但跌到市盈率为25倍时，股价就跌不下去了，抛盘开始萎缩，买盘开始增加，然后就形成止跌回升的走势。由此我们可以作出判断，在牛市环境下，该股回调的底线——合理市盈率就定在25倍。但是，同样是这个股票，在熊市中情况就不同了，股价见顶后往下跌，呈现一路下泻的走势，一直跌到市盈率为5倍时，抛盘才开始萎缩，买盘才开始增加，然后股价形成筑底现象。根据这个情况，我们就可以作出判断，在熊市环境下，该股下跌的底线——合理市盈率在5倍左右（编者按：有数据表明，大部分股票熊市见底时的市盈率只及其牛市阶段性回调见底时的市盈率的1/3～1/5，这几乎成了一个规律性现象。了解这个现象，对判断熊市中股票的合理市盈率应在何处，以及怎样识底抄底都有重要的参考意义）。

为什么牛市与熊市，股票的合理市盈率会有如此大的差别呢？这和市场大众的预期密切相关。俗话说："炒股就是炒预期。"牛市来了，投资者乐观预期在上升，对企业经营前景看好，期望值较高，股价阶段性见顶后，向下回调的空间就很有限。所以在牛市中，股票的合理市盈率倍数定得较高。但是到了熊市，投资者心态出现了很大的变化，悲观预期占了上风，认为企业经营状况会持续恶化，期望值就会大幅降低，股价下跌的空间就很大。所以在熊市中，股票合理的市盈率倍数定得很低。

有鉴于此，投资者在操作时就要注意一个问题，在牛市中炒股与在熊市中炒股，投资策略是不同的。在牛市中，当股票出现阶段性见顶时，不要指望股价会跌得很深，股价回调到一定程度，达到其牛市回调的合理市盈率倍数时就要及时地进行补仓或买进，否则，一味看空就会踏空后面的上涨行情。反之，在熊市中，当股票形成下跌趋势后，不要指望股价会很快见底，因为跌跌不休是熊市中股票下跌的主基调，股价会跌到很低的位置，一直跌到熊市下跌的合理市盈率倍数时，才有可能止跌。只有到了这个阶段，投资者才可以试着看多做多。在熊市中，过早抄底买进，就会被套在半山腰而动弹不得。

问：除了个股，整个股市也有市盈率（即大盘平均市盈率），这是怎么回事？观察大盘平均市盈率对实战有何指导意义？

答：市盈率原本是针对个股的，并非是针对大盘指数的。后来人们认识到，市盈率对大盘的估值有重要的参考价值。于是，用在个股上的市盈率指标就移植到大盘指数上。大盘平均市盈率指标就由此诞生了。

大盘平均市盈率计算方法与个股市盈率计算方法有所不同，中间要作一番技术处理。即先要把大盘中所有股票的股价加起来，加权后取一个平均值，再把所有股票的每股收益加起来，加权后也取一个平均值，然后再让两个平均值相除，得出的数据，即为大盘平均市盈率的倍数。当然，因为计算大盘平均市盈率时涉及到的股票太多，计算起来是很麻烦的，但这个麻烦不用大家操心，因为电脑可以替我们完成这项繁琐的工作。现在很多证券电脑软件在显示大盘指数走势时，表示分时图或日K线图的屏幕上，大多数都设置了大盘平均市盈率的栏目。大家只要留心该栏目的数据变化就行了。

通俗地说，求证大盘平均市盈率的过程，就是把整个大盘当成单个股票进行处理的过程。从这个层面上讲，计算大盘平均市盈率的方法与计算个股市盈率的方法，在本质上是一致的。熟悉股票市盈率的投资者，自然也会熟悉大盘平均市盈率的。两者的计算原理没有质的差别。

那么，观察大盘平均市盈率有什么作用呢？从经验看，大盘平均市盈率对判断股市大趋势，特别是在判断牛市大顶与熊市大底时有重要的参考价值。比如，2007年上证指数涨到6000多点，当时很多投资者被牛市看多情绪所感染，在股市里一直看多做多。但一些聪明的投资者看了当时大盘平均市盈率心里就有数了，知道股市正在赶顶或者已经见顶了，及时卖出，从而逃过了一劫。那么，这些投资者怎么知道当时大盘见顶了呢？因为当时大盘平均市盈率已超过60倍，而沪深股市前几轮牛市都是在大盘平均市盈率达到60倍时见顶的（编者按：据了解，近60年来美股大盘平均市盈率上限为30倍，到了30倍就见顶了。那么，在国内A股市场全流通后，牛市见顶时大盘平均市盈率上限是否也会降至30倍呢？届时大家可以冷静观察）。我们发现，沪深股市成立20多年来，只要大盘平均市盈率超过50倍，管理层就会采取严格措施，让股市冷却下来，以防止股市泡沫越来越严重。而每当管理层采取措施让股市冷下来时大盘指数也就见顶或即将见顶了。因此，沪深股市几轮牛市，指数上涨的极限目标位置就停留在大盘平均市盈率60倍左右的地方。投资者只要看到大盘平均市盈率窜上50倍（比如，看到电脑屏幕上显示的上证指数市盈率达到50倍以上）马上卖出，就可以成功逃脱前面几轮大牛市的大顶。

另外，我们还发现大盘平均市盈率一旦跌至15倍附近，管理层就会推出利好股市的政策，让股市回暖。而沪深股市几轮大熊市的底部，大盘平均市盈率就停留在12倍~15倍之间。可见，利用大盘平均市盈率来判断股市的大顶或大底，确实是一个很有效的方法。

（编者按：上海股市第一次大熊市谷底，即上证指数跌至386点时，大盘平均市盈率为15倍；上海股市第二次大熊市谷底，即上证指数跌至325点时，大盘平均市盈率为12倍；上海股市第三次大熊市谷底，即上证指数跌至998点时，大盘平均市盈率为15.87倍；上海股市第四次大熊市谷底，即上证指数跌至1664点时，大盘平均市盈率为14.24倍。此外我们还了解到，近60年来美股熊市见底的市盈率下限为10倍。那么，国内A股市场全流通后，熊市见底的市盈率是否也会降至10倍以下呢？大家可以拭目以待。）

问：一个股票的市盈率今天是X倍，明天又变成了Y倍，这是怎么回事呢？

答：因为股票的价格是变动的，今天是这个价，明天是那个价，所以用股价除以每股收益得出来的市盈率数据也在不断变化。

细心的读者可以发现，在电脑显示屏上股票的市盈率数据不仅每天在变化，甚至在交易时，每分钟的静态市盈率数据与动态市盈率数据都有可能不一样。之所以出现这种现象，是因为股票前一分钟交易价格与后一分钟交易价格是不一样的。

因此，当别人或自己在介绍某股市盈率是多少倍时，一定要把采样的时间交代清楚。比如，××年××月××日，某股的市盈率是多少倍，而不能避开时间，笼统地说某股的市盈率是多少倍。

问：市盈率数据随着股价变动而不断变化，那么是不是每天都要对大盘与自己所关心的个股市盈率，作一次计算呢？

答：通常，作为一个职业股民，每天股市收盘后，关心大盘指数的平均市盈率是多少，同时再检查一下，自己所关心的个股静态市盈率、动态市盈率是多少，这个功课是必须做的。关心大盘的市盈率，有助于对大盘趋势作出正确的判断，关心个股的市盈率，有助于对个股的内在价值作出正确的判断。

但现在做这个功课已不用动手，只要动眼就行了。因为这种市盈率的计算都可以由电脑代劳。目前市场上免费证券软件很多，如大智慧、操盘手、同花顺等证券软件都可以在网上免费下载。比如，每天收盘时，我们打开同花顺软件，大盘的平均市盈率、个股的静态市盈率、动态市盈率等数值是多少，在电脑屏幕上都显示得清清楚楚。

投资者要做的功课不是计算市盈率数据，而是以下两件事。

第一，头脑里始终要有一根弦，20倍市盈率等于20年收回投资成本，60倍市盈率等于60年收回投资成本。因此，对高市盈率股票投资要格外谨慎。当然，从理论上说，高市盈率的股票，只要成长性好，随着业绩持续的大幅上升，高市盈率就会变成低市盈率，这样的股票是值得投资的。但问题是，高市盈率的股票，能在业绩上保持连年大幅上升的股票很少，要找这样的股票并不容易。再说根据PEG指标提示，30倍市盈率的股票，每年要保持30%增长速度，60倍市盈率的股票，每年要保持60%的增长速度，投资才是安全的。但这些股票的业绩有没有这样的增长速度呢？你对此是否做过深入调查？如果没有经过深入调查，凭什么理由看好这些高市盈率、高风险的股票呢？对这个问题，一定要仔细想明白后才能进行操作。

有人说，我是炒短线的。虽然炒短线、捕捉短线黑马确实不用过多关心股票的市盈率，但是短线操作也有严格的要求。比如，要对概念、题材有深刻的认识，并具有相当娴熟的短线炒作技巧（编者按：有关这些问题，本书上篇都已作过详细交代，这里不再重复）。但有很多投资者并不具备短线操作的条件。另外，有些人嘴上说是炒短线，心里还是关注个股的未来，一旦吃套，短线就变成长线，长期拿着股票不动。但中长线持股有一个最基本的要求，所持的个股静态市盈率不能太高，而且动态市盈率每年都要有明显的下降。这样的个股才可以做中长线（当然，一个股票是否值得中长线持有还有其他条件，这里就不展开了）。总之，投资者在对一个股票作出买入与持有的决定时，勿忘看它的市盈率，这个功课是一定要做好的。

第二，行胜于言。有人口头上承认高市盈率的股票存在着高风险，但一进入股市，特别是在外界忽悠下，对高市盈率的股票就会丧失警惕，最后犯下了连自己都不能原谅的错误。

比如，当年重庆啤酒在搞乙肝疫苗时，股价被炒到七八十元，此时该股的动态市盈率已超过200倍。2011年12月，当该公司发布新药试验结果公告时，一些媒体与分析师撰文表示，看好其新药的前景。有人甚至认为重庆啤酒的新药一旦研制成功，股价就会涨到1000元。也就是说，当时重庆啤酒的股价还要往上涨10多倍。于是，一些情绪激动的投资者就盲目地冲了进去。仅仅过了一个多星期，该股就出现了连续跌停，股价从80多元一口气跌到了20元，致使在重庆啤酒股价处于高位时，盲目冲进去的投资者损失十分惨重。其实，这些投资者只要仔细看看该股在电脑屏幕上显示的市盈率数据，再认真思考一下该股继续往上涨，市盈率会涨到多少倍，这样就不会犯高位追涨的错误了。试想，该股在七八十元时，动态市盈率就有200多倍，投资它要200多年才能收回成本，这个风险有多么大。至于有人说该股要涨到1000多元，那重庆啤酒的市盈率势必就要上升到2000倍以上，这种信口雌黄的大话还能信吗？若相信它，就好比相信有人发明了一种新药，能使人的寿命延长到2000年那样荒唐。但遗憾的是，当时一些头脑发热的投资者，竟然被这些信口雌黄的大话忽悠了，中了主力的圈套，所以吃了大亏。

又如，2012年年初，沪深股市回暖，出现了一轮反弹行情。当时有一个投资者指着一只创业板的股票对我说，该股现在搞了一个新项目前景看好，现在很多人在炒它，大资金也对它格外关注。他问我能不能现在买进？我看了看该股在电脑屏幕上显示的市盈率。静态市盈率已超过70倍，动态市盈率为100多倍，这说明该股的业绩不但没有增长，反而是在大幅倒退。我对他说，如此缺乏成长性的股票，市盈率又这么高，现在怎么能对它看多做多呢？但这位投资者经不起外界忽悠，宁可幻想其有一个好项目，会给投资人带来好回报，而不相信市盈率数据给他提示的风险，最后还是买了，结果被套在高位，至今股价已下跌了50%，损失很大。

问：前面你们对市盈率指标的来龙去脉讲得很清楚，这对大家正确理解与使用好市盈率指标有很大的帮助。但除市盈率外，我们在对个股进行财务分析、估值分析时，还经常会碰到各种各样的"某某率"。那么，这些"率"表达的是什么意思呢？了解这些指标对选股与捕捉黑马有什么帮助？

答：估值分析是基本分析中的重要一环。对股票进行基本面分析、价值评估，必然要对它进行财务分析。从理论上说，上市公司所披露的所有财务数据、指标，每一项内容都是重要的，都会关系到投资者怎么来正确评价上市公司的财务状况，以及如何来判断上市公司的获利能力、发展能力、风险抗击能力等。但是，对缺乏财务专业知识的普通投资者来说，要把上市公司所有的财务数据、财务指标都了解清楚，此事既没有可能也没有必要。财务报告中很多数据、指标晦涩难懂，普通人看得越多有时反而越糊涂，出现晕头转向找不着北的感觉。所以根据现实情况，我们认为，普通投资者对上市公司进行财务分析时，必须抓住主要矛盾。主要矛盾解决了，其他问题就能迎刃而解。

那么，财务分析中的主要矛盾是什么呢？这就是对市盈率指标的正确理解与运用。为什么这样说呢？因为市盈率指标是国际上通用的衡量企业内在价值的指标。在实践中，投资者无论在选股与捕捉黑马时，还是对股市作趋势性分析时，都离不开对市盈率指标的分析、理解与运用。

打个比方说，市盈率指标犹如商品交易中的货币，如果一个现代人连货币都不认识，那么他生活在这个世界上就会到处碰壁。

虽然市盈率指标非常重要，但在股市中，对它误读、误解、误判的现象却相当普遍，这也是导致投资者操作失败，投资出现重大亏损的一个主要原因。有鉴于此，我们尽己所知，将市盈率指标的来龙去脉，以及它的方方面面向大家作了详细介绍。这样做的目的是为了帮助读者理清思路，正确理解与运用市盈率指标。

其实说到底，市盈率指标的作用就是对股票价值作出合理评估。这种作用简称为"相对估值法"。在股市中，有相对估值作用的指标，除市盈率外，还有市净率、净资产收益率等指标。下面我们就对这些指标作一些简单介绍（编者按：因本书篇幅有限，对这些指标介绍只能点到为止，不再作详细分析。此事敬请读者谅解）。

一、市净率

市净率是股价与每股净资产之间的比值，比值越低意味着风险越低。计算公式是：

$$市净率 = \frac{股价}{每股净资产}$$

市净率在英文中简称"PB"。一些股票分析师说，某股PB是多少，就是指其市净率是多少。对于投资者来说，虽然准确预测每股收益是非常重要的，每股收益的变动趋势往往决定了股价是上行还是下行。但股价上升或下降到多少才是合理的呢？市净率PB可以给出一个判断极值的方法。比如，对于一个有良好历史净资产收益率的公司，在业务前景尚可的情况下，市净率值低于1，股价就有可能是被低估的。如果公司的盈利前景较稳定，没有表现出明显的增长性特征，公司的市净率值显著高于行业（或公司历史）的最高市净率值，股价触顶的可能性就比较大。投资者要注意的是，市净率值的有效应用的前提是合理评估净资产价值。

二、净资产收益率

净资产收益率又称为股东权益收益率，是公司税后利润除以净资产得到的百分比率。该指标越高，说明投资价值越高。计算公式是：

$$净资产收益率 = \frac{税后利润}{净资产} \times 100\%$$

例如，某公司税后利润为2亿元，净资产为15亿元，计算下来净资产收益率是13.33%。

净资产收益率在英文中简称"ROE"，它是反映上市公司经营状况的重要指标。透过这个财务指标，投资者可以对上市公司的财务状况做出系统而相对准确的分析。该指标主要是衡量公司对股东投入资本的利用效率，弥补了每股税后利润的不足。净资产收益率指标越高，说明投资带来的收益就越高。一般情况下，6%~7% 可作为一个粗略的基准。凭经验可知，如果一家公司能够持续不断地显示有高于 15% 的净资产收益率，通常表明股东的投资正在产生稳定的回报，这意味着这家公司有一定的竞争优势。

在证券行业，大家把市盈率（PE）、价值成长率（PEG）、市净率（PB）、净资产收益率（ROE）这4个指标，称为对股票价值评估的"四大估值法"。其中，为首的是市盈率指标，其余3个指标，可以看成是对市盈率指标不足之处的补充与完善。一般来说，一个股票经过这4个指标估值后，它真正的价值是多少就会清楚地表示出来。

当然，评价一个公司的价值与其未来的前景是一个很复杂的工作，下面一些指标也必须引起大家的高度重视，如毛利率、主营业务收入增长率、资产负债率、流动比率、速动比率等。

三、毛利率

毛利率是营业利润与营业收入的比率。计算公式是：

$$毛利率 = \frac{营业利润}{营业收入} = \frac{营业收入 - 营业成本}{营业收入} \times 100\%$$

毛利率反映的是公司业务转化为利润的能力。毛利率高反映公司盈利能力强，销售同等的商品或服务，能获得更大的利润。巴菲特本人偏好选择同行业中毛利率比较高的公司。从沪深股市的实际情况来看，市场对毛利率提升的公司更情有独钟。可以说，毛利率是行业及上市公司的景气指标，反映了企业产品的初始获利能力。如果公司的销售能够保持增长，其业绩增长就会有保障。

一般来说，与同行业作比较，如果公司毛利率显著高于同行业水平，说明公司产品定价高，或与同行业比较公司存在成本上的优势，具有较强的竞争力。毛利率上升的公司主要得益于产品价格的上涨或成本的降低。关注毛利率不断提升的个股对于我们发现公司的价值可以起到事半功倍的作用。比如，有一家公司，年报显示其毛利率，第一年为47.65%，第二年为53.91%，第三年为57.13%，这说明该公司处在行业景气度的回升期，业绩能稳步增长，具有很好的投资价值。

四、主营业务收入增长率

主营业务收入增长率是表明企业主营业务的年增长情况，体现企业的持续发展态势与持续盈利能力的一种指标。计算公式是：

$$主营业务收入增长率 = \frac{本期主营业务收入 - 上期主营业务收入}{上期主营业务收入} \times 100\%$$

就价值投资指标的重要性来说，主营业务收入增长率的重要性仅次于利润增长率，因为只有收入增长才是拉动业绩增长的根本原因。任何一种增长性指标提高都能在一定程度上支撑投资，但一只真正有魅力的股票必须有不断增长的主营业务收入作支撑。

大量事实证明，只有主营业务收入持续增长，且产品毛利率较高的企业，才能促使企业的利润高速增长。比如，沪市有一家制药公司，2004年~2006年其主营业务收入分别是8.3亿元、9.8亿元、11.8亿元，收入年复合增长率达到19%，带动该股票每股收益大幅增长，其股价表现也从2005年行情启动时的5元一直飙升至41元。

经验告诉我们：对于投资者来讲，寻找那些能够在公司主营业务上不断创造增长点的企业，比寻找某个企业投资新兴行业或参股某个前景并不确定的公司，以及让局外人很难捉摸的资产重组带来的收益更为稳妥。

另外，主营业务收入增长率还可以用来衡量企业的产品生命周期，判断企业发展所处的阶段。如增长率高于10%，说明企业的产品旺销，公司进入了成长期；增长率在5%~10%之间，说明企业的产品销售一般，公司已进入了成熟期；增长率小于5%，说明企业的产品出现滞销现象，公司即将步入衰退期；增长率若是负数，且负数值较大时，说明主营业务滑坡现象严重，公司正式进入了衰退阶段，前景堪忧，对此投资者应予以高度警惕。

五、资产负债率

资产负债率，是指负债总额与资产总额的比率。计算公式是：

$$资产负债率 = \frac{负债总额}{资产总额} \times 100\%$$

这个指标表明企业资产中有多少是债务，同时也可以用来检查企业的财务状况是否稳定。由于站的角度不同，对这个指标的理解也不尽相同。

从财务学的角度来说，一般认为，我国理想化的资产负债率是40%

左右。上市公司可略微偏高些，但上市公司资产负债率一般也不宜超过50%。在不同行业和不同地区，这个比率也并非一成不变。如在欧美国家的资产负债率是55%左右，日本、韩国则为75%。其实，不同的企业应该有不同的标准。企业经营者对资产负债率强调的是负债要适度，因为负债率太高，风险就很大；负债率过低，又显得太保守。债权人强调资产负债率要低，债权人总希望把钱借给那些负债率比较低的企业，因为，如果某一企业的负债率比较低，钱收回的可能性就会大一些。通过计算，如果投资收益率大于借款利息率，那么投资人就不怕负债率高，因为负债率越高赚钱就越多；如果投资收益率比借款利息率还低，等于说投资人赚的钱被更多的利息吃掉，在这种情况下就不应要求企业的经营者保持比较高的资产负债率，而应保持一个比较低的资产负债率。

为了回避风险，投资者对资产负债率高于60%的股票，投资时要特别谨慎，以免一不小心踩到"地雷"。

六、流动比率

流动比率的大小是衡量企业短期偿还债务能力的指标。计算公式是：

$$\text{流动比率} = \frac{\text{流动资产}}{\text{流动负债}}$$

此比率应该大于2。比率高，表示企业偿还短期债务的能力强；比率太低，表示应急能力弱。当然该比率太高也不宜，一般不要超过6。若流动比率过高，说明公司的现金、库存等多而无用，没有充分扩大生产。

七、速动比率

速动比率是剔除存货后的流动资产与流动负债的比率，计算公式是：

$$\text{速动比率} = \frac{\text{流动资产} - \text{库存}}{\text{流动负债}}$$

一般认为，速动比率保持在1：1以上，即流动资产至少与流动负债相等，才具有良好的短期偿债能力，说明公司的财务状况较好。

>> 附录三

答读者问：如何开展想象力训练

本书完稿后，向读者征求意见时，一些读者反映，炒股确实需要想象力，想象力的重要性他们是明白的。但是如何来提高自己的想象能力，他们心里还是没有底，他们担心本书正文中介绍的想象力训练技巧太简单了，实践下来是否真的有用？

收到读者信息反馈后，我们作了认真研究。正如读者所述，本书正文中介绍的想象力训练方法确实比较简单，因为本书不是专门介绍思维技巧的图书，只能挑一些最重要的东西介绍给大家。但是，就本书正文中介绍的训练想象力的设问技巧、联想技巧、追问技巧来看，大家还是能看得懂的，关键的问题是怎样来开展自我训练。通常，只有训练到一定程度，才能产生出积极效果。这就跟人学开车的道理是一样的。比如，一个人学开车，怎么踩油门、刹车，怎么把握方向盘，教练几句话就可以把它交代清楚，但真正要学会开车，就要反复练习。当然，有关设问、联想、追问的技巧，前面我们在正文中讲得稍微简单了一点，影响大家的理解，这里再补充一些内容，以便大家更好地开展想象力训练。

首先，我们谈一谈设问技巧。说白了，所谓设问，就是一般性的提问，没有什么特别要求（问题提出来后也不一定要回答），但设问因人而异，问出来的问题质量有高有低。若想提高设问题目的质量，平时就要养成一个习惯，对你周围发生的事情要多问几个为什么？这样就会问出一连串问题来。因此，遇事多想、多问，打破思维定势，多做这方面的练习，时间长了，想象力就会丰富起来。

比如，我们经常从新闻报道中看到一些令人伤感与痛心的事情，如某投资者花了几万元买了一个"必胜软件"，结果使用下来没有赚到钱，反而亏了大钱；某位股民花上几万元学费去民间股神那里培训，依据其百战百胜"炒股绝招"买进的股票出现了深套。类似这样的新闻很多，这些受害者的遭遇很值得人们同情，但**受害者也为我们提供了一条重要经验教训：即想象力太差，所以被忽悠了。**假如受害人在碰到这样的事情时，能运用设问技巧，多问几个为什么，事情的结果就不会这样，他们也不会轻易上当受骗了。

那么，碰到这样的事情，应该怎么设问呢？我们这里作一些示范。

设问①：若世界上真的有百战百胜的"炒股绝招"、"必胜软件"，那么发明者带着它去应聘国内，甚至全球一些大的证券公司基金经理职位应该是轻而易举的事，因为在世界上还没有一个基金经理能做到每战必胜，亏钱的多着呢？如果发明者手里握有这个秘密武器，谁还能与他竞争呢？当上一个大的基金公司经理，有名有利，那该有多好。假如真的能赚上大钱，年薪肯定是一个天文数字。这样，发明者还有必要为了赚几万元小钱，辛辛苦苦地向众人推销自己的产品吗？

设问②：若股市上真的有百战百胜的秘密武器，几年，最多几十年下来，股市上的钱就都给他赚光了。如此一来，发明这个秘密武器的人自然就成为中国超级富豪了。假如情况真的是这样，他为了赚几万元而将秘密武器授于别人，岂不是因小失大，做得太傻了吗？

设问③：股市博弈的结局，是少数人赚多数人的钱，有人赚必有人赔，总体上是一种零和游戏。如果散户都在使用"炒股绝招"、"必胜软件"赚大钱，那么谁在亏钱呢？难道是主力在给散户送钱吗？

设问④：股市上没有常胜将军。所谓的股市高手，仅仅是指赚钱的次数多于输钱的次数而已，就连世界炒股第一高手巴菲特，在炒股中也经常犯错误。可是，现在竟然有一种从不输钱的炒股绝招、必胜软件出现，这非常了不得，它笃定可以申请到发明专利，但为什么市场上从未见有这样的专利获得有关部门批准呢？

设问⑤：被捧为民间股神者，已有好几个人因欺世惑众进了牢房。现在又有人在重操旧业，大肆鼓吹，高价兜售他们的炒股绝招、炒股软件，对这样的事情难道不值得我们警惕吗？

上面我们针对一件事情，举了一些如何设问的例子，给大家作了示范。其实，这样的设问一般人都能做到。关于如何提设问的问题，尽可以自由发挥。因为设问的一个重要特征，就是随意、灵活，这里面没有什么高超的技巧，关键是当事人要学会多想、多问几个为什么。如果有可能的话，自己不妨订个计划，每天随意地设问5~10个问题，几个月练下来，就会有明显的长进。

其次，我们再与大家探讨一下联想技巧。联想技巧训练比设问技巧训练难度要大一些，因为联想技巧在训练时有一定的要求。比如，当有人提出对某两个不相关的概念进行联想时，你就必须根据要求，通过几个联想程序把它们拴在一起，这就不像设问训练那样灵活、自由。不过话要说回来，虽然联想技巧训练有一定难度，但在股市中用到联想技巧的地方很多，特别是在捕捉短线黑马时，凡是涉及到概念题材之类的事情，几乎都要用到联想技巧。所以投资者若想在捕捉短线黑马中获得成功，就必须要加强联想技巧的训练。联想训练的一个关键技巧就是把不同的两个概念进行配对。

根据联想的规则，世界上任何两个不相关的概念都能联系在一起。一般来说，经过一定时间有针对性的训练之后，通过四五步联想，人们就可以把任何两个不相关的概念拴在一起。如果你做到了（当然要有一定的数量），就说明你已经或初步学会了联想。

有人问：为什么仅通过四五步联想，就能把两个不相关的概念拴在一起呢？这是因为词语或概念的本身，在与对外联系时具有多样性。比如"人"这个概念，与之联系的有男人、女人、大人、老人；中国人、外国人；古人、现代人等一系列不同的概念。当要求"人"与某一个不相关的概念进行配对时，投资者在进行联想的过程中，就必须在"男人、女人"等众多概念中，挑选出一个最恰当的概念，与下一个概念配对，从而使这个联想活动能顺利地进行下去。

现在我们做一个训练。训练要求将"木头与皮球"两个不相关的概念，通过四步联想，把它们联系在一起。具体方法如下：

做这个训练时，可分成以下几个步骤进行：

第一步，先将与木头联系的概念列出来，如仓库（木头砍下来要放在仓库里）、树林（木头是从树林中砍下来的）、锯子（木头是用锯子锯下来的）、家俱（木头可以做家俱）、汽车（木头要用汽车运走），等等。然后，挑选一个恰当的概念，如将"树林"与"木头"配对。

第二步，将"木头——树林"配对后，接下来就要考虑"树林与什么概念"进行配对。与"树林"相联系的概念也很多，如阳光（树林成长离不开阳光）、小溪（树林里有小溪）、老虎（树林里有老虎）、昆虫（树林里有昆虫）、田野（树林常与田野为邻）、绿色（树林基本上是绿色的），等等。然后，再从中挑选一个恰当的概念，如将"田野"与"树林"配对。

第三步，将"树林——田野"配对后，再考虑从与田野相联系的众多概念中挑选一个恰当的概念与之配对，最后挑选出"足球场"（因田野中可以建立足球场，所以足球场也是与田野有关联的概念）与"田野"配对。

第四步，将"田野——足球场"配对后，接着就可把"足球场与皮球"配对了。为什么这样联想呢？道理很简单，因为皮球可放在足球场里踢，所以皮球就可列为与足球场相联系的一个概念。

经过上面四个步骤，最后我们就能把"木头——皮球"这两个概念联系在一起了。

可见，只要通过四步联想，即"木头——树林"、"树林——田野"、"田野——足球场"、"足球场——皮球"，就能把两个原本风马牛不相及的概念"木头"与"皮球"拴在一起了（编者按：股市中许多概念的产生，也是通过几个联想步骤派生出来的），这就是联想的神奇之处。

为什么人类的联想可以在不同的概念中奇妙地穿行呢？因为，生活中的每一个概念每一次至少可以同十个概念发生单向联系，那么，第一步就有10次联想的机会（即有十个概念可供选择）；第二步就有100次机会；第三步就有1000次机会；第四步就有1万次机会；第五步就有10万次机会了。所以，联想可以在广泛的基础上加以运用，并且可以随时运用。它为我们的思维训练提供了无限大的可能性。

据有关资料报道，20世纪60年代，有人创造了急骤联想法（又称暴风骤雨联想法）。顾名思义，这种联想的主要特征就是速度快，它要求通过一种极快速的联想，引出新颖而又具有创造性的观念。在进行急骤联想时，只需思维飞转，将涌现出来的观念，不论好坏，一律即刻记录下来，有关的评价放在联想结束以后进行。这种想象技巧的提出，其初意是为了比较一下集体工作与单独工作在思维效率上的差别，但不久，几所大学就试图把这种技巧作为训练学生创造性思维的起点，并进行了相关的实验研究。其中，一些研究证明了急骤联想在训练人的思维方面所具有的作用。例如，国外有一位著名心理学家就曾用这种技巧对大学生训练几周以后，用"多方应用测验"（即对于某一种物体的用途，除了普遍的习惯性用法外，还要讲出在其他方面的可能用途）来测量这种训练对大学生思维发展的影响。结果表明，受过急骤联想训练的学生，同没有受过这种训练的学生相比较，创造性思维得到了明显的发展。它大大激活了学生的思维细胞，使他们具有了丰富的想象力。

第三，我们再来谈一谈追问技巧。这是想象力训练中难度最大的一种技巧，原因是追问就是要打破砂锅问到底。这样的问话，对询问者的要求就比较高，问话人必须要有严密的思维，问话时要把握好分寸，并且每一个问题都要有内在的逻辑联系。换一句话说，追问时不能随意地问，它要顾及前后、上下、左右各方面的关系。问话要问到点子上，抽丝剥茧，层层深入，一步步把事实真相揭开。否则，乱问一气，追问就不能顺利展开，即使勉强问下去，也不会有什么好的效果。

有鉴于此，我们建议读者先把设问技巧、联想技巧掌握了，最后再来攻克追问技巧，这样会相对容易一些。

有关追问技巧的内容，请参阅《股市操练大全》第三册第15页～第17页，以及本书第426～第428页，这里就不重复介绍了。

最后，我们要提醒大家的是，有关设问、联想、追问的技巧，其内容是很简单的，大家看了就知道是怎么一回事，但知易行难。投资者要想掌握这方面的技巧，关键在多练。练习做多了，就会熟能生巧，掌握其中的要领。另外，大家在进行想象力训练时，要尽可能地把股市中的一些问题、概念，作为思考对象，展开合理的想象，这样效果就会更好一些。

《股市操练大全》丛书特色简介

　　《股市操练大全》丛书是上海三联书店出版的重点品牌书。它全面系统、易学易用，是国内图书市场中首次将股市基本分析、技术分析、心理分析融为一体，并兼有学习、练习双重用途的炒股实战工具书。作为学习，它全面地、详尽地介绍了炒股的各种知识、运用技巧，以及防范风险的各种方法；作为练习，它从实战出发，设计了一套有针对性、并具有指导性、启发性的训练题，引领投资者走上赢家之路。

　　《股市操练大全》无论从风格与内容上都与其他股票书有很大的不同。因此，大凡阅读过此书的读者都有耳目一新之感。很多读者来信、来电称赞它通俗、实用、贴近实战。有的读者甚至说：他们看了几十本股票书都不管用，但自从看了《股市操练大全》就被迷上了，天天在读，天天在练，现在已经反败为胜了。他们认为，《股市操练大全》是目前图书市场上最有实用价值的股票书。其实，有这样感受的读者不是少数，而是相当多，这可以从全国各地读者寄给出版社的大量来信中得到证明。

　　也许正因为如此，沪深股市连连走熊时，证券图书市场也进入了"冬眠"状态，但《股市操练大全》却一版再版，各册累计重印次数已超过了200次，总发行量超过了270万册（注：国内一般的股票书发行只有几千册，多的也只有几万册，发行量超过10万册的已属凤毛麟角。目前，《股市操练大全》发行量已远远超过了其他股票书），创造了熊市中股票书旺销的奇迹。

　　迄今为止，《股市操练大全》丛书一共出版了两大系列11册书，其中基础知识系列5册，实战指导系列6册（含1册习题集）。每册书都介绍了一个专题（专题内容详见下页），它是一套完整的炒股学习、训练工具书。另外，《股市操练大全》的每册书（除习题集）都是精装。装帧精美，这也是这套书的一个亮点。

《股市操练大全》丛书一览

以上图书全国各地新华书店有售，如书店缺货，可直接向上海三联书店出版社邮购（地址：上海市都市路4855号10楼，邮政编码：201100，电话：021-24175971）。

《股市操练大全》第十册读者信息反馈表

沿线撕下

图书在版编目（CIP）数据

股市操练大全. 第10册 / 黎航主编. ——上海：上海三联书店，
2022.10 重印

　　ISBN 978-7-5426-4172-4

　　Ⅰ．①股… Ⅱ．①黎… Ⅲ．①股票投资—基本知识
Ⅳ. ①F830.91

中国版本图书馆CIP数据核字（2013）第083729号

《股市操练大全》第十册（股市实战指导之五）

主　　编 / 黎　航
策　　划 / 朱美娜

责任编辑 / 陈启甸
装帧设计 / 王文杰
监　　制 / 姚　军
责任校对 / 徐　天

出版发行 / 上海三联书店
　　　　　（200030）中国上海市徐汇区漕溪北路331号A座6楼
邮购电话 / 021-22895540
排　　版 / 上海逗句广告有限公司
印　　刷 / 上海展强印刷有限公司

版　　次 / 2013年6月第1版
印　　次 / 2022年10月第15次印刷
开　　本 / 850×1168　　1/32
字　　数 / 400千字
印　　张 / 18.5
印　　数 / 93001-98000

ISBN 978-7-5426-4172-4/F · 643

定价（精）48.00元